LES ARTS LIBÉRAUX ET LES SCIENCES DANS L'ARMÉNIE ANCIENNE ET MÉDIÉVALE

DERNIERS TITRES PARUS DANS LA MÊME COLLECTION

14. Frédérique WOERTHER, *L'èthos aristotélicien. Genèse d'une notion rhétorique*, 2007, 368 pages.
15. Emmanuel BERMON, *La signification et l'enseignement*, 2007, 610 pages.
16. Henri HUGONNARD-ROCHE, *L'enseignement supérieur dans les mondes antiques et médiévaux. Aspects institutionnels, juridiques et pédagogiques*, 2008, 368 pages.
17. Gwenaëlle AUBRY et Frédérique ILDEFONSE (éd.), *Le moi et l'intériorité*, 2008, 384 pages.
18. Charles GUÉRIN, *Persona. L'élaboration d'une notion rhétorique au Ier siècle av. J.-C.* : volume I. – *Antécédents grecs et première rhétorique latine*, 2009, 431 pages.
19. IBN BĀǦǦA (Avempace), *La conduite de l'isolé et deux autres épîtres*, introduction, édition critique du texte arabe, traduction et commentaire par Charles GENEQUAND, 2010, X-420 pages.
20. Luc BRISSON, Pierre CHIRON (éd.), *Rhetorica philosophans. Mélanges offerts à Michel Patillon*, 2010, 404 pages.
21. Charles GUÉRIN, *Persona. L'élaboration d'une notion rhétorique au Ier siècle av. J.-C.* : volume II. – *Théorisation cicéronienne de la* persona *oratoire*, 2010, 474 pages.
22. Marie-Odile GOULET-CAZÉ (éd.), *Études sur la théorie stoïcienne de l'action*, 2011, XII-544 pages.
23. Jean LALLOT, *Études sur la grammaire alexandrine*, 2012, 392 pages.
24. Charlotte MURGIER, *Éthiques en dialogue. Aristote lecteur de Platon*, 2013, 352 pages.
25. Camille RAMBOURG, *Topos. Les premières méthodes d'argumentation dans la rhétorique grecque des* V^e^-IVe *siècles*, 2014, 400 pages.
26. Marie-Odile GOULET-CAZÉ, *Cynisme et christianisme dans l'Antiquité*, 2014, 256 pages.
27. Gweltaz GUYOMARC'H, *L'unité de la métaphysique selon Alexandre d'Aphrodise*, 2015, 352 pages.
28. Wilhelm KROLL, *Discours sur les oracles chaldaïques* (traduction par Henri Dominique SAFFREY), 2016, XII-126 pages.
29. Marie-Odile GOULET-CAZÉ, *Le cynisme, une philosophie antique*, 2017, 702 pages.
30. Pierre CHIRON, *Rhétorique, philologie, herméneutique* (travaux choisis, édités et mis à jour par Charles GUÉRIN et Frédérique WOERTHER), 2019, 378 pages.
31. Nicolas D'ANDRÈS, *Socrate néoplatonicien. Une science de l'amour dans le commentaire de Proclus sur le Premier Alcibiade*, 2020, 303 pages.
32. APOLLONIUS DYSCOLE, *Traité des adverbes*, introduction générale, édition critique, traduction française et commentaire par Lionel DUMARTY, 2021, 688 pages.
33. Olimar FLORES-JÚNIOR, *La vie facile. Une lecture du cynisme ancien*, 2021, 343 pages.
34. Laurent PERNOT, *Confluences de la philosophie et de la rhétorique grecques*, 2022, 533 pages.
35. Frédérique ILDEFONSE, *Le multiple dans l'âme. Sur l'intériorité comme problème*, 2022, 888 pages.

TEXTES ET TRADITIONS

Collection dirigée par

Marie-Odile GOULET-CAZÉ Richard GOULET Philippe HOFFMANN

36

LES ARTS LIBÉRAUX ET LES SCIENCES DANS L'ARMÉNIE ANCIENNE ET MÉDIÉVALE

Sous la direction de

Valentina CALZOLARI

Ouvrage publié avec le concours du Fonds général de l'Université de Genève

PARIS
LIBRAIRIE PHILOSOPHIQUE J. VRIN
6, Place de la Sorbonne, V^e^

2022

Couverture : Vase du peintre Douris
© *Bildarchiv Preußischer Kulturbesitz* (Staatliche Museen zu Berlin, Antikensammlung. Kat./Inv.-Nr. : F2285)
Photographie : Johannes Laurentius

ISSN 1630-5736
ISBN 978-2-7116-3090-5

www.vrin.fr

AVANT-PROPOS

Ce volume offre la première présentation d'ensemble sur les arts libéraux et les sciences en Arménie à l'époque ancienne et médiévale. De ce fait, il vise à combler une lacune non seulement dans les études arméniennes, mais également dans l'étude de la réception et de la diffusion de la pensée grecque dans l'Antiquité tardive et au Moyen Âge. En effet, l'essor des sciences profanes dans l'Arménie ancienne a été profondément influencé par des modèles grecs. Une réflexion sur les conditions du développement des arts libéraux dans les centres culturels et les établissements d'instruction arméniens revient ainsi à enquêter également sur les conditions de la transmission de l'héritage grec en Arménie.

À propos du domaine grec, il faut rappeler, avec I. Hadot, qu'on ne saurait trouver un cycle complet des sept arts libéraux à l'époque hellénistique, comme l'avait soutenu H. I. Marrou[1]. L'existence d'un tel cycle, en tant que système de disciplines clos et hiérarchiquement organisé, trouve son premier témoignage dans le livre II du *De ordine* (fin du IVe siècle) d'Augustin. On le trouve aussi dans les *Noces de Philologie et Mercure* (*De nuptiis*, vers 400) de Martianus Capella, qui présente les sept *disciplinae cyclicae* comme sept servantes offertes par Mercure à Philologie comme cadeau de noces[2]. C'est au sein du moyen-platonisme que la formation d'un tel cycle avait été favorisée, entre autres par la valorisation de la poésie, dont l'explication constituait une partie intégrante de la grammaire et de l'art oratoire ; cela permit à la grammaire et à la rhétorique de trouver leur place aux côtés de la dialectique jusqu'à former un ensemble de trois disciplines selon un ordre précis[3].

1. H. I. Marrou, « Les arts libéraux dans l'Antiquité classique », dans *Arts libéraux et philosophie au Moyen Âge*. Actes du quatrième congrès international de philosophie médiévale (Université de Montréal, 27 août-2 sept. 1967), Montréal – Paris 1969, p. 12, cité dans I. Hadot, *Arts libéraux et philosophie dans la pensée antique*, coll. « Textes et traditions », Paris 2005[2], p. 29 *et passim*.

2. Voir surtout les livres III-IX ; *cf.* Hadot, *ibid.*, chap. III.

3. Hadot, *ibid.*, chap. IV.

Contrairement à une idée reçue, l'organisation de ces disciplines dans un système à trois voies (le *trivium*) ne préexista pas à la formation du cycle des quatre arts mathématiques (le *quadrivium*). Bien au contraire. En effet, on trouve tout d'abord chez Nicomaque de Gérase (IIe siècle après J.-C.), dans son *Introduction à l'arithmétique*, l'identification d'un cycle de quatre sciences mathématiques – appelées τέσσαρες μέθοδοι «quatre méthodes» –, dont il compare l'ordre progressif à une échelle. Boèce (VIe siècle) traduisit en latin par le mot *quadruvium*, qui fut à la base du mot plus répandu *quadrivium*, l'expression grecque utilisée par Nicomaque[1]. Il faut encore rappeler que l'ensemble des sept disciplines en un cycle encyclopédique fut adopté, dans un contexte d'instruction, tout d'abord au sein d'institutions occidentales telles que le *Vivarium* de Cassiodore (VIe siècle) et l'école d'Isidore de Séville (VIIe)[2]. À l'époque d'Augustin et de Martianus Capella, en effet, cette organisation hiérarchique du savoir ne correspondait pas encore à une pratique scolaire[3].

Si telle est l'histoire, ici rapidement résumée, de l'évolution de la formation du cycle encyclopédique des sept arts libéraux, il importe d'en étudier la réception en milieu arménien. En guise d'introduction, et pour signaler par anticipation des aspects qui seront traités plus en détail dans les pages qui suivent, on peut souligner d'emblée que la longue familiarité des Arméniens avec la *paideia* grecque constitua l'arrière-fond préalable d'un vaste mouvement de traduction d'œuvres grecques en arménien, qui se développa à des époques et selon des modalités différentes. Cette activité fut particulièrement intense dans les siècles formateurs de la littérature arménienne (fin Ve/début du VIe-VIIIe siècle)[4]. C'est durant cette période qu'une large partie des œuvres fondamentales des disciplines du *trivium* (grammaire, rhétorique, dialectique), puis du *quadrivium* (arithmétique, musique, astronomie, géométrie), furent traduites ou adaptées en arménien. Une telle activité se greffa sur une expérience confirmée de traductions d'écrits religieux grecs et syriaques en arménien, qui avait commencé tout de suite après la création de l'alphabet arménien, au début du Ve siècle. La Bible, les collections liturgiques, les commentaires exégétiques et d'autres écrits des Pères de l'Église furent l'objet des efforts des premiers traducteurs dans la première moitié du Ve siècle. Si l'intérêt pour les œuvres chrétiennes ne cessa jamais, les écrits des «savants du dehors», autrement dit les païens, attirèrent aussi de plus en plus l'attention des Arméniens au fil des siècles. Connus et étudiés en grec par les Arméniens déjà au IVe siècle – le siècle qui précéda l'invention de l'alphabet –, notamment grâce à la fréquentation des écoles grecques, ces écrits nourrirent la

1. Hadot, *ibid.*, p. 67-69.

2. Hadot, *ibid.*, p. 191-214.

3. Hadot, *ibid.*, p. 154-155.

4. Voir *infra*, V. Calzolari, «Les traductions de l'École hellénisante et l'introduction des arts du *trivium* en Arménie», p. 28-43.

pensée arménienne et furent, en partie du moins, traduits en arménien. Ils contribuèrent ainsi à enrichir le bagage culturel de l'Arménie antique et médiévale, en même temps que d'autres apports d'origine différente. Il ne faut pas oublier par exemple l'importance et la persistance du substrat culturel iranien de l'Arménie antique[1], ni l'importance des contacts avec le monde syriaque.

À la fin du VIIIe siècle, le corpus arménien comprenait déjà le texte fondateur de la spéculation grammaticale dans l'Antiquité, à savoir la *Grammaire* attribuée à Denys le Thrace, qui fit l'objet de nombreux commentaires et de scholies écrits directement en arménien, depuis le VIIe/VIIIe siècle jusqu'au Moyen Âge[2]. Le même corpus comprenait encore des recueils d'exercices propédeutiques pour l'apprentissage de la rhétorique, sous forme de traduction (les *Progymnasmata* de Théon) ou d'adaptation en arménien (les *Progymnasmata* d'Aphthonios, partiellement traduits et partiellement adaptés dans le *Livre des chries* arménien)[3]. La logique aristotélicienne, premier pilier du *cursus* des écoles néoplatoniciennes d'Athènes et d'Alexandrie, occupa également une place d'honneur dans la tradition arménienne. Les *Catégories*, le *De interpretatione* et les *Analytiques premiers* d'Aristote, ainsi que l'*Isagoge* de Porphyre furent traduits et/ou commentés, en même temps que d'autres écrits aujourd'hui considérés comme pseudo-aristotéliciens (*De mundo* et *De virtutibus*). Il en va de même pour les *Prolégomènes à la philosophie* et les commentaires de David (ou, selon d'autres, d'Élias) à Aristote et à Porphyre[4]. Les écrits du *quadrivium* connurent leur première systématisation, en arménien, dans l'œuvre d'Anania Širakac'i (VIIe siècle), telle qu'on peut la reconstruire aujourd'hui sur la base de *disiecta membra*. Les différents écrits qui nous sont parvenus présupposent la connaissance de doctrines empruntées à des sources grecques. Anania lui-même s'adonna vraisemblablement à une activité de traduction, bien qu'il soit difficile d'en restituer les détails[5].

1. Sur cet aspect, les travaux de N. G. Garsoïan restent fondamentaux : par exemple N. G. Garsoïan, « Prolegomena to a Study of the Iranian Aspects in Arsacid Armenia », *Handes Amsorya* 90, 1977, p. 1-46 ; *Ead.*, « The Locus of the Death of Kings : Iranian Armenia - the Inverted Image », dans R. G. Hovanissian (édit.), *The Armenian Image in History and Literature*, Malibu, Cal. 1981, p. 27-64 ; *Ead.*, « The Iranian Substratum of the Agat'angelos' Cycle », dans *Ead. et al.*, *East of Byzantium : Syria and Armenia in the Formative Period*, Washington, D.C. 1982, p. 151-189 (réimpr. dans *Ead.*, *Armenia between Byzantium and the Sasanians*, London, 1985, n° X-XII).

2. Voir *infra*, A. Orengo, « Histoire des théories grammaticales en Arménie dans l'Antiquité tardive et au Moyen Âge », p. 57-65.

3. Voir *infra*, G. Muradyan, « La rhétorique : le *Livre des chries* dans la tradition arménienne ancienne », p. 85-100.

4. Voir *infra*, V. Calzolari, « L'essor de la spéculation philosophique en Arménie dans l'Antiquité tardive », p. 101-141.

5. Voir *infra*, J.-P. Mahé, « Anania Širakac'i et la traduction arménienne des arts libéraux (VIIe siècle) », p. 143-159.

Dans l'ensemble, les centres et les époques de traduction, ainsi que les noms des traducteurs, nous sont en grande partie inconnus et font l'objet encore de nos jours de discussions savantes autour d'hypothèses parfois très divergentes. C'est seulement pour le VIIIe siècle que nous possédons des informations assurées, à propos des traducteurs et du lieu de traduction des œuvres du pseudo-Denys l'Aréopagite, de Némésios d'Émèse et, du moins en partie, de Grégoire de Nysse : ces traductions furent réalisées hors d'Arménie, à Constantinople, par Step'anos de Siounie et d'autres collaborateurs arméniens. Le VIIIe est aussi le siècle pour lequel nous possédons quelques renseignements au sujet de l'utilisation, dans un contexte d'enseignement, des œuvres grecques traduites en arménien. Ainsi, nous savons que le catholicos Yovhannēs Ōjnec'i (717-728) avait étudié les œuvres de Théon et de Porphyre et, plus généralement, la logique aristotélicienne et la grammaire ; autrement dit, il avait reçu une formation qui accordait un rôle important aux disciplines du *trivium*. Le catholicos mit à profit son érudition dans l'exercice de ses activités pastorales, en rédigeant des discours bien construits et efficaces pour amener les fidèles à la pénitence[1].

Il faut cependant attendre les Xe-XIe siècles pour avoir plus de renseignements sur les contextes et les pratiques d'instruction, en Arménie, et en particulier sur l'emploi des œuvres du *trivium* et du *quadrivium*. Au temps du savant Grigor Magistros (990-1058/9), un système scolaire était déjà en place[2]. Si les professeurs étaient souvent itinérants, on a pu néanmoins identifier, à partir du Xe siècle, des centres d'études stables, par exemple à Ani et Sanahin. L'église cathédrale d'Ani, capitale du royaume bagratide (884-1079), fut le siège d'une bibliothèque et d'une école importantes à l'époque du catholicos Petros Getadarj (1019-1058). D'autres centres ont dû exister à Ani, si l'on admet l'hypothèse que Grigor Magistros, tout en collaborant étroitement avec le catholicos et d'autres *vardapets* (docteurs en théologie) de la région, y avait aussi fondé une école. Grigor prônait d'abord l'étude de la grammaire, de la rhétorique et de la philosophie ; il considérait ensuite les disciplines mathématiques comme une seconde étape indispensable pour pouvoir aborder la théologie. Le royaume du Vaspurakan, qui se développa dans les mêmes années (908-1021), fut à son tour le siège d'une importante école monastique où les arts libéraux étaient au programme : le

1. M. Emin (édit.), *Yovhannu kat'ołikosi Drasxanakertc'woy, Patmut'iwn Hayoc'* [Yovhannēs Drasxanakertc'i, Histoire de l'Arménie], coll. « Łukasean Matenadaran » 5, Moscou 1853 (réimpr. Tiflis 1912 ; Delmar, NY 1980), p. 100-101 (passage cité *infra*, p. 39) ; G. Tēr-Vardanean (édit.), « Yovhannu Kat'ołikosi Drasxanakertc'woy, Patmut'iwn Hayoc' » [Yovhannēs Catholicos Drasxanakertc'i, Histoire de l'Arménie], *Matenagirk' Hayoc'/Armenian Classical Authors*, vol. 11, Antélias 2010, p. 419-420 ; voir aussi P. Boisson-Chenorhokian (trad.), *Yovhannēs Drasxanakertc'i, Histoire d'Arménie*. Introduction, traduction et notes par P. B. C., coll. « Corpus Scriptorum Christianorum Orientalium » 605, « Subsidia » 115, Louvain 2004, p. 164.

2. Voir *infra*, F. Alpi, « Les écoles d'Ani, Sanahin et Narek (X^e^-XIe siècle) », p. 164-181.

monastère de Narek, fondé par Anania Narekac'i en 935[1]. Dans un débat sur l'incorruptibilité, Anania n'hésita pas à citer des sentences des philosophes antiques, tels qu'Aristote, Platon, Pythagore, Démocrite, Dinarque, Galien et « Pisidos » de Corinthe : les doctrines des païens peuvent être rappelées si elles servent à soutenir les positions dogmatiques de la théologie arménienne[2].

Malgré des périodes prolongées de forte instabilité politique, des centres d'étude se développèrent aussi aux siècles suivants, non sans de nombreuses pérégrinations de leurs enseignants. Aux XIIIe-XIVe siècles, des écoles importantes se trouvaient par exemple dans les monastères de Nor Getik, Xor Virap, Hermon, etc. Parmi les centres les plus réputés se trouvent ceux de Glajor et Tat'ew[3]. C'est à propos de l'école de Glajor (fondée vers 1280), ensuite déplacée à Tat'ew (vers la fin du XIVe siècle), que les sources arméniennes médiévales utilisent l'appellation de *hamalsaran*, de nos jours employée pour indiquer l'« université ». Un de ses élèves, Matt'ēos Mličec'i (1283/4), appela l'école de Glajor « la deuxième Athènes glorieuse »[4]. Sous-jacente à cette expression, il faut apercevoir la considération dont le monde grec jouissait encore chez les Arméniens. La traduction de l'arménien *hamalsaran* par « université », à propos des centres de Glajor et Tat'ew, pourrait cependant induire en erreur, en suggérant des parallèles avec les universités médiévales européennes qui ne sont que partiellement justifiés. En plus des points communs, certes dignes d'intérêt, les différences méritent de retenir notre attention, afin de comprendre quelle a été la spécificité des milieux arméniens où les arts libéraux connurent un terrain fertile pour se développer et prospérer. Il s'agit d'un domaine de recherche à défricher. Les lignes qui suivent donneront quelques informations et ouvriront quelques pistes d'investigation.

Du point de vue de l'organisation des études, on a pu remarquer que dans l'école monastique de Glajor, puis de Tat'ew, les œuvres du *trivium* et du *quadrivium* étaient mises au syllabus. S'il n'est pas possible de restituer avec précision la structure du, ou des, *cursus* proposé(s), nous savons néanmoins que la grammaire, la rhétorique, la logique aristotélicienne et les quatre arts du *quadrivium* faisaient partie de la formation des étudiants qui se préparaient à devenir des *vardapets*. Le sommet du parcours était constitué par la théologie et

1. Voir Alpi, *ibid.*, p. 181-183.

2. A. et J.-P. Mahé, *Grégoire de Narek, Tragédie.* Introduction, traduction et notes, coll. « Corpus Scriptorum Christianorum Orientalium » 584, « Subsidia » 106, Louvain 2000, p. 52-53 et note 200, avec traduction française d'un passage conservé dans le manuscrit M 6453, cité dans H. T'amrazyan, *Anania Narekac'i, Kyank'n u matenagrut'yunĕ* [Anania Narekac'i, Vie et œuvres], Erevan 1986, p. 160-161. La question de l'accès d'Anania à ces sources reste ouverte.

3. Voir *infra*, S. La Porta, « Les sept arts libéraux et l'école de Glajor-Tat'ew (XIIIe-XIVe siècle) », p. 193-214.

4. Voir R. Dermerguérian, « L'Université de Gladzor (XIIIe-XIVe siècle) », dans R. Dermerguérian – P. Donabédian, *Armeniaca 2*, Aix-en-Provence 2008, p. 21.

l'exégèse biblique, et comprenait aussi les œuvres des Pères de l'Église devenues « classiques » dans la littérature arménienne à partir du ve siècle (les Pères cappadociens, Éphrem, Cyrille d'Alexandrie, et d'autres encore). Une des spécificités du *cursus* arménien, du moins à Tat'ew, réside dans l'importance accordée à l'étude des œuvres des anciens historiens d'Arménie[1] ; on retrouve, dans cet aspect, la continuation d'une tradition qui plonge ses racines dans les origines mêmes de la littérature arménienne, au ve siècle, époque à laquelle l'historiographie s'imposa comme un des « genres » arméniens dominants. La lecture d'autres auteurs encore était à la base de la formation ; c'est le cas, pour ne citer que cet exemple, des œuvres de Philon d'Alexandrie, qui avaient suscité très tôt l'intérêt des Arméniens.

L'organisation des centres d'instruction de l'Arménie médiévale, telle qu'on peut l'identifier sur la base de l'école de Tat'ew, présente des différences par exemple avec le système de l'université de Paris, où le *cursus* de la faculté des arts fut, pendant un temps, propédeutique à l'accès aux facultés de droit, de médecine et de théologie[2]. Quelques colophons arméniens permettent de comprendre que l'organisation des études, à Tat'ew, était rattachée à trois sections, ou « facultés », qui comprenaient aussi des spécialisations étroitement liées aux besoins de la communauté monastique : c'est le cas de la musique et de la peinture, qui formaient le noyau de deux de ces facultés ; dans la troisième, la formation des étudiants était conduite grâce à la lecture d'œuvres profanes et religieuses à la fois[3].

Un trait qui différencie les écoles monastiques médiévales arméniennes des universités européennes réside encore dans le fait qu'à la différence, par exemple, des universités de Paris et de Bologne, l'essor des centres arméniens ne fut pas lié à un développement urbain. On ne trouve pas non plus, en Arménie, d'universités laïques et on ne peut pas non plus parler d'« université » en tant que corporation, comme pour les universités européennes. Le phénomène des corporations n'est pas absent de l'Arménie médiévale – on connaît, par exemple, l'existence de confréries laïques dans la ville cosmopolite d'Erznka (aujourd'hui Erzincan), aux XIIIe-XIVe siècles[4] –, mais il n'a pas été associé aux écoles monastiques (les *hamalsarans*).

1. Au monastère de Tat'ew, aux XIVe-XVe siècles, on pouvait apprendre les « cinquante-et-un récits des historiens » : G. V. Yovsēp'ean, *T'ovma Mecop'ec'u keank'ě*, Vałaršapat 1914, p. 2 (voir *infra*, p. 40).

2. Sur les universités européennes médiévales, voir par exemple J. Verger, *Les universités au Moyen Âge*, Paris 2007^{2}.

3. La Porta, *ibid.*

4. Leurs statuts étaient inspirés des codes des confréries urbaines musulmanes d'Anatolie (*futuwwa*). Sur ce sujet, voir S. B. Dadoyan, *The Armenians in the Medieval Islamic World*, vol. 3 : *Medieval Cosmopolitanism and Images of Islam*, New Brunswick – London 2014, chap. 1 et 3 ; R. Goshgarian, « Futuwwa in Thirteenth Century Rūm and Armenia », dans

Il serait intéressant d'examiner, notamment dans une perspective comparatiste, l'attitude de l'Église à l'égard de la philosophie : il s'agit d'une vaste question qu'il faudrait, certes, poser de façon plus nuancée et diversifiée, sur la base d'exemples et de cas d'études. Comme on le sait, la réception de la pensée aristotélicienne fut en partie conditionnée, en Europe, par le regard et le contrôle exercés par l'Église catholique, ainsi que par les positions divergentes des différents ordres religieux. Or, les positions de l'Église catholique ne représentaient pas les courants dominants de l'Église arménienne médiévale, autocéphale depuis plusieurs siècles. Bien au contraire, des centres comme le monastère de Tat'ew furent des bastions pour la défense de l'indépendance dogmatique (et politique) de l'Église arménienne. Un tel contexte a-t-il pu conditionner de façon différente la réception de la doctrine aristotélicienne en Arménie ? Voici une question qui mériterait d'être étudiée en profondeur. À ce propos, on peut rappeler qu'aux XIIIe-XIVe siècles, face au danger des infiltrations catholiques, dans une large mesure liées aux activités missionnaires des Dominicains et des Franciscains qui avaient percé dans le monastère de K'ṙna[1], les instruments de la logique s'aiguisèrent au sein des monastères de Glajor et de Tat'ew par le biais d'une importante activité inédite de commentaires à Aristote, Porphyre et David[2]. La logique aristotélicienne fut mise à profit dans les disputes pour la défense de l'autonomie de l'Église d'Arménie. De quelle manière a-t-elle pu alimenter les positions des théologiens arméniens les plus acharnés dans la défense de l'indépendance dogmatique de l'Église arménienne contre les infiltrations latines ? Les spécialistes nous mettent cependant en garde contre une lecture unilatérale. L'approche des théologiens-philosophes de l'Arménie médiévale fut plutôt nuancée : tout en condamnant les dogmes des penseurs latins, les Pères de l'Église arménienne du XIVe siècle n'hésitèrent pas, en effet, à en adopter par exemple les méthodes de l'argumentation, lorsque celles-ci leur semblaient efficaces pour leur

A. C. S. Peacock – S. N. Yildiz (édit.), *The Seljuks of Anatolia: Court and Society in the Medieval Middle East*, London 2013, chap. 9.

1. Sur les milieux arméniens philolatins et les traductions arméniennes issues de ces centres, voir M. A. van den Oudenrijn, *Linguae Haicanae Scriptores Ordinis Praedicatorum Congregationis Fratrum Unitorum et FF. Armenorum Ord. S. Basilii citra mare consistentium quotquot huc usque innotuerunt*, Bernae 1960 ; *Id.*, « Uniteurs et Dominicains d'Arménie. 1. L'Union de Qrnay 1330 », *Oriens Christianus* 40, 1956, p. 94-112 ; *Id.*, « 2. Le nouvel athénée », *Oriens Christianus* 42, 1958, p. 110-133 ; *Id.*, « 3. La congrégation des Uniteurs », *Oriens Christianus* 43, 1959, p. 110-119 ; *Id.*, « Notes sur quelques ouvrages arméniens de provenance dominicaine », *Bazmavēp* 140, 1982, p. 52-67.

2. Voir, dans le présent volume, V. Calzolari, « L'essor de la spéculation philosophique en Arménie dans l'Antiquité tardive », p. 122-124 et S. La Porta, « Les sept arts libéraux et l'école de Glajor-Tat'ew (XIIIe-XIVe siècle) », p. 203.

propos[1]. Les œuvres issues de l'activité de traduction des cercles « uniates » (autrement dit, favorables à l'union avec l'Église catholique) étaient présentes dans les bibliothèques de Glajor et de Tat'ew, et ont entraîné des changements dans les *curricula*[2]. Tous ces ouvrages de l'Arménie médiévale restent de nos jours encore en grande partie inconnus. Jamais traduits, et par conséquent inconnus des historiens de la philosophie qui ne maîtrisent pas l'arménien, peu étudiés même par les spécialistes qui lisent cette langue, ces textes constituent pourtant des témoignages importants sur les conditions de la transmission des idées entre l'Occident et le Proche-Orient anciens, et mériteraient d'être rendus plus accessibles.

La question du rapport entre la philosophie aristotélicienne et les dogmes de l'Église arménienne est, de façon plus générale, apparentée à la question du rapport entre « sciences du dehors » et « révélation », qui fut très tôt posée, avec des traits différents, par des savants arméniens tels qu'Anania, déjà mentionné, et, avant lui, Eznik (théologien de la première moitié du Ve siècle). Cette question fut tout particulièrement abordée en lien avec les questions cosmologiques, la conception du monde ne pouvant pas, pour les penseurs de l'Arménie antique et médiévale, chrétienne, aller à l'encontre des Écritures[3]. Il est significatif de constater que les œuvres de physique d'Aristote n'ont jamais été traduites en arménien ; quant à la *Métaphysique*, c'est seulement au XVIIe siècle qu'elle fut traduite, non pas à partir du grec, mais sur la base d'une version latine[4].

La question de la circulation des textes grecs à l'époque médiévale gagnerait, elle aussi, à être étudiée d'une façon élargie. Une approche comparative a permis de comprendre qu'aux VIe-VIIe siècles, les œuvres philosophiques du *cursus* aristotélicien des écoles néoplatoniciennes ont dû circuler à la fois parmi les Arméniens et les Syriaques. Que peut-on savoir de la circulation et de la connaissance d'œuvres grecques chez les Arméniens au Moyen Âge ? Peut-on identifier des points de contact avec la circulation des œuvres des arts libéraux qui eut lieu, en milieu byzantin, à partir de 1204, dans le contexte qui suivit la prise de Constantinople par les Croisés[5] ?

1. S. La Porta, « Grigor Tat'evatsi et l'école monastique de Tat'ev », dans V. Calzolari (édit.), *Illuminations d'Arménie. Arts du livre et de la pierre dans l'Arménie ancienne et médiévale*, Cologny (Genève) 2007, p. 205-209.

2. Voir *infra*, S. La Porta, « Les sept arts libéraux et l'école de Glajor-Tat'ew (XIIIe-XIVe siècle) », p. 202-203.

3. Voir *infra*, R. W. Thomson, « La cosmologie », p. 215-236 et A. Orengo, « Astronomie, astrologie et arts du calendrier », p. 237-240.

4. Voir *infra*, V. Calzolari, « L'essor de la spéculation philosophique en Arménie dans l'Antiquité tardive », p. 106, n. 8.

5. M. Cacouros, « La philosophie et les sciences du *trivium* et du *quadrivium* à Byzance de 1204 à 1453 entre tradition et innovation : les textes et les enseignements, le cas de l'école du Prodrome (Pétra) », dans M. Cacouros – M.-H. Congourdeau (édit.), *Philosophie et Sciences à*

Ces questions et de nombreuses autres attendent d'être examinées d'une façon approfondie et avec des approches décloisonnées. Le présent livre repose ainsi sur une double intention. D'une part, il veut attirer l'attention du monde savant, et notamment celle des historiens de la pensée grecque, sur la réception de l'héritage grec en Arménie, afin de promouvoir des études interdisciplinaires et de parvenir, par ce biais, à une meilleure compréhension de cette réception dans ses multiples facettes. D'autre part, il vise à montrer de quelle manière l'héritage grec a été conjugué à des formes de savoir que les Arméniens ont empruntées à d'autres communautés avec lesquelles ils ont été en contact au fil des siècles. Pour ne citer qu'un seul exemple, les sciences naturelles et la médecine permettent tout particulièrement d'apprécier l'impact que les cultures syriaque, arabe et persane ont exercé sur les premiers *bžškapet*s « médecins » arméniens de l'époque cilicienne et sur leurs héritiers[1]. Le but final est de poser des jalons utiles pour comprendre de quelle manière les Arméniens se sont approprié et ont assimilé la culture des pays et des peuples limitrophes, tout en la développant dans une synthèse originale et en y apportant une réflexion et des éléments spécifiques.

Le concept traditionnel de « *translatio studiorum* », on le sait, a été remis en question et, au lieu de « transfert », impliquant l'idée d'une transmission linéaire et uniforme du savoir grec antique, les spécialistes considèrent plus approprié l'emploi d'autres termes suggérant la diversification des étapes et des modalités qui ont caractérisé cette transmission. Pour reprendre les mots d'O. Boulnois (à propos de l'époque médiévale), « au concept de transfert, il faudrait préférer celui de diffusion, et il faudrait remplacer le schéma de la ligne droite par celui du champ »[2]. Le but ultime du volume est d'ajouter « le champ arménien » à ce paysage, autrement dit une des pièces encore largement oubliées dans les atlas[3] et les études qui montrent l'étendue de la transmission du savoir grec en dehors du milieu de production.

Byzance de 1204 à 1453. Les textes, les doctrines et leur transmission, coll. « Orientalia Lovaniensia Analecta » 146, Leuven – Paris – Dudley, MA 2006, p. 1-51. Cacouros rappelle que « la quasi totalité des érudits byzantins à partir de 1204 ont, entièrement ou partiellement, canalisé leurs intérêts littéraires vers la philosophie et les Arts libéraux » (*ibid.*, p. 25).

1. Voir *infra*, S. Vardanyan, « La médecine dans l'Arménie médiévale », p. 265-286.

2. O. Boulnois, « Un Moyen Âge sans ténèbres. La transmission de la philosophie dans l'Occident médiéval latin », dans M. Delgado, Ch. Méla, F. Möri (édit.), *Orient – Occident, racines spirituelles de l'Europe. Enjeux et implications de la* translatio studiorum *dans le judaïsme, le christianisme et l'islam de l'Antiquité à la Renaissance.* Actes du colloque scientifique international, 16-19 novembre 2009, Paris 2014, p. 353. Voir aussi Calzolari, « L'essor de la spéculation philosophique en Arménie dans l'Antiquité tardive » dans le présent volume, p. 101-102 et 109-111.

3. Par exemple, E. Holenstein, *Philosophie-Atlas*, Zurich 2004, p. 89 et 91.

STRUCTURE DU VOLUME

Ce volume se compose de deux parties : la première porte sur l'introduction et le développement des arts libéraux en Arménie dans l'Antiquité tardive et au Moyen Âge et la seconde sur les sciences dans l'Arménie médiévale. Après un chapitre d'introduction sur les contacts entre les Arméniens et le monde grec, et en particulier sur les premières traductions des œuvres profanes grecques à l'époque de l'« École hellénisante », la première partie comprend trois chapitres autonomes sur l'essor de chacune des trois disciplines du *trivium* : la grammaire, la rhétorique, la logique et, plus généralement, la philosophie. Pour les disciplines du *quadrivium*, au sujet desquelles nous sommes moins renseignés, une présentation différente a été adoptée. Au lieu de quatre chapitres indépendants sur chacune des quatre *artes*, il a semblé préférable de proposer tout d'abord un chapitre sur l'œuvre du savant du VIIe siècle Anania de Širak, à qui l'Arménie doit l'introduction des arts mathématiques. Suivent deux chapitres, complémentaires entre eux, portant sur la réception du *trivium* et du *quadrivium* dans les écoles arméniennes médiévales (respectivement aux Xe-XIe siècles et aux XIIIe-XIVe). Ces chapitres, ainsi conçus, présentent l'intérêt d'offrir une image aussi claire que possible de l'utilisation des œuvres profanes dans un contexte d'instruction. Parmi les quatre arts mathématiques, on a mis en relief la cosmologie, l'astronomie, l'astrologie et les calendriers. Ces domaines occupèrent une place importante dans l'Arménie ancienne et médiévale. C'est la raison pour laquelle deux chapitres indépendants ont été consacrés, l'un à la cosmologie, et l'autre à l'astronomie, l'astrologie et les calendriers. Le dernier chapitre du volume porte sur la médecine. L'ensemble de ces trois chapitres occupe la deuxième partie du volume[1].

Bien d'autres aspects n'ont pas pu être traités : c'est le cas du droit, ou encore de la diffusion du savoir technique et pratique qui fut transmis aux Arméniens par les Arabes, parfois grâce à la médiation des Syriaques, dans l'Arménie cilicienne au XIIIe siècle, époque de la traduction d'œuvres sur la fonte de l'acier, la fabrication des sabres, la chimie et d'autres techniques encore[2]. Un autre aspect, seulement abordé dans ce volume (à propos de l'époque médiévale), mériterait d'être approfondi par des investigations ultérieures, à savoir l'étude des conditions et des modalités qui amenèrent à la professionnalisation et à la fonctionnarisation de la figure de l'enseignant, ainsi qu'à la mobilité des enseignants eux-mêmes et à la circulation des textes utilisés pour l'enseignement. En d'autres termes, en plus

1. Dans les chapitres qui suivent, le lecteur trouvera parfois des indications divergentes, par exemple sur la datation de quelques œuvres arméniennes ou sur d'autres questions qui font encore l'objet de débats. Il a semblé, en effet, plus approprié de laisser s'exprimer la diversité des points de vue des différents auteurs.

2. L. Tēr-Petrosean, *Asorineri derě haykakan Kilikioy mšakut'ayin keank'um ŽB-ŽG darerum/Le rôle des Syriens dans la culture de la Cilicie arménienne aux XIIe-XIIIe ss.*, coll. « Bibliothèque d'arménologie 'Bazmavep' » 28, Venise 1989, p. 24-25 et 83-84.

de l'histoire culturelle, l'étude des centres d'instruction de l'Arménie ancienne et médiévale mériterait d'être menée aussi du point de vue de l'histoire sociale. Il serait encore intéressant de poser la question, pour l'époque médiévale comme pour les âges antérieurs, de l'existence, le cas échéant, d'une différence entre un intérêt purement érudit pour les œuvres profanes grecques et un intérêt dicté par des exigences scolaires. La question de la formation d'un vocabulaire arménien spécialisé, brièvement évoquée dans les pages suivantes, ne saurait être traitée dans ce volume ; un aspect au moins, en particulier, mérite cependant d'être ici souligné. Il serait important d'analyser de façon systématique les différentes manières par lesquelles les Arméniens ont traduit et interprété les termes techniques grecs τέχνη (*cf.* lat. *ars*) – en particulier l'expression τέχναι ἐλεύθεραι (*cf.* lat. *artes liberales*) –, et ἐπιστήμη (*cf.* lat. *disciplina*), sans oublier le mot παιδεία (notamment dans l'expression ἐγκύκλιος παιδεία, *cf.* lat. *orbis doctrinae*)[1]. Peut-on suivre une évolution de ce vocabulaire révélatrice d'une évolution de la pensée arménienne ? Quel est, le cas échéant, l'héritage de ce vocabulaire arménien dans la langue et la pensée arméniennes modernes ?

Notre souhait est que les chapitres qui composent ce volume puissent contribuer à stimuler des recherches ultérieures sur l'enseignement supérieur et les pratiques scolaires de l'Arménie ancienne et médiévale, et enrichir d'autre part la réflexion sur l'impact de l'héritage grec sur la spéculation arménienne au fil des siècles. Ajoutons aussi que l'attention portée ici aux arts libéraux en Arménie se situe dans le sillage de l'ouvrage fondamental d'Ilsetraut Hadot, déjà plusieurs fois mentionné, sur *Arts libéraux et philosophie dans la pensée antique*, dont la deuxième édition a paru dans la collection « Textes et traditions »[2]. Le présent recueil veut offrir un complément arménien à cette entreprise. Il ne s'adresse pas uniquement aux lecteurs concernés par l'histoire de l'Arménie, mais à un public savant plus large, intéressé par la circulation des idées et les échanges culturels entre Orient et Occident dans l'Antiquité tardive.

REMERCIEMENTS

Cet *Avant-propos* ne saurait se terminer sans les remerciements dus à l'égard de tous les collègues qui ont rendu possible la réalisation de ce volume avec leur participation savante : Federico Alpi, Sergio La Porta, Jean-Pierre Mahé, Gohar Muradyan, Alessandro Orengo, Robert W. Thomson et Stella Vardanyan. Nos remerciements vont également à Mesdames Sarah Jalabert et Rose V. Chétanian,

1. Ce vocabulaire technique a été analysé, en grec et en latin, dans Hadot, *ibid.*, p. 193-199 *et passim*.

2. Dans la même collection, il faut rappeler aussi H. Hugonnard-Roche (édit.), *L'enseignement supérieur dans les mondes antiques et médiévaux*, coll. « Textes et traditions » 16, Paris 2008.

pour leur relecture du manuscrit et leur révision du français. La publication de cet ouvrage n'aurait pas été possible sans le soutien généreux du Fonds général de l'Université de Genève, à qui va notre gratitude. Que les responsables de la collection « Textes et traditions », Marie-Odile Goulet-Cazé, Richard Goulet et Philippe Hoffmann, soient aussi chaleureusement remerciés pour l'intérêt manifesté à l'égard de ce projet et que soit remerciée, avec eux, la Librairie philosophique J. Vrin pour son accueil.

Valentina Calzolari
Université de Genève

AVERTISSEMENT AU LECTEUR

TRANSLITTÉRATION DES NOMS ARMÉNIENS

Pour la translittération de l'arménien (anthroponymes, toponymes et références bibliographiques), nous avons adopté le système de la *Revue des Études Arméniennes*, établi par É. Benveniste, H. Hübschmann et A. Meillet. Dans la transcription des noms propres, nous avons uniformisé et indiqué systématiquement la voyelle *ō* à la fois pour le signe médiéval օ [ō] et pour la diphtongue d'époque classique աւ [*aw*], à l'exception des références bibliographiques, où la graphie d'origine a été respectée. Pour guider le lecteur vers une prononciation correcte des noms arméniens, nous avons jugé opportun d'ajouter les précisions suivantes :

c se prononce [ts]

*c*ʻ se prononce [ts], comme dans les terminaisons *-ec*ʻ*i* [-etsi], *-ac*ʻ*i* [-atsi]

*č, č*ʻ se prononcent [tch], comme dans l'italien *ciao*

ĕ se prononce [e], comme dans les mots français *je*, *me*

-ean se prononce [-ian]

h est toujours aspiré

ł se prononce [gh], comme le r grasseyé français

j se prononce [dz]

ǰ se prononce [dj], comme dans l'anglais *job*

o se prononce [vo] à l'initiale, o dans les autres positions

ṙ se prononce [r], fortement roulé

s se prononce [s], toujours sourd

š se prononce [ch], comme dans le français *choix*

w se prononce [v], devant voyelle et à la fin du mot ; [u] après la voyelle *i*

x se prononce [kh], comme l'allemand *nach*

y est aspiré à l'initial

ž se prononce [j], comme dans le français *jeu*

INDICATION DES MANUSCRITS ARMÉNIENS

Pour l'indication des manuscrits arméniens, nous avons suivi le système de sigles mis au point par l'Association Internationale des Études Arméniennes (AIEA) : *cf.* B. Coulie, « Collections and Catalogues of Armenian Manuscripts », dans V. Calzolari (édit.) (with the collaboration of M. E. Stone), *Armenian Philology in the Modern Era: From Manuscript to Digital Text*, coll. « Handbook of Oriental Studies. Section 8 : Uralic & Central Asian Studies », « History of Armenian Studies », vol. 23/1, Boston – Leiden 2014, p. 50-64 : « Appendix. List of Codes Used to Designates Armenian Manuscripts ».

VALENTINA CALZOLARI

LES TRADUCTIONS ARMÉNIENNES DE L'ÉCOLE HELLÉNISANTE ET L'INTRODUCTION DES ARTS DU *TRIVIUM* EN ARMÉNIE

INTRODUCTION : LES ARMÉNIENS ET LE MONDE GREC

L'introduction des disciplines du *trivium* en Arménie constitue un phénomène directement lié aux contacts serrés que les Arméniens ont entretenus avec le monde grec au fil des siècles. L'adoption des disciplines du premier cycle des arts libéraux au sein des écoles monastiques médiévales arméniennes présuppose, en effet, la connaissance et l'emploi des œuvres scientifiques grecques. D'abord connues et lues en grec, ces œuvres ont été ensuite traduites en arménien et se sont imposées comme les manuels d'étude nécessaires pour la formation d'un cycle d'études supérieures. Cette entreprise de traduction ne mit d'ailleurs pas fin à la lecture de textes dans la langue originale[1], comme le démontre le fait qu'au XIe siècle encore, un savant comme Grigor Magistros lisait le grec[2].

La plupart de ces traductions ont été effectuées dans une période particulière de l'histoire intellectuelle arménienne traditionnellement appelée « École hellénisante » ou « École hellénophile » (en arménien, *Yunaban dproc'*) ; cette école constitue l'objet principal de ce chapitre. Avant de l'aborder, il convient de considérer l'arrière-plan de l'intérêt des Arméniens pour le savoir grec et de

1. En milieu syriaque, à la même époque des traductions de l'École hellénisante, les savants qui lisaient le grec n'ont pas toujours jugé nécessaire de traduire dans leur langue les textes grecs qu'ils commentaient ; sur le caractère bilingue de l'approche de ces savants, voir Debié, « Sciences et savants syriaques », p. 11.

2. Sur Grigor Magistros, voir l'article d'Alpi, « Les écoles d'Ani, Sanahin et Narek (X^e^-XIe siècle) » dans le présent volume, p. 164-177 ; sur la connaissance du grec par Grigor Magistros, voir aussi van Lint, « Among Others ». Grigor Magistros était un érudit d'une envergure exceptionnelle ; on peut cependant légitimement admettre que la lecture des textes grecs, directement dans la langue originale, ne fut pas stoppée par l'introduction des traductions en arménien.

parcourir, ne serait-ce que brièvement, quelques étapes parmi les plus importantes de l'histoire des rapports entre le monde grec et le monde arménien.

Soulignons d'emblée que les premiers contacts des Arméniens avec le monde grec remontent à une époque très ancienne. Les Arméniens et l'Arménie sont déjà connus et mentionnés par des auteurs grecs tels qu'Hérodote (485-425 avant J.-C.), Ctésias († avant 398 avant J.-C.) et Xénophon (*ca* 430-355 avant J.-C.). Ce dernier, en particulier, a laissé la première description de l'Arménie qui nous soit parvenue[1]. Comme on le sait, en 401-399, avec d'autres mercenaires grecs, Xénophon avait pris part à une campagne de Cyrus le Jeune contre son frère, le roi perse Artaxerxès II Memnon (405-359). Dans l'*Anabase*, Xénophon décrit la marche des Dix Mille depuis la côte ouest de l'Asie Mineure jusqu'à la Mésopotamie, ainsi que leur retraite périlleuse jusqu'à la Mer Noire. Au chapitre IV, il évoque l'Arménie. Par ailleurs, dans un long extrait de la *Cyropédie*, il s'attarde sur les Arméniens à l'époque de Cyrus le Grand, en mentionnant leur affrontement, puis la paix avec les Khaldes (peuple des montagnes qui dominent sur le Pont)[2]. Xénophon dit avoir puisé ses informations dans des récits que les Arméniens se transmettaient par voie orale et qu'il avait connus grâce à l'intermédiaire d'interprètes grecs. Quelques siècles plus tard, l'historien et géographe Strabon (63 avant-19 après J.-C.) sillonna le monde méditerranéen, allant de l'Arménie à la Sardaigne et de la Mer Noire à l'Éthiopie. Il livra la description de son périple dans une *Géographie* en dix-sept livres ; la description de l'Arménie se trouve au livre XI.

LA COUR HELLÉNISÉE DU ROI ARMÉNIEN TIGRAN II ET LA REPRÉSENTATION DES TRAGÉDIES D'EURIPIDE EN ARMÉNIE

Si le sort de l'Arménie antique a été longtemps lié à l'histoire de l'Empire achéménide, dont l'Arménie constituait une unité administrative[3], après la chute de l'Empire perse, battu par l'armée d'Alexandre le Grand en 331, les Arméniens réussirent à instaurer une monarchie située, après la mort d'Alexandre († 323), dans la zone d'influence des Séleucides. Après la défaite du roi séleucide Antiochos III, vaincu par les Romains (en 191-190), deux généraux d'origine arménienne réussirent à bâtir deux royaumes : Artaxias (Artašēs) en Grande Arménie, au nord-est, et Zariadris (Zareh) dans la Sophène (Cop'k'), au sud-ouest. En 95 avant J.-C., les deux royaumes furent unifiés en une seule entité par un descendant des Artaxiades, Tigran le Grand (95-55 avant J.-C.).

1. Voir Gaggero, « Armenians in Xenophon », p. 73-74 (avec bibliographie).

2. Pour une présentation critique des passages de Xénophon, voir Gaggero, *ibid.*

3. Ils formaient, avec les Pactyes, la XIIIe satrapie : voir Lecoq, *Les inscriptions de la Perse achéménide*, p. 130-153.

La figure de Tigran et celle de son fils, Artawazd II (55/54-30), méritent d'être évoquées dans cet aperçu des rapports entre les Grecs et les Arméniens. La cour de ces deux rois arméniens était profondément hellénisée, comme des sources épigraphiques et littéraires grecques nous l'apprennent. Allié des ennemis traditionnels des Romains, les Parthes, Tigran se trouva, comme ses prédécesseurs, en guerre contre Rome. En 69, le général romain Lucullus s'empara de la capitale arménienne Tigranocerte[1]. Selon Plutarque (Ier-IIe siècle après J.-C.), quand Lucullus entra victorieux à Tigranocerte, il fut informé de la présence de nombreux acteurs que Tigran avait rassemblés pour l'inauguration du théâtre grec qu'il venait de faire bâtir dans sa capitale ; le général romain les employa à l'occasion des compétitions et des spectacles pour la célébration de la victoire[2] :

> Apprenant qu'on avait trouvé dans la ville un grand nombre d'artistes dionysiaques, que Tigran y avait rassemblés de partout pour l'inauguration du théâtre qu'il avait construit, [Lucullus] s'en servit pour les concours et les spectacles pour célébrer sa victoire.

Le passage cité peut être mis en parallèle avec l'extrait tiré d'une autre œuvre de Plutarque. Dans la *Vie de Crassus* (33, 1-7), on lit qu'après la défaite romaine de Carrhes, la tête du général Crassus, battu et tué dans cette bataille, fut amenée en présence du roi parthe, alors que ce dernier se trouvait à la cour d'Artawazd II. La tête coupée du général romain lui fut présentée pendant une représentation, en grec, des *Bacchantes* d'Euripide[3] :

> Lorsqu'on apporta la tête de Crassus à la porte, les tables avaient été enlevées et un acteur tragique nommé Jason, originaire de Tralles, chantait le rôle d'Agavé dans les *Bacchantes* d'Euripide. Il était en train de remporter un grand succès, lorsque Silacès se présenta devant la salle, se prosterna et jeta au milieu [de l'assemblée] la tête de Crassus.

Dans le même extrait (33, 2), Plutarque ajoute qu'Artawazd lui-même composait des tragédies et écrivait des discours et des histoires en grec[4]. Toujours à propos de Tigran, il a été encore observé que des intellectuels itinérants grecs, et non seulement des acteurs, avaient été accueillis à sa cour. C'est le cas de l'histo-

1. Ces victoires marquèrent le début du protectorat romain sur l'Arménie. À l'époque du fils et successeur de Tigran, Artawazd II, les Parthes subirent une nouvelle offensive des Romains, d'abord sous la conduite de Crassus (vers 54-42) et ensuite de Marc Antoine (en 36). Artawazd fut accusé par les Romains de trahison ; lors de sa captivité en Égypte, il fut décapité sur ordre de Cléopâtre.

2. *Lucullus*, 29, 4 : πυνθανόμενος δὲ πολλοὺς ἐν τῇ πόλει κατειλῆφθαι τῶν περὶ τὸν Διόνυσον τεχνιτῶν, οὓς ὁ Τιγράνης πανταχόθεν ἠθροίκει, μέλλων ἀναδεικνύναι τὸ κατεσκευασμένον ὑπ' αὐτοῦ θέατρον, ἐχρήσατο τούτοις πρὸς τοὺς ἀγῶνας καὶ τὰς θέας τῶν ἐπινικίων.

3. *Crassus*, 33, 3 : Τῆς δὲ κεφαλῆς τοῦ Κράσσου κομισθείσης ἐπὶ θύρας, ἀπηρμέναι μὲν ἦσαν αἱ τράπεζαι, τραγῳδιῶν δ' ὑποκριτὴς Ἰάσων ὄνομα Τραλλιανὸς ᾖδεν Εὐριπίδου Βακχῶν τὰ περὶ τὴν Ἀγαύην. εὐδοκιμοῦντος δ' αὐτοῦ, Σιλάκης ἐπιστὰς τῷ ἀνδρῶνι καὶ προσκυνήσας, προὔβαλεν εἰς μέσον τοῦ Κράσσου τὴν κεφαλήν.

4. Voir Breglia Pulci Doria, « Plutarco e Tigran II » ; *cf.* Traina, « Plutarque et le théâtre grec ».

rien Métrodore de Scepsis († en 70 avant J.-C.), qui aurait écrit, en grec, une *Histoire de Tigran,* sur invitation du roi arménien lui-même[1], et d'Amphicratès d'Athènes (Ier siècle avant J.-C.)[2].

LES SOURCES ÉPIGRAPHIQUES

Des fouilles archéologiques, effectuées en 1911 et en 1927, ont révélé des témoignages ultérieurs sur la présence d'intellectuels grecs en Arménie. Ces découvertes importantes démontrent que l'influence grecque, du moins dans les hautes classes de la société arménienne, remonte à une époque antérieure au Ier siècle, contrairement à ce qu'on croyait auparavant[3]. En particulier, dans la ville d'Armawir (à une trentaine de kilomètres à l'ouest d'Erevan)[4], on a trouvé sept inscriptions grecques gravées sur deux blocs de rochers. Sur la base de critères épigraphiques, elles ont été datées de la fin du IIIe/début du IIe siècle avant J.-C.[5]. Le premier des deux rochers, surtout, contient deux inscriptions conservant respectivement des vers hexamétriques sur Hésiode et son frère Persée, ainsi qu'un centon de vers (modifiés) d'Euripide. Elles attestent un grec érudit, contenant des formes poétiques, au niveau du lexique, de la grammaire et de la structure métrique ; elles conservent par exemple des formes d'aoriste typiques des récits homériques. Son auteur « se révèle donc être un fin lettré, nourri de toute une tradition qu'il s'attache à développer par une création verbale qui se conforme à des modèles anciens »[6]. Cet auteur érudit devait être un poète itinérant hellé-

1. Il nous reste un seul fragment de cette *Histoire*, cité dans les Scholies à Apollonius de Rhodes : *Schol. Apoll. Rhod.*, IV 131 (*FGrHist* 184 F 1). Sur ce personnage et les sources grecques et latines qui le mentionnent (Plutarque, Strabon, Cicéron, Pline l'Ancien), voir Alonso-Nuñez, « Un historien antiromain » ; Marastoni, *Metrodoro di Scepsi* ; Pédech, « Deux Grecs face à Rome » ; Traina, « Traditions on Armenia ». Il était connu sous le sobriquet de *misoromaeus* « qui hait les Romains » (*cf.* Pline, *Naturalis historia*, XXXIV 34).

2. Sur Amphicratès, voir par exemple Engels, « Ἄνδρες ἔνδοξοι or 'men of high reputation' in Strabo's *Geography* », p. 140.

3. D'après Robert (« Bulletin épigraphique », p. 185), ces découvertes archéologiques ont entraîné « un renouvellement complet des opinions courantes sur l'hellénisme en Arménie » ; *cf.* Mahé, « Le site arménien d'Armawir », p. 568.

4. Située sur le site de l'Argištihinili ourartéenne, Armawir fut la capitale des rois arméniens orontides et site d'un sanctuaire.

5. C'est la datation proposée (sur la base du témoignage de Moïse de Khorène) par Manandyan, « Armaviri hunaren arjanagrut'yunnerě » et confirmée (sur la base de critères épigraphiques) par Robert, « Bulletin Épigraphique ». Sur ces inscriptions, voir, entre autres, Lamberterie, « Un poète hellénistique en Arménie » ; Kannicht, « Die Versinschrift Nr. 2 Armavir » ; Mahé, « Le site arménien d'Armawir » ; *Id.*, « Moïse de Khorène et les inscriptions grecques d'Armawir » (texte et traduction des inscriptions, p. 578-585) ; Merkelbach, « Die Trimeter von Armavir » ; *Id.*, « Ein armenischer König » ; Merkelbach – Stauber, *Steinepigramme aus dem griechischen Osten,* p. 18-22 ; Peek, « Die metrischen Felsinschriften von Armavir ».

6. Lamberterie, « Un poète hellénistique en Arménie », p. 157.

nistique, qui se mit au service de la cour arménienne. Cela prouve le prestige dont jouissait la culture grecque en Arménie déjà dans les temps les plus anciens[1].

LA CONNAISSANCE DE LA LANGUE GRECQUE AVANT L'ALPHABÉTISATION DE L'ARMÉNIE

Les témoignages relatés plus haut confirment la connaissance du grec chez les élites arméniennes à une époque très ancienne. Le grec, par ailleurs, était une des langues employées pour les besoins de l'administration. Il faisait partie des langues de la chancellerie de l'Empire parthe (25 avant J.-C.–224-226 après J.-C.)[2], en même temps que l'araméen dit « de l'Empire »[3].

Il ne fait pas de doutes que le grec continua d'appartenir au groupe des langues maîtrisées par les Arméniens aux siècles suivants aussi, et que l'alphabet grec fut l'un des systèmes d'écriture en usage avant la création de l'alphabet arménien, au début du Ve siècle après J.-C. Nous sommes cependant peu renseignés sur les écoles et la scolarisation des Arméniens à cette époque. Des informations importantes sont néanmoins connues à propos de la formation et des compétences linguistiques des figures marquantes de l'histoire religieuse et intellectuelle de l'Arménie aux IVe-Ve siècles. C'est le cas de Grégoire l'Illuminateur (l'évangélisateur de l'Arménie au début du IVe siècle), de Nersēs (à la tête de l'Église arménienne de 353 à 373), ainsi que de Maštoc' (l'inventeur de l'alphabet arménien, au début du Ve siècle) et du catholicos Sahak, son contemporain. Sans entrer

1. Les rapports commerciaux avec le monde grec ancien et, plus tard, avec le monde byzantin furent aussi intensifs. Le territoire arménien était sillonné par plusieurs voies caravanières, et il possédait des centres actifs d'importation et d'exportation comme Tigranocerte et Artašat : Manandian, *The Trades and Cities of Armenia*, chap. 4.

2. Deux actes de vente en grec, l'un de l'an 88 et l'autre de l'an 22/21 avant J.-C., ont été trouvés à Avroman (Hawrāmān), dans le Zagros. Le grec était aussi la langue des textes juridiques parthes (*cf.* loi de succession de l'époque arsacide trouvée à Doura Europos [Salihiyeh]) et des légendes des monnaies, qui avaient ainsi un cours international.

3. En Arménie (près du lac Sevan, dans le Zangezur, et près de la ville d'Ijevan), on a trouvé par exemple des bornes que le roi Artašēs Ier (188/189-161 avant J.-C.) fit installer pour délimiter les territoires selon sa réforme cadastrale ; elles conservent des inscriptions en araméen et sont mentionnées par Moïse de Khorène (Abełean – Yarut'iwnean [édit.], *Movsisi Xorenac'woy*, II 56) : Perikhanian, « Une inscription araméenne » ; *Ead.*, « Les inscriptions araméennes du roi Artachès » ; *cf. Ead.*, « Inscription araméenne gravée sur une coupe », à propos d'une inscription en araméen gravée sur une coupe trouvée au Siwnik'. Rappelons que Moïse de Khorène connaît aussi les inscriptions cunéiformes de la région de Van, qu'il attribue à la reine assyrienne Sémiramis (en arménien, Šamiram) : Abełean – Yarut'iwnean (édit.), *Movsisi Xorenac'woy*, I 16.

dans les détails, rappelons que les sources historiographiques arméniennes du Ve siècle nous renseignent sur le fait que ces personnalités connaissaient le grec[1].

Avec le syriaque, le grec était l'une des deux langues utilisées pour les besoins de la liturgie. Avant l'invention de l'alphabet, dans les églises arméniennes le culte était pratiqué en grec ou en syriaque, selon les régions d'Arménie[2]. La lecture des Écritures dans l'une de ces deux langues étrangères était suivie d'une explication (ou d'une traduction) orale en arménien. Il n'est pas étonnant d'apprendre que Grégoire, après l'adoption du christianisme comme religion officielle du royaume arménien, ouvrit des écoles, où les élèves, divisés en deux groupes, étaient formés précisément dans ces deux idiomes, le grec et le syriaque[3]. Le patriarche Nersēs aussi « fonda des écoles pour les langues grecque et syriaque dans tous les districts de l'Arménie »[4].

C'est à partir du grec et du syriaque que, tout de suite après la création de l'alphabet, les Arméniens ont traduit les Écritures et d'autres textes religieux (collections liturgiques et textes exégétiques des Pères de l'Église grecque et syriaque). La première transmission de la pensée grecque sous forme de traduction se situe ainsi à l'origine de la littérature arménienne elle-même, au début du Ve siècle[5].

Dans un second temps, probablement à partir de la fin du Ve siècle, les Arméniens commencèrent à traduire également les œuvres profanes grecques, appelées en arménien *artak'in* « externes », à savoir « externes à la révélation »[6]. Si les premières traductions remontent peut-être à la fin du Ve du siècle, ou au début du VIe, la connaissance des œuvres profanes grecques est cependant antérieure à cette

1. Il faut cependant distinguer le cas de Grégoire, qui avait été élevé en Cappadoce à cause de son exil, de celui des autres personnalités : Tēr-Mkrtč'ean – Kanayeanc' (édit.), *Agat'angeleay*, § 17 ; *cf.* Abełean – Yarut'iwnean (édit.), *Movsisi Xorenac'woy*, II 80. C'est afin de recevoir une formation appropriée que Nersēs avait été envoyé en Cappadoce : Patkanean (édit.), *P'awstosi Buzandac'woy*, IV 3 ; *cf.* Abełean – Yarut'iwnean (édit.), *Movsisi Xorenac'woy*, III 16. À propos de l'inventeur de l'alphabet arménien Maštoc', son biographe Koriwn dit que « dans son enfance, il avait été instruit dans les lettres grecques » dans son canton d'origine (le Tarōn) : Abełean (édit.), *Koriwn, Vark' Maštoc'i*, § 3. Le catholicos Sahak, de son côté, connaissait différentes langues étrangères, dont le grec.

2. *Cf.* Tēr-Mkrtč'ean – Malxaseanc' (édit.), *Łazaray, Patmut'iwn*, I 10, p. 13, lin. 34-36 ; Abełean – Yarut'iwnean (édit.), *Movsisi Xorenac'woy*, III 47, *cf.* III 38 ; Patkanean (édit.), *P'awstosi Buzandac'woy*, III 13.

3. Tēr-Mkrtč'ean – Kanayeanc' (édit.), *Agat'angeleay*, § 151-154.

4. Patkanean (édit.), *P'awstosi Buzandac'woy*, IV 4.

5. Pour une présentation d'ensemble et une problématisation du contexte politique, religieux et culturel dans lequel ces traductions furent effectuées, on pourra se reporter à Mahé, « L'Arménie et les Pères de l'Église ».

6. Il s'agit de l'équivalent arménien d'une expression d'origine grecque, utilisée par les Pères de l'Église sur la base de 1 Tm 3, 7 οἱ ἔξωθεν « ceux du dehors », ou ἡ ἔξωθεν « la [*paideusis*] de dehors » (*cf.* 1 Cor 5, 12-13 ; Col 4, 5 ; 1 Th 4, 12).

époque. Elle est notamment liée à la fréquentation des écoles grecques par des étudiants arméniens, sur laquelle nous sommes renseignés dès le IVe siècle[1]. Les Arméniens rejoignirent aussi les circuits d'instruction de l'Empire romain d'Orient, et notamment les écoles d'Athènes et d'Antioche. Pour reprendre les mots de P. Brown, « The culture of late antiquity was based on 'an archipelago of cities'. [...] the sons of the gentry of less-privileged provinces (such as Armenia, Arabia, and Cappadocia) engaged in vigorous 'island-hopping', making their way to major centers – Athens, Antioch, Gaza, and Alexandria – in order to complete their education »[2].

ÉTUDIANTS ARMÉNIENS DANS LES ÉCOLES GRECQUES : ITINÉRAIRES ET LIEUX D'ÉTUDE

L'ÉCOLE DE RHÉTORIQUE D'ATHÈNES

L'école de rhétorique d'Athènes jouissait d'un grand prestige dans l'Antiquité, surtout au IVe siècle après J.-C. Sur l'autorité de ce centre d'instruction, Gallay a écrit : « Au point de vue de l'enseignement, Athènes gardait un prestige incontesté ; par ses écoles, elle était encore la demeure de l'éloquence. Pour appartenir à l'élite des gens cultivés, il fallait presque nécessairement avoir passé par Athènes »[3].

Parmi les « gens cultivés » qui étudièrent à Athènes on trouve l'arménien Prohérésios (276-369), une figure souvent évoquée au sujet des contacts culturels entre monde grec et monde arménien[4]. Élève brillant, Prohérésios devint ensuite professeur de rhétorique à la même école et il compta, parmi ses étudiants les plus

1. Sur cet aspect, voir Calzolari, « The Reception and the Transmission of the Greek Cultural Heritage in Armenia ». Sur la *paideia* dans l'Empire romain d'Orient au IVe siècle, voir la synthèse de Cameron, « Education and Literary Culture », p. 667-684. Voir aussi la note suivante.

2. Brown, *Power and Persuasion*, p. 37, qui reprend l'image de l'« archipel de cités » utilisée par Kaster (*Guardians of Language*, p. 21) pour indiquer les principaux centres d'instruction de l'Empire romain d'Orient dans l'Antiquité tardive : *cf.* Métivier, *La Cappadoce*, p. 329 ; sur ces centres aux IVe-Ve siècles, voir aussi Lemerle, *Le premier humanisme byzantin*, p. 51-52.

3. Gallay, *La vie de saint Grégoire de Nazianze*, p. 37-38.

4. Sur Prohérésios et sa carrière, comme étudiant et comme enseignant, ainsi que sur sa foi (chrétienne ou païenne), voir Di Branco, « Politica e religione in Atene » ; Goulet, « Prohérésius le païen » ; Watts, *City and School*, p. 48-78 ; *cf.* Enßlin, « Proairesios » ; Gärtner, « Prohairesios » ; Jones *et al.* (édit.), *The Prosopography of the Later Roman Empire*, vol. 1, *s. v.* « Proaeresius », p. 731 ; Markschies, « Prohairesios ».

célèbres, l'empereur Julien, Grégoire de Nazianze et Basile de Césarée[1]. Il faut inclure aussi Eunape de Sardes qui, dans ses *Vies des sophistes*, offre les informations les plus détaillées sur Prohérésios, son origine et sa carrière[2].

Eunape rappelle que Prohérésios était d'origine arménienne ; il venait plus précisément « de cette partie de l'Arménie la plus reculée qui est voisine de la Perse »[3]. Après avoir étudié à Antioche, avec le professeur de rhétorique Ulpianos, il passa à l'école d'Athènes, où il se distingua parmi les disciples les plus brillants de Julien de Cappadoce. Devenu professeur, il se vit confier, en raison de ses origines orientales, les étudiants provenant du Pont et d'Asie Mineure. Parmi d'autres détails, Eunape mentionne en particulier le fait que Prohérésios fut invité à Rome, où il fut honoré d'une statue marquée d'une inscription le célébrant par les mots suivants : « Rome, la ville reine, au roi de l'éloquence »[4].

Toujours à propos de la présence d'étudiants arméniens à l'école d'Athènes, rappelons que dans l'éloge funèbre écrit en l'honneur de Basile, Grégoire de Nazianze aussi mentionne cette présence d'Arméniens parmi les condisciples de Basile à Athènes[5]. Il la souligne pour mieux mettre en évidence le profil brillant et exceptionnel de Basile lui-même. Grégoire revient sur les débuts du séjour de Basile à Athènes (350-355/6) et rappelle que quelques Arméniens, anciens élèves du père de Basile, Basile l'Ancien, à Néocésarée, avaient approché le futur Père de l'Église, en lui posant des questions, afin de mettre à l'épreuve son talent. Selon les dires de Grégoire, leur but réel était de mettre Basile en difficulté, mais ils furent aussitôt remis à leur place par les répliques talentueuses et érudites que Basile formula à coups de syllogismes et de citations homériques. S'il n'est pas possible de se prononcer avec certitude sur le caractère fondé ou fictif de ce portrait négatif des condisciples arméniens[6], réel ou exagéré, la mention d'étu-

1. *Cf.* Hansen – Sirinjan (édit.), *Socrates Scholasticus, Kirchengeschichte*, IV 26 ; Hansen (édit.), *Sozomen, Kirchengeschichte*, VI 17. Grégoire de Nazianze écrivit un *Épitaphe* en l'honneur du maître : *Épitaphes* (PG 38), V 13A.

2. Goulet (édit.), *Vies de philosophes et de sophistes*, X.

3. Goulet (édit.), *ibid.*, X 8 (*cf.* X 20) ; cette expression semble faire allusion à la Grande Arménie, royaume indépendant (jusqu'en 387) situé entre Rome et la Perse, plutôt qu'à l'*Armenia Minor*, c'est-à-dire l'Arménie occidentale, zone d'influence romaine à la même époque. La *Souda* indique, de façon erronée, la Cappadoce comme lieu d'origine de Prohérésios ; pour une possible explication de cette erreur, voir Goulet, « Prohérésius le païen », p. 210 et note 3 ; *cf.* Penella, *Greek Philosophers and Sophists*, p. 83-84.

4. Goulet (édit.), *ibid.*, X 75. Voir aussi Grégoire de Nazianze, *ibid.* ; Förster (édit.), *Libanii opera, Epist.*, 275, 1, p. 261, 15-16.

5. Bernardi (édit. et trad.), *Grégoire de Nazianze, Discours*, 43, 17. Sur la présence des Cappadociens dans les circuits d'instruction de l'Empire romain d'Orient au IVe siècle, voir Métivier, *La Cappadoce*, p. 325-341.

6. On trouvera une possible explication des raisons personnelles qui peuvent avoir dicté ce jugement sévère de Grégoire de Nazianze dans Bernardi, « Nouvelles perspectives sur la famille de Grégoire de Nazianze », p. 352-359.

diants arméniens à l'école d'Athènes reste une information importante pour nos propos.

La réputation de l'école d'Athènes chez les Arméniens continua d'être considérable aux siècles suivants. Au Moyen Âge, quelques sources arméniennes établirent un lien entre l'école d'Athènes et les figures majeures de l'histoire intellectuelle arménienne. Ainsi, on a même prêté à l'historien Moïse de Khorène et au philosophe David – tous deux présentés comme des auteurs du Ve siècle[1] – un séjour d'études commun à Athènes, où, selon les mêmes sources, ils auraient été condisciples de Basile de Césarée et de Grégoire de Nazianze[2]. Il s'agit d'une information difficilement admissible pour des raisons chronologiques évidentes, car les deux Pères cappadociens ont vécu au IVe siècle ; cet anachronisme vise à lier les deux auteurs arméniens à ces figures prestigieuses de l'histoire religieuse grecque.

L'ÉCOLE DE RHÉTORIQUE D'ANTIOCHE

Toujours au IVe siècle, nous sommes renseignés sur la présence d'étudiants arméniens à l'école de rhétorique de Libanios, à Antioche (ville syriaque profondément hellénisée). Dans ses nombreuses lettres, Libanios rappelle l'assiduité d'étudiants d'origine arménienne. À cet égard, P. Petit a écrit : « De toutes les provinces orientales, c'est l'Arménie qui fournit à Libanius son plus important contingent avec ses 20 ressortissants, et c'est vraiment étonnant »[3]. Les étudiants venaient peut-être de l'*Armenia Minor*, c'est-à-dire de l'Arménie occidentale, zone d'influence romaine. Cette mention reste néanmoins digne d'intérêt. La connaissance de la rhétorique grecque et de ses formes amènera, plus tard, à la traduction de manuels d'exercices préparatoires (les *progymnasmata*) et d'exercices des chries[4].

1. La chronologie de Moïse de Khorène est objet à débat (voir, par exemple, Traina, *Il complesso di Trimalcione*, pour une datation au Ve siècle, et Garsoïan, « L'*Histoire* attribuée à Movsēs Xorenac'i », pour une datation plus tardive). Il est, en revanche, aujourd'hui admis que David (considéré par la tradition médiévale arménienne comme un auteur de la première moitié du Ve siècle) a vécu au VIe siècle.

2. Sur les sources qui relayent cette information, voir Calzolari, « L'essor de la spéculation philosophique en Arménie dans l'Antiquité tardive » dans le présent volume, p. 101-141.

3. Petit, *Les étudiants de Libanius*, p. 132-135. Sur l'école de Libanios, voir par ex. Cribiore, *The School of Libanius*.

4. Voir le chapitre de Muradyan, « La rhétorique : le *Livre des chries* dans la tradition arménienne ancienne et médiévale » dans le présent volume, p. 85-100.

PRÉSENCE ARMÉNIENNE DANS LES ÉCOLES D'ALEXANDRIE ET DE TRÉBIZONDE ET DANS LES BIBLIOTHÈQUES DE BYZANCE AUX VIe-VIIIe SIÈCLES

Plus tard, au VIe siècle en tout cas, des étudiants arméniens fréquentèrent l'école néoplatonicienne d'Alexandrie, sur laquelle on reviendra dans un autre chapitre de ce volume[1]. Au VIIe siècle, Anania Širakac'i quitta l'Arménie pour chercher en terre grecque les possibilités de parfaire sa formation qui, à ses dires, lui faisaient défaut dans sa terre natale[2]. Comme il le raconte dans le texte connu sous le titre traditionnel d'« Autobiographie »[3], Anania, en route pour la capitale de l'Empire byzantin, rencontra d'autres Arméniens ; ceux-ci lui conseillèrent de se rendre plutôt chez le savant grec Tychikos, à l'école de Trébizonde[4]. C'est dans cette école qu'il put compléter sa formation, notamment dans les disciplines mathématiques[5]. À propos de Byzance, rappelons qu'au VIIIe siècle, le savant arménien Step'anos Siwnec'i fut introduit, par d'autres Arméniens déjà sur place (Dawit' Hiwpatos et Grigor K'ahanay Ayrivanec'i), dans la bibliothèque de la basilique de Sainte-Sophie. Ensemble, ils collaborèrent à la traduction des œuvres du pseudo-Denys l'Aréopagite[6].

L'ÉCOLE HELLÉNISANTE ET LES TRADUCTIONS DES ŒUVRES PROFANES GRECQUES

La fréquentation des écoles grecques, aux IVe-Ve siècles, permit aux Arméniens de prendre connaissance des programmes et des œuvres étudiées et commentées dans les écoles elles-mêmes. Après les avoir lues et étudiées en grec, ils les traduisirent, en partie du moins, en arménien. La traduction des œuvres profanes grecques se développa surtout aux VIe-VIIIe siècles, grâce à l'activité des traducteurs de l'« École hellénisante »[7]. Parmi les œuvres traduites dans ce

1. Voir le chapitre de Calzolari, « L'essor de la spéculation philosophique en Arménie dans l'Antiquité tardive » dans le présent volume, p. 104-121.

2. Voir Mahé, « Anania Širakac'i et la traduction arménienne des arts libéraux (VIIe siècle) » dans le présent volume », p. 144-147.

3. Le titre conservé dans les manuscrits arméniens est *Sur la manière de sa vie* (*Vasn orpisut'en kenac' iwroc'*).

4. Abrahamyan (édit.), « Ananiayi Širakunwoy », reproduit dans *Matenagirk' Hayoc'/ Armenian Classical Authors*, vol. 4, p. 593-594 ; Berbérian (trad.), « Autobiographie », p. 191-192.

5. Abrahamyan (édit.), *ibid.*, p. 595 ; Berbérian (trad.), *ibid.*, p. 193. Sur Tychikos, voir Lemerle, « Note sur les données historiques de l'autobiographie d'Anania de Shirak ».

6. Voir *infra*, p. 30.

7. Sur l'École hellénisante, voir Calzolari, « L'école hellénisante » ; Kölligan, « Graeca in Armenia » ; Manandean, *Yunaban dproc'ĕ* ; Mercier, « L'École hellénistique » ; Muradyan,

contexte, on trouve la *Grammaire* attribuée à Denys le Thrace (IIe siècle avant J.-C.)[1], qui fit l'objet, au cours des siècles suivants, de nombreux commentaires écrits directement en arménien[2]. Nous pouvons citer également la version arménienne des *Progymnasmata* (exercices propédeutiques à l'étude de la rhétorique) d'Aelius Théon (Ier-IIe siècle après J.-C.), ainsi que le *Livre des chries* (en arménien *Girk' pitoyic'*), à savoir une rédaction christianisée des *Progymnasmata* d'Aphthonios d'Antioche (IVe-Ve siècle après J.-C.)[3]. Ces œuvres furent utilisées, plus tard, comme manuels pour l'apprentissage des deux premières disciplines (*artes*) du *trivium*, précisément la grammaire et la rhétorique. L'introduction du troisième art libéral, la dialectique, fut en grande partie liée aux traductions des œuvres grecques du néoplatonicien David, et des écrits de logique d'Aristote et de Porphyre[4]. À propos du corpus philosophique issu de l'École hellénisante, il convient de citer encore les œuvres de Philon et du pseudo-Philon[5] ; le *De natura* attribué à Zénon[6] ; le *Livre des Étants* (*Girk' Ēakac'*)[7] ; des écrits philosophico-religieux du *Corpus hermétique*[8] ; le *De mundo* et le *De virtutibus* du pseudo-Aristote. L'époque de la traduction des dialogues de Platon (*Apologie, Lois, Euthyphron, Timée* et *Minos*, d'authenticité douteuse), en revanche, est loin de faire l'objet d'un consensus, la critique étant partagée entre les tenants d'une traduction à l'époque de l'École hellénisante et les tenants d'une traduction plus tardive, du temps de Grigor Magistros (*ca* 990-1058)[9].

Hunaban dproc'ë; Muradyan, « The Hellenizing School » ; Muradyan, *Grecisms in Ancient Armenian* ; Terian, « The Hellenizing School » ; Zekiyan, « Quelques observations critiques ».

1. Voir, entre autres, Adontz (édit.), *Denys de Thrace et les commentateurs arméniens* ; Clackson, « The *Techne* in Armenian » ; Lamberterie, « La version arménienne de la Grammaire de Denys de Thrace » ; Sgarbi, « Studio contrastivo » ; *Id.*, « Problemi lessicali » ; Weitenberg, « On the Chronology of the Armenian Version of Dyonisius Thrax ».

2. Voir l'article d'Orengo, « Histoire des théories grammaticales en Arménie dans l'Antiquité tardive et au Moyen Âge » dans le présent volume, p. 57-66.

3. Voir le chapitre de Muradyan, « La rhétorique : le *Livre des chries* dans la tradition arménienne ancienne et médiévale » dans le présent volume, p. 85-100.

4. Sur les liens entre l'Arménie et la philosophie néoplatonicienne, notamment alexandrine, ainsi que sur le rôle de David dans la formation de la spéculation philosophique arménienne, voir, dans le présent volume, Calzolari, « L'essor de la spéculation philosophique en Arménie dans l'Antiquité tardive », p. 104-121.

5. Liste des œuvres dans le chapitre de Calzolari cité à la note précédente ; voir aussi Sirinian, « 'Armenian Philo' : A Survey of the literature ».

6. Stone – Shirinian (édit. et trad.), *Pseudo-Zeno*.

7. Questions et réponses d'inspiration aristotélicienne, accompagnées d'une partie narrative portant sur David et Moïse de Khorène : voir Calzolari, « L'essor de la spéculation philosophique en Arménie dans l'Antiquité tardive », p. 101-141.

8. Mahé (édit. et trad.), *Hermès Trismégiste, Paralipomènes*.

9. Sur cette *vexata quaestio*, voir, dans le présent volume, Alpi, « Les écoles d'Ani, Sanahin et Narek (Xe-XIe siècle) », p. 185, n. 2, et Calzolari, « L'essor de la spéculation philosophique en Arménie dans l'Antiquité tardive », p. 107, n. 4. Parmi les travaux récents sur l'époque de la

Il serait faux d'associer l'École hellénisante uniquement aux œuvres grecques de contenu profane. Parmi les traductions effectuées dans ce contexte, on trouve également des œuvres théologiques à valeur normative et des œuvres de définition de la foi chrétienne : la *Démonstration de la prédication apostolique* et le traité *Contre les hérésies* (livres 4-5) d'Irénée, dont l'original grec est perdu ; le traité d'Eutychès *Sur la distinction de la nature et de la personne*, dont les thèses furent condamnées au Concile de Chalcédoine ; des scholies de Cyrille d'Alexandrie. Des textes portant sur la nature et le rôle de l'homme dans la création, sur le ciel et sur la vision du monde ont aussi été traduits dans le même cadre. C'est le cas de l'*Hexaemeron* (ou *Livre des six jours*) de Georges de Pisidie, de quelques extraits des *Phénomènes* d'Aratos[1], du traité *Sur la nature de l'homme* de Némésios d'Émèse et du traité *Sur la création de l'homme* de Grégoire de Nysse, dont l'influence sur l'histoire de la philosophie naturelle et de la médecine sera présentée dans les pages suivantes[2]. Rappelons également la traduction des œuvres du pseudo-Denys l'Aréopagite (*Sur les noms divins,* la *Hiérarchie céleste,* la *Hiérarchie ecclésiastique,* la *Théologie mystique,* les *Épîtres*). Toujours dans le même cadre, il faut citer une œuvre d'historiographie ecclésiastique (l'*Histoire ecclésiastique* de Socrate de Constantinople), un roman d'époque hellénistique (le *Roman d'Alexandre* du pseudo-Callisthène) et les scholies mythologiques attribuées à Nonnos de Panopolis[3].

Cette activité de traduction est encore entourée de beaucoup de points d'interrogation, notamment concernant la localisation des centres de traduction et la chronologie. L'appellation « école » est, par ailleurs, trompeuse, car elle suggère l'existence d'un ou de plusieurs centres d'activité susceptibles d'être identifiés avec précision. Or, il n'en est pas du tout ainsi. Il n'est pas non plus possible de trouver les traces d'un mouvement de traduction organisé que l'on pourrait comparer à une école au sens strict du terme.

traduction des dialogues de Platon, voir Tinti, « On the Chronology », avec une synthèse du *status quaestionis.*

1. Selon Mahé, sur la base de Bart'ikyan, le texte arménien conservé dans le manuscrit M 2679 (contenant les œuvres d'Anania Širakac'i) présente de grandes ressemblances avec les Διοσημεῖα, à savoir avec la deuxième partie des *Phénomènes* d'Aratos : Robiano – Mahé, « Aratos de Soles », p. 325 ; Bart'ikyan (édit.), « Aratos Solac'u, ΔΙΟΣΗΜΕΙΑ ». Comme il le rappelle, quelques divergences de l'arménien par rapport au grec ont été expliquées comme des interpolations tirées de l'*Hexaemeron* de Basile de Césarée ; pour d'autres différences, on a évoqué, comme possible explication, une dérivation du texte perdu d'Eudoxe de Cnide, source d'Aratos. L'hypothèse d'une traduction arménienne des vv. 783-990 a été, depuis, confirmée par Chétanian, « La version arménienne ancienne d'un extrait des *Phénomènes* d'Aratos ».

2. Voir le chapitre de Vardanyan, « La médecine dans l'Arménie médiévale » dans le présent volume, p. 268.

3. Pour une liste des œuvres traduites et une première orientation bibliographique, voir Zuckerman, *A Repertory of Published Armenian Translations* (réimpr. dans Fiaccadori [édit.], *Autori classici in lingue del Vicino e Medio Oriente*, p. 415-448).

LES CENTRES DE TRADUCTION

Différentes hypothèses de localisation ont été proposées[1]. Faute de témoignages externes explicites, les savants se sont fondés sur des indices indirects. On a supposé par exemple que, dans sa phase initiale, cette activité était liée surtout aux régions de l'Arménie occidentale, les plus exposées à l'influence de la culture grecque[2]. On a pensé surtout au Bagrewand et au Tarōn, après avoir remarqué que des sources des VIe-VIIe siècles associent à des personnages provenant de ces régions des épithètes telles que *k'erdoł/k'ert'oł* (« poète », mais aussi « grammairien »), *p'ilisop'ay* (« philosophe »), *čartasan* (« orateur »). Ces épithètes ont été considérées comme des indices prouvant qu'y étaient actifs des érudits maîtrisant ces disciplines, typiquement liées aux œuvres traduites dans le cadre de l'École hellénisante.

On a pensé tout particulièrement au Tarōn (région du sud-ouest de l'Arménie) à cause d'autres indices indirects. Dans la version arménienne de la *Grammaire* attribuée à Denys le Thrace, on a relevé des indices d'un processus d'adaptation. En particulier, certains exemples de la *Grammaire* renvoyant à un contexte grec ont été remplacés par des exemples propres au monde arménien, où sont mentionnées la région du Tarōn et la ville de C'rōnk' (dans la région de Muš, au nord-est du lac de Van), par conséquent considérées comme les localités d'origine du traducteur et de son cercle. D'aucuns ont, en outre, mentionné une possible affinité entre la langue de la version arménienne de la *Grammaire* et le dialecte du Tarōn[3].

Des arguments analogues ont été évoqués en faveur plutôt d'une localisation dans l'Arménie orientale, et notamment dans le Siwnik' (Siounie), canton d'origine de quelques Arméniens spécialisés dans des disciplines liées à l'École hellénisante, surtout à partir des VIe-VIIe siècles[4]. Le personnage le plus connu provenant de cette région-ci est Step'anos Siwnec'i (VIIIe siècle), à qui l'on doit la traduction des écrits du pseudo-Denys l'Aréopagite, de Grégoire de Nysse et de Némésios d'Émèse mentionnés plus haut, ainsi que d'une *Chaîne sur le Lévitique* et d'extraits des œuvres de Cyrille d'Alexandrie. Son activité ne se déploya cependant pas dans le Siwnik' natal, mais à Constantinople, où Step'anos vécut entre 712 et 718. Nous avons sur ce sujet des informations directes et dignes de

1. La question de la localisation est traitée en détail dans Muradyan, *Hunaban dproc'ě*, p. 76-82.

2. Manandean, *Yunaban dproc'ě*, p. 228.

3. Manandean, *ibid.*, p. 227, sur la base d'Ałbalean, « Ditołut'iwnner », p. 70-71.

4. C'est le cas par exemple de Petros Siwnec'i (évêque dans la deuxième moitié du VIe siècle), qui est appelé *k'ert'oł* et *imastasēr* « philosophe », ou encore de Movsēs Siwnec'i : voir Muradyan, *Hunaban dproc'ě*, p. 78 et 81-82.

foi, contenues dans les colophons des manuscrits qui conservent ses œuvres[1]. Quelques spécialistes ont insisté sur la possibilité d'une localisation des centres de traduction précisément en dehors des frontières d'Arménie, et notamment à Édesse et à Constantinople, non seulement dans le cas de Step'anos, mais aussi d'autres traducteurs[2].

La question de la localisation demeure encore en grande partie ouverte et les arguments en faveur de telle ou telle hypothèse restent souvent sans conclusion. On pourrait se demander si la question elle-même ne devrait pas être posée autrement. La recherche de centres est étroitement liée à l'idée que ces traductions résultaient du travail d'une «école». Or, comme on l'a vu, ce concept est à remettre en question. Reste le fait que les informations qui pourraient nous aider à comprendre les circonstances et les modalités de la transmission du savoir grec en arménien sont en grande partie absentes. Cette absence est encore plus criante quand on élargit l'attention au monde syriaque, à la même époque. Nous connaissons les noms de plusieurs traducteurs, et ceux des centres de traduction et transmission du savoir grec, tels que le monastère de Qennešre en Syrie du Nord (VIe-VIIe siècle). Ce lieu fut «un centre d'apprentissage du grec et un laboratoire de traductions et de commentaires»[3], dont l'activité est liée à des figures connues, qui ont marqué l'histoire de l'introduction et de la diffusion du savoir grec en syriaque: Sévère Sebokht, Jacques d'Édesse, Athanase II de Balad. Une autre différence marquante entre les deux milieux tient au fait que les traducteurs syriaques ont été souvent également les commentateurs des œuvres grecques qu'ils ont traduites. L'activité de traduction allait de pair avec une activité exégétique propre[4].

L'ÉPOQUE DE TRADUCTION

La chronologie se révèle être une question encore plus problématique. Le texte de base pour la datation de l'École hellénisante est représenté par la traduction arménienne de la *Réfutation du Concile de Chalcédoine* de Timothée Aelure

1. Thomson (trad.), *The Armenian Version of the Works attributed to Dionysius the Areopagite*, p. XII-XIII, au sujet des œuvres du pseudo-Denys l'Aréopagite.

2. Voir Akinean, *Dasakan hayerēně*, p. 95-106, 124 et, plus récemment, Terian, «The Hellenizing School», p. 183 (mais voir Calzolari, « L'essor de la spéculation philosophique en Arménie dans l'Antiquité tardive», p. 115, n. 1); *cf.* Lewy, *The Pseudo-Philonic de Jona*, p. 13-16.

3. Debié, «Sciences et savants syriaques», p. 38-39; *cf.* Hugonnard-Roche, «L'école de Qennešre et la tradition philosophique en syriaque, entre Alexandrie et Bagdad». Sur la réception syriaque du savoir philosophique grec la bibliographie est abondante ; je renvoie, dans le présent volume, à Calzolari, «L'essor de la spéculation philosophique en Arménie dans l'Antiquité tardive», p. 109, n. 1.

4. Debié, *ibid.*, p. 11.

(patriarche monophysite d'Alexandrie en 457-460 et en 475-477). Un colophon du texte arménien contient une référence chronologique (à la mort du patriarche Dioscore) utile pour parvenir à une datation de l'époque de traduction. La référence cependant se trouve au sein d'un passage problématique, interprété et corrigé de manière divergente par les philologues.

En résumé, trois interprétations différentes ont été proposées, impliquant des datations très différentes : les hypothèses vont de 480-484 (hypothèse de G. Tēr-Mkrtč'ean) à 552-556 (hypothèse de Y. Manandean), et à 601-604 (hypothèse de N. Akinean)[1].

DÉTAILS CONCERNANT LA QUESTION CHRONOLOGIQUE LIÉE À L'ÉPOQUE DE TRADUCTION DE LA RÉFUTATION

La référence chronologique en question vient de l'équation de trois datations, respectivement selon le calendrier égyptien, romain et arménien : 5 *thôt* = 2 septembre = 6 *hoṙi*. Selon les tableaux de correspondance du calendrier mobile arménien, la coïncidence des trois dates se trouve en 480-484. C'est l'hypothèse de l'éditeur du texte arménien de la *Réfutation*, G. Tēr-Mkrtč'ean, qui data la traduction à cette période[2]. Or, on a observé que cette datation entre en contradiction avec les informations fournies par des témoignages extérieurs, qui attribuent la traduction de la *Réfutation* en arménien plutôt au VIe siècle, notamment à l'époque du deuxième Concile de Duin (555), où l'Église arménienne prit ses distances par rapport aux positions du Concile de Chalcédoine[3]. Il s'agit de la *Lettre de Photius* (probablement pseudépigraphique) *à Zacharie* (patriarche au IXe siècle), de la *Narratio de rebus Armeniae* (traduction grecque d'un texte chalcédonien arménien perdu ; *ca* 700)[4], et encore d'un opuscule d'Arsène de Sapara (catholicos d'Ibérie au IXe siècle) *Sur la séparation de la Géorgie et de l'Arménie*, en géorgien[5]. Pour faire coïncider les données, Y. Manandean corrigea la date du 5 *thôt* en 7 *thôt*[6], ce qui correspond au 7 septembre ; dans ce cas, la correspondance entre les trois calendriers renvoie plutôt aux années 552-556[7]. Récemment, on est revenu à l'hypothèse d'une datation au Ve siècle, sur la base du témoignage d'une autre source externe : la *Lettre* d'un certain Petros Ołormelis[8]. Celui-ci rappelle à deux reprises à son interlocuteur qu'il est en possession de la *Réfutation* de Timothée ; on remarquera, toutefois, qu'il ne précise pas dans quelle langue cet exemplaire était écrit. Ce personnage du nom de Pierre a été identifié derrière différentes personnalités ; en

1. Tēr-Mkrtč'ean, « Timot'ēos Kuzi » ; Manandean, *Yunaban dproc'ĕ*, p. 95-102 ; Akinean, *Dasakan hayerēnĕ*, p. 95-106. Une datation au VIIe siècle a été récemment soutenue par Schmidt, « Das armenische 'Buch der Briefe' », p. 523.

2. Tēr-Mkrtč'ean, « Timot'ēos Kuzi ».

3. Sur le concile de Duin et, de façon plus générale, sur les positions de l'Église arménienne à cette époque, voir Garsoïan, *Le grand schisme*.

4. Garitte (édit.), *La Narratio de rebus Armeniae*.

5. Aleksidze (édit.), *Arsen Sapareli, Ganq'opisatws*.

6. La confusion paléographique entre les lettres qui correspondent à ces deux chiffres est fréquente.

7. Manandean, *Yunaban dproc'ĕ*, p. 95-102.

8. La lettre a été éditée dans Połarean (édit.), *Girk' t'łt'oc'*, p. 60-72.

suivant une hypothèse de N. Połarian[1], B. L. Zekiyan l'a identifié avec Pierre le Foulon, patriarche antichalcédonien d'Antioche mort en 488. D'après cette identification, il a supposé l'existence d'une version arménienne écrite de la *Réfutation* à la fin du Ve siècle déjà. Pour concilier cette supposition avec les données contenues dans les autres sources citées, Zekiyan évoque deux hypothèses possibles. D'une part, il suggère la possibilité d'une double traduction : la première traduction, écrite, aurait été effectuée sur la base du grec à la fin du Ve siècle (il s'agirait du texte arménien à notre disposition aujourd'hui) ; une deuxième traduction de travail aurait été effectuée, pour les besoins de leurs séances, par les Pères arméniens réunis à Duin (la traduction à laquelle font allusion les sources mentionnées)[2]. D'autre part, selon Zekiyan on pourrait aussi supposer que les Pères arméniens connaissaient le texte arménien de la *Réfutation*, traduite, selon son hypothèse, au Ve siècle ; lors du Concile, ils auraient « expliqué, commenté, approuvé et rendu publique la traduction ». De fait, le verbe arménien *t'argmanel*, employé par les sources citées à propos des Pères réunis à Duin, ne signifie pas seulement « traduire », mais aussi « interpréter, commenter, expliquer »[3]. Des considérations liées aux positions théologiques de l'Église arménienne, sur lesquelles on passe, ont compliqué et emmêlé davantage l'écheveau de cette question complexe.

La question de la date de la traduction de la *Réfutation* reste encore une *vexata quaestio*. Qu'en est-il de la datation des autres œuvres[4] ? En l'absence de critères externes utiles pour les dater de façon certaine, les savants qui se sont penchés sur la question de la chronologie de l'École hellénisante se sont occupés, parallèlement à celle-ci, de la question de la technique de traduction, considérée comme un critère de datation possible.

LA TECHNIQUE DE TRADUCTION ET LA CHRONOLOGIE RELATIVE DE L'ÉCOLE HELLÉNISANTE ÉTABLIE PAR Y. MANANDEAN

Y. Manandean – auteur de la première étude systématique sur l'École hellénisante en 1928[5] – remarqua que les traductions présentent des caractéristiques communes qui les différencient des traductions de l'époque classique, notamment en ce qui concerne le lexique et tout particulièrement les mots préfixés. Rappelons à ce sujet que la langue arménienne classique ne disposait pas

1. Vanatour, *Banasirakan yōduacneru žołovacoy*, p. 80-81 (*non vidi*), cité par Zekiyan, « Quelques observations », p. 95, n. 36.

2. Zekiyan, « Quelques observations », p. 99.

3. Zekiyan, *ibid.* Le savant exprime les mêmes considérations à propos du verbe géorgien *ganac'xades*, utilisé, dans le même contexte, dans le *Traité* géorgien d'Arsène (*ibid.*, p. 99-100). Garitte traduit le verbe géorgien par « ils expliquèrent », en ajoutant, en note, « il faut comprendre 'ils traduisirent' » : Garitte (édit.), *La Narratio de rebus Armeniae*, p. 133 et note 2.

4. On rappellera qu'une autre œuvre issue de l'École hellénisante conserve un colophon mentionnant la date de la traduction. Dans ce cas aussi, le texte se prête à des interprétations divergentes. Il s'agit du colophon du *Livre des Étants*, sur lequel on peut lire Terian, « The Hellenizing School », p. 178-179.

5. Manandean, *Yunaban Dproc'ĕ*.

d'un système de préfixes comparable à celui du grec. Les traducteurs de l'École hellénisante ont mis au point un riche appareil de préfixes et de préverbes, parfois forgés de toutes pièces, parfois créés sur la base de formes adverbiales ou de prépositions de la langue classique[1]. Dans les œuvres de traduction, on peut, en outre, trouver des préfixes différents face au même préfixe grec : par exemple, le préfixe grec συν- a été traduit par de nombreux préfixes arméniens (*bał-, šał-, šar-, p'ał-, ǰok-*), ainsi que par le suffixe, d'origine classique, *-kic'* ; le préfixe grec δια- a été traduit par les préfixes arméniens *tar-* et *tram-*, et ainsi de suite[2].

Manandean souligna encore la présence, dans une grande partie des traductions de l'École hellénisante, de nombreux calques du grec, non seulement lexicaux, mais aussi morphologiques et syntaxiques (par exemple l'accusatif avec l'infinitif). Manandean s'appuya sur l'étude du lexique – surtout des mots composés – et plus généralement sur l'observation de la plus ou moins grande proximité littérale de l'arménien avec l'original grec, pour identifier de possibles critères de classement. Se fondant sur une telle démarche, il regroupa les œuvres de traduction en trois groupes[3]. Par exemple, il classa dans le premier groupe les traductions qui attestent l'emploi du préfixe *tram-* face au grec δια- et dans le deuxième groupe celles qui attestent le préfixe *tar-*[4]. De plus, et toujours selon son hypothèse, ces groupes correspondraient à des époques de traduction différentes. En conclusion, d'après Manandean, s'il n'est pas possible de dater de manière précise les œuvres de l'École hellénisante, il est, en revanche, possible d'établir une chronologie relative. Situant, comme on l'a vu, l'époque de traduction de la *Réfutation* de Timothée au VIe siècle, il fixa les frontières de l'École hellénisante respectivement au début du VIe siècle et à la fin du VIIe[5], considérant que les trois groupes correspondaient à des phases intermédiaires. Pour lui, la traduction de la

1. Muradyan, *Grecisms in Ancient Armenian*, p. 28.

2. Mercier, « L'école hellénisante », p. 67.

3. Manandean, *Yunaban Dproc'ĕ*, p. 86-255. Selon ce classement, le premier groupe comprend les traductions des œuvres de (ou attribuées à) Denys le Thrace, Philon, Aphthonios (*Livre des chries*), Irénée de Lyon. Le deuxième groupe inclut les traductions des œuvres d'Aristote et Porphyre, de la *Réfutation* de Timothée Aelure, du *Livre des Étants* et d'autres commentaires sur la logique ; en 1938, Manandean y ajouta la traduction des *Progymnasmata* d'Aelius Théon et, en 1956, celle des écrits hermétiques qu'il venait d'identifier (Manandyan, *T'eōvneay* ; Manandyan, « Hermeay »). Le troisième groupe comprend les traductions des œuvres de David l'Invincible, du pseudo-Aristote et du pseudo-Nonnos ; à celles-ci ont été ajoutées, plus tard, les traductions du pseudo-Zénon et du traité *Sur la distinction de la nature et de la personne* par Eutychès ; en 1971, Arevšatyan (« Platoni erkeri hayeren ») y ajouta aussi les traductions des dialogues de Platon (mais à ce propos, voir *supra*, p. 29, n. 9).

4. Manandean, *Yunaban Dproc'ĕ*, p. 113-114 et 195.

5. Manandean, *ibid.*, p. 223.

Grammaire attribuée à Denys le Thrace serait la plus ancienne œuvre issue de cette « école » de traduction, hypothèse plus récemment remise en question[1].

Le classement en groupes a été suivi par d'autres savants, parfois avec des révisions[2]. En outre, au fur et à mesure que de nouvelles découvertes codicologiques dévoilaient d'autres textes « hellénisants », les trois groupes ont été enrichis par l'addition de nouvelles œuvres[3] ; un quatrième groupe a aussi été ajouté aux trois identifiés par Manandean[4].

Une remise en question de cette chronologie relative et du principe même de la classification a été effectuée dans les années 1980 par A. Terian. Il observa, avec pertinence, que le classement sur la base des préfixes est trop rigide. Il remarqua aussi que les différences lexicales que l'on peut identifier entre une œuvre et l'autre ne sont pas nécessairement dues à une évolution progressive et chronologique de l'*usus vertendi* de l'« école », mais qu'elles peuvent être expliquées par des choix personnels de la part des traducteurs puisant dans un lexique gréco-arménien commun. Terian ne renonça pourtant pas à un classement des œuvres. Il considéra l'ensemble des trois groupes établis par Manandean comme un seul groupe, correspondant à une seule génération de traducteurs, et classa les autres œuvres identifiées par la suite dans un deuxième groupe[5].

La question chronologique n'a pas trouvé de solutions consensuelles à ce jour. Elle est lourde de conséquences. Elle a, en effet, influencé l'approche philologique d'autres œuvres de la littérature arménienne écrites directement en arménien. Sur la base de la critique des sources, les œuvres de certains historiens arméniens ont été soumises à une nouvelle évaluation. Par exemple, d'aucuns ont estimé que Moïse de Khorène ou Élisée, tous deux se qualifiant auteurs du Ve siècle, doivent être plus tardifs, car leurs écrits présupposent la connaissance d'œuvres traduites à l'époque de l'École hellénisante, pour laquelle on fixe une chronologie postérieure[6].

1. Elle a été rejetée par Weitenberg, « Greek Influence », p. 449 ; *cf. Id.*, « On the Chronology ».

2. C'est le cas, par exemple, d'Arevšatjan, *Formirovanije*, cité par Muradyan, *Grecisms in Ancient Armenian*, p. 8 ; *cf.* Muradyan, « The Hellenizing School », p. 322 et 331.

3. Voir plus haut, p. 35, n. 3.

4. Voir Akinean, « Yunaban Dproc'ĕ », p. 273-277, dont la liste a été reprise par Arevšatyan, *Formirovanije*, p. 186-188 (cités dans Muradyan, *Grecisms in Ancient Armenian*, p. 9, n. 58). Ce quatrième groupe comprend les traductions des écrits de Némésios, Grégoire de Nysse, Georges de Pisidie, Socrate, Aratos, Cyrille d'Alexandrie et du pseudo-Denys.

5. Terian, « The Hellenizing School », p. 175-176.

6. Les questions liées à la critique des sources ne sont pas les seules motivations pour les tenants d'une chronologie tardive de ces historiens arméniens. Pour un résumé de la question, voir Muradyan, *Grecisms in Ancient Armenian*, p. 25 ; *cf.* Muradyan, « The Hellenizing School », p. 324-325 ; au sujet de l'influence de la langue dite « hellénisante » sur les écrits

LES CARACTÉRISTIQUES LINGUISTIQUES DES TRADUCTIONS HELLÉNISANTES ET LA QUESTION DE L'UTILISATION DE CES ŒUVRES

L'étude des caractéristiques linguistiques des œuvres de traduction issues de l'École hellénisante a été abordée avec des postures et des regards différents. Les premières études ont mis l'accent surtout sur le caractère artificiel des traductions. La présence de calques lexicaux, l'introduction de tournures étrangères à la syntaxe de la langue classique, ainsi que la technique de traduction « mot à mot » de certaines œuvres ont été considérées comme des aspects qui rendent la lecture des textes « hellénisants » inintelligible sans le support et la connaissance du grec[1]. On a souvent insisté sur cet aspect, en jugeant ces textes comme une production sans aucun contact avec le génie de l'arménien classique, en particulier avec l'arménien des premières traductions. Or, des études plus récentes, menées surtout par J. J. S. Weitenberg, ont démontré au contraire que certains textes de l'époque classique contiennent aussi des formes proches de celles de l'École hellénisante. Cette constatation et d'autres encore ont permis d'aborder les œuvres de l'École hellénisante en insistant sur les éléments de continuité plutôt que sur les éléments d'écart[2] et en permettant de s'affranchir du jugement péjoratif souvent sous-jacent au regard traditionnel projeté sur ces œuvres, dont la langue était considérée comme une variante « dénaturée » de l'arménien classique.

L'étude de la langue et de la technique de traduction a aussi été posée par rapport à la question du but et de l'utilisation de ces œuvres de traduction. Entre autres hypothèses, on a supposé que la technique *verbum de verbo* propre à certains textes pouvait être liée à l'utilisation des traductions pour une lecture en parallèle avec les originaux grecs, par exemple pour mieux comprendre et apprendre le texte grec lui-même[3]. Cette question mériterait d'être étudiée de façon approfondie et devrait être mise en rapport avec la question des répertoires lexicaux que les traducteurs pouvaient avoir à disposition[4].

On a encore associé la technique de traduction, et en particulier la technique de la transposition littérale, à l'exigence de rendre avec rigueur le contenu des œuvres scientifiques grecques traduites (comme si la traduction de la Bible n'impliquait pas aussi des exigences de précision). Selon cette hypothèse, une

rédigés directement en arménien aux VIIe-VIIIe siècles, *cf.* Terian, « The Hellenizing School », p. 182. Voir aussi Tinti, « Problematising ».

1. Manandean (*Yunaban Dproc'ě*, p. 2) soulignait que le caractère obscur et artificiel de ces traductions est tel que ces textes seraient incompréhensibles sans le recours au grec.

2. Weitenberg, « Linguistic Continuity » ; *Id.*, « Hellenophile Syntactic Elements ».

3. Clackson, « Armenian in contact with other Languages » ; déjà Akinean, « Yunaban dproc'ě », p. 286 et Lewy, *The Pseudo-Philonic de Jona*, p. 16.

4. Voir Pontani, « A Contribution to the Specification of the Greek Lexicon » sur les parallèles possibles entre la version arménienne du *De Abrahamo* de Philon et le *Lexique* d'Hésychius, l'*Onomasticon* de Pollux et la *Souda*.

traduction *integre et fideliter* répondrait à la volonté de transmettre correctement non seulement la pensée, mais aussi la lettre des œuvres scientifiques traduites. Ces observations doivent être nuancées, car cette technique a été appliquée non seulement à la traduction d'œuvres scientifiques, mais aussi à des écrits au contenu différent ; ajoutons encore, comme on l'a souligné, que certains aspects de la langue hellénisante ont été identifiés également dans des œuvres écrites directement en arménien et non seulement dans des traductions. Les mêmes observations ne peuvent pas être généralisées non plus : dans le cas des versions arméniennes des commentaires philosophiques de David (surtout les *Prolégomènes* et le *Commentaire sur l'Isagoge*), par exemple, on constate que les parties traduites mot à mot alternent avec des parties traduites d'une façon moins littérale, voire avec des parties où le traducteur s'est écarté de l'original grec[1]. Les écarts peuvent être expliqués, dans certains cas, comme le résultat de changements intentionnels, opérés par le traducteur afin d'adapter le texte à son nouvel auditoire, en Arménie, où l'introduction de la logique aristotélicienne n'en était qu'à ses premiers pas[2].

La question du milieu de réception est importante ; elle est, entre autres, étroitement liée à la question de la possible utilisation scolaire d'une partie des œuvres de l'École hellénisante. Cette question est pertinente (voir paragraphe suivant) et mérite d'être abordée également par rapport à l'étude du vocabulaire. Ici, il faut souligner que si la familiarité des Arméniens avec ces disciplines scientifiques et avec le lexique technique grec était antérieure à l'époque des traductions « hellénisantes », la langue arménienne ne disposait pas encore d'une terminologie scientifique capable de rendre adéquatement tous les termes techniques du grec. Un des héritages parmi les plus durables de l'École hellénisante consiste sans conteste dans la création d'un vocabulaire spécialisé qui manquait auparavant en arménien. C'est le cas, par exemple, de la terminologie grammaticale et philosophique et, en général, d'un vocabulaire abstrait et conceptuel[3]. Ce répertoire lexical, forgé avec une extrême créativité à l'époque de l'École hellénisante, s'est affirmé parfois jusqu'aujourd'hui. On peut citer, parmi les très nombreux exemples, les mots *tramabanut'iwn* « logique », *bac'adrut'iwn* « explication », *tarberut'iwn* « différence », *storagrut'iwn* « signature », qui font partie, avec d'autres mots, des néologismes créés dans le cadre de l'École hellénisante.

Au lieu d'insister sur le caractère artificiel de l'arménien « hellénisant », perçu comme une aberration, il faudrait prêter attention aux spécificités linguistiques des traductions issues de l'École hellénisante en les considérant comme une partie

1. Calzolari, « Aux origines de la formation du corpus philosophique en Arménie », p. 263-264.

2. Calzolari, « La version arménienne des *Prolegomena philosophiae* », p. 40-41.

3. Sur la terminologie grammaticale, voir, entre autres, l'étude de Muradyan, *Hunaban Dproc'ë*.

intégrante des modalités qui ont permis d'introduire, en même temps qu'un vocabulaire conceptuel, un savoir que les Arméniens ne possédaient pas encore dans leur langue. En effet, en dépit de ses écarts par rapport à la langue classique, cette variante de l'arménien a été utilisée pour diffuser un savoir scientifique qui connaîtra sa fortune dans les siècles ultérieurs. Si, au contraire du milieu syriaque, nous ne sommes pas renseignés sur l'utilisation de ces traductions dans les milieux d'enseignement à l'époque même de leur élaboration, nous savons, en revanche, que ces œuvres faisaient partie du bagage intellectuel que les élèves des écoles monastiques médiévales devaient s'approprier.

RÉCEPTION DES ŒUVRES ISSUES DE L'ÉCOLE HELLÉNISANTE : DES TRADUCTIONS AUX MANUELS D'ÉTUDE

Les chapitres suivants permettront de mieux comprendre les circonstances de l'introduction et de l'évolution des disciplines du *trivium* en Arménie, et de l'utilisation des œuvres de l'École hellénisante, du moins d'une partie d'entre elles, dans les siècles qui suivirent leur élaboration. On s'en tiendra ici à quelques considérations générales seulement. On remarquera tout d'abord qu'une étude systématique de l'utilisation des traductions « hellénisantes » comme manuels d'étude dans un contexte scolaire avant l'époque médiévale attend encore de voir le jour. Parmi les rares informations que nous possédons de l'Antiquité tardive, rappelons que d'après le témoignage de l'historien et catholicos du Xe siècle Yovhannēs V Drasxanakertc'i, le catholicos Yovhannēs Ōjnec'i (717-728) avait étudié les arts de la rhétorique (Théon) et de la grammaire, ainsi que la doctrine de la substance et des accidents séparables et inséparables de Porphyre ; il put se servir de ces connaissances pour les besoins de la pratique pastorale, comme pour la rédaction des œuvres liturgiques et parénétiques :

> [Yovhannēs Ōjnec'i] était habile et savant dans toutes les créations rhétoriques, dans les parties du discours et dans les parties de parties mais aussi dans la doctrine des genres, dans la catégorie de l'essence [et] de l'emboîtement des espèces jusqu'à l'homme individuel. Il n'était pas non plus ignorant des différences, des circonstances et des accidents séparables et inséparables. De même [il était très versé] dans les exercices rhétoriques de Théon, qui fixent si utilement les fruits de l'arbre de l'art chez celui qui aime l'art. De plus, il écrivit avec une grande érudition tout le bréviaire de l'office des heures pour l'Église du Christ, en enrichissant chacun de ces offices de commentaires d'une belle composition pour la consolation des clercs de l'Église. Il prépara également des discours rhétoriques de sa propre composition pour faire repentir [les gens] de leurs mauvaises actions et les convaincre de la nécessité de la pénitence[1].

Si les informations sont rares pour l'Antiquité tardive, nous pouvons, en revanche, reconstruire de façon plus précise le *cursus* des écoles supérieures de la

1. Trad. Boisson-Chenorhokian (trad.), *Yovhannēs Drasxanakertc'i*, p. 164 ; *cf.* Emin (édit.), *Yovhannu kat'ołikosi Drasxanakertc'woy, Patmut'iwn Hayoc'*, p. 100-101 ; Tēr-Vardanean (édit.), « Yovhannu kat'ołikosi Drasxanakertc'woy, Patmut'iwn Hayoc' », p. 419-420.

période médiévale. À partir des IXe-Xe siècles et jusqu'au XIVe, les œuvres traduites aux siècles antérieurs se trouvaient au syllabus dans les écoles associées aux centres monastiques médiévaux : Sanahin et Hałbat, au nord de l'Arménie ; Glajor et Tat'ew, au sud. Dans ces monastères, le cycle encyclopédique complet des arts libéraux était enseigné. Loin d'être conflictuelles entre elles, sciences profanes et sciences religieuses se complétaient. Dans les programmes d'enseignement, les « sciences du dehors » (le *trivium* et, à partir du VIIe siècle, le *quadrivium*) se joignaient aux sciences sacrées et, ensemble, contribuaient à la parfaite formation du *vardapet* (docteur en théologie). En sept ou huit ans d'études, les élèves étaient d'abord initiés à la science des livres « larges » (*laynk'*), c'est-à-dire accessibles à tous, puis aux livres « étroits » (*nurbk'*), c'est-à-dire aux manuels spécialisés[1]. Les professeurs (*rabunapet*) leur décernaient le titre de « docteur » (*vardapet*) après la soutenance d'un mémoire de fin d'études. Un des exemples les plus connus est celui de T'ovma Mecop'ec'i (XIVe-XVe siècle), qui reçut sa formation au monastère de Tat'ew. Son *curriculum* nous est connu grâce au témoignage livré par son élève Kirakos Banasēr :

> [T'ovma] était paré de toutes les vertus, théorique, pratique et gnostique, car il avait étudié les douze parties de la philosophie : physique, mathématique, théologie, éthique, économie, politique, arithmétique, musique, géométrie et astronomie, ainsi que tous les arts de la science rhétorique, [c'est-à-dire] les sept livres des philosophes du dehors [*scil.* païens] qui sont la *Grammaire* [de Denys le Thrace], les *Définitions* [*scil.* les *Prolégomènes* de David l'Invincible], Porphyre, les *Catégories* d'Aristote, le *De interpretatione*[2], le *Livre des pays* [*scil. De mundo* ?] et le *De virtutibus*, ainsi que les soixante-douze écrits divins de l'Ancien et du Nouveau Testament et les cinquante livres étroits[3], difficiles à comprendre, voilés de mots obscurs et divinement ornés des saints docteurs orthodoxes, ainsi que les cinquante-et-un récits des historiens [...][4]

Nous trouvons, réunis dans ce passage, plusieurs renvois aux œuvres traduites à l'époque de l'École hellénisante, témoignant de l'héritage durable de cette phase de l'histoire intellectuelle arménienne et de sa production écrite. Ces traductions ont constitué pour les Arméniens une voie d'accès à l'antique et prestigieuse littérature grecque. Grâce à la familiarité avec les œuvres scientifiques grecques, ils ont pu acquérir les connaissances, le vocabulaire et les œuvres qui leur ont permis de constituer un *cursus studiorum* et de bâtir un savoir scientifique propre et original.

1. Širinyan, « 'Artak'in' ev 'nurb' greank' ».
2. En arménien *Peri armenias* (*cf.* gr. *Peri hermeneias*).
3. Ou d'« accès étroit » (arm. *nurb*).
4. Passage cité dans Yovsēp'ean, *T'ovma Mecop'ec'u keank'ĕ*, p. 1-2.

L'IMPORTANCE DES TRADUCTIONS DE L'ÉCOLE HELLÉNISANTE POUR LA RESTITUTION DES TEXTES GRECS : L'EXEMPLE DES PROGYMNASMATA *D'AELIUS THÉON*

En conclusion de ce travail, il est intéressant d'évoquer l'importance du témoignage offert par les traductions de l'École hellénisante pour la restitution textuelle des œuvres grecques. Il s'agit, en effet, d'un aspect important de cette production littéraire, qui n'a pas manqué d'attirer l'attention des philologues.

On observera, d'une manière générale, que ces versions ont été effectuées sur la base d'exemplaires grecs plus anciens que les manuscrits grecs qui nous sont parvenus aujourd'hui. Elles peuvent donc conserver des variantes remontant au texte original. Les analyses comparatives auxquelles les philologues se sont attachés l'ont démontré pour un grand nombre d'œuvres. La technique de traduction *verbum de verbo* qui caractérise certaines traductions permet souvent de retrouver jusqu'à la lettre et l'ordre des mots l'original grec. L'importance du témoin arménien est irremplaçable quand des œuvres ont été perdues en grec, mais ont été préservées en arménien. On peut citer par exemple quelques écrits de Philon ou du pseudo-Philon[1].

Parmi les nombreux exemples dont on dispose, on peut s'arrêter sur un cas d'école ayant attiré l'attention savante tant dans le domaine des études arméniennes que dans celui des études classiques[2] : la traduction arménienne des *Progymnasmata* d'Aelius Théon. L'identification de la version arménienne, dans les années 1920, a permis non seulement de retrouver des variantes et des sections primitives du texte grec, mais également de parvenir à une meilleure compréhension du fonctionnement des écoles rhétoriques antiques et de leurs programmes.

Rappelons que les *Progymnasmata* étaient les « exercices préparatoires » de base pour l'apprentissage de la rhétorique. Avec les recueils grecs d'Hermogène (ou pseudo-Hermogène) (IIe-IIIe siècle après J.-C.), d'Aphthonios (IVe siècle), de Nicolaos de Myra (Ve siècle) et, dans la tradition latine, de Quintilien (Ier siècle après J.-C.), le recueil d'exercices de Théon constituait l'un des manuels parmi les plus utilisés. Destiné aux enseignants, il contenait une série de petites compositions littéraires utiles pour former les élèves à la pratique du discours oratoire dans diverses situations. Les exercices étaient présentés selon une progression

1. Voir Calzolari, « L'essor de la spéculation philosophique en Arménie dans l'Antiquité tardive » dans le présent volume, p. 111-112.

2. On rappellera la série de colloques sur les traductions orientales des textes grecs qui ont eu lieu dans différentes universités italiennes à partir de 1983 et ont donné matière à la publication de plusieurs volumes collectifs ; à ce propos, voir Morani, « Ancient Armenian Translations », p. 4-5 (avec bibliographie) ; le projet a été récemment relancé : *cf.* Gazzano, Pagani, Traina (édit.), *Greek Texts and Armenian Traditions*.

précise, tenant compte du degré de difficulté. Le texte grec tel qu'il est conservé aujourd'hui dans la tradition manuscrite directe conserve quatorze exercices dans l'ordre suivant : fable, récit, chrie, maxime, réfutation, confirmation, lieu commun, éloge, blâme, parallèle, éthopée, description, thèse, proposition de loi.

Les philologues qui se sont intéressés à la transmission du texte grec, en premier lieu C. E. Finckh, ont supposé que la tradition directe présentait une double altération par rapport au texte grec primitif[1]. D'une part, Finckh supposait que l'ordre des chapitres conservé dans les manuscrits ne devait pas être conforme à l'ordre du texte original ; d'autre part, il supposait une lacune probable correspondant à cinq chapitres qui sont annoncés dans la section introductive de l'œuvre, mais qui manquent dans le texte grec à notre disposition. Il s'agit des chapitres portant sur la lecture, l'audition, la paraphrase, l'élaboration et la contradiction.

L'hypothèse de Finckh a été suivie par O. P. Hopplicher et G. Reichel, qui ont approfondi la question et ont proposé une reconstitution différente de l'ordre primitif de l'ensemble des chapitres[2]. Or, en 1925, la découverte de la version arménienne a permis de comparer le grec et l'arménien et de vérifier que l'ordre des chapitres supposé par ces philologues classiques était confirmé par l'ordre attesté en arménien[3]. Par ailleurs, le texte arménien conserve les cinq chapitres manquant en grec. Dans la récente édition critique du grec, établie par M. Patillon, le texte arménien des cinq chapitres a été ajouté à la suite du texte grec[4], grâce aux soins de G. Bolognesi[5].

Au-delà de la restitution du texte lui-même, cette heureuse découverte philologique a permis de comprendre le poids de la tradition canonique sur la transmission des textes de rhétorique en milieu grec. Ainsi, L. Pernot a souligné que le texte de Théon, tel qu'il est transmis par la version arménienne, permet de comprendre que la pratique scolaire n'a pas toujours été uniforme et sans variations, comme H. Marrou l'avait affirmé dans son ouvrage classique sur l'éducation dans l'Antiquité[6]. Au contraire, la tradition pouvait connaître des variations. Les divergences entre le texte grec conservé dans les manuscrits et le texte grec supposé par l'arménien montrent que les programmes et les pratiques d'ensei-

1. Finckh (édit.), *Theonis sophistae*, p. XVI.

2. Hopplicher, *De Theone*, p. 41-52 ; Reichel, *Questiones*, p. 30-35.

3. Le manuscrit a été identifié par N. Akinean, auteur d'un article paru presque une dizaine d'années après : Akinean, « T'ēoneay ». Le texte a été publié dans Manandean (édit.), *T'eōvneay*.

4. Patillon (édit. et trad.), *Aelius Théon, Progymnasmata*, p. 99-112.

5. Grâce aux travaux sur les œuvres de l'École hellénisante menés par G. Bolognesi et son école, nous disposons aujourd'hui d'une méthodologie solide pour évaluer la typologie des fautes les plus courantes dans les versions arméniennes des textes grecs, nécessaire pour pouvoir évaluer la valeur critique de l'arménien pour la reconstitution de l'original grec. Parmi beaucoup d'autres essais, rappelons le recueil d'articles suivant : Bolognesi, *Studi e ricerche*.

6. Marrou, *Histoire de l'éducation dans l'Antiquité*, p. 260.

gnement étaient souples. L'absence des cinq chapitres en grec peut être interprétée comme un retranchement appliqué par les copistes afin de suivre une tradition différente qui s'était imposée au sein du cadre pédagogique : « Une série s'est imposée dans le monde grec [...] et elle a occulté le reste »[1]. La version arménienne des *Progymnasmata* a ainsi permis de retrouver ces parties occultées.

À ces considérations, il faut encore ajouter que l'étude de ce texte de rhétorique est importante pour la reprise et la préservation des auteurs classiques à l'âge impérial et dans l'Antiquité tardive. Les chapitres des *Progymnasmata* contiennent, en effet, de nombreuses citations ou allusions à des auteurs tels que Thucydide, Homère, Ménandre et d'autres encore. Grâce aux traductions, cet héritage grec a franchi les portes de l'Arménie aussi[2] et peut parfois être retrouvé avec plus d'exactitude précisément grâce aux versions arméniennes[3].

BIBLIOGRAPHIE

SOURCES PRIMAIRES

Abełean, M. – Yarut'iwnean, S. (édit.), *Movsisi Xorenac'woy, Patmut'iwn Hayoc'* [Movsēs Xorenac'i, Histoire de l'Arménie], Tiflis 1913 (réimpr. Delmar, NY 1981 ; *Matenagirk' Hayoc'/Armenian Classical Authors*, vol. 2, Antélias 2003, p. 1743-2121).

Abełean, M. (édit.), *Koriwn, Vark' Maštoc'i* [Koriwn, Vie de Maštoc'], Erevan 1941 (réimpr. Erevan 1981 ; Delmar, NY 1985).

Abrahamyan, A. G. (édit.), « Ananiayi Širakunwoy eric's eraneal vardapeti, Vasn orpisut'ean kenac' iwroc' » [Anania Širakac'i le docteur trois fois heureux, Sur la manière de sa vie], Erevan 1944, p. 206-209 (réimpr. dans *Matenagirk' Hayoc'/Armenian Classical Authors*, vol. 4, Antélias 2005, p. 593-595).

Adontz, N. (édit.), *Denys de Thrace et les commentateurs arméniens*. Traduit du russe par R. Hotterbeex, coll. « Bibliothèque arménienne de la Fondation Calouste Gulbenkian », Louvain 1970.

Aleksidze, Z. (édit.), *Arsen Sapareli, Ganq'opisatws kartvelta da somexta* [Arsène de Sapara, La séparation de la Géorgie et de l'Arménie], coll. « Sakartvelos ist'oriis c'q'aroebi » 17, Tbilisi 1980.

1. Pernot, *Aspects méconnus*, p. 293.

2. Une étude systématique des versions hellénisantes comme témoins pour la récupération des textes classiques reste d'actualité. Sur cet aspect, voir par exemple Uluhogian, « La versione armena dei *Progymnasmata* » ; voir aussi note suivante.

3. Calzolari, « Tradizione indiretta » ; Goulet, « Trois cordonniers philosophes ».

Bart‘ikyan, H. (édit.), « Aratos Solac‘u, ΔΙΟΣΗΜΕΙΑ kam ΠΡΟΓΝΩΣΤΙΚΑ ašxatut‘yan hin hayeren t‘argmanut‘yunĕ » [La traduction arménienne ancienne des ΔΙΟΣΗΜΕΙΑ ou ΠΡΟΓΝΩΣΤΙΚΑ d'Aratos de Soles], *Banber Matenadarani* 7, 1964, p. 331-363.

Berbérian, H. (trad.), « Autobiographie d'Anania Širakac‘i », *Revue des Études Arméniennes* 1, 1964, p. 189-194.

Bernardi, J. (édit. et trad.), *Grégoire de Nazianze, Discours 42-43*, coll. « Sources chrétiennes » 384, Paris 1992.

Boisson-Chenorhokian, P. (trad.), *Yovhannēs Drasxanakertc‘i, Histoire d'Arménie*. Introduction, traduction et notes par P. B. C., coll. « Corpus Scriptorum Christianorum Orientalium » 605, « Subsidia » 115, Louvain 2004.

Emin, M. (édit.), *Yovhannu kat‘ołikosi Drasxanakertc‘woy, Patmut‘iwn Hayoc‘* [Yovhannēs Drasxanakertc‘i, Histoire de l'Arménie], coll. « Łukasean Matenadaran » 5, Moscou 1853 (réimpr. Tiflis 1912 ; Delmar, NY 1980).

Finckh, C. E. (édit.), *Theonis sophistae Progymnasmata*, Stuttgart 1834.

Förster, R. (édit.), *Libanii opera*. Recensuit R. F., vol. 10 : *Epistulae 1-839*, Lipsiae 1921 (réimpr. Hildesheim 1963).

Garitte, G. (édit.), *La Narratio de rebus Armeniae*. Édition critique et commentaire par G. G., coll. « Corpus Scriptorum Christianorum Orientalium » 132, « Subsidia » 4, Louvain 1967.

Goulet, R. (édit.), *Eunape de Sardes, Vies de philosophes et de sophistes*. Texte établi, traduit et annoté par R. G., vol. 2, « Collection des Universités de France. Série grecque » 508, Paris 2014.

Hansen, G. – Sirinjan, M. (édit.), *Socrates Scholasticus, Kirchengeschichte*, coll. « Griechischen Christlichen Schriftsteller » Neue Folge 1, Berlin 1995.

Hansen, G. (édit.), *Sozomen, Kirchengeschichte*, coll. « Griechischen Christlichen Schriftsteller » Neue Folge 4, Berlin 1995.

Mahé, J.-P. (édit. et trad.), *Hermès Trismégiste, Paralipomènes grec, copte, arménien*, « Collection des Universités de France. Série grecque » 546, Paris 2019.

Manandyan, H. (édit.), *T‘eovneay, Yałags čartasanakan krt‘ut‘eanc‘* [Théon, Sur les exercices de rhétorique], Erevan 1938.

Manandyan, H. (édit.), « Hermeay Eṙameci aṙ Askłepios sahmank‘ » [Hermès Trismégiste, Définitions à Asclépios], *Banber Matenadarani* 3, 1956, p. 288-313.

Patillon, M. (édit. et trad.), *Aelius Théon, Progymnasmata*. Texte établi et traduit par M. P., avec l'assistance, pour l'arménien, de G. Bolognesi, Paris 1997.

Patkanean, K'. (édit.), *P'awstosi Buzandac'woy, Patmut'iwn Hayoc'* [P'awstos Buzandac'i, Histoire de l'Arménie], Saint-Pétersbourg 1883 (réimpr. Delmar, NY 1984).

Połarean, N. (édit.), *Girk' t'łt'oc'* [Livre des lettres], Jérusalem 1994[2].

Stone, M. E. – Shirinian, M. E. (édit. et trad.), *Pseudo-Zeno, Anonymous Philosophical Treatise*, coll. « Philosophia Antiqua » 83, Leiden – Boston – Köln 2000.

Tēr-Mkrtč'ean, G. – Kanayeanc', S. (édit.), *Agat'angełeay, Patmut'iwn Hayoc'* [Agathange, Histoire de l'Arménie], Tiflis 1909 (réimpr. Delmar, NY 1980 ; Erevan 1983).

Tēr-Mkrtč'ean, G. – Malxaseanc', S. (édit.), *Łazaray, Patmut'iwn Hayoc' ew T'ułt' aṙ Vahan Mamikonean* [Lazare, Histoire de l'Arménie et Lettre à Vahan Mamikonean], Tiflis 1904 (réimpr. Delmar, NY 1985 ; réimpr. dans *Matenagirk' Hayoc'/Armenian Classical Authors*, vol. 2, Antélias 2003, p. 2201-2375).

Tēr-Vardanean, G. (édit.), « Yovhannu Kat'ołikosi Drasxanakertc'woy, Patmut'iwn Hayoc' » [Yovhannēs Catholicos Drasxanakertc'i, Histoire de l'Arménie], *Matenagirk' Hayoc'/Armenian Classical Authors*, vol. 11, Antélias 2010, p. 357-584.

Thomson, R. W. (trad.), *The Armenian Version of the Works attributed to Dionysius the Areopagite*, coll. « Corpus Scriptorum Christianorum Orientalium » 489, « Scriptores Armeniaci » 18, Leuven 1987.

ÉTUDES

Akinean, N., *Dasakan hayerēně ew Viennakan Mxit'arean dproc'ě* [L'arménien classique et l'école mekhitariste de Vienne], Vienne 1932.

Akinean, N., « Yunaban dproc'ě » [L'École hellénisante], *Handes Amsorya*, 1932, col. 271-291.

Akinean, N., « T'ēoneay, Yałags čartasanakan krt'ut'eanc'. Aṙt'iw noragiwt hayerēn t'argmanut'ean » [Théon, Sur les exercices de rhétorique. À l'occasion de la découverte de la traduction arménienne], *Handes Amsorya* 48, 1934, col. 197-212.

Ałbalean, N., « Ditołut'iwnner N. Adonc'i nor grk'i vray » [Considérations sur le nouveau livre de N. Adonc'], *Ararat* 52, jan.-déc. 1919, p. 65-71.

Alonso-Nuñez, J.-M., « Un historien antiromain. Métrodore de Scepsis », *Dialogues d'Histoire Ancienne* 10, 1984, p. 253-258.

Arevšatjan, S. S., *Formirovanije filosofskoj nauki v drevnej Armenii (V-VI vv.)* [La formation de la science philosophique dans l'Arménie antique (Ve-VIe siècle)], Erevan 1973 (2016²).

Arevšatyan, S. S., « Platoni erkeri hayeren t'argmanut'yan žamanakě » [L'époque de la traduction arménienne des œuvres de Platon], *Banber Matenadarani* 10, 1971, p. 7-20.

Bernardi, J., « Nouvelles perspectives sur la famille de Grégoire de Nazianze », *Vigiliae Christianae* 38/4, 1984, p. 352-359.

Bolognesi, G., *Studi e ricerche sulle antiche traduzioni armene di testi greci*, coll. « L'eredità classica nel mondo orientale » 1, Alessandria 2000.

Breglia Pulci Doria, L., « Plutarco e Tigran II φιλελλήν », *Annali della Facoltà di lettere e filosofia dell'Università di Napoli* 16, 1973-1974, p. 37-67.

Brown, P., *Power and Persuasion in Late Antiquity. Towards a Christian Empire*, Madison 1992.

Calzolari, V., « L'école hellénisante : faits et circonstances », dans M. Nichanian, *Âges et usages de la langue arménienne*, Paris 1989, p. 110-130.

Calzolari, V., « Tradizione indiretta di autori greci nella versione armena di Teone : Menandro, frr. 152 e 294 Koerte », *Lexis* 17, 1999, p. 247-258.

Calzolari, V., « Aux origines de la formation du corpus philosophique en Arménie : quelques remarques sur les versions arméniennes des commentaires grecs de David », dans C. D'Ancona (édit.), *The Libraries of the Neoplatonists*. Proceedings of the Meeting of the European Science Foundation Network Late Antiquity and Arabic Thought. Patterns in the Constitution of European Culture held in Strasbourg, March 12-14, 2004, coll. « Philosophia Antiqua » 107, Leiden – Boston 2007, p. 259-278.

Calzolari, V., « La version arménienne des *Prolegomena philosophiae* de David et son rapport avec le texte grec », dans V. Calzolari – J. Barnes (édit.), *L'œuvre de David l'Invincible et la transmission de la pensée grecque dans la tradition arménienne et syriaque*, coll. « Philosophia antiqua » 116, « Commentaria in Aristotelem Armeniaca. Davidis Opera » 1, Leiden – Boston 2009, p. 39-65.

Calzolari, V., « The Reception and the Transmission of the Greek Cultural Heritage in Armenia : The Armenian Translations of the Greek Neoplatonic Works », dans F. Gazzano, L. Pagani, G. Traina (édit.), *Greek Texts and Armenian Traditions. An Interdisciplinary Approach*, coll. « Trends in Classics. Supplementary Volumes » 39, Berlin – New York 2016, p. 47-70.

Cameron, A., « Education and Literary Culture », dans A. Cameron – P. Garnsey (édit.), *The Cambridge Ancient History*, vol. 13 : *The Late Empire, AD 337-425*, Cambridge 2008, p. 665-707.

Chétanian, R. V., « La version arménienne ancienne d'un extrait des *Phénomènes* d'Aratos », *Revue des Études Arméniennes* 33, 2011, p. 31-66.

Clackson, J. P., « The *Techne* in Armenian », dans V. Law – I. Sluiter (édit.), *Dionysius Thrax and the Technē Grammatikē*, Münster 1995, p. 121-133.

Clackson, J. P., « Armenian in Contact with Other Languages », dans A. Orengo – I. Tinti (édit.), *Armenian Linguistics*, coll. « Handbook of Oriental Studies. Section 8 : Uralic & Central Asian Studies », « History of Armenian Studies », vol. 23, Leiden – Boston, à paraître.

Cribiore, R., *The School of Libanius in Late Antique Antioch*, Princeton – Oxford 2007.

Debié, M., « Sciences et savants syriaques : une histoire multiculturelle », dans É. Villey (édit.), *Les sciences en syriaques*, coll. « Études syriaques » 11, Paris 2014, p. 9-66.

Di Branco, M., « Politica e religione in Atene nel IV secolo d. C. Il caso del sofista Proeresio », *La parola del passato* 76, 2011, p. 31-46.

Engels, J., « Ἄνδρες ἔνδοξοι or 'Men of High Reputation' in Strabo's *Geography* », dans D. Dueck, H. Lindsay, S. Pothecary (édit.), *Strabo's Cultural Geography. The Making of a Kolossourgia*, Cambridge 2005, p. 129-143.

Ensslin, W., « Proairesios », dans A. Pauly, G. Wissowa, W. Kroll, K. Witte, K. Mittelhaus, K. Ziegler (édit.), *Paulys Realencyclopädie der classischen Altertumswissenschaft*, Bd. 23/1, Stuttgart 1957, col. 30-32.

Gaggero, G., « Armenians in Xenophon », dans F. Gazzano, L. Pagani, G. Traina (édit.), *Greek Texts and Armenian Traditions. An Interdisciplinary Approach*, coll. « Trends in Classics. Supplementary Volumes » 39, Berlin – New York 2016, p. 73-82.

Gallay, P., *La vie de saint Grégoire de Nazianze*, Lyon – Paris 1943.

Garsoïan, N. G., *L'Église arménienne et le grand schisme d'Orient*, coll. « Corpus Scriptorum Christianorum Orientalium » 574, « Subsidia » 100, Louvain 1999.

Garsoïan, N. G., « L'*Histoire* attribuée à Movsēs Xorenac'i : que reste-t-il à en dire ? », *Revue des Études Arméniennes* 29, 2003-2004, p. 29-48.

Gärtner, H., « Prohairesios », dans K. Ziegler – W. Sontheimer (édit.) *Der Kleine Pauly, Lexikon der Antike auf der Grundlage von Pauly's Realencyclopädie der classischen Altertumswissenschaft unter Mitwirkung zahlreicher Fachgelehrter*, bearbeitet und herausgegeben von K. Z. und W. S., Bd. 4, München 1972, col. 1156-1157.

Gazzano, F., Pagani, L., Traina, G. (édit.), *Greek Texts and Armenian Traditions. An Interdisciplinary Approach*, coll. « Trends in Classics. Supplementary Volumes » 39, Berlin – New York 2016.

Goulet, R., « Prohérésius le païen et quelques remarques sur la chronologie d'Eunape de Sardes », *Antiquité Tardive* 8, 2000, p. 209-222.

Goulet, R., « Trois cordonniers philosophes », dans M. Joyal (édit.), *Studies in Plato and the Platonic Tradition. Essays presented to John Whittaker*, Aldershot 1997, p. 119-125 (réimpr. dans *Id.*, *Études sur les Vies de philosophes de l'Antiquité tardive. Diogène Laërce, Porphyre de Tyr, Eunape de Sardes*, coll. « Textes et traditions » 1, Paris 2001, p. 145-149).

Hopplicher, O. P., *De Theone, Hermogene, Aphtonioque progymnasmatum scriptoribus*, Würzburg 1884.

Hugonnard-Roche, H., « L'école de Qennešre et la tradition philosophique en syriaque, entre Alexandrie et Bagdad », dans E. Fiori – H. Hugonnard-Roche (édit.), *La philosophie en syriaque*, coll. « Études syriaques » 16, Paris 2019, p. 237-248.

Jones, A. H. M., Martindale, J. R., Morris, J. (édit.), *The Prosopography of the Later Roman Empire*, vol. 1 : *A. D. 260-395*, Cambridge 1971.

Kannicht, R., « Die Versinschrift Nr. 2 Armavir und *Trag. Adesp.* F 279 G », *Zeitschrift für Papyrologie und Epigraphik* 120, 1998, p. 13-14.

Kaster, R. A., *Guardians of Language : The Grammarian and Society in Late Antiquity,* coll. « The Transformation of the Classical Heritage » 11, Berkeley – Los Angeles – London 1988.

Kölligan, D., « Graeca in Armenia : Anmerkungern zur *Hownaban Dproc'* », dans J. L. García Ramón – D. Kölligan (édit.), *Strategies of Translation : Language Contact and Poetic Language*. Akten des Workshops, Köln, 17.-18. Dezember 2010 (*Linguarum Varietas* 3), 2014, p. 117-129.

Lamberterie, Ch. de, « Un poète hellénistique en Arménie », dans A. Blanc – A. Christol (édit.) *Langues en contact dans l'Antiquité. Aspects lexicaux*. Actes du Colloque Rouenlac III, Mont-Saint-Aignan, 6 février 1997, Nancy 1999, p. 151-167.

Lamberterie, Ch. de, « La version arménienne de la Grammaire de Denys de Thrace : étude linguistique », *Revue des Études Arméniennes* 39, 2020, p. 49-72.

Lecoq, P., *Les inscriptions de la Perse achéménide*, Paris 1997.

Lemerle, P., « Notes sur les données historiques de l'autobiographie d'Anania de Shirak », *Revue des Études Arméniennes* 1, 1964, p. 195-202.

Lemerle, P., *Le premier humanisme byzantin. Notes et remarques sur enseignement et culture à Byzance, des origines au Xe siècle*, Paris 1971.

Lewy, H., *The Pseudo-Philonic de Jona.* Part I : *The Armenian Text with a Critical Introduction*, coll. « Studies and Documents » 7, London 1936.

Mahé, J.-P., « Moïse de Khorène et les inscriptions grecques d'Armawir », *Topoi. Orient-Occident* 4/2, 1994, p. 567-586.

Mahé, J.-P., « L'Arménie et les Pères de l'Église : histoire et mode d'emploi (Ve-XIIe siècle) », dans J.-C. Fredouille – R. M. Roberge (édit.), *La documentation patristique*, Québec – Paris 1995, p. 167-179.

Mahé, J.-P., « Le site arménien d'Armawir : d'Ourartou à l'époque hellénistique », *Comptes rendus des séances de l'Académie des Inscriptions et Belles-Lettres* 40/4, 1996, p. 1279-1314.

Manandean, Y., *Yunaban dproc'ĕ ew nra zargac'man šrǰannerĕ* [L'École hellénisante et les phases de son développement], Vienne 1928.

Manandian, H., *The Trade and Cities of Armenia in Relation to Ancient World Trade*. English Translation by N. G. Garsoïan, Lisbon 1965.

Manandyan, H., « Armaviri hunaren arjanagrut'yunnerĕ nor lusabanut'yamb » [Nouvel éclairage sur les inscriptions grecques d'Armawir], Erevan 1946.

Marastoni, S., *Metrodoro di Scepsi. Retore, filosofo, storico e mago*, Alessandria 2007.

Markschies, C., « Prohairesios », dans H. Cancik – H. Schneider (édit.), *Der neue Pauly. Enzyklopädie der Antike*, vol. 10, Stuttgart 2001, col. 376.

Marrou, H.-I., *Histoire de l'éducation dans l'Antiquité*, Paris 1965².

Merkelbach, R., « Die Trimeter von Armavir – Inschrift eines armenischen Königs ? », *Epigraphica Anatolica* 25, 1995, p. 71-72.

Merkelbach, R., « Ein armenischer König spricht aus dem Felsgrab », *Zeitschrift für Papyrologie und Epigraphik* 120, 1998, p. 15-16.

Merkelbach, R. – Stauber, J., *Steinepigramme aus dem griechischen Osten*. Bd. 3. *Der Ferne Osten und das Landesinnere buz zu Tauros*, München – Leipzig 2001.

Mercier, Ch., « L'École hellénistique dans la littérature arménienne », *Revue des Études Arméniennes* 13, 1978-1979, p. 59-75.

Métivier, S., *La Cappadoce (IVe-VIe siècle). Une histoire provinciale de l'Empire romain d'Orient*, coll. « Byzantina Sorbonensia » 22, Paris 2005.

Morani, M., « Ancient Armenian Translations from Greek Texts : Questions of Method », dans F. Gazzano, L. Pagani, G. Traina (édit.), *Greek Texts and Armenian Traditions. An Interdisciplinary Approach*, coll. « Trends in Classics. Supplementary Volumes » 39, Berlin – New York 2016, p. 3-21.

Muradyan, A. N., *Hunaban dproc'ĕ ew nra derĕ hay k'erakanakan terminabanut'yan stełcman gorcum* [L'École hellénisante et son rôle dans la création de la terminologie grammaticale arménienne], Erevan 1971.

Muradyan, G., *Grecisms in Ancient Armenian*, coll. « Hebrew University Armenian Studies » 13, Leuven 2012.

Muradyan, G., « The Hellenizing School », dans V. Calzolari (édit.), with the collaboration of M. E. Stone, *Armenian Philology in the Modern Era: From Manuscript to Digital Text*, coll. « Handbook of Oriental Studies. Section 8 : Uralic & Central Asian Studies », « History of Armenian Studies », vol. 23/1, Leiden – Boston 2014, p. 321-348.

Pédech, P., « Deux Grecs face à Rome au Ier siècle av. J.-C. : Métrodore de Scepsis et Théophane de Mytilène », *Revue des Études Anciennes* 93, 1991, p. 65-78.

Peek, W., « Die metrischen Felsinschriften von Armavir (Taf I-III) », *Hyperboreus* 3, 1997, p. 1-9.

Penella, R. J., *Greek Philosophers and Sophists in the Fourth Century A. D. Studies in Eunapius of Sardis*, coll. « ARCA. Classical and Medieval Texts, Papers and Monographs » 28, Leeds 1990.

Perikhanian, A., « Une inscription araméenne du roi Artašēs trouvée à Zanguézour (Siwnik‘) », *Revue des Études Arméniennes* 3, 1966, p. 17-29.

Perikhanian, A., « Inscription araméenne gravée sur une coupe d'argent trouvée à Sissian (Arménie) », *Revue des Études Arméniennes* 8, 1971, p. 5-11.

Perikhanian, A., « Les inscriptions araméennes du roi Artachès », *Revue des Études Arméniennes* 8, 1971, p. 169-174.

Pernot, L., « Aspects méconnus de l'enseignement de la rhétorique dans le monde gréco-romain à l'époque impériale », dans H. Hugonnard-Roche (édit.), *L'enseignement supérieur dans les mondes antiques et médiévaux*, coll. « Textes et traditions » 16, Paris 2008, p. 283-306.

Petit, P., *Les étudiants de Libanius*, Paris 1956.

Pontani, P., « A Contribution to the Specification of the Greek Lexicon used by the Translators of the ՅՈՒՆԱԲԱՆ ԴՊՐՈՑ », dans N. Awde (édit.), *Armenian Perspectives* (10th Anniversary Conference of the Association Internationale des Études Arméniennes. SOAS, London), Richmond, Surrey 1997, p. 191-199 et 396-398.

Reichler, G., *Quaestiones progymnasmaticae*, Leipzig 1909.

Robert, J. et L., « Bulletin Épigraphique », *Revue des Études Grecques* 65, 1952, p. 181-185.

Robiano, P. – Mahé, J.-P., « Aratos de Soles », dans R. Goulet (édit.), *Dictionnaire des philosophes antiques*, vol. 1, Paris 1989, p. 322-325.

Schmidt, A. B., « Das armenische 'Buch der Briefe'. Seine Bedeutung als quellenkundliche Sammlung für die christologischen Streitigkeiten in Armenien im 6./7. Jh. », dans H. C. Brennecke, E. L. Grasmück, C. Markschies (édit.), *Logos. Festschrift für Luise Abramowski*, Berlin – New York 1993, p. 511-533.

Sgarbi, R., « Studio contrastivo sull'adattamento strutturale armeno della 'Téchnē' dionisiana », *Memorie dell'Istituto Lombardo. Accademia di Scienze e Lettere. Classe di Lettere, Scienze morali e storiche*, vol. 39, fasc. 7, 1991, p. 535-632.

Sgarbi, R., « Problemi lessicali legati alla terminologia della versione armena dell'*Ars* dionisiana », dans V. Calzolari, A. Sirinian, B. L. Zekiyan (édit.), *Bnagirk' yišatakac'/Documenta memoriae. Dall'Italia e dall'Armenia studi in onore di Gabriella Uluhogian*, Bologna 2004, p. 349-357.

Sirinian, A., « 'Armenian Philo' : A Survey of the Literature », dans S. Mancini Lombardi – P. Pontani (édit.), *Studies on the Ancient Armenian Version of Philo's Work*, coll. « Studies in Philo of Alexandria » 6, Leiden – Boston 2011, p. 7-44.

Širinyan, M., « 'Artak'in' ev 'nurb' greank' » [Écrits 'externes' et 'd'accès étroit'], *Aštanak* 2, 1998, p. 15-45.

Tēr-Mkrtč'ean, G., « Timot'ēos Kuzi Hakačaṙut'ean hay t'argmanut'ean žamanakē ew Surb Grk'i errord kam 'Noraber' hay t'argmanut'iwnē » [L'époque de la traduction arménienne de la Réfutation de Timothée Aelure et la troisième ou 'Nouvelle' traduction arménienne des Saintes Écritures], *Ararat* 5-6, 1908, p. 564-589.

Terian, A., « The Hellenizing School. Its Time, Place and Scope of Activities Reconsidered », dans N. G. Garsoïan, Th. F. Mathews, R. W. Thomson (édit.), *East of Byzantium. Syria and Armenia in the Formative Period.* Dumbarton Oaks Symposium 1980, Washington, D.C. 1982, p. 175-186.

Tinti, I., « On the Chronology and Attribution of the Old Armenian *Timaeus* : A Status Quaestionis and New Perspectives », *Egitto e Vicino Oriente* 35, 2012, p. 219-282.

Tinti, I., « Problematising the Greek Influence on Armenian Texts », *Rhesis. International Journal of Linguistics, Philology and Literature* 7/1, 2016, p. 28-43.

Traina, G., *Il complesso di Trimalcione. Movsēs Xorenac'i e le origini del pensiero storico armeno*, coll. « Eurasiatica » 27, « Quaderni del Dipartimento di Studi Eurasiatici. Università degli Studi di Venezia », Venezia 1991.

Traina, G., « Plutarque et le théâtre grec dans l'Arménie ancienne », dans B. Der Mugrdechian (édit.), *Between Paris and Fresno. Armenian Studies in Honor of Dickran Kouymjian*, Costa Mesa, CA 2008, p. 311-319.

Traina, G., « Traditions on Armenia in Submerged Greek Literature : Preliminary Considerations », dans G. Colesanti – L. Lulli (édit.), *Submerged Literature in Ancient Greek Culture. Case studies*, Berlin – Boston 2016, p. 111-123.

Uluhogian, G., « La versione armena dei *Progymnasmata* di Teone : una miniera per il recupero dei testi classici », *Eikasmos* 9, 1998, p. 220-224.

Vanatour, *Banasirakan yōduacneru žołovacoy* [Recueil d'essais philologiques], Jérusalem 1993.

van Lint, T. M., « Among Others : Greek in Context in the Letters of Grigor Magistros Pahlawuni (Eleventh Century) », dans F. Gazzano, L. Pagani, G. Traina (édit.), *Greek Texts and Armenian Traditions. An Interdisciplinary Approach*, coll. « Trends in Classics. Supplementary Volumes » 39, Berlin – New York 2016, p. 197-213.

Watt, J. W., *The Aristotelian Tradition in Syriac*, coll. « Variorum Collected Studies » 1074, London – New York 2019.

Watts, E. J., *City and School in Late Antique Athens and Alexandria*, Berkeley – Los Angeles – London 2006.

Weitenberg, J. J. S., « Linguistic Continuity in Armenian Hellenizing Texts », *Le Muséon* 110, 1997, p. 447-458.

Weitenberg, J. J. S., « Greek Influence in Early Armenian Linguistics », dans S. Auroux, E. F. K. Koerner, H.-J. Niederehe, K. Versteegh (édit.), *History of the Language Sciences. An International Handbook on the Evolution of the Study of Language from the Beginnings to the Present*, vol. 1, Berlin – New York, 2000, p. 447-450.

Weitenberg, J. J. S., « On the Chronology of the Armenian Version of Dionysius Thrax », dans R. B. Finazzi – A. Valvo (édit.), *Pensiero e istituzioni del mondo classico nelle culture del Vicino Oriente*. Atti del Seminario Nazionale di studio (Brescia, 14-15-16 ottobre 1999), Alessandria 2001, p. 305-314.

Weitenberg, J. J. S., « Hellenophile Syntactic Elements in Armenian Texts », dans A. Donabédian – A. Ouzounian (édit.), *Actes du Sixième Colloque international de Linguistique arménienne*, Paris 2003 (*Slovo* 26-27, 2001-2002), p. 64-72.

Yovsēp'ean, G. V., *T'ovma Mecop'ec'u keank'ĕ* [La vie de T'ovma Mecop'ec'i], Vałaršapat 1914.

Zekiyan, B. L., « Quelques observations critiques sur le 'Corpus Elisaeanum' », dans R. F. Taft (édit.), *The Armenian Christian Tradition*, coll. « Orientalia Christiana Analecta » 254, Roma 1997, p. 71-123.

Zuckerman, C., *A Repertory of Published Armenian Translations of Classical Texts*, Jerusalem 1995 (réimpr. dans G. Fiaccadori [édit.], *Autori classici in lingue del Vicino e Medio Oriente*, Roma 2001, p. 415-448).

ALESSANDRO ORENGO

HISTOIRE DES THÉORIES GRAMMATICALES EN ARMÉNIE DANS L'ANTIQUITÉ TARDIVE ET AU MOYEN ÂGE

Un tournant dans l'histoire de la pensée grammaticale arménienne antique et médiévale naît de la traduction de la *Technē Grammatikē* de Denys le Thrace. Ce travail, qui à plusieurs endroits ressemble plutôt à une adaptation du texte grec, fait partie des œuvres de traduction issues de la *Yunaban Dproc‘* ; il en constitue même une des premières, et peut être situé au VIe siècle, bien que des datations antérieures aient été également proposées. Si on prend comme point de repère la traduction arménienne de la *Technē*, on peut distinguer, dans le domaine des études grammaticales, une période antérieure à cette traduction, pré-dionysienne, et une période postérieure, post-dionysienne. De la première période ne nous est parvenu aucun traité grammatical ; on peut néanmoins identifier des éléments de spéculation grammaticale dans quelques ouvrages écrits en arménien, ainsi que dans des textes traduits du grec. La période post-dionysienne, quant à elle, peut être subdivisée en trois phases, selon le classement schématique proposé par G. J̌ahukyan[1]. Dans la première phase, qui va de l'époque de la traduction de la *Technē* jusqu'au début du XVIIe siècle, la spéculation grammaticale a été influencée par la tradition grammaticale grecque et s'est concrétisée par la rédaction de commentaires du texte de Denys. La deuxième phase va du XVIIe siècle au troisième quart du XVIIIe; à cette époque, la grammaire arménienne, toujours visant la langue classique ou ce que l'on considérait comme telle, a été modelée sur la base des catégories grammaticales du latin. Finalement, dans la troisième et dernière phase, qui commence dans les années soixante-dix du XVIIIe siècle, l'analyse grammaticale suit des schémas interprétatifs non plus tirés d'autres traditions grammaticales, mais pouvant être labellisés comme autonomes, avec pour but d'offrir une description de la langue elle-même.

Cette tripartition, bien qu'essentiellement acceptable, ne doit toutefois pas faire oublier que nous ne sommes pas face à des catégories rigides. Pour ne

1. J̌ahukyan, *Grabari k‘erakanut‘yan patmut‘yun (XVII-XIX dd.)*, p. 4.

mentionner qu'un seul exemple, l'influence du latin sur l'interprétation grammaticale arménienne connaît un épisode important, quoiqu'isolé, bien avant le XVIIe siècle : le cas de la grammaire conçue à l'intérieur de l'activité des *Fratres Unitores*, dont il sera question plus bas.

Dans cette contribution, nous prendrons tout d'abord en considération la période pré-dionysienne ; nous traiterons ensuite de la version arménienne de la *Technē* et finalement nous mentionnerons les commentaires de cette dernière[1]. Nous ne nous attarderons pas, en revanche, sur d'autres textes non spécifiquement grammaticaux, bien qu'ils révèlent l'intérêt de quelques Arméniens pour des questions linguistiques, ainsi que l'attention prêtée par des savants d'autres cultures à l'égard de la langue arménienne. Ne seront donc pas discutés en détail ni le papyrus gréco-arménien[2], qui contient une esquisse de manuel (en caractères arméniens) pour l'apprentissage du grec, remontant peut-être au VIIe siècle, ni le glossaire arméno-latin d'Autun (en caractères latins) contenu dans le ms. 17A de la Bibliothèque municipale de cette ville, composé entre le IXe et le Xe siècle[3], ni encore le prétendu « Dictionnaire du roi », un texte du XIVe siècle, rédigé en caractères arabes, qui conserve des lemmes en arabe, persan, turc, grec, arménien, mongol[4].

1. Ouvrages généraux sur l'histoire de la grammaire arménienne pendant la période considérée : Džaukjan, « Istorija lingvističeskih učeniĭ » ; J̌ahukyan, *K'erakanakan ev ułłagrakan ašxatut'yunnerě* ; Xač'erean, *Hay lezuabanut'ean aṙajac'man patmut'iwně* ; voir aussi l'introduction dans Ervine (édit.), *Yohannēs Erznkac'i*. Sur la théorie des parties du discours, on peut également voir Barsełyan, *Hayereni xosk'i maseri usmunk'ě* et, en ce qui concerne le nom, Dilbaryan, *Anvan ěmbṙnumě hay lezvabanut'yan meǰ*. À propos de la terminologie grammaticale nous renvoyons à Muradyan, *Hunaban dproc'ě*. À ce sujet, on peut également consulter Petrosyan *et al.*, *Lezvabanakan baṙaran*.

2. Le papyrus se trouve à la Bibliothèque nationale de France à Paris (BnF Arm 332). L'édition complète la plus récente est due à Clackson (édit.), « A Greek Papyrus in Armenian Script », qu'il faut intégrer avec *Id.*, « New Readings on the Armeno-Greek Papyrus BnF 332 Arm ». Sur ce texte, voir encore *Id.*, « A Greek Educational Papyrus in Armenian Script » ; *Id.*, « Vox Armenica » et Kouymjian, « History of Armenian Paleography », p. 59-65.

3. Sur ce glossaire, voir Bischoff (édit.), « Armenisch-lateinisches Glossar » ; Carrière (édit.), *Un ancien glossaire latino-arménien* ; Hambarjumyan, « Ōtuni 'hayeren-latineren baṙaraně' » ; Hewsenian (édit.), « The Autun Glossary » ; Muradyan, « J. J. S. Weitenberg, 'Armenian dialects' » (compte rendu) ; Omont (édit.), « Manuel de conversation arménien-latin du Xe siècle » ; Redgate, « An Armenian Physician » ; Weitenberg, « Armenian Dialects and the Latin-Armenian Glossary of Autun » ; Zarphanalean, *Usumnasirut'iwnk' hay lezui*, p. 8-11.

4. Pour ce texte, voir *The King's Dictionary*. Voir aussi Strohmeyer, « *The King's Dictionary* » (compte rendu). En général, pour des renseignements sur la lexicographie arménienne dans la période dont il est question dans cette contribution, on peut consulter Amalyan, *Miǰnadaryan Hayastani baṙaranagrakan ušarjanner* ; Gasparyan, *Hay baṙaranagrut'yan patmut'yun* ; Anasyan, *Haykakan matenagitut'yun* (*s. v. Baṙaranagrakan niwt'er*).

LA PÉRIODE PRÉ-DIONYSIENNE

Comme il a été dit plus haut, il est possible d'identifier des traces de spéculation grammaticale dans des textes antérieurs à la traduction de l'œuvre de (ou attribuée à) Denys le Thrace. En effet, parcourant les écrits des auteurs du ve siècle, notamment ceux qui traitent des différentes phases de l'invention de l'alphabet arménien par Maštoc', on trouve une esquisse de terminologie grammaticale, et parfois même davantage.

Nous nous limiterons à quelques exemples seulement, à partir d'un écrit théologique : le traité d'Eznik Kołbac'i traditionnellement connu sous le titre de *Réfutation des sectes* (*Ełc Ałandoc'*), un texte probablement rédigé dans la cinquième décade du ve siècle[1]. Son auteur y réfute une série de conceptions philosophico-religieuses, externes et internes au monde chrétien. Ces dernières, en vérité, sont limitées au marcionisme, mais, en les réfutant, Eznik n'évite pas l'exégèse de passages bibliques en faisant aussi recours à des concepts grammaticaux, ce qui était normal à son époque. Ainsi, en essayant de démontrer qu'il existe seulement un ciel, peut-être divisé en plusieurs parties, et que l'idée d'une pluralité des cieux affirmée par les marcionites se fonde sur la base d'une interprétation grammaticale erronée, Eznik dit[2] :

Or, dans les livres [sacrés] nous trouvons « cieux » et « cieux des cieux » puisque dans la langue des Hébreux on ne peut pas dire « ciel », tout comme en syriaque on ne dit pas « eau » ou « ciel », mais le singulier est exprimé par un pluriel (*min bazmabar asi*). Et ceci est clair du fait que les Septante, en traduisant en grec, disent : « Au commencement Dieu créa le ciel et la terre »[3], en se référant donc à un ciel seulement. Et en syriaque, puisque on ne peut pas dire « ciel », on a : « Au commencement Dieu créa le *yat'* cieux et le *yat'* terre ». Bien qu'ils ne puissent pas parler d'un seul ciel au singulier, néanmoins en disant *yat'*, c'est-à-dire « élément » (*tarr*), la traduction fait référence d'une certaine façon à un seul élément constitué d'un seul ciel. En outre, les Septante ont traduit par « ciel » le firmament visible, celui qui fut séparé des eaux, d'où il est évident que le ciel supérieur et le ciel inférieur font deux cieux, et non pas trois ou beaucoup plus.

Mais ils disent : « Paul a dit : 'Une certaine personne fut ravie jusqu'au troisième ciel' »[4]. Et ils ne savent pas qu'il n'est pas clair, absolument, s'il veut dire jusqu'au troisième ciel ou bien jusqu'à la troisième des nombreuses parties dont est constitué ce seul ciel auquel nous avons affaire : la phrase en grec peut donner l'une ou l'autre signification. D'autant plus que Paul n'y

1. Voir aussi, dans le présent volume, Orengo, « Astronomie, astrologie et calendriers », p. 237-263 et Thomson, « La cosmologie dans l'Arménie ancienne et médiévale », p. 215-236.

2. Ce passage est tiré du § IV 7 (= § 378-380 de l'édition Mariès – Mercier) de l'ouvrage d'Eznik. On peut lire le texte arménien dans Minasean (édit.), « Eznik Kołbac'i, Ełc ałandoc' », p. 501-502 et dans Mariès – Mercier (édit.), *Eznik, De Deo*, p. 113-114 du tiré à part. Pour une autre traduction française de ce passage, voir Iid. (trad.), *Eznik*, *De Deo*, p. 132 du tiré à part. Enfin nous nous permettons de renvoyer aussi à notre traduction italienne avec commentaire : Orengo (trad.), *Eznik, Confutazione delle sette,* p. 93.

3. Gn 1, 1.

4. 2 Cor 12, 2 : οἶδα (…) ἁρπαγέντα τὸν τοιοῦτον ἕως τρίτου οὐρανοῦ.

met pas l'article (*art'r*), c'est-à-dire *-n*: en effet, il ne dit pas «jusqu'au troisième ciel», mais «jusqu'à une troisième [partie] du ciel» (*c'errord erkni*), au singulier (*aṙanjinn*). De ce texte l'on tire un indice sur le fait que Paul fut ravi jusqu'à l'une des maintes parties du ciel, la troisième, et c'est pour cela qu'il adjoint immédiatement après: «Cette personne fut ravie au paradis»[1]. Or, le paradis ne peut pas se trouver au troisième ciel, ni non plus dans quelque lieu au ciel, mais il est bien sur terre, ce dont ils témoignent eux aussi [= les marcionites], en disant que, quand ils [= le Dieu de la Loi et la Hyle] créèrent l'homme, ils le placèrent dans le jardin du paradis, qui est bien sur terre, et non pas au ciel.

Remarquons du moins la manière, peut-être un peu grossière mais sans doute efficace, par laquelle Eznik définit le *plurale tantum*, à savoir *min bazmabar asi* (litt. «l'un est dit pluriellement [*scil.* au pluriel]») et surtout la présence de l'emprunt *art'r* (< ἄρθρον), traité comme un thème en liquide, classe grammaticale somme toute peu usitée en arménien, à l'exception de quelques autres emprunts.

Passons à deux autres textes du Ve siècle qui traitent, tous deux, de l'histoire de l'invention de l'alphabet arménien: la *Vie de Maštoc'* (*Vark' Maštoc'i*) de Koriwn, composée probablement vers la moitié du Ve siècle, presque à la même époque que le traité d'Eznik, et l'*Histoire de l'Arménie* (*Patmut'iwn Hayoc'*) de Łazar P'arpec'i, qui remonte aux dernières décades du même siècle.

Dans ces deux textes, il est intéressant de voir la manière d'indiquer les termes techniques grammaticaux «syllabe»[2] et «lettre». Koriwn (§ 6 et 8 de l'édition Abełyan) atteste à la fois des emprunts au grec et des mots arméniens. En particulier, pour «syllabe» l'on trouve *siwłobay* (*v.l. siłobē*) ou *siłobay*, où le vocalisme de la deuxième syllabe paraît dénoncer une prononciation mésopotamienne du grec, peut-être avec une médiation syriaque[3]. En outre, ce mot est toujours suivi par l'arménien *kap*, litt. «lien», comme si le mot emprunté du grec n'était pas assez clair pour un lecteur arménien et nécessitait une glose explicative. Quant à «lettre», ce concept est toujours indiqué par le terme arménien *nšanagirk'*, au pluriel.

Chez Łazar (I 10) on trouve deux emprunts au syriaque: *hegenay*, ou *hegenayin* (< *heγyānā* «lire, lecture, prononciation»), pour «syllabe» et *at'ut'ay* (< *āθūθā* «lettre») pour «lettre»[4]. À ces termes s'ajoutent l'emprunt au grec *silovbay* [*sic* !], pour le vocalisme duquel on renvoie à ce qui a été dit plus haut, et, pour «lettre», deux mots arméniens, à savoir le pluriel *nšanagirk'*, que nous avons déjà rencontré, et le collectif *gren* (en fait, la forme attestée est *grenoy*, de *gir*).

1. 2 Cor 12, 4.

2. Sur les vocables arméniens pour «syllabe», voir Tinti, «Notes on the Armenian Names for the Syllable».

3. Sur cette hypothèse, voir Orengo, «L'armeno del V secolo», p. 462-463, n. 57.

4. Tēr-Mkrtč'ean – Malxasean (édit.), *Łazaray, Patmut'iwn*, p. 15-16 (*cf. Matenagirk' Hayoc'*, vol. 2, p. 2211-2214).

En conclusion de cette analyse rapide des textes « pré-dionysiens » du Ve siècle, nous pouvons affirmer que les rares termes techniques grammaticaux semblent tantôt refléter une influence du syriaque ou du grec (parfois peut-être indirecte), tantôt présenter une première tentative de rendre ces concepts par des mots arméniens. Bien entendu, la traduction de Denys introduira une terminologie technique qui, bien que de façon non exclusive, durera dans les siècles.

LA TRADUCTION DE LA TECHNĒ *DE DENYS LE THRACE*[1]

Comme on le sait, le texte grec de la *Technē*, dont la date de rédaction ainsi que l'unité ne font pas l'unanimité des savants[2], est divisé en une série de chapitres qui traitent de la grammaire en général, de la lecture, de l'accent, des signes de ponctuation, de la « rhapsodie » (à savoir la partie d'un poème qui renferme un certain sujet), de la lettre, de la syllabe, du mot et de la phrase, et ensuite des parties du discours : nom, verbe, participe, article, pronom, préposition, adverbe, conjonction.

Le texte grec fut donc traduit en arménien probablement au VIe siècle, dans le cadre de l'activité de la *Yunaban dproc'*, d'où sont issues des versions souvent très littérales de textes grecs ; celles-ci, peut-être originairement conçues comme

1. Le texte arménien, avec l'original grec en miroir, précédé d'une introduction très détaillée et suivi des écrits des commentateurs les plus anciens, fut publié par Adonc (édit.), *Dionisij Frakijskij* et traduit en français (Adontz [édit.], *Denys de Thrace et les commentateurs arméniens*) ; c'est à cette traduction que nous faisons ici référence. Ce travail a été récemment traduit en arménien oriental : Adonc', *Erker*, vol. 3. Dans ces deux traductions, si l'introduction, numérotée en chiffres romains, est différemment divisée, le texte de Denys et celui de ses commentateurs est reproduit tel qu'il était dans l'original russe. Sur les différentes questions soulevées par la traduction arménienne (époque de sa réalisation, hypothèses sur le traducteur, la technique de traduction ou d'adaptation, la technique des calques, la possible origine dialectale de quelques formes non standard, etc.), en plus de l'introduction d'Adontz (édit.), *Denys de Thrace et les commentateurs arméniens* et les chapitres sur l'ouvrage de Denys dans Jahukyan, *K'erakanakan ew ułagrakan ašxatut'yunnerě* et Ervine (édit.), *Yohannēs Erznkac'i*, on peut voir Clackson, « The *Technē* in Armenian » ; Scala, « L'antica traduzione armena della *Téchnē grammatikḗ* attribuita a Dionisio Trace » ; Schmitt, « Armenische Grammatiker-Duale » ; Sgarbi, « Tecnica dei calchi nella versione della γραμματική τέχνη attribuita a Dionisio Trace » ; *Id.*, « Studio contrastivo sull'adattamento strutturale armeno della 'Téchnē' dionisiana » ; *Id.*, « La traduzione armena della *Grammatica* di Dionisio Trace » ; *Id.*, « Problemi lessicali legati alla terminologia della versione armena dell'*Ars* dionisiana » ; Sirinian, « Una riuscita operazione culturale » ; Weitenberg, « On the Chronology of the Armenian Version of Dionysios Thrax ».

2. En ce qui concerne le texte grec de la *Technē*, voir l'édition critique de Uhlig (édit.), *Dionysius Thrax, Ars grammatica.* On peut se référer également à Lallot (édit.), *La grammaire de Denys le Thrace*, un travail qui offre un commentaire très détaillé. Sur la question de la paternité de l'ouvrage, mis à part Lallot, *ibid.*, p. 20-26, voir les travaux recueillis dans Law – Sluiter (édit.), *Dionysius Thrax and the Technē Grammatikē* et Pagani, « La *Techne grammatike* attribuita a Dionisio Trace ».

un support à l'utilisation du texte original, visaient sans doute à donner aux Arméniens les instruments d'accès aux différentes branches du savoir. Le traducteur arménien, par ailleurs, rend aussi les anciens appendices à la *Technē*, à savoir les sections sur la prosodie et la métrique, et finalement les tables de la conjugaison verbale.

Le texte arménien de la *Technē* devint rapidement le livre de référence pour l'étude de la grammaire, si bien qu'on oublia vite le nom même de l'auteur grec de l'ouvrage dont dépendait la traduction arménienne. Si le plus ancien des commentateurs arméniens, Dawit' P'ilisop'ay, sait bien qu'il s'agit de l'œuvre de Denys, son nom disparut ensuite ; Hamam, un commentateur du IXe siècle, à ce qu'il semble ne trouve rien de mieux que d'attribuer la *Technē* à Homère[1] !

Quant au traducteur, son identité reste inconnue et les hypothèses émises à son sujet ne sont guère convaincantes. Nous pouvons néanmoins voir sa manière de procéder à travers le texte qu'il nous a transmis. Le grec et l'arménien sont sans doute deux langues typologiquement et structurellement semblables sous différents aspects, mais les catégories grammaticales nécessaires pour les décrire ne sont pas toujours les mêmes, d'où le problème que le traducteur a dû se poser : accepter les catégories valables pour le grec, même quand elles ne le sont pas pour l'arménien, ou bien élaborer le modèle en l'adaptant à la réalité de sa langue ? Comme on le verra, il a eu recours aux deux manières de procéder. Dans plusieurs cas, le traducteur adapte le modèle à la réalité de sa langue : c'est ce qui se passe, par exemple, dans la classification des phonèmes de l'arménien, ou bien lorsqu'il ajoute un sixième cas (l'instrumental, *aṙak'akan*, appelé aussi *c'uc'akan*) à la déclinaison nominale, ainsi que dans d'autres parties de son travail. À d'autres égards, en revanche, il se conforme au modèle fourni par le grec, par exemple en introduisant en arménien la quantité vocalique, qui lui est étrangère, et la métrique quantitative qui en dérive ; ou bien en créant une forme de duel, nominal, pronominal et verbal ; ou encore en introduisant le genre grammatical ou en insérant dans le tableau de la conjugaison verbale des temps qui n'existent pas en arménien. Dans quelques cas, il se peut que, dans cette tentative de modeler l'arménien sur le grec, le traducteur ait eu recours à des formes dialectales, qui ne sont d'ailleurs pas attestées ; mais dans d'autres cas, l'invention de formes est une évidence indubitable.

La technique de traduction, dans cette fluctuation entre fidélité au modèle et adaptation, peut bien être illustrée d'exemples tirés de la comparaison des textes grec et arménien et contenus dans le paragraphe consacré au nombre des noms[2]. Le texte grec dit que l'on compte trois nombres – singulier, duel et pluriel

1. Voir Adontz (édit.), *Denys de Thrace et les commentateurs arméniens,* p. XLVI, avec référence au texte arménien, et J̌ahukyan, *K'erakanakan ev ułłagrakan ašxatut'yunnerě*, p. 199.

2. Texte grec 12, 7 = arménien 13, 7 : Adontz (édit.), *Denys de Thrace et les commentateurs arméniens*, p. 16-17.

(ἑνικός, δυϊκός, πληθυντικός) –, en donnant tout de suite après un exemple avec le nom « Homère ». Il y a ensuite des noms singuliers qui se réfèrent à une pluralité (δῆμος, χορός, ὄχλος) et des noms pluriels qui se rapportent à des entités singulières (Ἀθῆναι, Θῆβαι) ou doubles (ἀμφότεροι).

Le traducteur arménien reproduit fidèlement la série des trois nombres (*ezakan, erkakan, yognakan*), malgré le fait que dans sa langue le duel n'existe pas. Quant à l'exemple auquel il se réfère, il abandonne, selon ses habitudes, la référence classique et recourt à la forme plus familière *Petros*, pour laquelle il « invente » un duel, *Petru*, dont la désinence est probablement tirée de la terminaison du numéral *erku* « deux ». Dans la deuxième partie du paragraphe, le traducteur suit le grec dans l'exposé théorique comme dans les exemples, du moins lorsqu'il s'agit de noms communs : δῆμος, χορός, ὄχλος sont fidèlement traduits par les mots *tohm* (en réalité plutôt « famille, lignage » que « peuple »), *par* « ensemble de danseurs », *ambox* « foule » ; ἀμφότεροι est traduit par *erkuk'*, à savoir le numéral « deux », avec désinence de pluriel. En correspondance des deux toponymes, en revanche, des toponymes arméniens sont attestés, autrement dit les deux *pluralia tantum Xoyarawnk'* et *C'rawnk'*, parmi lesquels seul le deuxième est connu sur la base d'autres sources aussi.

En conclusion de ces observations sur la technique de traduction, nous pouvons affirmer que le traducteur est parfois fidèle à son modèle, si bien qu'il « invente » des sous-catégories absentes dans sa langue (par exemple le duel) ; parfois, au contraire, il montre une conscience accrue de la réalité linguistique de l'arménien (par exemple le cas instrumental). Finalement, la fidélité à l'original est assez limitée dans les exemples fournis ; dans ce cas, le traducteur a une tendance à adapter le modèle à la réalité linguistique et culturelle de l'arménien. Mais l'attitude du traducteur n'est pas constante, par exemple au § 6[1] il traduit fidèlement un vers d'Homère (*Iliade* XI 388) destiné à démontrer que, chez les anciens, *grem* « j'écris » et *k'erem* « je gratte » signifiaient la même chose ; or, cela est vrai plutôt pour le grec – où γράφω présente les deux significations – que pour l'arménien.

Passons maintenant à la terminologie technique. Dans ce cadre, le traducteur crée souvent des mots en les modelant par calque sur le grec, et il forge ainsi un lexique spécialisé destiné à durer dans le temps, en partie jusqu'à nos jours. Considérons quelques exemples. En présentant les auteurs pré-dionysiens nous avons vu qu'il existe des dénominations différentes pour « lettre » et « syllabe ». Dans la traduction de Denys, le premier concept est exprimé par *gir*, que nous avons déjà rencontré, ou par *tar̈* « élément », qui traduit στοιχεῖον. Quant à « syllabe », les formes en usage sont *vang*, dont la signification principale est « voix, son », ou *p'ałar̈ut'iwn*, litt. « le fait de prendre ensemble, le fait de com-

1. Adontz (édit.), *Denys de Thrace et les commentateurs arméniens*, p. 4.

prendre », qui est donc un calque de συλλαβή[1]. Comme on peut le voir, le lexique tend à innover, parfois selon le modèle grec.

Si nous analysons les dénominations des cas, cette manière de procéder par calques est encore plus évidente. Voyons quelques exemples seulement, en focalisant notre attention sur la racine, tous les mots arméniens étant des formes dérivées avec *-akan* :

ὀρθή - *ułłakan* « nominatif » : en arménien il s'agit d'un dérivé d'*ułił* « droit, direct », ayant la même valeur que le gr. ὀρθός ;

γενική - *seṙakan* « génitif » : dérivé de l'arménien *seṙ* « genre, génération », comme γένος ;

δοτική - *trakan* « datif » : comme en grec, le mot arménien est formé de la racine du verbe « donner » ; *cf. tur* « don » ou, comme impératif, « donne ! » ;

αἰτιατική - *hayc'akan* « accusatif » : la forme arménienne dérive de *hayc'em*, équivalent de αἰτέω « je demande »[2] ;

κλητική - *hošakan* « vocatif » : la forme arménienne pourrait dériver de la forme rare *hošem* « j'appelle », encore une fois avec correspondance identique par rapport au grec καλέω.

Rappelons enfin que, parmi ces lemmes, au moins *gir*, *taṙ*, *ułłakan*, *seṙakan*, *trakan*, *hayc'akan* sont encore de nos jours en usage dans le lexique grammatical de l'arménien.

1. Les deux mots arméniens sont tous deux présents au § 7 (Adontz [édit.], *Denys de Thrace et les commentateurs arméniens,* p. 9), où ils semblent être tout simplement des synonymes. Les commentateurs (*cf.* Dawit' dans J̌ahukyan [édit.], « Davt'i k'erakanakan aŝxatut'yan norahayt amboł̌jakan jeṙagir tek'stĕ », p. 252 = Adontz [édit.], *ibid.*, p. 320 ; Ananun dans Adontz, *ibid.*, p. 135) ont cherché à en distinguer la valeur, donnant à *vang* le sens de syllabe en tant que voyelle précédée ou suivie par une consonne, et à *p'ałaṙut'iwn* celui de voyelle précédée et suivie par une consonne. Il semble néanmoins que nous ayons affaire à une spéculation postérieure à l'époque de la traduction de la *Technē*. Dans cet ouvrage, au § 6 (Adontz [édit.], *ibid.*, p. 5) συλλαβή est traduit aussi par *šałašar*, littéralement « conjonction », dans un passage où, toutefois, le sens du mot est plutôt celui de « diphtongue ».

2. Dans ce passage, le texte grec tel qu'il nous est parvenu est : ἡ δὲ αἰτιατική † κατ' αἰτιατικήν (*v.l.* κατ' αἰτίαν) ce qui semble être soit une tautologie [« le causatif (tire son nom) du causatif »], soit une explication étymologique [« le causatif (tire son nom) de la cause »], cette dernière se fondant sur une variante tardive et d'ailleurs asymétrique par rapport au reste du passage, où chaque nom de cas est suivi d'un ou deux synonymes, en forme d'adjectif. En ce qui concerne la traduction arménienne, il semble que le texte sur lequel le traducteur travaillait était lui aussi corrompu ou altéré à cet endroit. En effet, on lit en arménien : *ew hayc'akann xndrakan ew kam ĕst ełlenac'woc' lezuin p'astakan*, c'est-à-dire « et le *hayc'akan* [de *hayc'em* « je demande, j'implore »] (s'appelle aussi) *xndrakan* [de *xndrem* « je demande, j'implore »], ou bien, selon la langue des Grecs, *p'astakan* [de *p'ast* « cause, preuve » = αἰτία] ». Autrement dit, ici le traducteur démontre qu'il est conscient du fait que l'on peut rapprocher αἰτιατική aussi bien de αἰτέω que de αἰτία.

LES PREMIERS COMMENTATEURS DE LA TRADUCTION DE LA TECHNĒ

Comme nous l'avons déjà rappelé, « faire grammaire » en Arménie a signifié, pendant des siècles, produire des commentaires sur la version du texte de Denys. Ces commentaires, dans lesquels chaque entrée débutait avec la citation du passage correspondant de la *Technē*, rapportaient souvent, en premier lieu, ce qui avait déjà été écrit par d'autres, avec l'ajout de quelque chose de personnel de la part de l'auteur, le cas échéant.

Parmi les commentaires les plus anciens, nous sont parvenus ceux de Dawit' P'ilisop'ay, d'Ananun (à savoir l'Anonyme), de Movsēs K'erdoł (« grammairien »), de Step'anos Siwnec'i et de Hamam, tous édités par N. Adontz[1] à la suite du texte arménien de la *Technē*[2]. Chacun d'entre eux est intitulé, de façon plus ou moins conventionnelle, *Meknut'iwn k'erakani(n)* « Commentaire sur la grammaire », un titre qui est attesté également dans différents ouvrages plus récents. En réalité, à l'exception de celui de Dawit', tous ces commentaires ne nous sont pas parvenus en tant qu'œuvres autonomes, mais sous forme de citations à l'intérieur du commentaire de Grigor Magistros ou de celui, plus récent, de Yovhannēs Erznkac'i Pluz. En outre, à l'époque où il écrivait, Adontz ne connaissait pas l'existence des manuscrits du commentaire de Dawit', dont le texte sera publié par J̌ahukyan seulement en 1956[3] ; par conséquent, dans son ouvrage, ce texte aussi est présenté uniquement sur la base des citations postérieures.

Établir l'époque de composition des commentaires n'est pas non plus une entreprise aisée. La seule donnée certaine concerne Step'anos Siwnec'i : comme il s'agit d'un auteur connu sur la base d'autres écrits, et dont on connaît la date de mort (735), il peut être pris comme repère pour dater les autres textes, ne serait-ce que de manière approximative. Movsēs K'erdoł a été identifié comme le maître de Step'anos, par conséquent il doit être de peu antérieur à ce dernier. Par ailleurs, nous avons deux écrits grammaticaux de Step'anos : une œuvre juvénile qui contient une analyse de nature théologique du commentaire sur la grammaire

1. Adontz (édit.), *Denys de Thrace et les commentateurs arméniens*.

2. Les textes de Dawit', Movsēs et Ananun ont été réimprimés dans le vol. 5 de *Matenagirk' Hayoc'/Armenian Classical Authors* : J̌ahukyan (édit.), « Dawit' k'erakan, Meknut'iwn k'erakanin », p. 1167-1187 (réimpr. de *Id.* [édit.], « Davt'i k'erakanakan ašxatut'yan norahayt amboł̌jakan jeṙagir tek'stě », *Banber Matenadarani* 3 [1956], p. 241-264) ; Adonc' (édit.), « Movsēs k'erdołi, <Meknut'iwn k'erakanin> », p. 1195-1208 et *Id.* (édit.), « Ananun, Meknut'iwn k'erakanin », p. 1219-1238 ; celui de Step'anos Siwnec'i dans le vol. 6 : *Id.* (édit.), « Step'annosi Siwnec'woy, Meknut'iwn k'erakanin », p. 571-593 ; celui de Hamam dans le vol. 9 : *Id.* (édit.), « Hamamay arewelc'woy, Meknut'iwn k'erakanin », p. 534-553.

3. J̌ahukyan (édit.), « Davt'i k'erakanakan ašxatut'yan norahayt amboł̌jakan jeṙagir tek'stě », *Banber Matenadarani* 3 [1956], p. 241-264. L'édition de ce texte est reproduite dans Adontz (édit.), *Denys de Thrace et les commentateurs arméniens,* p. 312-332. À remarquer que le texte publié par J̌ahukyan s'éloigne souvent de celui reconstitué par Adontz.

rédigé par son maître Movsēs, et un écrit tardif, qui représente, en revanche, un commentaire en bonne et due forme du texte de Denys. À propos de Hamam, dont le texte nous a été transmis par Yovhannēs Erznkac'i, nous pouvons affirmer qu'il s'agit d'un auteur postérieur à Step'anos ; il a probablement vécu au IXe siècle et nous a laissé un commentaire où il essaie d'expliquer des données grammaticales avec des éléments théologiques ou du moins relevant de l'histoire sacrée. Pour éclaircir ce concept, nous donnerons un seul exemple. Dans le texte de la version de Denys, en suivant le modèle du grec, des temps verbaux artificiels sont introduits en arménien ; ceux-ci sont absolument inexistants et seront aussitôt après oubliés, sauf par les commentateurs. Hamam toutefois, en traitant du verbe, essaie de comparer l'ensemble de ces temps, réels et inventés, aux différentes époques de l'histoire biblique[1].

À propos des deux commentaires les plus anciens, celui attribué à Dawit' et l'autre, d'Ananun, différentes hypothèses ont été proposées sur leurs auteurs ; elles ne semblent cependant pas résister à un examen critique. On a essayé d'identifier le premier aussi bien avec l'auteur de la traduction de Denys qu'avec le philosophe Dawit' Anyałt' (« l'Invincible ») ou du moins avec son traducteur arménien, en admettant que l'ouvrage du philosophe ait été composé en grec et qu'il ait été plus tard traduit en arménien. En réalité, il est beaucoup plus probable que le commentaire a été rédigé au VIIe siècle par un auteur qui s'appelait peut-être Dawit' (l'éventualité qu'il s'agisse d'un nom apocryphe n'est toujours pas à exclure) et qui connaissait sans doute bien les commentateurs grecs de Denys, ce qu'Adontz a largement démontré dans le quatrième chapitre de sa monographie[2]. Il n'est pas possible d'effectuer ici une analyse minutieuse de ce texte, un des rares, par ailleurs, qui font de Denys l'auteur de l'original grec de l'ouvrage dont ils offrent un commentaire. Nous souhaitons nous arrêter sur un seul des nombreux aspects intéressants qui seront repris par les commentateurs suivants. Dans le chapitre sur la « lettre », à savoir le sixième à la fois en grec et en arménien, on constate une légère incohérence[3] : dans le titre on fait allusion au στοιχεῖον (en arménien *tar̄*), alors que dans la définition ensuite on parle de γράμμα (en arménien *gir*). Pour clarifier cette situation, le plus simple serait peut-être de considérer les deux termes comme synonymes ; c'est, en effet, cette solution qui a été retenue par les commentateurs les plus récents. Mais non par Dawit' (et différents autres auteurs après lui), pour qui il est nécessaire de trouver une explication

1. Le passage arménien auquel nous nous référons ici est reconstitué dans Adontz (édit.), *Denys de Thrace et les commentateurs arméniens,* p. 262-263. En outre, étant donné que ce texte nous a été transmis par Yovhannēs Erznkac'i, on peut lire ce passage aussi dans les éditions de ce dernier auteur : Ervine (édit.), *Yohannēs Erznkac'i*, p. 638-639 et Xač'erean (édit.), *Yovhannēs Erznkac'i, Hawak'umn meknut'ean k'erakani*, p. 234. Le passage a été traduit en anglais dans Ervine (édit.), *ibid.*, p. 347 bis (dans cet ouvrage on trouve deux pages numérotées 347).

2. Adontz (édit.), *Denys de Thrace et les commentateurs arméniens,* p. CXII-CXLVIII.

3. Adontz (édit.), *ibid.*, p. 4.

à ce petit problème terminologique ; aussi, en propose-t-il plusieurs[1]. Tout d'abord, pour Dawit' *tar̄* indique l'aspect incorporel auquel est associé un aspect corporel, matériel, exprimé par *gir :* le premier est le son, le second est la lettre à laquelle le son est associé. Dawit' poursuit et voit dans *tar̄* l'équivalent de *tarr*, un terme par lequel on indique habituellement les quatre éléments qui constituent le cosmos, et il développe une comparaison entre ces derniers et les lettres. Finalement, en présentant une comparaison avec le corps humain, il considère *tar̄* comme l'équivalent de la pensée, à laquelle les *girk'* correspondraient en tant qu'organes des sens (les voyelles) et membres (les consonnes). L'explication la plus simple est de voir dans les deux mots, *tar̄* et *gir*, une référence respectivement au son (au phonème) et à sa représentation graphique. Néanmoins, le renvoi à la pensée, à laquelle nous avons fait allusion plus haut, ne nous empêche pas d'envisager également une autre possibilité, bien qu'elle puisse paraître anachronique : nous nous demandons si dans le concept de *tar̄* ne se cache pas quelque chose de semblable à l'« empreinte psychique du son » dont parle F. de Saussure[2] ; non pas le son en soi, donc, mais son retentissement dans notre pensée, sans que les lèvres bougent, par exemple quand nous réfléchissons (nous réfléchissons au moyen de phrases) ou quand nous lisons en silence. Nous sommes conscients qu'une telle interprétation ouvre la porte à différents problèmes, en commençant par le rapport entre pensée et alphabétisation ; nous nous contenterons de l'avoir simplement mentionnée[3].

Un autre aspect mériterait peut-être d'être pris en considération. La terminologie employée par Dawit', qui attribue un caractère incorporel (*anmarmin*) au *tar̄*, peut faire penser à un usage presque théologique : comme le Christ incorporel prend corps, il en est ainsi du *tar̄* avec le *gir*. Nous ne saurions pas dire jusqu'à quel point cette comparaison est délibérée – elle ne l'est peut-être pas –, mais sa forme, pour ainsi dire, symétrique est attestée en arménien. Au § LVII de son *Commentaire sur la sainte messe* (*Meknut'iwn srboy pataragi*), un auteur du Xe siècle, Xosrov Anjewac'i, père de Grigor Narekac'i, lequel est davantage connu, compare l'incarnation du Verbe (*Ban*), originairement incorporel (*anmarmin*), à l'incarnation de la parole (*ban*) sur papier, un fait qui la rend visible et tangible[4].

1. Pour le texte, voir J̌ahukyan (édit.), « Davt'i k'erakanakan ašxatut'yan norahayt amboǰakan jer̄agir tek'stě », p. 250-251 = Adontz (édit.), *Denys de Thrace et les commentateurs arméniens*, p. 319 et 318 (ces deux pages ont été fautivement reproduites en ordre inversé dans le volume contenant la traduction de l'ouvrage d'Adontz). Pour un commentaire sur ce passage, par rapport aussi à la pensée des commentateurs grecs, voir Adontz (édit.), *ibid.*, p. CXLII-CXLV.

2. De Saussure, *Cours de linguistique générale*, p. 98.

3. À ce propos, il faudrait peut-être considérer les théories sur le « discours intérieur » proposées par plusieurs philosophes depuis l'Antiquité : voir Panaccio, *Le discours intérieur de Platon à Guillaume d'Ockham.*

4. *I nmanut'ean bani, or i k'artn marmnanay ew tesaneli ew šōšapeli lini.* Texte arménien et traduction anglaise dans Cowe (trad.), *Commentary on the Divine Liturgy*, p. 140-141. Sur ce

Passant au deuxième des commentateurs les plus anciens, Ananun, et sans nous attarder sur les identifications proposées à son sujet, il nous suffit de dire qu'il s'agit encore, probablement, d'un auteur du VIIe siècle. Sans nous arrêter davantage sur lui, rappelons seulement qu'il s'agit du premier à parler des dialectes arméniens, un sujet qui sera ensuite repris par d'autres.

LA SYSTÉMATISATION DE LA PENSÉE GRAMMATICALE ARMÉNIENNE ET LES COMMENTATEURS LES PLUS RÉCENTS

Nous avons rappelé plus haut que les commentaires les plus anciens nous sont parvenus uniquement à travers des œuvres de systématisation plus récentes : seul celui de Dawit‘ nous est connu grâce à une documentation manuscrite indépendante. Il est temps maintenant de présenter les deux œuvres principales de systématisation de la pensée grammaticale arménienne, la première du XIe siècle et la seconde plus récente de plus de deux siècles, l'une et l'autre devenues de véritables manuels de référence pour les études supérieures.

La première, dont le titre est le traditionnel *Commentaire sur la grammaire* (*Meknut‘iwn k‘erakanin*), est due à Grigor Magistros (†1058)[1], qui l'a rédigée à la demande de son fils Vahram, le futur catholicos Grigor Vkayasēr, autrement dit « martyrophile ». Dans cet ouvrage, Magistros recueille, commente et intègre les textes de Dawit‘, Movsēs, Ananun et Step‘anos Siwnec‘i, dont il reproduit intégralement les extraits, chapitre après chapitre. Cela entraîne évidemment des répétitions et, tout aussi évidemment, des lacunes. Il y a, par ailleurs, des aspects originaux dans l'œuvre de Grigor qui méritent d'être signalés, comme par exemple l'attention prêtée aux langues géographiquement proches de l'arménien, dont la connaissance, à son avis, peut offrir des explications utiles pour la recherche étymologique et faire parvenir le savant à des résultats que l'on ne pourrait pas atteindre en se fondant uniquement sur l'arménien.

La deuxième systématisation majeure de la pensée grammaticale arménienne, intitulée *Recueil de commentaires sur la grammaire* (*Hawak‘umn tesut‘ean k‘erakani*), est due à la plume de Yovhannēs Erznkac‘i Pluz (†1293)[2], disciple de

sujet, on peut voir également Salaville « L'‘Explication de la Messe’ de l'arménien Chosrov », p. 358 et, sur la présence de cette même comparaison chez les Grecs, Guinot, « Un florilège antimonophysite de Théodoret de Cyr sur l'incarnation », p. 581.

1. Pour le texte, voir Adontz (édit.), *Denys de Thrace et les commentateurs arméniens*, reproduit dans Muradyan (édit.), « Grigor Magistrosi, Meknut‘iwn k‘erakanin ». Pour une édition critique plus récente, voir Xač‘erean (édit.), *Grigor Pahlawuni Magistros*, p. 353-464.

2. Pour le texte arménien, voir Ervine (édit.), *Yohannēs Erznkac‘i*, qui offre aussi une traduction en anglais, et Xač‘erean (édit.), *Yovhannēs Erznkac‘i, Hawak‘umn meknut‘ean k‘erakani*. Sur Yovhannēs, voir également Ervine, « Yovhannēs Erznkac‘i Pluz's *Compilation* ». On a longuement identifié cet auteur avec un homonyme Yovhannēs Erznkac‘i, dit aussi

Vardan Arewelc'i (« l'Oriental », mort probablement en 1271), lui aussi auteur d'un commentaire et d'un autre texte, plus bref, portant sur un sujet grammatical[1]. Yovhannēs, comme son maître, est actif en Cilicie et vise à réaliser un manuel dépassant les limites de celui de Magistros. Il emploie certainement le texte de ce dernier, mais il l'intègre à l'aide d'autres commentaires, par exemple celui de Hamam ; il ajoute à plusieurs reprises son opinion et surtout il essaie d'harmoniser la matière, en évitant les répétitions et en comblant les lacunes. La structure que Yovhannēs donne au matériel est celle des *catenae*, introduites en Arménie peu de temps auparavant pour des textes de nature religieuse.

Bien entendu, la production de commentaires grammaticaux ne s'achève pas avec la systématisation de Yovhannēs. Après lui, d'autres auteurs, d'une façon ou d'une autre liés à l'école de Glajor, ont écrit à ce sujet. C'est le cas d'Esayi Nč'ec'i (†1337-1338)[2] et de Yovhannēs Erznkac'i, dit aussi Corcorec'i (mort vers 1340)[3], alors que plus tardivement, il faut faire mention d'Aṙak'el Siwnec'i (1350-1422), neveu et disciple de Grigor Tat'ewac'i, qui a rédigé son commentaire sous forme de questions et réponses[4] ; ce modèle a aussi été adopté par Dawit' Zēyt'unc'i (†1619) pour son *Meknut'iwn k'erakani*[5]. Il faut garder à l'esprit que chez ces auteurs, ainsi que chez quelques-uns de leurs prédécesseurs, les formes de l'arménien classique côtoient souvent celles du moyen-arménien de Cilicie.

Corcorec'i, auteur lui aussi d'un ouvrage grammatical ; par conséquent, on a attribué à Yovhannēs Erznkac'i Pluz deux ouvrages grammaticaux. En réalité Corcorec'i est un écrivain un peu plus tardif que Pluz, et il est proche du mouvement des *Unitores* : il sera question de lui plus bas.

1. Ce commentaire (*Meknut'iwn k'erakani*) a été rédigé en Cilicie entre 1244 et 1246, à la demande du roi Het'um. Pour l'édition critique de ce texte, voir Xač'eryan (édit.), *Vardan Arewelc'i, Meknut'iwn k'erakani*. L'autre texte grammatical rédigé par Vardan est un très court exposé *Sur les parties du discours* (*Vasn banin masanc'*) ; publié en 1943 par Xač'ikyan (« Vardan Arewelc'u 'Vasn banin masanc'' ašxatut'yunĕ »), il a été réimprimé aussi bien dans la première édition du premier volume des travaux de l'auteur (Xač'ikyan, *Ašxatut'iwnner*, p. 193-199) que dans la deuxième édition de ce même premier volume (*Id.* [édit.], *Ašxatut'iwnner*, p. 254-263).

2. Cet auteur rédigea une *Verlucut'iwn k'erakanut'ean* [Analyse de la grammaire]. Pour ce texte, voir Xač'eryan (édit.), *Esayi Nč'ec'i, Verlucut'iwn k'erakanut'ean*.

3. Le titre de l'ouvrage est *Hamaṙawt tesut'iwn k'erakani* [Court commentaire sur la grammaire]. Pour le texte arménien, voir Xač'erean (édit.), *Yovhannēs Corcorec'i, Hamaṙawt tesut'iwn k'erakani*. Nous avons déjà signalé le fait que cet auteur a été longuement confondu avec le presque homonyme Yovhannēs Erznkac'i Pluz (voir *supra*, p. 64, n. 2).

4. *Yałags k'erakanut'ean. Hamaṙawt lucmunk'* [Sur la grammaire. Courts commentaires]. Pour le texte arménien, voir Xač'erean (édit.), *Aṙak'el Siwnec'i, Yałags k'erakanut'ean*.

5. Melk'onyan (édit.), *Dawit' Zēyt'unc'i, Meknut'iwn k'erakani*.

LES CONTACTS CULTURELS AVEC L'EUROPE OCCIDENTALE ET LA PREMIÈRE INFLUENCE DU LATIN[1]

Jusqu'à présent nous avons pris en considération la composition de textes grammaticaux au sens strict du terme, rédigés par des auteurs arméniens. Nous souhaitons maintenant élargir la perspective et voir comment, au Moyen Âge, les autorités religieuses occidentales manifestèrent un certain intérêt pour l'étude de la langue arménienne ; en contrepoint de cet intérêt du côté occidental, on assiste, en Orient, à la manifestation d'une influence de la culture latine sur la rédaction d'une forme de grammaire s'éloignant du modèle de commentaire ayant retenu notre attention jusqu'ici. Commençons donc par l'intérêt du monde occidental pour l'arménien.

Au Moyen Âge, un moment de rencontre linguistique est associé, en Occident, au souci de créer un corps de missionnaires maîtrisant les langues orientales, capables ainsi de s'en servir pour les besoins de la prédication. L'exigence d'avoir des traducteurs ou des interprètes pour les langues orientales dans les centres du pouvoir était, en revanche, moins ressentie. Par exemple, la Curie pontificale déléguait à ses partenaires orientaux à la fois la tâche de fournir des interprètes pour les ambassades envoyées en Occident et celle de pourvoir à la traduction des lettres envoyées en Orient. Parfois, on trouvait un marchand ou un missionnaire capable d'accomplir cette charge ; dans d'autres cas, il n'y avait pas de traducteur à disposition et la lettre restait forcément sans réponse.

Néanmoins, venant à nouveau à la question de la formation linguistique des missionnaires, une résolution, contenue dans le vingt-quatrième décret du concile de Vienne (session du 6 mai 1312)[2], prévoyait que dans les universités (*in studiis*) de Paris, Oxford, Bologne et Salamanque, ainsi qu'auprès de la Curie pontificale, deux enseignants étaient nommés pour chacune des langues orientales sélectionnées (hébreu, arabe et syriaque), avec la charge de les enseigner et d'en traduire des textes en latin, afin de permettre aux élèves d'être suffisamment instruits pour l'activité missionnaire. La norme fut confirmée lors du concile de Bâle (session XIX du 7 septembre 1434)[3] qui ajouta le grec à la liste des langues. En réalité, la résolution fut appliquée de façon très irrégulière, d'autant plus que la Curie pontificale ne se chargeait des dépenses que pour l'enseignement actif chez elle.

1. Principales références : Altaner, « Die Durchführung des Vienner Konzilsbeschlusses » ; *Id.*, « Die fremdsprachliche Ausbildung der Dominikaner-Missionare » ; *Id.*, « Sprachkenntnisse und Dolmetscherwesen im missionarischen und diplomatischen Verkehr » ; *Id.*, « Sprachstudien und Sprachkenntnisse im Dienste der Mission » ; Richard, « L'enseignement des langues orientales » ; *Id.*, *La Papauté et les missions d'Orient* ; *Id.*, « Les Arméniens à Avignon ».

2. Voir Alberigo *et al.* (édit.), *Conciliorum Oecumenicorum Decreta*, p. 379-380.

3. Voir Alberigo *et al.* (édit.), *ibid.*, p. 483.

Pour cette période, nous sommes renseignés quant à l'arménien aussi. Dans un écrit du 8 juin 1318, adressé à Ōšin, roi de Petite Arménie, à savoir le royaume arménien de Cilicie, le pape Jean XXII sollicitait l'appui du roi pour organiser, en Orient, une école de latin destinée aux jeunes Arméniens, afin que, ainsi instruits, ceux-ci pussent aider dans leur activité missionnaire les Dominicains qui se trouvaient sur place. L'initiative de Jean XXII a dû être sans succès, étant donné que, malgré l'assentiment formel du roi, un document dominicain anonyme de 1332 se plaint du fait que les Arméniens n'ont pas tenu leur promesse.

En ce qui concerne l'enseignement de l'arménien en Occident, les sources d'archive offrent peut-être quelques informations. Elles attestent par exemple qu'en 1321-1323, deux ambassadeurs du royaume d'Arménie, *Raynerius de Costansa presbiter* et *Alexander Petri clericus*, qui se trouvaient à Avignon, enseignèrent « leurs langues » (*linguas eorum*) auprès de la Curie[1]. On a supposé qu'ils enseignaient l'arménien, mais cette hypothèse n'a pas été unanimement acceptée, d'autant plus que l'origine de ces personnes n'est pas connue. Il est, en revanche, assez probable que l'arménien fut enseigné par *Narsesius archiepiscopus Manesgardensis*, c'est-à-dire l'archevêque Nersēs Palenc', qui se trouva à Avignon entre 1340 et 1345 : en 1342, il reçut des émoluments pour ce genre de services[2].

Si, au XIVe siècle, les contacts entre Arméniens et monde catholique romain furent, tout compte fait, sporadiques en Occident, il ne faut pas oublier qu'à la même époque une rencontre bien plus fructueuse eut lieu en Orient, grâce à l'activité des *Fratres Unitores* (*Ełbark' Miabanołk'*)[3]. À l'origine de cette congrégation se trouve l'activité missionnaire du dominicain Bartholomée de Bologne (ou *de Podio*, †1333) qui, le 1er mai 1318, fut nommé évêque suffragant du métropolite de Sultanieh (Iran nord-occidental). Bartholomée se vit assigner le siège de Maragha (en arm. Marała). Avec le temps, un groupe d'Arméniens se forma autour de lui et des confrères qui l'avaient suivi en terre d'Orient ; parmi ceux-ci se trouvait, depuis 1328, le *vardapet* Yovhannēs K'ṙnec'i († 1347), formé dans la célèbre école de Glajor[4]. Après une première période d'activité à Maragha, en 1330 Yovhannēs persuada Bartholomée de déplacer le siège à K'ṙna, où fut fondée aussitôt après la congrégation des *Fratres Unitores*, ayant pour but d'unir l'Église arménienne à Rome.

1. Schäfer (édit.), *Die Ausgaben der apostolischen Kammer unter Johann XXII.*, p. 573.
2. Schäfer (édit.), *Die Ausgaben der apostolischen Kammer unter Benedikt XII.*, p. 198.
3. Sur les *Fratres Unitores* et sur Bartholomée de Bologne, voir van den Oudenrijn, *Linguae Haicanae Scriptores* ; l'introduction de L. S. Xač'ikyan et S. A. Avagyan à Xač'ikyan (édit.), *Yovhannēs K'ṙnec'i, Yałags k'erakanin* ; Arevšatyan, *Bardułimeos Boloniac'u haykakan žaṙangut'yunĕ*. Sur l'archidiocèse de Sultanieh, voir Richard, *La Papauté et les missions d'Orient*, p. 167-225.
4. Voir l'article de La Porta, « Les sept arts libéraux et l'école de Glajor-Tat'ew (XIIIe-XIVe) » dans le présent volume, p. 193-214.

L'une des activités des Dominicains, et des Arméniens qui s'étaient joints à eux, consista dans la traduction ou la rédaction en arménien d'une série d'ouvrages, parmi lesquels il est important de mentionner la grammaire (*Hamaṙōt hawak'umn yałags k'erakani*, « Bref recueil sur la grammaire ») de Yovhannēs K'ṙnec'i[1]. Dans cet écrit, l'auteur s'éloigne de l'ancien schéma du commentaire, en produisant essentiellement une grammaire descriptive de l'arménien, à savoir un type de grammaire qui restera isolé à l'époque de sa composition et qui ne sera repris que trois siècles plus tard. En effet, Yovhannēs connaît bien une tradition grammaticale différente de l'arménienne, à savoir la tradition latine, et particulièrement Priscien et ses commentateurs. Cette connaissance émerge à plusieurs reprises dans son ouvrage, notamment dans la catégorisation ou la description de quelques aspects de la langue que ses prédécesseurs avaient ignorés ; elle peut très bien être illustrée par la longue section dédiée à la syntaxe, totalement absente jusqu'à cette époque, de la tradition grammaticale arménienne. Chez Yovhannēs on constate l'influence du latin non seulement dans les contenus, mais au niveau terminologique aussi, notamment dans l'utilisation d'une série de termes techniques empruntés (*ǰerundiakan, sup'inakan*) ou plus souvent reproduits à l'aide de calques des formes latines sémantiquement équivalentes. Il faut également remarquer que Yovhannēs fournit des exemples tirés de la langue parlée de son époque, autrement dit l'arménien moyen.

Parmi les sources qu'il peut avoir employées, nous avons déjà rappelé Priscien, que le grammairien arménien cite par son nom. L'enseignement de Bartholomée de Bologne a également dû être important, étant donné que quelques aspects de la grammaire de Yovhannēs attestent des parallèles avec la *Dialectique* (*Hamaṙōt hawak'umn ew yoyž ōgtakar i dialēt'ikēn*) rédigée par le père dominicain, une œuvre qui, malheureusement, n'a jamais été publiée intégralement[2].

LA MANIÈRE DE PROCÉDER DES COMMENTATEURS : UN EXEMPLE

En conclusion de notre présentation, nous souhaitons traiter de la manière de procéder des commentateurs sur une question particulière, à savoir le genre grammatical, et spécialement la question du nom[3].

Le problème que doit résoudre la spéculation grammaticale, lorsqu'il s'agit d'affronter la catégorie du genre, est de concilier les classifications de la langue avec la réalité qui, souvent, semble les démentir. De ce point de vue, on ne peut

1. Pour le texte, voir Xač'ikyan (édit.), *Yovhannēs K'ṙnec'i, Yałags k'erakanin*.

2. Les premières pages de ce texte, tirées d'un seul manuscrit, ont été publiées par van den Oudenrijn, « Notes sur quelques ouvrages arméniens de provenance dominicaine ».

3. Nous reprenons ici, avec une mise à jour, des propos publiés dans Orengo, « I *K'erakanowt'ean Girk'* », p. 78-92 : pour plus de détails sur ce sujet, nous renvoyons le lecteur à cet article.

que donner raison au personnage de Socrate chez Aristophane (*Nuées*, v. 658-680), pour qui on ne peut pas insérer dans une liste d'animaux (de quadrupèdes, en fait, mais… ne cherchons pas la petite bête !) de sexe masculin le terme ἀλεκτρυών, qui indique à la fois le coq et la poule, mais il faut faire une distinction en appelant ἀλεκτρυών le mâle et en inventant ἀλεκτρύαινα pour designer la femelle. Toujours selon ce personnage, un substantif tel que ἡ κάρδοπος « la huche » est sans doute inacceptable, puisque, s'agissant d'un féminin, on devrait dire ἡ καρδόπη.

De façon analogue, bien qu'à un niveau plus modeste, on ne peut que donner raison à cet étudiant qui, aux prises avec l'analyse grammaticale de la phrase « l'alouette chante », écrivit puis confirma oralement qu'« alouette » était, et ne pouvait qu'être, un substantif masculin singulier, étant donné que, dans cette espèce d'oiseaux, seul le mâle chante[1].

Des incohérences de ce type viennent facilement à l'esprit de n'importe qui – philosophe à la mode ou jeune étudiant – considère une langue du point de vue de la logique voire du sexe du référent. Or, si cela arrive avec des langues possédant la catégorie du genre grammatical, comme dans les exemples tirés du grec et du français que nous venons d'examiner, il est facile d'imaginer à quel point la spéculation sur l'arménien a été compliquée : cette langue, en effet, ne connaît pas de distinction de genre, du moins pas dans sa phase documentaire ; les grammairiens cependant en ont introduit une de façon artificielle, afin de la modeler, d'abord sur les schémas du grec et ensuite sur ceux du latin.

À propos des genres nominaux, Denys le Thrace présente deux opinions différentes ; il en est de même pour son traducteur[2]. Tout d'abord, ils affirment que les genres sont au nombre de trois – masculin (ἀρσενικόν - *arakan*), féminin (θηλυκόν - *igakan*) et neutre (οὐδέτερον - *č'ezok'*[3]), mais ils rappellent ensuite que d'aucuns ajoutent à cette série le genre commun (κοινόν - *hasarak*) et le genre épicène (ἐπίκοινον - *makawasar*) ; par genre commun on entend les noms qui, en gardant la même forme, du point de vue grammatical peuvent être, suivant les cas, aussi bien masculins que féminins. Par genre épicène, en revanche, on entend les noms qui, tout en étant d'un seul genre grammatical, indiquent des êtres (des animaux, selon les exemples) des deux sexes. Bien entendu, si la chose était acceptable pour le grec – où par exemple ἵππος et κύων existent à la fois au masculin et au féminin, tandis que χελιδών et ἀετός, n'ayant qu'un seul et même genre grammatical, indiquent néanmoins le mâle et la femelle à la fois –, la transposition de ce schéma en arménien était beaucoup moins évidente, pour ne pas dire artificielle ; aussi le traducteur se limite-t-il à rapporter les exemples de

1. Nous tirons cette anecdote de Jespersen, *The Philosophy of Grammar*, p. 230.

2. Le passage en objet se trouve au § 12 du texte grec et au § 13 de l'arménien : Adontz (édit.), *Denys de Thrace et les commentateurs arméniens*, p. 13.

3. Dans des textes plus tardifs on trouve la forme *č'ēzok'*.

son modèle (*ji* « cheval, jument », *šun* « chien, chienne », *ciceaṙn* « hirondelle »), tout en s'autorisant à remplacer ἀετός « aigle » par *ak'is* « belette », sans essayer la moindre adaptation, contrairement à ce qu'il fait dans d'autres cas. Par ailleurs, la référence à la « belette » n'est pas exclusive de l'arménien, mais on la trouve aussi dans une partie de la tradition grammaticale grecque et latine ; il est donc bien possible que le traducteur lui-même l'ait trouvée dans le texte sur lequel il travaillait.

Voilà donc la donnée que l'on trouve chez Denys le Thrace et qui constitue le point de départ pour les commentateurs. Si nous analysons leurs textes, nous pouvons distinguer deux attitudes possibles : Ananun[1] et, probablement, Step'anos Siwnec'i aussi[2] rapportent simplement la tripartition en masculin, féminin, neutre ; dans d'autres écrits, les commentateurs retiennent et commentent les cinq classes. Parmi ces derniers, nous trouvons les écrits de Movsēs K'erdoł et Dawit' P'ilisop'ay : le premier[3] considère comme « communs » les noms des êtres (les exemples se rapportent à des animaux) dont l'appartenance à l'un ou à l'autre sexe est facilement reconnaissable, alors qu'il considère « épicènes » les noms des êtres dont on ne peut pas déterminer visuellement le sexe. Désormais, l'élément discriminant ne consiste pas en un facteur grammatical, comme le fait que les noms peuvent être utilisés avec des articles différents, ce qui advient en grec, mais en une caractéristique physique du référent, comme le fait que celui-ci montre au moins une différence sexuelle. Il convient cependant de remarquer qu'une telle conception se trouve également chez des commentateurs grecs de l'œuvre de Denys[4].

À propos du commentaire transmis sous le nom de Dawit'[5], après avoir précisé que le genre grammatical ne s'analyse pas pour enquêter sur la nature des êtres, mais sur la signification des mots (*zjayni nšanaks*), le compilateur fait allusion à la tripartition en masculin, féminin et neutre – une tripartition qu'il considère comme grecque (*hoṙom*) – puis aux deux autres classes ajoutées par certains grammairiens.

Hamam Arewelc'i se situe aussi dans le même milieu conceptuel : dans un passage dont la reconstitution est malheureusement lacunaire[6], il paraît accepter la division en cinq classes, car immédiatement après la lacune on trouve les noms

1. Adontz (édit.), *ibid.*, p. 139.

2. Adontz (édit.), *ibid.*, p. 205. Toutefois, dans le texte reconstitué il y a une lacune après l'affirmation que les genres sont au nombre de trois.

3. Adontz (édit.), *ibid.*, p. 170.

4. À ce propos voir Orengo, « I *K'erakanowt'ean Girk'* », p. 83-84, n. 41.

5. Adontz (édit.), *Denys de Thrace et les commentateurs arméniens*, p. 323 = J̌ahukyan (édit.), « Davt'i k'erakanakan ašxatut'yan noṙahayt ambołǰakan jeṙagir tek'stě », p. 255.

6. Adontz (édit.), *ibid.*, p. 258.

makawasar qui – on s'en souviendra – représentent la dernière classe ajoutée chez Denys le Thrace.

C'est une situation différente, ou pour mieux dire plus articulée, qui ressort du commentaire de Grigor Magistros. Comme nous l'avons déjà rappelé, la technique de composition de cet auteur consiste à rapporter, l'un après l'autre, les différents commentaires qu'il connaissait d'un passage donné de Denys le Thrace, en les complétant, le cas échéant, avec son opinion personnelle. Il en ressort que, dans la section consacrée au nom, qui nous concerne directement, les considérations sur le genre grammatical se trouvent exposées dans des passages différents[1]. Toutefois, la présentation la plus intéressante, à notre avis, est la première de la série, riche de nombreuses observations sinon originales, du moins nouvelles au sein de la tradition que nous sommes en train de survoler : c'est cette section que nous allons résumer ici.

Grigor commence en rappelant ce qu'on lit chez Dawit' (voir *supra*), à savoir qu'avec le genre grammatical, on enquête non pas sur la nature des êtres, mais sur la signification des mots. Cela étant dit, Magistros continue en décrivant la situation du grec (*yoyn*), où le genre grammatical peut être déterminé à l'aide de particules antéposées aux mots, autrement dit les articles[2]. En grec, continue le commentateur, l'élément qui désigne le genre peut aussi se trouver à la fin d'un mot, et dans ce cas il s'agit de ce que nous appelons les désinences.

Grigor veut retrouver en arménien cette division en trois genres, qui, en grec, on vient de le voir, est marquée par des éléments situés tantôt avant le mot tantôt à la fin. À son avis, dans sa langue, il faut considérer comme des signes du genre antéposés au nom *ĕnd k'ez em* « je suis avec toi » pour le masculin, *ay* « hé » pour le féminin, *ałea* « eh bien ! hé ! » et *lsea* « écoute ! » pour le neutre. Quant aux signes postposés, il s'agit de *-ov*, *-uhi* et *-duxt*, comme on peut le voir dans la série d'anthroponymes *Xosrov* (masculin), *Xosrovuhi* (féminin) et *Xosroviduxt*. Ce dernier nom se réfère, à vrai dire, lui aussi à des femmes, mais il a une étymologie bien évidente, puisque on peut l'interpréter comme « fille (*duxt*) de Xosrov » ; or, étant donné que parfois dans ces commentaires, en opposition avec « père » et « mère », « fils/fille » sont considérés comme des neutres, Grigor attribue ce même genre a *Xosroviduxt* aussi.

1. Xač'erean (édit.), *Grigor Pahlawuni Magistros*, p. 411-417, 424, 436. Dans Adontz (édit.), *ibid.*, le premier passage se trouve p. 238-244, les deux autres, qui sont en réalité des fragments tirés des commentaires d'Ananun et de Movsēs, sont reproduits dans le texte reconstitué de ces derniers, respectivement à la p. 139 et à la p. 170.

2. L'auteur dit exactement *ov* pour le masculin, *i* pour le féminin et *taw* [= *tō*] pour le neutre : il s'agit, bien évidemment, des articles grecs ὁ, ἡ, τό. Pour ce passage en arménien, voir Adontz (édit.), *Denys de Thrace et les commentateurs arméniens*, p. 238, qui présente un texte confirmé aussi par la citation de Yovhannēs Erznkac'i (pour ce dernier, voir plus bas). Le texte publié par Xač'erean (édit.), *Grigor Pahlawuni* Magistros, p. 411, est un peu différent et probablement corrompu.

Après avoir traité de cela, Grigor présente une longue section, dédiée à la division en genres des noms arméniens d'animaux et d'autres noms se rapportant aux êtres humains ; il discute ensuite au sujet de quelques « suffixes » qui indiqueraient un genre déterminé et fait à nouveau allusion à l'emploi « marqué » de quelques interjections, lorsqu'il dit que *cawla* « holà » est masculin, *k'ala* « hé » féminin et *zawak* neutre. Ce dernier mot est en réalité un substantif, et signifie « enfant », mais le commentateur, sans nous expliquer dans quel rapport il se trouve avec les interjections citées plus haut[1], dit seulement que, comme d'autres mots de signification semblable (*tłay* « enfant », *diec'ik* « nourrisson », etc.), il doit être considéré comme neutre, car il ne spécifie pas le sexe du petit.

À cet endroit, Grigor cite un passage du commentaire attribué à Dawit'[2] concernant l'ajout des genres « commun » et « épicène », qu'il fait suivre de ses propres considérations, issues de lectures effectuées dans des « archives perses » (*i parskakan diwans*) qui ne sont pas mieux précisées ; finalement il nous offre une explication du fait que dans la version arménienne de Denys la belette (*ak'is*) a remplacé l'aigle.

Grigor commence par constater que la tradition grammaticale grecque parle d'« aigle » tandis que l'arménien dit « belette », une différence que nous avons déjà remarquée en étudiant la traduction arménienne de Denys le Thrace. Cela étant dit, il nous donne des renseignements sur une discussion qui aurait probablement eu lieu entre Grecs, à propos du genre auquel il faudrait assigner des animaux tels que l'aigle ou l'hirondelle, qui ne présentent pas de marques extérieures capables d'en déterminer le sexe, bien qu'ils ne soient pas neutres. À ce point du traité, Grigor rapporte une remarque attribuée à un Éthiopien du nom de Sina (*et'ēovpac'i Sinay*) à propos de ces deux oiseaux ; il aurait fait noter que, bien que l'une et l'autre espèce n'aient pas de signes manifestant leur sexe, parmi les aigles, la force et la grandeur du corps caractérisent le mâle, ce qui n'est pas le cas pour les hirondelles. D'où la nécessité de ne plus présenter l'aigle comme exemple, mais de le remplacer par la belette (*ak'is*), ce qu'ont fait les Arméniens. Mais en procédant de la sorte – nous dit notre commentateur – nous n'exposons plus des faits grammaticaux, mais des caractéristiques naturelles, puisque, du point de vue de la grammaire, en grec « aigle » (c'est-à-dire ἀετός) est un masculin et « hirondelle » (c'est-à-dire χελιδών) est un féminin, tout comme en arménien ce dernier mot (*cicaṙn*) est un féminin et « belette » (*ak'is*) est un masculin.

1. *Zawak*, bien que substantif, est fort probablement mentionné ici en tant que forme utilisée pour s'adresser à un enfant, dans un usage, donc, qui l'approcherait de celui des interjections proprement dites.

2. Il s'agit du passage qui se trouve dans Adontz (édit.), *Denys de Thrace et les commentateurs arméniens,* p. 323 = J̌ahukyan (édit.), « Davt'i k'erakanakan aŝxatut'yan norahayt amboł̌jakan jeṙagir tek'stě », p. 255.

Voici donc ce que Grigor a à dire sur le genre nominal ; plus loin dans son traité, il revient sur le sujet, mais en réalité il reproduit simplement deux fragments que l'on peut attribuer respectivement à Ananun et à Movsēs. Plus synthétique est la position exprimée, dans son commentaire, par Vardan Arewelc'i[1] : il accepte les cinq classes de Denys et estime « communs » (*hasarakakan*) les noms qui peuvent indiquer à la fois le mâle et la femelle d'une espèce donnée et « épicènes » (*makasawor*), au contraire, ceux des espèces dont le sexe n'est pas reconnaissable.

Si Grigor Magistros a requis une longue présentation, nous pouvons au contraire passer très rapidement sur la partie de Yovhannēs Erznkac'i traitant du même sujet[2] : pour l'essentiel, on y trouve le traitement le plus long du commentaire de Grigor (celui-ci, par ailleurs, est indiqué comme source), suivi du fragment attribué à Hamam que nous avons présenté plus haut.

Il convient de consacrer un peu d'attention également au commentaire du passage de Denys fourni par Esayi Nč'ec'i[3] ; nous y trouvons, réunies, des opinions que nous avons déjà rencontrées chez d'autres auteurs, quoique avec quelques contradictions. Esayi commence en définissant les genres comme « indicateurs de la nature du masculin, du féminin et du neutre » (*serk' en yaytnic' bnut'ean arakanin ew igakanin ew č'ēzok'in*), mais tout de suite après, il reprend les observations que nous avons déjà trouvées dans le commentaire attribué à Dawit', pour qui, comme on s'en souvient, avec le genre on n'examine pas la nature (*bnut'iwn*), mais la signification des mots (*zjayni nšanaks*) ; le concept est répété plus loin aussi.

Après ces propos contradictoires, qu'on peut expliquer par le fait que le commentaire se fonde sur des traditions différentes, Esayi traite d'abord des classes pour ainsi dire fondamentales : il rappelle qu'elles sont évidentes en grec (*hoṙom*), où elles peuvent être indiquées ou bien par l'élément qui précède le mot (c'est-à-dire *ov, i, tō*), ou bien par la finale. Nous avons déjà trouvé cet aspect dans le commentaire de Grigor Magistros ; comme lui, Esayi aussi essaie d'appliquer la même double structure à l'arménien, en offrant les mêmes exemples.

Sur ce point, Esayi traite des deux autres classes ; à son avis, il faut qualifier de « communs » les noms des espèces où les mâles et les femelles sont indiqués par des noms différents (par exemple *šun* « chien », *k'ac* « chienne »), « épicènes » au contraire ceux qui sont uniques pour les deux sexes (par exemple *cicaṙn* « hirondelle », *ak'is* « belette »). On serait donc de nouveau arrivé à une distinction articulée sur le rapport entre lexèmes plutôt qu'à une observation pseudo-

1. Xač'eryan (édit.), *Vardan Arewelc'i, Meknut'iwn k'erakani*, p. 103.

2. Ervine, (édit.), *Yohannēs Erznkac'i*, p. 591-601 ; Xač'erean (édit.), *Yovhannēs Erznkac'i, Hawak'umn meknut'ean k'erakani*, p. 196-203.

3. Xač'eryan (édit.), *Esayi Nč'ec'i, Verlucut'iwn k'erakanut'ean*, p. 105-107.

scientifique des référents. Néanmoins, et bien qu'il ne l'accepte pas, Esayi rapporte aussi l'autre opinion, que nous avons également déjà rencontrée, selon laquelle il faudrait qualifier d'« épicènes » les noms des animaux dont on ne peut pas distinguer le sexe en les voyant, « surtout – ajoute-t-il – si on les regarde de loin » (*manawand yoržam i bac'eay tesanin*).

Jusqu'ici, nous avons pris en considération des auteurs qui partent du texte de Denys le Thrace, qui le commentent et cherchent à l'expliquer. Nous avons toutefois déjà mentionné Yovhannēs K'ṙnec'i, un écrivain influencé par la tradition grammaticale latine, qui affronte le problème du genre du nom en des termes différents. À son avis[1], les genres sont au nombre de sept : en plus des cinq qui se trouvent chez Denys, il ajoute le genre « douteux » (*erkbayakan*) et celui « à une seule voix » (*ezajayn*). Pénétrons plus avant dans l'exposé de Yovhannēs. Tout d'abord, afin d'en indiquer le genre, il fait précéder chaque nom d'une « marque » (*nšan*, « signe »), qui peut être *ik', ēk', ōk'* ou bien l'union de deux ou de tous ces mots, qui ne sont rien d'autre que le latin *hic, haec, hoc*. Après avoir parlé des trois genres que nous pourrions définir comme « principaux », notre auteur passe au *hawasar*, mot par lequel il nomme le genre « commun », qui réunit les mots pouvant être masculins et féminins, et qui seront donc précédés par la marque *ik'ēk'*, alors que *makawasar* sont les mots pouvant être masculins, féminins et neutres, et qui seront précédés par la marque *ik'ēk'ōk'*. Quant aux deux nouvelles classes, *erkbayakan* « est le [nom] qui, sans raison, seulement grâce à l'usage des anciens, est exprimé tantôt avec la marque (*nšan*) masculine, tantôt avec celle féminine »[2], alors que *ezajayn* est celui qui, bien qu'il ait une seule marque, indique des êtres masculins et féminins ; cette définition le rapproche de celle de *makawasar* telle que nous l'avons rencontrée chez quelques-uns des auteurs considérés plus haut.

En récapitulant, chez Yovhannēs on trouve une division en sept classes dérivées de la tradition grammaticale latine. S'ajoutent donc aux trois classes fondamentales :

hawasar « commun »: mots qui peuvent être à la fois masculins et féminins (par exemple *mard* « personne ») ;

makawasar « épicène »: mots qui peuvent être à la fois masculins, féminins et neutres (par exemple *barebast* « heureux ») ;

ezajayn « à une seule voix »: noms avec une seule forme, mais qui indiquent des êtres à la fois masculins et féminins (par exemple *arciw* « aigle ») ;

1. Xač'ikyan (édit.), *Yovhannēs K'ṙnec'i, Yałags k'erakanin*, p. 168-169.

2. *Erkbayakan ē, or aṙanc' patčaṙi imik' miayn vasn hnagunic'n sovorut'ean, erbemn arakan nšanawn ew erbemn igakanawn artaberi,* à comparer avec ce qu'on lit dans Hertz (édit.), *Priscianus Caesarensis, Institutionum Grammaticarum Libri XVIII*, p. 141 à l'égard des noms *dubia*, tels que *finis*, que *nulla ratione cogente auctoritas veterum diverso genere protulit.*

erkbayakan « douteux »: noms qui peuvent être utilisés à la fois au masculin et au féminin, « grâce seulement à l'usage des anciens », ajoute Yovhannēs, sans toutefois fournir d'exemple.

On trouve cette même subdivision également dans les œuvres des anciens grammairiens latins[1].

Nous devons maintenant laisser ce Yovhannēs et passer à un autre auteur du même nom, à savoir Yovhannēs Corcorec'i. Celui-ci, dans son commentaire[2], après avoir défini le genre comme « ce qui montre le masculin, le féminin et le neutre » (*yaytnic' arakanin, igakanin ew č'ēzok'in*), répète l'affirmation que nous connaissons déjà, selon laquelle dans ces choses-ci on n'a pas affaire à la nature des êtres, mais à la signification des mots ; il mentionne ensuite les genres du grec (*yoyn*) et du latin (*hṙomayec'i*), signalés, dans la première langue, par *ov, i, taw/tō* ou par les désinences et, dans la deuxième, par *ik', ēk', ōk'* ou par des désinences comme *-us, -ay* (prononcé *-a* en fin de mot), *-um* (l'exemple cité est l'adjectif *albus*) ; finalement il passe à l'arménien. Dans cette langue, il remarque que la notion de genre est plus confuse, souvent non liée à une désinence et par conséquent plus difficile à déterminer. À titre d'exemple, Yovhannēs présente différents noms se rapportant à des êtres humains et pouvant être distingués en masculins, féminins et neutres ; ensuite il fait mention des séries *Xosrov, Xosrovuhi* et *Xosroviduxt* et *ənd k'ez em* (« je suis avec toi »), *ay du* (« hé tu »), *alē* (« eh bien ! hé »), *lsē* (« écoute ! »), que nous connaissons déjà ; finalement il présente quelques noms désignant des animaux de la même espèce, mais de sexe différent, et d'autres encore indiquant des plantes.

Passant ensuite au commentaire des deux genres ajoutés, Yovhannēs nous informe que selon quelques grammairiens, il faut considérer comme « communs » (*hasarak, hawasar*) les noms dont le masculin indique l'espèce aussi, alors que la femelle est dénotée par des lexèmes différents, par exemple *šun* qui signifie « le chien » en général, quand *k'ac* se réfère uniquement à « la chienne ». Il faut, en revanche, considérer comme « épicènes » les noms qui se réfèrent à des êtres dont le sexe ne peut pas être déterminé à vue. Selon cet auteur, cependant, lorsqu'on parle de « communs », on se rapporte non pas à la nature (*bnut'iwn*), mais au nom en soi, étant donné que les exemples cités ici (*šun* = κύων, *ji* = ἵππος) seraient valables pour les trois [*sic* !] genres en grec ; au contraire, les noms « épicènes », toujours en grec, seraient d'un seul genre grammatical, tout en indiquant des êtres masculins et féminins à la fois.

Un autre commentateur, Aṙak'el Siwnec'i[3], se limite à donner la liste des trois genres, masculin, féminin et neutre (*č'ēzok'akan*), alors qu'à la fin de l'époque

1. Orengo, « I *K'erakanowt'ean Girk'* », p. 95-96.
2. Xač'erean (édit.), *Yovhannēs Corcorec'i, Hamaṙawt tesut'iwn k'erakani*, p. 197-200.
3. Xač'erean (édit.), *Aṙak'el Siwnec'i, Yałags k'erakanut'ean*, p. 146.

que nous avons prise en considération, nous trouvons Dawit‘ Zēyt‘unc‘i, encore actif à l'intérieur de la tradition que nous connaissons déjà et qui en quelque sorte la résume. Dawit‘[1] remarque d'abord qu'en grec (*yoyn*) et en latin (*hṙomayec‘i*) les trois genres principaux se distinguent ou bien par l'« initiale » (l'article du grec, le démonstratif du latin) ou bien par d'« autres signes (*nšans*) à la fin des noms, constitués par une lettre ou une syllabe » *(unin ew ayl nšans i verǰn anuanc‘n grov mi kam vargiw mi*). Passant ensuite à la description de la situation en arménien, il propose les « désinences » que nous connaissons, *-ov, -uhi, -duxt*, et, en ce qui concerne les mots antéposés, les deux séries *ay, cō / k‘ay / tłay* (« enfant ») et *ĕnd k‘ez em / ay du / alē, lsē*, parmi lesquelles il faut souligner la présence de *ay* tantôt comme marque du masculin, tantôt du féminin, bien que, dans ce dernier cas, il s'agisse à vrai dire de *ay du*.

Dawit‘ remarque cependant que, d'habitude, l'arménien n'indique pas le genre grammatical dans la désinence des mots ; il offre ensuite une longue liste de noms qui se rapportent à l'espèce humaine et à différentes espèces d'animaux et végétaux, tous classés comme masculins, féminins ou neutres ; il s'agit d'observations et de classifications que nous avons déjà vues plus haut. À propos des deux genres ajoutés, il reprend un aspect de la tradition que nous avons déjà traité : ici aussi on mentionne l'Éthiopien du nom de Sina (*umemn et‘ovpac‘oy, Sina anun*), qui aurait été le premier à proposer une nouvelle distinction, liée au fait que les êtres indiqués pouvaient aisément être distingués du point de vue sexuel ou non.

Avec l'ouvrage de Dawit‘ se termine la période à laquelle notre contribution est consacrée : une nouvelle époque de spéculation grammaticale va bientôt commencer, et ce sera le modèle offert par le latin, et non plus celui du grec véhiculé par le texte de Denys, qui fournira aux savants arméniens les schémas avec lesquels analyser leur propre langage ou peut-être qui leur donnera le moule dans lequel les forger. Mais cela est une autre histoire.

(Traduit de l'italien par Valentina Calzolari)

BIBLIOGRAPHIE

SOURCES PRIMAIRES

Adonc‘, N. (édit.), « Ananun, Meknut‘iwn k‘erakanin » [Anonyme, Commentaire sur la grammaire], reproduit dans *Matenagirk‘ Hayoc‘/Armenian Classical Authors*, vol. 5, Antélias 2005, p. 1219-1238.

1. Melk‘onyan (édit.), *Dawit‘ Zēyt‘unc‘i, Meknut‘iwn k‘erakani*, p. 104-108.

Adonc', N. (édit.), « Hamamay Arewelc'woy, Meknut'iwn k'erakanin » [Hamam l'Oriental, Commentaire sur la grammaire], reproduit dans *Matenagirk' Hayoc'/Armenian Classical Authors*, vol. 9, Antélias 2008, p. 534-553.

Adonc', N. (édit.), « Movsēs k'erdoł, < Meknut'iwn k'erakanin> » [Movsēs le grammairien, Commentaire sur la grammaire], reproduit dans *Matenagirk' Hayoc'/Armenian Classical Authors*, vol. 5, Antélias 2005, p. 1195-1208.

Adonc', N. (édit.), « Step'annosi Siwnec'woy, Meknut'iwn k'erakanin [Step'anos Siwnec'i, Commentaire sur la grammaire], reproduit dans *Matenagirk' Hayoc'/Armenian Classical Authors*, vol. 6, Antélias 2007, p. 571-593.

Adontz, N. (édit.), *Denys de Thrace et les commentateurs arméniens*. Traduit du russe par R. Hotterbeex, coll. « Bibliothèque arménienne de la Fondation Calouste Gulbenkian », Louvain 1970 (original russe : Adonc [= Adontz], N. (édit.), *Dionisij Frakijskij i armjanskie tolkovateli*, Petrograd 1915).

Alberigo, G., Dossetti, G. L., Joannou, P.-P., Leonardi, C., Prodi, P. (édit.), *Conciliorum Oecumenicorum Decreta*. Consulenza di H. Jedin. Edizione bilingue, Bologna 1991.

Bischoff, B. (édit.), « Armenisch-lateinisches Glossar (Zehntes Jahrhundert) », dans *Id.*, *Anecdota novissima*, Stuttgart 1984.

Carrière, A. (édit.), *Un ancien glossaire latino-arménien*, Paris 1886.

Clackson, J. [P.] (édit.), « A Greek Papyrus in Armenian Script », *Zeitschrift für Papyrologie und Epigraphik* 129, 2000, p. 223-258.

Cowe, S. P. (trad.), *Commentary on the Divine Liturgy by Xosrov Anjewac'i*. Translated with an Introduction by S. P. C., coll. « Armenian Church Classics », New York 1991.

Ervine, R. R. (édit.), *Yohannēs Erznkac'i Pluz's 'Compilation of Commentary on Grammar'* (Ph. D. Dissertation, Columbia University 1988), UMI 1988.

Hertz, M. (édit.), *Priscianus Caesarensis, Institutionum Grammaticarum Libri XVIII*, vol. 1, coll. « Grammatici Latini » 2, Leipzig 1855 (réimpr. anast. Hildesheim – New York 1981).

Hewsenian [= Hewsen], R. H. (édit.), « The Autun Glossary », *Armenian Review* 13/3 (51), 1960, p. 90-93.

J̌ahukyan, G. [B.] (édit.), « Davt'i k'erakanakan ašxatut'yan norahayt ambołjakan jeṙagir tek'stě » [Le texte complet, récemment trouvé dans des manuscrits, de l'ouvrage grammatical de Dawit'], *Banber Matenadarani* 3, 1956, p. 241-264 (réimpr. dans *Matenagirk' Hayoc'/Armenian Classical Authors*, vol. 5, Antélias 2005, p. 1167-1187).

Lallot, J. (édit.), *La grammaire de Denys le Thrace*. Traduction annotée, Paris 1989.

Mariès, L. – Mercier, Ch. (édit.), *Eznik de Kołb, De Deo*, coll. « Patrologia Orientalis » 28/3, Paris 1959.

Mariès, L. – Mercier, Ch. (trad.), *Eznik de Kołb, De Deo*. Traduction française, notes et tables par L. M. et Ch. M., coll. « Patrologia Orientalis » 28/4, Paris 1959.

Melk'onyan, E. K. (édit.), *Dawit' Zēyt'unc'i, Meknut'iwn k'erakani* [Dawit' Zēyt'unc'i, Commentaire sur la grammaire], Erevan 1981.

Minasean, M. (édit.), « Eznik Kołbac'i, Ełc ałandoc' » [Eznik Kołbac'i, Réfutation des sectes], reproduit dans *Matenagirk' Hayoc'/Armenian Classical Authors*, vol. 1, Antélias 2003, p. 433-512.

Muradyan, G. (édit.), « Grigor Magistrosi, Meknut'iwn k'erakanin » [Grigor Magistros, Commentaire sur la grammaire], *Matenagirk' Hayoc'/Armenian Classical Authors*, vol. 16, Erevan 2012, p. 386-481.

Omont, H. (édit.), « Manuel de conversation arménien-latin du Xe siècle », *Bibliothèque de l'École des Chartes* 43, 1882, p. 563-564.

Orengo, A. (trad.), *Eznik di Kołb, Confutazione delle sette (Ełc Ałandoc')*, Introduzione, traduzione e note a cura di A. O., Pisa 1996.

Schäfer, K. H. (édit.), *Die Ausgaben der apostolischen Kammer unter Johann XXII. nebst den Jahresbilanzen von 1316-1375*, Paderborn 1911.

Schäfer, K. H. (édit.), *Die Ausgaben der apostolischen Kammer unter Benedikt XII., Klemens VI. und Innozenz VI. (1335-1362)*, Paderborn 1914.

Tēr-Mkrtč'ean, G. – Malxaseanc', S. (édit.), « Łazaray P'arpec'woy, Patmut'iwn Hayoc' » [Łazar P'arpec'i, Histoire de l'Arménie], Tiflis 1904 (réimpr. Delmar, NY 1985 ; réimpr. dans *Matenagirk' Hayoc'/Armenian Classical Authors*, vol. 2, Antélias 2003, p. 2201-2375).

The King's Dictionary : the Rasûlid Hexaglot : Fourteenth Century Vocabularies in Arabic, Persian, Turkic, Greek, Armenian and Mongol. Translated by T. Halasi-Kun, P. B. Golden, L. Ligeti and E. Schütz ; with introductory essays by P. B. Golden and T. T. Allsen ; edited with notes and commentary by P. B. Golden, Leiden – Boston 2000.

Uhlig, G. (édit.), *Dionysius Thrax, Ars grammatica*, coll. « Grammatici Graeci » 1/1, Leipzig 1883 (réimpr. anast. Hildesheim – New York 1979).

Xač'eryan [Xač'erean], L. G. (édit.), *Esayi Nč'ec'i, Verlucut'iwn k'erakanut'ean* [Esayi Nč'ec'i, Analyse de la grammaire], Erevan 1966.

Xač'eryan [Xač'erean], L. G. (édit.), *Vardan Arewelc'i, Meknut'iwn k'erakani* [Vardan Arewelc'i, Commentaire sur la grammaire], Erevan 1972.

Xač'erean, L. G. (édit.), *Aṙak'el Siwnec'i, Yałags k'erakanut'ean. Hamaṙawt lucmunk'* [Aṙak'el Siwnec'i, Sur la grammaire. Courts commentaires], Los Angeles 1982.

Xač'erean, L. G. (édit.), *Yovhannēs Corcorec'i, Hamaṙawt tesut'iwn k'erakani* [Yovhannēs Corcorec'i, Court commentaire sur la grammaire], Los Angeles 1984.

Xač'erean, L. G. (édit.), *Grigor Pahlawuni Magistros (985-1058 t't'.). K'eank'n u gorcunēut'iwnĕ* [Grigor Pahlawuni Magistros (985-1058). Sa vie et son œuvre], Los Angeles 1987.

Xač'erean, L. G. (édit.), *Yovhannēs Erznkac'i, Hawak'umn meknut'ean k'erakani* [Yovhannēs Erznkac'i, Recueil de commentaires sur la grammaire], Los Angeles 1988.

Xač'ikyan, L. S., « Vardan Arewelc'u, 'Vasn banin masanc'' ašxatut'yunĕ » [L'œuvre de Vardan Arewelc'i, Sur les parties du discours], *Tełekagir hasarakakan gitut'yunneri* 2, 1943, p. 81-89 (réimpr. dans *Id.*, *Ašxatut'yunner* [Œuvres], vol. 1, Erevan 1995, p. 193-199, et *Id.*, *Ašxatut'yunner* [Œuvres], vol. 1, Erevan 2012², p. 254-263).

Xač'ikyan, L. S. (édit.), *Yovhannēs K'ṙnec'i, Yałags k'erakanin* [Yovhannēs K'ṙnec'i, Sur la grammaire], Erevan 1977.

ÉTUDES

Adonc', N., *Erker* [Œuvres], vol. 3, Erevan 2008.

Altaner, B., « Sprachstudien und Sprachkenntnisse im Dienste der Mission des 13. und 14. Jahrhunderts », *Zeitschrift für Missionswissenschaft und Religionswissenschaft* 21, 1931, p. 113-136.

Altaner, B., « Die Durchführung des Vienner Konzilsbeschlusses über die Errichtung von Lehrstühlen für orientalische Sprachen », *Zeitschrift für Kirchengeschichte* 52, 1933, p. 226-236.

Altaner, B., « Die fremdsprachliche Ausbildung der Dominikaner-Missionare während des 13. und 14. Jahrhunderts », *Zeitschrift für Missionswissenschaft und Religionswissenschaft* 23, 1933, p. 233-241.

Altaner, B., « Sprachkenntnisse und Dolmetscherwesen im missionarischen und diplomatischen Verkehr zwischen Abendland (Päpstliche Kurie) und Orient im 13. und 14. Jahrhundert », *Zeitschrift für Kirchengeschichte* 55, 1936, p. 83-126.

Amalyan, H. M., *Mijnadaryan Hayastani baṙaranagrakan ušarjanner* [Documents lexicographiques de l'Arménie médiévale], Erevan 1966.

Anasyan, H. S., *Haykakan matenagitut'yun E-ŽĒ dd.* [Bibliographie arménienne. Vᵉ-XVIIIᵉ siècle], vol. 2, Erevan 1976.

Arevšatyan, S., *Bardułimeos Boloniac'u haykakan žaṙangut'yunĕ* [L'héritage arménien de Bartholomée de Bologne], Erevan 2014.

Barsełyan, H. X., *Hayereni xosk'i maseri usmunk'ĕ* [Étude sur les parties du discours en arménien], Erevan 1980.

Clackson, J. P., « The *Technē* in Armenian », dans V. Law – I. Sluiter (édit.), *Dionysius Thrax and the Technē Grammatikē*, Münster 1995, p. 121-133.

Clackson, J. [P.], « A Greek Educational Papyrus in Armenian Script », dans *Atti del XXII congresso internazionale di papirologia. Firenze, 23-29 agosto 1998*, Firenze 2001, p. 207-218.

Clackson, J. [P.], « New Readings on the Armeno-Greek Papyrus BnF 332 Arm », *Zeitschrift für Papyrologie und Epigraphik* 141, 2002, p. 116.

Clackson, J. [P.], « *Vox Armenica*: New Evidence for the Pronounciation of Classical Armenian », dans A. Donabédian – A. Ouzounian (édit.), *Actes du Sixième Colloque international de Linguistique arménienne*, Paris 2003 (*Slovo* 26-27, 2001-2002), p. 43-52.

De Saussure, F., *Cours de linguistique générale.* Publié par C. Bailly et A. Séchehaye avec la collaboration de A. Riedlinger. Édition critique préparée par T. de Mauro. Postface de L. J. Calvet, Paris 1995.

Dilbaryan, N., *Anvan ĕmbṙnumĕ hay lezvabanut'yan meǰ* [Le concept de nom dans la linguistique arménienne], Erevan 2000.

Džaukjan [J̌ahukyan], G. B., « Istorija lingvističeskih učeniĭ » [Histoire des études linguistiques], dans *Id.*, *Obščee i armjanskoe jazykoznanie* [Linguistique générale et arménienne], Erevan 1978, p. 258-331.

Ervine, R. R., « Yovhannēs Erznkac'i Pluz's *Compilation of Commentary on Grammar* as a starting point for the study of Medieval Grammars », dans J. J. S. Weitenberg (édit.), *New Approaches to Medieval Armenian Language and Literature*, coll. « Dutch Studies in Armenian Language and Literature » 3, Amsterdam – Atlanta, GA 1995, p. 149-166.

Gasparyan, G. K., *Hay baṙaranagrut'yan patmut'yun* [Histoire de la lexicographie arménienne], Erevan 1968.

Guinot, J.-N., « Un florilège antimonophysite de Théodoret de Cyr sur l'incarnation », dans *La teologia dal* V *all'* VIII *secolo fra sviluppo e crisi.* XLI Incontro di Studiosi dell'Antichità Cristiana (Roma, 9-11 maggio 2013), Roma 2014, p. 572-591.

Hambarjumyan, V., « Ōtuni 'hayeren-latineren baṙaranĕ' » [Le 'glossaire arménien-latin' d'Autun], dans *Id.*, *Aknarkner hay baṙaranagitut'yan patmut'yun (*X*-*XVIII* dd.)* [Aperçu de l'histoire de la lexicographie arménienne (Xe-XVIIIe siècle)], vol. 2, Erevan 2015, p. 37-57.

J̌ahukyan, G. B., voir aussi Džaukjan, G. B.

J̌ahukyan, G. B., *K'erakanakan ev ułłagrakan ašxatut'yunnerě hin ev miǰnadaryan Hayastanum (V-XV dd.)* [Travaux grammaticaux et orthographiques dans l'Arménie ancienne et médiévale (V^e^-XVe siècle], Erevan 1954.

J̌ahukyan, G. B., *Grabari k'erakanut'yan patmut'yun (XVII-XIX dd.)* [Histoire de la grammaire de l'arménien classique (XVIIe-XIXe siècle)], Erevan 1974.

Jespersen, O., *The Philosophy of Grammar*, London 1951.

Kouymjian, D., « History of Armenian Paleography », dans M. E. Stone, D. Kouymjian, H. Lehmann (édit.), *Album of Armenian Paleography*, Aarhus 2002, p. 13-75.

Law, V. – Sluiter, V. (édit.), *Dionysius Thrax and the Technē Grammatikē*, Münster 1995.

Muradyan, A. N., *Hunaban dproc'ě ev nra derě hayereni k'erakanakan terminabanut'yan stełcman gorcum* [L'École hellénisante et son rôle dans la création de la terminologie grammaticale arménienne], Erevan 1971.

Muradyan, H. D., « J. J. S. Weitenberg, 'Armenian dialects and the Latin-Armenian glossary of Autun'. Tpagrvac Medieval Armenian Culture (University of Pennsylvania Armenian Texts and Studies 6) Chico, CA. Scholars Press, ēǰ 13-28 » [J. J. S. Weitenberg, « Armenian dialects and the Latin-Armenian glossary of Autun », publié dans *Medieval Armenian Culture,* coll. « University of Pennsylvania Armenian Texts and Studies » 6, Chico CA [1982], p. 13-28], *Patma-Banasirakan Handes* 3 (110), 1985, p. 219-226 [compte rendu].

Orengo, A., « I *K'erakanowt'ean Girk'* ('Libri di grammatica') di Oskan vardapet Erewanc'i fra tradizione ed innovazione », *Studi e Saggi Linguistici* 34, 1994, p. 51-110.

Orengo, A., « L'armeno del V secolo. Note per una storia della lingua armena », dans R. Ajello, P. Berrettoni, F. Fanciullo, G. Marotta, F. Motta (édit.), *Quae omnia bella devoratis. Studi in memoria di Edoardo Vineis*, Pisa 2010, p. 447-468.

Pagani, L., « La *Techne grammatike* attribuita a Dionisio Trace e la nascita della grammatica nell'antichità greca », *Rivista di Filologia e di Istruzione Classica* 128, 2010, p. 390-409.

Panaccio, C., *Le discours intérieur de Platon à Guillaume d'Ockham*, Paris 1999.

Petrosyan, H. Z., Galstyan, S. A., Łaragyulyan, T'. A., *Lezvabanakan baṙaran*, [Dictionnaire de linguistique], Erevan 1975.

Redgate, A. E., « An Armenian Physician at the Early Tenth-Century Court of Louis III of Provence ? The case of the Autun Glossary », *Al-Masāq* 19, 2007, p. 83-98.

Richard, J., « L'enseignement des langues orientales en Occident au Moyen Âge », *Revue des Études Islamiques* 44, 1976, p. 149-164 (réimpr. dans *Id.*, *Croisés, missionnaires et voyageurs. Les perspectives orientales du monde latin médiéval*, Londres 1983, n° XVIII).

Richard, J., « Les Arméniens à Avignon au XIVe siècle », *Revue des Études Arméniennes* 23, 1992, p. 253-264.

Richard, J., *La Papauté et les missions d'Orient au Moyen Âge (XIIIe-XVe siècle)*, Rome 1998².

Salaville, S., « L''Explication de la Messe' de l'arménien Chosrov (950). Théologie et liturgie », *Échos d'Orient* 39 (199-200), 1941-1942, p. 349-382.

Scala, A., « L'antica traduzione armena della *Téchnē grammatikḗ* attribuita a Dionisio Trace e l'elaborazione del metalinguaggio armeno », dans L. Busetto (édit.), *La traduzione come strumento di interazione culturale e linguistica.* Atti del seminario svoltosi a Genova nei giorni 6-7 novembre 2008, Milano 2008, p. 285-294.

Schmitt, R., « Armenische Grammatiker-Duale », *Linguistica* (*Bojan Čop septuagenario in honorem oblata*) 33, 1993, p. 209-220.

Sgarbi, R., « Tecnica dei calchi nella versione della γραμματικὴ τέχνη attribuita a Dionisio Trace », *Memorie dell'Istituto Lombardo. Accademia di Scienze e Lettere* 39/4, 1990, p. 233-369.

Sgarbi, R., « Studio contrastivo sull'adattamento strutturale armeno della 'Téchnē' dionisiana », *Memorie dell'Istituto Lombardo. Accademia di Scienze e Lettere* 39/7, 1991, p. 535-632.

Sgarbi, R., « La traduzione armena della *Grammatica* di Dionisio Trace », dans A. Sirinian, S. Mancini Lombardi, L. D. Nocetti (édit.), *Le scienze e le 'arti' nell'Armenia medievale.* Seminario internazionale (29-30 ottobre 2001). Atti, Bologna 2003, p. 67-73.

Sgarbi, R., « Problemi lessicali legati alla terminologia della versione armena dell'*Ars* dionisiana », dans V. Calzolari, A. Sirinian, B. L. Zekiyan (édit.), *Bnagirk' yišatakac'. Documenta memoriae. Dall'Italia e dall'Armenia. Studi in onore di Gabriella Uluhogian*, Bologna 2004, p. 349-357.

Sirinian, A., « Una riuscita operazione culturale : la versione armena della *Grammatica* di Dionisio Trace », dans V. Ruggieri – L. Pieralli (édit.), ΕΥΚΟΣΜΙΑ. *Studi miscellanei per il 75° di Vincenzo Poggi S. J.*, Soveria Mannelli (Catanzaro) 2003, p. 471-484.

Strohmeyer, V. B., « *The King's Dictionary* : the Rasûlid Hexaglot : Fourteenth Century Vocabularies in Arabic, Persian, Turkic, Greek, Armenian and Mongol. Translated by T. Halasi-Kun, P. B. Golden, L. Ligeti and E. Schütz ; with introductory essays by P. B. Golden and T. T. Allsen ; edited with notes and commentary by P. B. Golden, Leiden, "Brill", 2000, 418 pp. », *Iran and the Caucasus* 6, 2002, p. 273-275 [compte rendu].

Tinti, I., « Notes on the Armenian Names for the Syllable », dans V. Orioles, R. Bombi, M. Brazzo (édit.), *Proceedings of the First Workshop on the Metalanguage of Linguistics. Models and Applications*. University of Udine – Lignano, March 2-3, 2012, Roma 2012, p. 167-185.

van den Oudenrijn, M. A., *Linguae Haicanae Scriptores Ordinis Praedicatorum Congregationis Fratrum Unitorum et FF. Armenorum Ord. S. Basilii citra mare consistentium quotquot huc usque innotuerunt*, Bernae 1960.

van den Oudenrijn, M. A., « Notes sur quelques ouvrages arméniens de provenance dominicaine », *Bazmavēp* 140, 1982, p. 52-67.

Weitenberg, J. J. S., « Armenian Dialects and the Latin-Armenian Glossary of Autun », dans T. Samuelian – M. E. Stone (édit.), *Medieval Armenian Culture*. Proceedings of the Third Dr. H. Markarian Conference on Armenian Culture, « University of Pennsylvania Armenian Texts and Studies » 6, Chico, CA 1984, p. 13-28.

Weitenberg, J. J. S., « On the Chronology of the Armenian Version of Dionysios Thrax », dans R. B. Finazzi – A. Valvo (édit.), *Pensiero e istituzioni del mondo classico nelle culture del Vicino Oriente*. Atti del Seminario Nazionale di studio (Brescia, 14-15-16 ottobre 1999), Alessandria 2001, p. 305-314.

Xač'erean, L. G., *Hay lezuabanut'ean aṙaǰac'man patmut'iwně ew k'erakanagitakan mitk'ě V-XVI darerum/History of Armenian Linguistics and grammatical Thought of V-XVI Centuries in two volumes*, Lisboa,1992.

Zarphanalean, G., *Usumnasirut'iwnk' hay lezui ew matenagrut'ean yarewmuts (XIV-XIX dar)* [L'étude de la langue et de la littérature arméniennes en Occident (XIVe-XIXe siècle)], Venise 1895.

GOHAR MURADYAN

LA RHÉTORIQUE : LE *LIVRE DES CHRIES* DANS LA TRADITION ARMÉNIENNE ANCIENNE ET MÉDIÉVALE

L'introduction de la rhétorique dans l'Arménie médiévale a été marquée par l'apparition du *Livre des chries* (*Girk' pitoyic'*)[1], constitué de dix sections, chacune étant dédiée à un type spécifique d'exercice : la chrie (sentence d'un sage et élaboration du sujet qui en découle), dont le nom est repris pour désigner l'ensemble du recueil ; la maxime (sentence similaire, sans la mention du nom de l'auteur) ; la contestation (contestation du caractère non convaincant, impossible, non conforme, etc. d'une histoire mythique) ; le lieu commun (invective juridique) ; l'éloge (louange de personne, chose, temps, lieu, animal ou plante) ; le blâme (contraire de l'exercice précédent) ; le parallèle (consistant dans la louange ou le blâme de deux personnes, deux choses, etc.) ; l'éthopée (discours imaginaire d'un personnage historique ou mythique à une occasion également imaginaire) ; la description ; la thèse (discussion sur le caractère convenable d'une action). Chaque exercice contient une brève définition (mentionnant des sous-types possibles et la division en paragraphes spécifiques) et des exercices modèles appropriés (*progymnasmata*), de trois à sept pour chaque type. La postface écrite par Movsēs K'erdoł[2] et les trois exemples additionnels d'« éthopée » sont apparemment d'origine tardive.

1. Muradyan (édit.), *Girk' pitoyic'* ; voir aussi, du même auteur, la traduction russe commentée : *Ead.* (trad.), *Kniga xriĭ.* L'*editio princeps* a été préparée par le célèbre Y. Zōhrapean : *Srboy K'ert'ołahōr meroy Movsēsi Xorenac'woy*. Le même texte a été incorporé dans *Srboy hōrn meroy Movsēsi Xorenac'woy, Matenagrut'iwnk'*, p. 339-579 : *Yałags pitoyic'* [Au sujet des chries].

2. Cet auteur, dont le surnom signifie « poète », a été traditionnellement identifié avec le « père de l'histoire arménienne » Moïse de Khorène (fin du Ve siècle), appelé aussi *K'erdołahayr* « père des poètes » : voir Zarphanalean, *Haykakan hin dprut'ean*, p. 350-387. Selon une autre approche, il s'agit d'auteurs différents ; Movsēs K'erdoł aurait vécu au VIe siècle : voir par exemple Połarean, *Hay grołner*, p. 14-17 (Moïse de Khorène) et p. 39-41 (Movsēs K'erdoł).

Cet ouvrage constitue l'une des étapes du transfert du système scolaire de Byzance sur le sol arménien par les représentants de l'École hellénisante. Les traductions hellénisantes étaient destinées à la littérature savante contemporaine et comprenaient des livres d'étude de base du *trivium* (la *Grammaire* de Denys le Thrace, les *Progymnasmata* d'Aphthonios, les *Catégories* et le *De interpretatione* d'Aristote, l'*Introduction*, ou *Isagoge*, de Porphyre aux *Catégories*) et, plus tard, des livres d'étude du *quadrivium*[1].

Le cas du *Livre des chries* diffère des autres traductions : il s'agit d'un manuel d'une composition pour moitié traduite et pour moitié originale, fondé sur le manuel de rhétorique d'Aphthonios d'Antioche.

LES PROGYMNASMATA *D'APHTHONIOS*

Dans l'Antiquité tardive et à l'époque byzantine la plus ancienne, l'éducation rhétorique était le réquisit nécessaire pour les offices civils et ecclésiastiques[2]. La rhétorique avait perdu son importance publique ; elle était réduite au style et était confondue avec la poétique[3]. Elle faisait partie des sept arts libéraux et correspondait à la deuxième étape du *trivium* occidental[4], en même temps que la grammaire et la dialectique. La *Méthode de l'éloquence* d'Hermogène de Tarse, un théoricien de la Seconde Sophistique (IIe siècle), est normalement précédée, dans les manuscrits grecs, par les exercices d'introduction d'Aphthonios.

Aphthonios[5] (deuxième moitié du IVe-début du Ve siècle) était un étudiant de Libanios d'Antioche. Ses *Progymnasmata* sont une version abrégée de l'œuvre similaire d'Hermogène[6], qui a servi à des fins pédagogiques, complétée par des échantillons de discours[7]. Vers la fin du VIe siècle, ces *progymnasmata* ont été incorporés au *Corpus Hermogenianum*[8] et sont devenus l'ouvrage d'étude de base

1. Sur l'École hellénisante, voir le chapitre de Calzolari, « Les traductions arméniennes de l'École hellénisante et l'introduction des arts du *trivium* en Arménie » dans le présent volume, p. 19-52.

2. Browning, « Byzantinische Schulen und Schulmeister » ; Kennedy, *Classical Rhetoric under Christian Emperors*, p. 48.

3. Baldwin, *Medieval Rhetoric and Poetic*, p. 39.

4. Kennedy, *Classical Rhetoric and its Christian and Secular Tradition*, p. 163.

5. À ce sujet, voir Brzoska, « Aphthonius » ; Hock – O'Neil, *The Chreia in Ancient Rhetoric*, p. 211-234 ; Petit (*Les étudiants de Libanius*) ne le mentionne pas.

6. Patillon (édit. et trad.), *Corpus rhetoricum*, vol. 1, p. 179-206 ; Spengel (édit.), *Rhetores Graeci* 2, p. 1-27 ; Radermacher, « Hermogenes von Tarsos » ; Hock – O'Neil, *ibid.*, p. 155-181.

7. Patillon (édit. et trad.), *ibid.*, p. 112-162 ; Walz (édit.), *Rhetores Graeci*, p. 55-120 ; traduction anglaise : Nadeau (trad.), « The *Progymnasmata* of Aphthonius in Translation ».

8. Hock – O'Neil, *ibid.*, p. 212-213.

sur la rhétorique dans l'école byzantine[1] ; ils sont restés tels quels dans les universités européennes jusqu'aux XVIe-XVIIe siècles[2].

Le livre d'Aphthonios comprend les définitions de quatorze exercices, avec un modèle pour chacun. Les exercices sont des imitations du maître Libanios, dont la collection comprend un grand nombre d'exercices de différente sorte, sans les définitions[3]. Selon l'hypothèse de W. Stegemann[4], Aphthonios n'a pas seulement écrit les quinze *progymnasmata* mentionnés (avec deux exemples pour l'éloge), mais environ une centaine, transmis dans la collection qui nous est parvenue sous le nom de Nikolaos, le sophiste de Myra, en Lycie (Ve siècle)[5]. Stegemann suppose qu'à l'origine, ces exercices se trouvaient dans la collection d'Aphthonios, qui a été ensuite abrégée – sort habituel des livres d'étude –, et que les *progymnasmata* tirés de cette collection ont été attribués à Nikolaos qui fut enseignant de rhétorique à Constantinople[6]. L'argument principal, pour Stegemann, est l'affinité de la langue et du style des deux auteurs, et le fait que les exercices qui existent sous le nom de Nikolaos correspondent davantage aux définitions d'Aphthonios qu'aux προθεωρήματα de Nikolaos lui-même.

LES PROGYMNASMATA *ARMÉNIENS* *EN TANT QUE TÉMOINS DE LA COLLECTION ORIGINALE D'APHTHONIOS*

Ainsi, il y avait une « collection exhaustive originale » d'Aphthonios qui comprenait des définitions, les *progymnasmata* de la collection de Nikolaos (peut-être en partie) et les dix-huit *progymnasmata* que K. Orinsky isola dans la collection de Libanios, en les attribuant à Nikolaos[7]. Cette hypothèse est confirmée par la structure des *progymnasmata* dans le *Livre des chries* arménien. Seules les « définitions » d'Aphthonios ont été traduites, à quelques exceptions près : fable (une), récit (deux), confirmation (six) et proposition de loi (quatorze). À propos des cinquante-quatre *progymnasmata* (sans compter les trois additions tardives), ou bien ils paraphrasent les *progymnasmata* de la recension « originale complète » d'Aphthonios (trente-et-un), ou bien ils (les vingt-trois autres) sont de la plume de l'auteur arménien et s'appuient principalement sur des sujets bibliques. Les *progymnasmata* d'imitation sont prédominants au début du livre,

1. Kennedy, *Greek Rhetoric,* p. 59-60 ; Samodurova, « Školy i obrazovanie », p. 485-486.

2. Brzoska, « Aphthonius », p. 2798 ; Hock – O'Neil, *The Chreia in Ancient Rhetoric*, p. 212.

3. Förster (édit.), *Libanii opera*, vol. 8 : *Progymnasmata.*

4. Stegemann, « Nikolaos (2) », col. 451-457.

5. Walz (édit.), *Rhetores Graeci*, p. 262-420 ; Hock – O'Neil, *The Chreia in Ancient Rhetoric*, p. 237-269.

6. Felten (édit.), *Nikolai progymnasmata.*

7. Orinsky, *De Nikolai Myrensis quae feruntur progymnasmatis.*

alors que le nombre des *progymnasmata* originaux augmente vers la fin, au fur et à mesure que l'auteur progresse dans sa maîtrise de la matière. Ce livre a été considéré comme la traduction d'un texte grec également utilisé comme source par Nikolaos de Myra[1] ; d'autres l'ont considéré comme la traduction d'une collection comprenant le manuel d'Aphthonios et des fragments tirés des œuvres de Théon et de Nikolaos[2], ou encore comme la traduction d'une imitation grecque, perdue, d'Aphthonios[3]. En réalité, seule une partie du livre est une traduction, brève, mais d'une extrême importance en termes de contenu. Quant au travail rédactionnel indépendant effectué sur les exemples, on trouve des cas analogues dans les nombreux exemples christianisés et arménisés contenus dans la traduction de la *Grammaire* de Denys le Thrace, ainsi que dans d'autres traductions de l'École hellénisante[4]. La différence tient dans la quantité des exemples : contrairement à d'autres œuvres, ceux-ci constituent la partie principale du texte du *Livre des chries*.

Sur les trente-et-un *progymnasmata*, dont on suppose que les prototypes ont fait partie de la collection complète d'Aphthonios, vingt-et-un offrent des parallèles avec les abrégés d'Aphthonios (deux)[5] et de Nikolaos (dix-neuf)[6]. Parmi ceux-ci, cinq ont des parallèles avec Libanios aussi[7]. Ici, on a affaire à la chaîne des imitations, dans ses deux étapes : Libanios – Aphthonios – *Livre des chries*. Dans cinq autres *progymnasmata* apparaît la même chaîne avec le deuxième maillon – Aphthonios –, perdu. Donc, nous pouvons avoir recours à l'analogie pour reconstruire les titres suivants dans la collection « originale complète » d'Aphthonios : 1. « À la question, 'Où sont tes trésors ?' Alexandre le Macédonien montra ses amis en disant : 'En eux' » (I 2, *cf.* Lib. III 1 : Ἀλέξανδρος ἐρωτηθεὶς παρά τινος ποῦ ἂν ἔχοι τοὺς θησαυροὺς, τοὺς φίλους ὑπέδειξεν) ; 2. « Sur le médecin donnant une potion mortelle » (IV 2, *cf.* Lib. VII 3 : Κοινὸς τόπος κατὰ ἰατροῦ φαρμακέως) ; 3. « Description d'une chasse » (IX 5, *cf.* Lib. XII 10 : ἔκφρασις θήρας) ; 4. « Description d'un jardin » (IX 6, *cf.* Lib. XII 9 : ἔκφρασις

1. Voir Baumgartner, « Über das Buch 'Die Chrie' », p. 461-462.

2. Voir Arevšatjan, *Formirovanije*, p. 148-149 (seconde édition, p. 155). Sur Théon, voir *infra*, p. 96, n. 1, et Calzolari, « Les traductions arméniennes de l'École hellénisante et l'introduction des arts du *trivium* en Arménie » dans le présent volume, p. 41-43.

3. Cowe, « Review of G. Muradyan, *Girk' pitoyic'* » et notre argumentation détaillée à son encontre : Muradyan, « The Rhetorical Exercises (*Progymnasmata*) in the Old Armenian 'Book of Chreia' ».

4. Muradyan, « The Reflection of Foreign Proper Names ».

5. Maxime 3 ; thèse 1.

6. Chrie I 1 ; I 4 ; I 5 (Nik. III 1 ; III 4 ; III 2) ; maxime II 1 ; II 2 ; II 6 (Nik. IV 2 ; IV 3 ; IV 1) ; contestation III 1 ; III 2 ; III 4 (Nik. V 8 ; VI 3 ; VI 9) ; lieu commun IV 1 ; IV 3 (Nik. VII 3 ; VII 1) ; éloge V 2 ; V 3 (Nik. VIII 4 ; VIII 2) ; blâme VI 4 ; VI 5 (Nik. IX 3 ; IX 6) ; parallèle VII 6 (Nik. X 7) ; éthopée VIII 7 (Nik. XI 9) ; thèse X 2 ; X 3 (Nik. XIII 1 ; XIII 2).

7. Chrie I 1 (Lib. III 2) ; maxime II 2 (Lib. IV 3) ; lieu commun IV 3 (Lib. VII 2) ; thèse X 1 ; X 3 (Lib. XIII 1 ; XIII 3).

κήπου) ; 5. « Description d'un port de mer » (IX 7, *cf.* Lib. XIII 8 : ἔκφρασις λιμένος).

Partant du schéma général, selon lequel la majorité des *progymnasmata* arméniens contenant des références à des auteurs et à des sujets classiques sont fondés sur des archétypes grecs, nous pouvons supposer que, parmi les *progymnasmata* n'offrant aucun parallèle avec aucune des collections disponibles, cinq présentaient de tels parallèles avec la collection « originale complète » d'Aphthonios : 1. « Un homme sage demanda à Socrate : 'Pourquoi tu factures de la même manière les élèves brillants et les ineptes ?', à quoi Socrate répondit : 'Les premiers paient pour leurs peines et les autres pour les miennes' » (I 3) ; le nom de Socrate pourrait être une corruption pour Isocrate[1] (*Zi zSokratēs* dérive probablement de *zIsokratēs*), bien que l'information qu'« il était sophiste, issu d'une famille pauvre et de parents sans importance » laisse entendre qu'Aphthonios peut aussi avoir parlé de Socrate ; 2. « À celui qui obéit à Dieu (*sic* ! et non pas « dieux ») ; Il écoute le plus attentivement » (II 4 ; *cf.* Hom., *Il.* I 218 : ὅς κε θεοῖς ἐπιπείθηται, μάλα τ' ἔκλυον αὐτοῦ) ; 3. « À tous n'est pas donnée la même chose, et tous n'en profitent pas » (II 5) ; Ménandre est loué comme l'auteur de cette maxime ; 4. « L'instruction est tout » (II 7), attribuée à Périandre ; 5. « Contestation [du mythe] d'Héraclès » (III 3)[2].

Ainsi, le corpus de *progymnasmata* du *Livre des chries* non seulement ajoute un argument de taille en faveur de la paternité d'Aphthonios pour la collection attribuée à Nikolaos, mais l'enrichit de dix *progymnasmata* supplémentaires.

Le texte arménien du *Livre des chries* aide à reconstruire la rédaction originale d'Aphthonios également dans la partie traduite, à savoir dans les « définitions ». Traduction littérale et « servile », l'arménien révèle pourtant, par rapport à Aphthonios, un certain nombre de divergences qui peuvent être expliquées grâce aux rédactions tardives de cet auteur et, dans certains cas, aux modifications apportées au texte arménien lors de sa traduction ou, comme on peut l'établir parfois, au cours de son histoire ultérieure. Cette conclusion est le résultat d'une comparaison des leçons pertinentes avec les passages proches, d'un point de vue textuel, chez Hermogène – la source de base d'Aphthonios – et chez ses imitateurs tardifs[3]. Ainsi, les leçons des sources (ou imitations) d'Aphthonios prouvent le

1. *Cf.* Sternbach (édit.), *Gnomologium Vaticanum,* p. 136 : « Isocrate avait l'habitude de dire : 'Les professeurs devraient recevoir des honoraires considérables de la part de leurs étudiants : des (étudiants) doués, car ils apprennent beaucoup, et des (étudiants) nuls, car ils donnent beaucoup de soucis' » ; *cf.* Hock – O'Neil, *The Chreia in Ancient Rhetoric,* p. 5.

2. Il s'agit du viol d'Augé par Héraclès. Augé était la fille du roi d'Arcadie, Aléos, ainsi qu'une prêtresse d'Athéna. Violée par Héraclès, elle enfanta un fils appelé Télèphe ; son père, en colère, ordonna de la noyer dans la mer et d'exposer le bébé dans un endroit sauvage, où Héraclès le vit par hasard, le reconnut et le sauva en même temps que sa mère. Sur ordre de l'oracle d'Apollon, le roi Teuthras épousa Augé et adopta le garçon.

3. Ces textes ont été réunis dans Walz (édit.), *Rhetores Graeci.*

plus souvent l'antiquité de la leçon de la traduction, parfois en permettant de reconstruire la leçon originale d'Aphthonios et, dans des cas plus rares (dans des occurrences moins importantes), de témoigner de l'authenticité de sa leçon. Par exemple, dans la définition du lieu commun est évoqué « le discours contre un traître » (ὁ … κατὰ προδότου λόγος)[1]. Dans le passage parallèle, Hermogène parle, lui, d'un « pilleur de temple » (ἱερόσυλος). À l'endroit correspondant de la traduction arménienne, on lit *sełanakaput*, qui est un calque du grec ἱερόσυλος et qui signifie « pilleur de temple [litt. autel] ». Le texte original d'Aphthonios devait ainsi probablement avoir ἱερόσυλος[2].

LES PROGYMNASMATA *ARMÉNIENS*

Les titres des trente-et-un exercices sont des traductions exactes de leurs modèles grecs dans la collection « originale complète » d'Aphthonios, d'où sont également empruntées toutes les informations concernant les réalités de la vie grecque, les mythes, l'histoire, la littérature, etc. (par exemple les faits que : Alexandre le Grand était un disciple d'Aristote [I 2a] ; Pythagore voyagea en Égypte pour ses études [I 5a] ; Démosthène protégea sa ville natale d'Athènes des ennemis [II 1a] ; Hésiode a écrit sur le ciel et la terre, ainsi que sur les arts de l'agriculture [II 2a] ; Ménandre était « le chef des auteurs de comédies » [II 5a] ; Euripide a écrit des « tragédies héroïques » [II 6a] ; ou encore le mythe de Niobé et ses six fils et ses six filles [III 1b] ; l'histoire racontée par Hérodote au sujet de Candaule, sa femme et Gygès [III 2b] ; le mythe d'Héraclès et Augé [III 2b] ; le mythe de Médée qui tue Pélias [III 2b] (l'histoire est racontée à partir de la première tragédie d'Euripide, les *Péliades*, aujourd'hui perdue) ; l'information sur la position sociale élevée des orateurs [IV 3b] ; l'appel aux juges dans les « lieux communs », qui sont en fait des morceaux de rhétorique judiciaire [IV 1a ; IV 3a ; IV 4b]).

Les vingt-trois exercices restants ne dépendent d'aucun modèle grec ; leurs sujets sont originaux. Treize sont tirés de la Bible : « Éloge de Moïse » (V 1) ; « Blâme d'Absalom » (VI 1) ; « Parallèle entre Abraham et Élie » (VII 1) ; « Quels mots dirait Adam sortant du paradis ? » (VIII 1, et cinq autres « éthopées ») ; « Description d'Abraham, lorsqu'il gagna sur quatre rois » (IX 1 et trois autres « descriptions »). Cette nouveauté – les *progymnasmata* rhétoriques portant sur des sujets bibliques – n'a pas de précédents dans la littérature grecque. Les premières attestations écrites de ce genre remontent seulement au Xe siècle, avec Jean le Géomètre, le commentateur d'Aphthonios[3]. Avec raison, Kustas suppose

1. Walz (édit.), *ibid.*, p. 81.

2. Muradyan, « The Original Complete Collection of Aphthonius' *Progymnasmata* ».

3. Kustas, *Studies in Byzantine Rhetoric*, p. 25, n. 1. *Cf.* le rhétoricien du XIIIe siècle Nicéphore Basiliacès : Awerintzew, « Zu den Ethopoiien des Nikephoros Basiliakes ».

que les *progymnasmata* avec contenu chrétien pourraient avoir été composés plus tôt dans les classes, mais que leur intégration dans les manuels eut seulement lieu au Xe siècle.

Certaines caractéristiques du *Livre des chries* sont les suivantes :

1. En empruntant des sujets à Aphthonios, l'auteur arménien s'est efforcé d'être aussi indépendant que possible, racontant les mêmes histoires avec ses propres mots ; il n'a pas de passages traduits, sauf les titres.

2. Tous les exercices arméniens sont divisés en chapitres tels qu'ils sont exigés par les définitions. Presque tous les manuscrits contiennent des numéros de chapitre, alors qu'Aphthonios observe strictement la division en chapitres seulement dans les chries et les maximes.

3. Le contenu des exercices dans les livres V-VII (éloge, blâme et parallèle) suit les définitions et porte sur des personnes, des choses, des temps, des lieux, des animaux et des plantes (seuls l'éloge du lieu et le blâme des choses sont absents). Il n'y a pas d'éloges ni de blâmes des mêmes objets, à la différence de l'éloge et du blâme de l'hiver par Aphthonios (Nik. VIII 5 et IX 11). Pour la « description », les mêmes objets sont requis, mais ils portent tous sur des « choses » (en réalité, ce sont des scènes entières, surtout de la Bible), deux seulement portent sur des « lieux » (IX 6 jardin ; IX 7 port de mer). Des trois types requis d'« éthopée », six sont des éthopées proprement dites, une (6) consiste dans une prosopopée (il n'y a pas d'idolopées), cinq d'entre elles sont « émotionnelles », deux (6-7) sont « morales » (il n'y a pas d'exemples du type « combiné »). Toutes les trois « thèses » sont « simples » (aucune n'est « comparative ») et sont « politiques » (aucune n'est « spéculative »).

4. Le premier chapitre (« panégyrique ») de la « chrie » et de la « maxime », dans lequel on trouve la plupart des informations sur des figures célèbres de l'Antiquité, est toujours plus long qu'en grec, mais il ne contient jamais d'informations additionnelles sur la personne.

5. Dans les chapitres « exemple » et « témoignage des anciens », Aphthonios propose des exemples tirés de l'histoire classique et de la mythologie, ainsi que des paroles de sages grecs anciens, alors que dans le *Livre des chries* les exemples sont tirés de la Bible et les auteurs des paroles sont des sages bibliques (il s'agit des points 6 et 7 des exercices).

6. Beaucoup de *realia* grecs anciens du modèle sont omis en arménien (souvent ils sont remplacés par un raisonnement général), alors qu'au lieu de la mention des Phéaciens heureux de leurs jardins, par Aphthonios, la « Description du jardin » arménienne (IX 6) parle du plus grand bonheur d'Adam, à savoir la vie au paradis.

7. Au lieu des dieux païens, Dieu est toujours mentionné dans le *Livre des chries,* mis à part dans le « Blâme de [l'histoire de] Niobé » (III 1) et dans le

« Blâme de [l'histoire d'] Héraclès » (III 3), où Léto, ses enfants Apollon et Artémis, et Héraclès sont les figures principales des histoires.

8. Les « lieux communs » commencent avec des appellations, communes dans les discours juridiques grecs : « oh bons sages ! » (IV 2a) ; « oh inquisiteurs prudents ! » (IV 1a) ; « oh juges ! » (IV 3a) ; « oh les juges les plus avisés ! » (IV 4b ; IV 5b) : *cf.* ὦ ἄνδρες δικασταί (« oh juges ! » Lib. VII 3)[1] ; ἄνδρες, οἱ πατέρες μᾶλλον ἢ δικασταί (« oh hommes, plutôt pères que juges ! » (Nik. VII 3 et 4)[2].

9. Les « descriptions » contenant des sujets bibliques sont normalement précédées de notes faisant allusion au fait que l'objet de la description est représenté dans un tableau (il n'en est pas ainsi chez Aphthonios).

PATERNITÉ ET DATATION DU *LIVRE DES CHRIES*

L'épilogue du *Livre des chries* consiste en un avertissement de Movsēs K'ert'oł à son élève, un certain T'ēodoros. C'est probablement pour cette raison que la tradition a attribué le livre au père de l'histoire arménienne Movsēs Xorenac'i (Moïse de Khorène). En effet, l'historien Step'anos Asołik (XIe siècle) écrit (I 2) : « À cette époque, l'élève de l'évêque et rhétoricien Movsēs Ezras Angełac'i multiplia la classe des orateurs »[3] ; l'historien Kirakos Ganjakec'i (XIIIe siècle) relate que Movsēs écrivit le *Livre des chries* sur la demande d'un certain T'ēodoros[4]. Dans la liste d'ouvrages savants qui a été ajoutée, à une époque tardive, à la *Chronique* de Mxit'ar Ayrivanec'i, on peut lire : *Pētk' Movsisi* (« Chrie de Movsēs »)[5]. En outre, dans une série de manuscrits (XVIIe-XVIIIe siècle), le *Livre des chries* est attribué à Movsēs Xorenac'i : son nom figure dans le titre ou dans le colophon[6]. Cette tradition a fini par inclure le *Livre des chries* dans le recueil des écrits de cet historien, édité deux fois à Venise[7]. Notre conclusion est que l'attitude à l'égard des mythes, contraire à celle de Movsēs Xorenac'i, ainsi que la différence de style ne permettent pas de considérer Xorenac'i comme l'auteur du *Livre des chries*[8].

1. Förster (édit.), *Libanii opera*, vol. 8 : *Progymnasmata*, p. 189.
2. Felten (édit.), *Nikolai progymnasmata*, p. 323, 325.
3. Manukean (édit.), « Step'anos Tarawnec'i Asołik, Patmut'iwn tiezerakan », II 2, p. 689.
4. Melik'-Ōhanjanyan (édit.), *Kirakos Ganjakec'i, Patmut'iwn Hayoc'*, p. 28.
5. Patkanean (édit.), *Mxit'ar Ayrivanec'i, Patmut'iwn žamanakagrakan*, p. 36.
6. Liste des manuscrits dans Muradyan (édit.), *Girk' pitoyic'*, p. 14-15.
7. Voir *supra*, p. 85, n. 1.
8. Muradyan (édit.), *Girk' pitoyic'*, p. 17-18.

Une autre tradition attribue le *Livre des chries* à David l'Invincible (VIe siècle)[1] ou à Dawit' Hark'ac'i (VIIe siècle)[2] : Aṙak'el Siwnec'i (*ca* 1350-1425)[3], dans *Cause du Livre des définitions de David* (*Patčaṙ Sahmanac' groc' Dawt'i*)[4]. Par ailleurs, selon les savants, quelques exercices de Dawit' Hark'ac'i appartiennent ou ont été écrits et incorporés dans le texte plus tard[5]. Toutefois, l'existence d'un archétype pour le nombre considérable de *progymnasmata*, les grécismes lexicaux et syntaxiques, quelques expressions spécifiques empruntées à la version arménienne de Philon d'Alexandrie – présentes partout dans le texte du *Livre des chries* –, ainsi que les principes uniformes de l'utilisation des sources et des allusions à la Bible parlent en faveur d'un seul auteur. Cependant ni David l'Invincible (VIe siècle), ni Dawit' Hark'ac'i (VIIe siècle) ne peuvent être considérés comme auteur du *Livre des chries* pour des raisons chronologiques.

Le *Livre des chries* apparaît, dans la seconde moitié du Ve siècle, comme un lien naturel dans la chaîne des traductions de l'École hellénisante. Une telle conclusion est fondée sur le fait que l'*Histoire* de Łazar P'arpec'i (à cheval sur le Ve et le VIe siècle) et la *Lettre* écrite précédemment contiennent quelques grécismes lexicaux et grammaticaux empruntés aux traductions de Philon (beaucoup d'entre eux se trouvent aussi dans le *Livre des chries*), ainsi que des mots attestés dans les passages non traduits du *Livre des chries*, qui ont été créés par analogie avec les néologismes de Philon[6]. Alors que pour la version arménienne de Philon les œuvres de Łazar sont un *terminus ante quem* qui ne fait pas de doute, pour le *Livre des chries* elles ne sont qu'un probable *terminus ante quem*, en raison des arguments suivants : a) ces mots constituent une partie organique du texte du *Livre* ; b) selon notre opinion, le *Livre des chries* a été écrit peu de temps après la traduction des œuvres de Philon[7].

1. Voir le chapitre de Calzolari, « L'essor de la spéculation philosophique en Arménie » dans le présent volume, p. 101-141.

2. La tradition médiévale arménienne et les chercheurs du XIXe siècle ont confondu ces auteurs : voir Zarphanalean, *Patmut'iwn hay hin dprut'ean (D-ŽG dar)*, p. 314-324. Plus tard, ils ont été distingués en tant qu'auteurs différents : voir Khostikian, *David der Philosoph* ; Manandean, *Davit' Anyałt'i xndirĕ nor lusabanmamb*, p. 62, 72, etc. ; Połarean, *Hay grołner*, p. 73.

3. Aṙak'el Siwnec'i, « Lucmunk' yałags Sahmanac' », p. 165 et 172.

4. Muradyan (édit.), « Patčaṙ Sahmanac' groc' Dawt'i », p. 761. Le texte est conservé dans deux manuscrits du XIIIe siècle : *Ead.*, « Dawit' Anyałt'in veragruac ew nra anuann aṙnč'uoł gruack'ner », p. 623 ; voir aussi Muradyan (édit.), *Girk' pitoyic'*, p. 22.

5. Yovsep'ean, « Dawit' Hark'ac'in ew Pitoyic' girk'ĕ » ; *Id.*, *Xosrovik t'argmanič'*, p. 3-4 ; Manandyan, *Xorenac'u aṙełcvaci lucumĕ*, p. 167.

6. Voir le chapitre de Calzolari, « L'essor de la spéculation philosophique en Arménie » dans le présent volume, p. 101-141.

7. Muradyan, « Xorenac'u erku ałbyuri t'vagrman šurjĕ ».

TRACES DU *LIVRE DES CHRIES* CHEZ LES AUTEURS TARDIFS

Parmi les dix types d'exercices rhétoriques, les éthopées (*ethopoiai*) sont devenues tout particulièrement les favorites des auteurs arméniens tardifs ; il s'agit de sermons fictifs de personnages historiques ou littéraires. La raison de ce succès tient probablement au caractère très expressif de ce type de *progymnasmata*, qui s'adapte à l'écriture littéraire de fiction. Le catholicos Nersēs Šnorhali (« le Gracieux », 1100-1173) composa un poème – la *Lamentation sur Édesse* – à l'occasion de la prise de la capitale du Comté d'Édesse par l'*atabeg* de Mossoul et d'Alep, Zengi, en 1144[1]. Édesse était un centre important de la culture arménienne et un symbole de la chrétienté, par conséquent sa chute fut, pour Nersēs, un événement tragique. La ville est personnifiée sous les traits d'une mère qui a perdu son fils et qui déplore son sort misérable. Les premiers vers du poème disent : « Poème en forme de prosopopée versifiée selon le vers homérique »[2]. Dans le poème cosmologique *Sur le ciel et ses ornements*, le même poète personnifie le ciel et le fait parler à la première personne[3] ; il en va de même pour les lettres de l'alphabet arménien, dans un autre poème. Dans ces exemples est appliqué un sous-type de l'*ethopoeia* appelé *prosopopoeia*, puisque des choses inanimées sont douées de la capacité de parler[4].

Les règles pour composer la prosopopée ont été appliquées très fidèlement par Step'anos Ōrbēlean dans l'*Élégie sur la sainte cathédrale d'Ejmiacin* (*ca* 1300)[5], où la grande reine qui personnifie la cathédrale déplore tout d'abord l'état misérable dans lequel elle se trouve (vers 65-100), et ensuite raconte son passé glorieux (vers 101–330), puis désastreux (vers 311-332), et finalement promet de ne pas tomber dans le désespoir, mais de compter sur Dieu (vers 453-477). Le modèle de cette composition a été le *Livre des chries*, où tous – Adam expulsé du paradis (VIII 1), Joseph vendu par ses frères (VIII 2), David peu après le meurtre de Goliath (VIII 3), Paul ayant perdu la vue (VIII 4), Pierre juste après avoir renié le Seigneur (VIII 5), le Jourdain divisé par Élie (VIII 6) et un habitant des terres continentales ayant vu la mer (VIII 7) – prononcent des discours d'après une forme de composition similaire.

1. Voir les études de Calzolari, « Les villes en deuil » et van Lint, « Seeking meaning in Catastrophe » (suivie d'une traduction anglaise : *Id.* [trad.], « *Lament on Edessa* by Nersēs Šnorhali »).

2. Mkrtčyan (édit.), *Nersēs Šnorhali, Otb Edesioy*, p. 20 (réimpr. dans *Matenagirk' Hayoc'/Armenian Classical Authors*, vol. 21, Erevan 2018, p. 158).

3. Voir, dans le présent volume, le chapitre de Thomson, « La cosmologie ancienne et médiévale », p. 215-236.

4. Gasparyan (édit.), « Nersēs Šnorhali, Yałags erknic' », p. 519-529 ; Muradyan – Połosyan (édit.), « Nersēs Šnorhali, Ban baraṙnabar i dimac' haykakan taṙic' », p. 470-477. Sur la prosopopée, voir Łazinyan, A., « Dimaṙnut'yunĕ hay mijnadaryanbanastełcut'yan mej ».

5. Sanjian (édit. et trad.), « Step'anos Orbelian's 'Elegy on the Holy Cathedral of Etchmiadzin' ».

On peut trouver des éthopées proprement dites, à savoir des discours de personnes connues dont seul le caractère est inventé, dans le *Livre d'Adam*, le poème biblique d'Aṙak'el Siwnec'i (1350–1425) ; le premier chapitre d'une des trois recensions du poème est constitué de discours imaginaires prononcés par Adam et Ève[1].

Le *Roman d'Alexandre* du pseudo-Callisthène, traduit en arménien vers la fin du Vᵉ siècle, a été ensuite enjolivé de poèmes de différents poètes. Xač'atur Keč'arec'i (XIIᵉ-XIIIᵉ siècle) a ajouté au *Roman* non seulement des extraits poétiques, mais aussi (à la fin) quatre éthopées, notamment après le récit sur la maladie et la mort d'Alexandre, où les émotions d'Alexandre sont représentées, ainsi que celles de sa mère, de son épouse et de ses généraux[2]. Par exemple, « Quelle plainte douloureuse Alexandre a-t-il prononcée en forme d'éthopée quand il tomba malade ! » ; « Combien s'est lamentée la mère d'Alexandre, Olympias, pauvre et souffrante ! ».

Les règles de composition de l'éloge (livre V, particulièrement les points concernant l'origine et l'éducation) ont également été appliquées respectivement au Christ (par Xosrowik l'Interprète)[3] ; à Grégoire l'Illuminateur (par Grigor Sarkawagapet et Yovhannēs Sarkawag)[4] ; à Anania Narekac'i (par lui-même, au Xᵉ siècle)[5] ; à Jean Baptiste (par Atom Anjewac'i, aux IXᵉ-Xᵉ siècles)[6] ; à Maštoc' (par Karapet Sasnec'i, au XIIIᵉ siècle)[7] ; à Yovhannēs Ōjnec'i (par Vardan Arewelc'i, au XIIIᵉ siècle)[8] ; à Homère (par Esayi Nč'ec'i)[9]. Les quatre vertus spirituelles requises par les règles de composition des éloges (courage, prudence, justice et sagesse) étaient très populaires chez différents auteurs.

Quelques auteurs ont emprunté des motifs et des sujets spécifiques au *Livre des chries* ; par exemple le catholicos Grigor Tłay copia la première moitié de la

1. Voir Stone (trad.), *Adamgirk'. The Adam Book of Arak'el of Siwnik'*, p. 47-52.

2. Simonyan (édit.), *Patmut'iwn Ałek'sandri Makedonac'woy, haykakan xmbagrut'yunner*, p. 352-360. Voir aussi Traina *et al.*, *La Storia di Alessandro il Macedone* et Wolohojian, *The Romance of Alexander the Great by Pseudo-Callisthenes*.

3. Yovsep'ean (édit.), *Xosrovik t'argmanič'*, p. 74 ; *cf. ibid.*, p. 3-4.

4. *Sop'erk' haykakank'*, vol. 4, p. 131-132 ; vol. 5, p. 9-10, 13, 24-27.

5. Bozoyean (édit.), « Anania Narekac'i 'Gir Xostovanut'ean' », p. 224.

6. K'eōsēean (édit.), « Atom Anjewacin ew nra nerbołē nuiruac Yovhannēs Mkrtč'in », p. 521 (*cf. Matenagirk' Hayoc'/Armenian Classical Authors*, vol. 10, p. 812).

7. Tēr-Movsisean (édit.), *Karapet Sasnec'i, Nerbołean yałags varuc' ew mahuan S. Mesrobay*, p. 333-336.

8. K'eōsēean (édit.), *Vardan Arewelc'i, Čaṙk', nerbołeank'*, p. 353-354.

9. Xač'eryan (édit.), *Esayi Nč'ec'i, Verlucut'iwn k'erakanut'ean*, p. 58.

définition de l'éloge[1]. L'histoire de Médée qui tue par la fraude le roi Pélias (III 4b) fut racontée plus tard par Yovhannēs Ōjnec'i[2] et Grigor Magistros[3].

En conclusion de ce bref aperçu, qui ne prétend pas être une présentation complète du sujet, on peut mettre en évidence l'influence stylistique du *Livre des chries*, c'est-à-dire la diffusion d'expressions et de figures spécifiques de cet ouvrage, dans la littérature originale arménienne[4].

(Traduit de l'anglais par Valentina Calzolari)

BIBLIOGRAPHIE

SOURCES PRIMAIRES

Aṙak'el Siwnec'i, «Lucmunk' yałags Sahmanac' Dawt'i anyałt' p'ilisop'ayi» [Analyse des Définitions de David le philosophe invincible], dans *Girk' sahmanac' srboyn Dawt'i* [Livre des définitions de saint David], Madras 1797, p. 147-650.

Bozoyean, A. (édit.), «Anania Narekac'i, 'Gir Xostovanut'ean'» [Anania Narekac'i, Confession], dans *Matenagirk' Hayoc'/Armenian Classical Authors*, vol. 10, Erevan 2011, p. 649-657.

Felten, J. H. (édit.), *Nikolai progymnasmata*, dans H. Rabe (édit.), *Rhetores Graeci*, vol. 9, Leipzig 1913.

Förster, R. (édit.), *Libanii opera*. Recensuit R. F., vol. 8 : *Progymnasmata*, Lipsiae 1915.

Gasparyan, G. (édit.), «Nersēs Šnorhali, Yałags erknic'» [Nersēs Šnorhali, Sur le ciel], *Matenagirk' Hayoc'/Armenian Classical Authors*, vol. 21, Erevan 2018, p. 519-529.

Grigor Tłay, *Namakani* [Lettres], Venise 1838.

1. Grigor Tłay, *Namakani*, p. 7-8.

2. *Yovhannu imastasiri Awjnec'woy, Matenagrut'iwnk'*, p. 11.

3. Muradyan (édit.), «Grigori Magistrosi, T'ułt'k' ew č'ap'aberakank'», p. 304, 309, 372. Voir l'article d'Alpi, «Les écoles d'Ani, Sanahin et Narek (Xᵉ-XIᵉ)» dans le présent volume, p. 161-192.

4. Il convient de mentionner brièvement la version arménienne des *Progymnasmata* de Théon d'Alexandrie, qui a été découverte en 1934 et publiée, avec le texte grec en parallèle, dans Manandyan (édit.), *T'eōvneay*. Manandean a démontré, dans son introduction, que le texte arménien était connu de Moïse de Khorène, Hamam Arewelc'i (IXᵉ siècle) et Grigor Magistros. Voir, plus récemment, Patillon (édit. et trad.), *Aelius Théon, Progymnasmata*. La version arménienne a préservé les cinq chapitres et demi qui sont perdus en grec : voir, dans le présent volume, Calzolari, «Les traductions arméniennes de l'École hellénisante et l'introduction des arts du *trivium* en Arménie», p. 41-43.

K'eōsēean, Y. (édit.), « Atom Anjewacin ew nra nerbołē nuiruac Yovhannēs Mkrtč'in » [Atom Anjewac'i et son panégyrique dédié à Jean Baptiste], *Handes Amsorya*, 1987, col. 513-526 (réimpr. dans *Matenagirk' Hayoc'/Armenian Classical Authors*, vol. 10, Erevan 2011, p. 803-817).

K'eōsēean, Y. (édit.), *Vardan Arewelc'i, Čaṙk', nerbołeank'* [Vardan Arewelc'i, Sermons, panégyriques], Erevan 2000.

Manandyan, H. (édit.), *T'eovneay, Yałags čartasanakan krt'ut'eanc'* [Théon, Sur les exercices de rhétorique], Erevan 1938.

Manukean, G. (édit.), « Step'anos Tarawnec'i Asołik, Patmut'iwn tiezerakan » [Step'anos Tarōnec'i Asołik, Histoire universelle], *Matenagirk' Hayoc'/Armenian Classical Authors*, vol. 15/2, Erevan 2011, p. 616-827.

Melik'-Ōhanǰanyan, K. (édit.), *Kirakos Ganjakec'i, Patmut'iwn Hayoc'* [Kirakos Ganjakec'i, Histoire de l'Arménie], Erevan 1961.

Mkrtčyan, M. (édit.), *Nersēs Šnorhali, Ołb Edesioy* [Nersēs Šnorhali, Lamentation sur Édesse], Erevan 1973 (réimpr. dans *Matenagirk' Hayoc'/Armenian Classical Authors*, vol. 21, Erevan 2018, p. 158-205).

Muradyan, G. – Połosyan, R. (édit.), « Nersēs Šnorhali, Ban baraṙnabar i dimac' haykakan taṙic' » [Nersēs Šnorhali, Discours en forme de prosopopée sur les lettres (de l'alphabet) arméniennes], *Matenagirk' Hayoc'/Armenian Classical Authors*, vol. 21, Erevan 2018, p. 470-477.

Muradyan, G. (édit.), *Girk' pitoyic'* [Livre des chries], Erevan 1993 (réimpr. dans *Matenagirk' Hayoc'/Armenian Classical Authors*, vol. 7, Antélias 2007, p. 749-898).

Muradyan, G. (trad.), *Kniga xriĭ* [Livre des chries], Erevan 2000.

Muradyan, G. (édit.), « Grigori Magistrosi, T'ułt'k' ew č'ap'aberakank' » [Grigor Magistros, Lettres et vers], *Matenagirk' Hayoc'/Armenian Classical Authors*, vol. 16, Erevan 2012, p. 139-385.

Muradyan, G. (édit.), « Patčaṙ Sahmanac' groc' Dawt'i » [Cause du Livre des définitions de David], *Matenagirk' Hayoc'/Armenian Classical Authors*, vol. 20, Erevan 2014, p. 760-761.

Patillon, M. (édit. et trad.), *Aelius Théon, Progymnasmata.* Texte établi et traduit par M. P., avec l'assistance, pour l'arménien, de G. Bolognesi, Paris 1997.

Patillon (édit. et trad.), *Corpus rhetoricum*, vol. 1, Paris 2008.

Patkanean, K. (édit.), *Mxit'ar Ayrivanec'i, Patmut'iwn žamanakagrakan* [Mxit'ar Ayrivanec'i, Chronique], Saint-Pétersbourg 1867.

Sanjian, A. (édit. et trad.), « Step'anos Orbelian's 'Elegy on the Holy Cathedral of Etchmiadzin' : Critical Text and Translation », dans M. E. Stone (édit.), *Armenian and Biblical Studies*, Jerusalem 1976, p. 237-282.

Simonyan, H. (édit.), *Patmut'iwn Ałek'sandri Makedonac'woy, haykakan xmbagrut'yunner* [Histoire d'Alexandre le Grand, recensions arméniennes], Erevan 1989.

Sop'erk' haykakank' [Écrits arméniens], vol. 4, Venise 1853.

Spengel, O. (édit.), *Rhetores Graeci* 2, Leipzig 1854, p. 1-27 : *Hermogenis Progymnasmata.*

Srboy hōrn meroy Movsēsi Xorenac'woy, Matenagrut'iwnk' [Œuvres de notre saint père Movsēs Xorenac'i], Venise 1843 (1865²).

Sternbach, L. (édit.), *Gnomologium Vaticanum. Texte und Kommentare,* coll. «Texte und Kommentare. Eine altertumswissenschaftliche Reihe», Bd. 2, Berlin 1963.

Stone, M. E. (trad.), *Adamgirk'. The Adam Book of Arak'el of Siwnik',* Oxford 2007, p. 47-52.

Tēr-Movsisean, M. (édit.), *Karapet Sasnec'i, Nerbołean yałags varuc' ew mahuan S. Mesrobay* [Panégyrique sur la vie et la mort de St. Mesrob], *Ararat*, 1897, p. 330-336, 378-384, 456-463.

Traina, G. *et al.* (trad.), *La Storia di Alessandro il Macedone,* coll. « Helios » 5, Padova 2003.

van Lint, T. M. (trad.), «*Lament on Edessa* by Nersēs Šnorhali's», dans K. Ciggaar – E. Teule (édit.), *East and West in the Crusader States*, vol. 2, coll. «Orientalia Lovaniensia Analecta» 92, Leuven 1999, p. 49-105.

Walz, C. (édit.), *Rhetores Graeci*, vol. 1, Stuttgart 1832, p. 55-120 : *Aphthonii Sophistae progymnasmata* ; p. 262-420 : *Nikolai Myrensis progymnasmata.*

Wolohojian, A. M. (trad.), *The Romance of Alexander the Great by Pseudo-Callisthenes.* Translated from the Armenian Version with an Introduction by A. M. Wolohojian, New York – London 1969.

Xač'eryan, L. (édit.), *Esayi Nč'ec'i, Verlucut'iwn k'erakanut'ean* [Esayi Nč'ec'i, Commentaire sur la grammaire], Erevan 1966.

Yovhannu imastasiri Awjnec'woy, Matenagrut'iwnk' [Écrits du philosophe Yovhannēs Ōjnec'i], Venise 1953.

Zōhrapean, Y. (édit.), *Srboy K'ert'ołahōr meroy Movsēsi Xorenac'woy, Naxakrt'ut'iwn hřetorakan asac'eal Girk' pitoyic'* [Progymnasmata de rhétorique, dits Livre des chries, par notre saint père des poètes Movsēs Xorenac'i], Venise 1796.

ÉTUDES

Arevšatjan, S. S., *Formirovanije filosofskoj nauki v drevnej Armenii (V-VI vv.)* [La formation de la science philosophique dans l'Arménie médiévale (vᵉ-viᵉ siècle)], Erevan 1973 (2016²).

Awerintzew, S., «Zu den Ethopoiien des Nikephoros Basiliakes», *Eikon und Logos. Beitrage zur Erforschung byzantinischen Kulturtraditionen* 1, Halle [Saale] 1981, p. 9-14.

Baldwin, Ch. S., *Medieval Rhetoric and Poetic*, Gloucester, MA 1959.

Baumgartner, A., « Über das Buch 'Die Chrie' », *Zeitschrift der Deutschen Morgenländischen Gesellschaft* 40, 1886, p. 457-515.

Bolognesi, G., *Studi e ricerche sulle antiche traduzioni armene di testi greci*, coll. « L'eredità classica nel mondo orientale. Serie monografica » 1, Alessandria 2000.

Browning, R., « Byzantinische Schulen und Schulmeister », *Das Altertum* 9, 1963, p. 113-114.

Brzoska, J., « Aphthonius », *Paulys Realencyclopädie der classischen Altertumswissenschaft*, Bd. 1/2, Stuttgart 1894, col. 1861-2081.

Calzolari, V., « La versione armena di Theon, *Progymn.* IV Spengel », *Rendiconti dell'Istituto Lombardo. Accademia di Scienze e Lettere. Classe di Lettere e Scienze morali e storiche* 123, 1989, p. 193-219.

Calzolari, V., « Les villes en deuil. Mise en miroir de la *Lamentation sur la prise de Jérusalem* de Grigor Tłay avec la *Lamentation sur la prise d'Édesse* de Nersēs Šnorhali », *Journal of the Society for Armenian Studies* 21, 2012, p. 53-97.

Cowe, S. P., « Review of G. Muradyan, *Girk' pitoyic'* », *Le Muséon* 108, 1995, p. 200-205.

Hock, R. F. – O'Neil, E. N., *The Chreia in Ancient Rhetoric*, vol. 1 : *Progymnasmata*, Atlanta, GA 1986.

Kennedy, G. A., *Classical Rhetoric and its Christian and Secular Tradition from Antiquity to Modern Times*, Chapel Hill 1980.

Kennedy, G. A., *Classical Rhetoric under Christian Emperors*, Princeton 1983.

Khostikian, M., *David der Philosoph*, coll. « Berliner Studien zur Philosophie und ihrer Geschichte », Bd. 58, Bern 1907.

Kustas, G. L., *Studies in Byzantine Rhetoric*, Thessaloniki 1973.

Łazinyan, A., « Dimaṙnut'yuně hay mijnadaryan banastełcut'yan meǰ » [La prosopopée dans la poésie arménienne médiévale], *Lraber hasarakakan gitut'yunneri* 5, 1974, p. 32-41.

Manandean, Y., *Davit' Anyałt'i xndirě nor lusabanmamb* [La question de David l'Invincible sous un éclairage nouveau], dans Manandyan, H., *Erker* [Œuvres], vol. 7, Erevan 2010 (réimpr. de l'original paru à Vałaršapat en 1904).

Manandyan, H., *Xorenac'u aṙełcvaci lucumě* [La solution de l'énigme de Xorenac'i], Erevan 1943.

Muradyan, G., « Xorenac'u erku ałbyuri t'vagrman šurǰě » [Sur la datation de deux sources de Xorenac'i], *Historico-Philological Journal of the Armenian Academy of Sciences* 4, 1990, p. 94-104.

Muradyan, G., « The Reflection of Foreign Proper Names, Theonyms and Mythological Creatures in the Ancient Armenian Translations from the Greek », *Revue des Études Arméniennes* 26, 1994-1995, p. 63-76.

Muradyan, G., « The Original Complete Collection of Aphthonius' *Progymnasmata* and the Armenian *Book of Chreia* », dans I. Ševčenko, G. G. Litavrin, W. K. Hanak (édit.), *Acts.* XVIIIth *International Congress of Byzantine Studies. Selected Papers. Moscow 1991*, vol. 4: *Literature, Sources, Numismatics and History of Science*, Shepherdstown, WV 1996, p. 181-187.

Muradyan, G., « The Rhetorical Exercises (*Progymnasmata*) in the Old Armenian 'Book of Chreia' (*Girk' Pitoyic'*) : Translation or Original Composition ? (On the occasion of P. Cowe's review) », *Revue des Études Arméniennes* 27, 1998-2000, p. 399-416.

Muradyan, G., « Dawit' Anyałt'in veragruac ew nra anuann ařnč'uoł gruack'ner » [Écrits attribués à David l'Invincible et liés à son nom], *Matenagirk' Hayoc'/Armenian Classical Authors*, vol. 20, Erevan 2014, 615-626 (introduction, suivie de l'édition de différents textes, p. 627-782).

Nadeau, R. (trad.), « The *Progymnasmata* of Aphthonius in Translation », *Speech Monographs* 19, 1952, p. 264-285.

Orinsky, K., *De Nikolai Myrensis quae feruntur progymnasmatis*, Dissertation, Breslau 1920.

Petit, P., *Les étudiants de Libanius*, Paris 1956.

Połarean, N., *Hay grołner* [Écrivains arméniens], Jérusalem 1971.

Radermacher, L., « Hermogenes von Tarsos », *Paulys Realencyclopädie der classischen Altertumswissenschaft*, Bd. 8/1, Stuttgart 1912, col. 865-877.

Samodurova, Z. O., « Školy i obrazovanie » [Écoles et éducation], dans *Kul'tura Vizantii (IV-perwaja pol. VII v.)* [Culture de Byzance (IVe- première moitié du VIIe siècle)], Moskva 1984, p. 485-487.

Stegemann, W., « Nikolaos (2) », *Paulys Realencyclopädie der classischen Altertumswissenschaft*, Bd. 12/1, Stuttgart 1936, col. 424-457.

van Lint, T. M., « Seeking meaning in Catastrophe : Nersēs Šnorhali's *Lament on Edessa* », dans K. Ciggaar – E. Teule (édit.), *East and West in the Crusader States*, vol. 2, coll. « Orientalia Lovaniensia Analecta » 92, Leuven 1999, p. 29-47.

Yovsēp'ean, G., *Xosrovik t'argmanič' (Ē dar)* [Xosrowik Interprète (VIIIe siècle)], Vałaršapat 1899.

Yovsēp'ean, G., « Dawit' Hark'ac'in ew Pitoyic' girk'ě » [Dawit' Hark'ac'i et le Livre des chries], *Ararat* 2, 1902, p. 206-213.

Zarphanalean, G., *Haykakan hin dprut'ean patmut'iwn (D-ŽG dar)* [Histoire de l'ancienne littérature arménienne (IVe-XIIIe siècle)], Venise 1886.

VALENTINA CALZOLARI

L'ESSOR DE LA SPÉCULATION PHILOSOPHIQUE EN ARMÉNIE DANS L'ANTIQUITÉ TARDIVE

L'essor de la spéculation philosophique en Arménie est étroitement lié à l'activité des traducteurs de l'École hellénisante, présentée aux chapitres précédents[1]. Sous forme de traductions, de nombreuses œuvres de philosophie grecque ont été transmises en arménien et ont contribué à jeter les fondements du savoir philosophique de l'Arménie médiévale. En particulier, l'introduction du troisième art du *trivium* fut en grande partie liée aux traductions des écrits de logique d'Aristote et de Porphyre, ainsi que des commentaires grecs de David (VIe siècle après J.-C.)[2], dont il sera question plus loin. Si nous n'avons pas d'informations explicites à propos d'une éventuelle utilisation de ces œuvres arméniennes comme manuels d'étude à l'époque même de leur traduction, nous savons, en revanche, qu'elles étaient en usage dans les écoles monastiques de l'Arménie médiévale. Au Moyen Âge, les œuvres d'Aristote, de Porphyre et de David (surtout les *Prolégomènes à la philosophie*) firent l'objet de commentaires inédits et permirent le développement d'une littérature philosophique arménienne originale, comme nous le verrons dans la dernière partie du présent article et dans les chapitres suivants.

Il ne serait pas correct, cependant, de poser la question de la diffusion du savoir grec, et surtout du savoir philosophique, en Arménie en l'associant exclusivement à la réalisation de traductions en arménien. Les propos suivants de H. Hugonnard-Roche, au sujet de la Syrie, pourraient être aussi tenus en parlant de l'Arménie : « la transmission de la philosophie grecque à la culture syriaque ne s'est pas faite sous forme du transfert d'un corpus d'un pays à un autre, ou d'une époque à une autre, mais plutôt sous la forme d'une diffusion dans une culture

1. Voir Calzolari, « Les traductions arméniennes de l'École hellénisante et l'introduction des arts du *trivium* en Arménie » dans le présent volume, p. 28-43.

2. Sur la biographie et l'œuvre de David, et les mystères qui l'entourent, voir *infra*, p. 112-116.

déjà exposée aux 'idées grecques', dans un milieu déjà partiellement bilingue»[1]. Hugonnard-Roche souligne la «diffusion continue de la culture grecque dans les milieux syriaques», aspect qui caractérise également l'Arménie. La longue familiarité des Arméniens avec les œuvres et les écoles grecques leur permit sans doute plusieurs formes d'appropriation de la pensée grecque[2]. Nombreuses sont les œuvres écrites directement en arménien qui expriment des idées empruntées à la culture grecque, et il n'est pas nécessaire de supposer comme une *conditio sine qua non* l'existence préalable d'une traduction arménienne antérieure comme unique voie susceptible d'expliquer la connaissance d'une œuvre grecque par un auteur arménien. Certes, la question est parfois difficile à trancher, car il n'est pas toujours possible de préciser si l'accès à une œuvre s'est fait dans la langue originale ou bien en traduction. Il est également difficile de savoir si la connaissance d'une œuvre ou d'un auteur grecs a été directe ou indirecte, par exemple à travers des citations conservées dans d'autres écrits intermédiaires. Un cas éclairant pour expliciter ces propos est celui du traité *Réfutation des sectes* d'Eznik, composé à l'âge classique de la littérature arménienne (première moitié du Ve siècle après J.-C.). Eznik était un écrivain érudit qui participa à l'entreprise de traduction des œuvres religieuses grecques dans les années fondatrices de la littérature arménienne[3]. Une section de son traité apologétique est dirigée contre les philosophes «du dehors»[4], à savoir les philosophes païens, et plus précisément les pythagoriciens, les péripatéticiens, les stoïciens et les épicuriens, explicitement cités. La réfutation vise tout particulièrement Platon, dont Eznik disait qu'il était pour les Grecs «le plus pieux de tous les philosophes», mais qui, toujours selon lui, péchait plus que tout autre par orgueil et ne connaissait ni Dieu, ni la création des créatures (*Réfutation des sectes*, § 357). Si Eznik donne des informations sur les courants philosophiques mentionnés, on a toutefois remarqué que les extraits de son traité portant sur les philosophes grecs paraissent largement tributaires de sources patristiques grecques, telles que le texte de l'*Anakephalaiosis* inclus dans le *Panarion* d'Épiphane de Salamine († 403). Nous ne pouvons donc pas établir avec certitude si cet auteur arménien avait une connaissance directe des œuvres philosophiques qu'il réfute. Force est néanmoins de constater que le style argumentatif tenu par Eznik dans son traité de réfutation semble largement s'inspirer

1. Hugonnard-Roche, «Syriac Aristotelician Tradition», p. 235. Sur les limites du concept de «transfert», voir *infra*, p. 110, n. 8 et Calzolari, «Avant-propos», p. 13.

2. Voir Calzolari, «Les traductions arméniennes de l'École hellénisante et l'introduction des arts du *trivium* en Arménie» dans le présent volume, p. 19-28. Dans le même contexte, il faut rappeler la familiarité avec les œuvres des Pères de l'Église grecque. À ce sujet, voir Mahé, «L'Arménie et les Pères de l'Église: histoire et mode d'emploi (V^e^-XIIe siècle)».

3. On lui doit par exemple la traduction du traité *Sur le libre arbitre* du pseudo-Méthode d'Olympe, qui constitue une des sources de son traité: voir Orengo, «Eznik of Kołb as a Translator».

4. Sur cette expression, voir Calzolari, «Les traductions arméniennes de l'École hellénisante et l'introduction des arts du *trivium* en Arménie», p. 24, n. 6.

de la spéculation philosophique grecque. Observons encore qu'on trouve dans son œuvre des idées courantes dans le monde antique, telles que la théorie des quatre éléments (terre, air, feu, eau) ou des luminaires qui tournent selon un parcours immuable en revenant chaque jour afin de marquer le passage du temps[1].

Pour pouvoir comprendre si les réminiscences grecques présentes chez tel ou tel écrivain arménien présupposent une lecture directe de l'œuvre grecque, ou seulement d'extraits (dans la langue originale ou en traduction), on gagnerait à savoir de quels outils ces écrivains arméniens disposaient (par exemple lexiques, anthologies, répertoires). La question même de l'existence de tels outils renvoie à la question de l'existence de milieux scolaires qui en auraient justifié, sinon la création, du moins l'usage. Or, nous n'avons pas d'informations à propos des premiers siècles de la littérature arménienne[2].

Des questions similaires ont été posées, en dehors du milieu arménien, à propos de la connaissance de la littérature philosophique grecque par les auteurs chrétiens, à partir des premiers siècles de l'histoire chrétienne jusqu'à l'époque byzantine. On a observé que la présence d'allusions, de thèmes ou d'un vocabulaire philosophiques dans les œuvres des écrivains chrétiens n'est pas forcément le résultat d'une lecture directe des écrits philosophiques grecs, mais peut être liée à l'utilisation d'instruments de travail rencontrés dans le cadre d'une formation scolaire. La présence d'allusions à des doctrines philosophiques données pourrait aussi dépendre du fait que ces doctrines, avec les formules et les termes qu'elles véhiculaient, étaient déjà devenues partie intégrante du patrimoine de la pensée judéo-chrétienne[3]. De telles considérations peuvent être formulées à propos des écrivains arméniens aussi.

Dans le cas des œuvres arméniennes en traduction, la question se pose autrement. L'accès aux écrits originaux fut, évidemment, direct. Il convient alors de se demander : quelles ont été les voies qui ont permis un tel accès et qui ont ensuite facilité la transmission des œuvres philosophiques grecques chez les Arméniens ? Quels furent les critères de sélection des œuvres à traduire ? La question doit être posée en amont, en prenant en considération les conditions de la transmission des œuvres philosophiques en milieu grec. À ce propos, rappelons que les recherches de R. Goulet ont montré que la préservation des œuvres philosophiques grecques et leur transmission ont été liées aux programmes des écoles néoplatoniciennes. Ce sont surtout les œuvres lues dans ces centres d'études qui sont passées à la postérité[4]. Or, pour une grande partie des traductions arméniennes, on peut établir de façon sûre un lien avec les *curricula* adoptés dans les écoles néoplatoniciennes

1. Sur la question, voir Thomson, « La cosmologie dans l'Arménie ancienne et médiévale » dans le présent volume, p. 217.

2. Pontani, « A Contribution to the Specification of the Greek Lexicon ».

3. Zambon, « Filosofia antica e cristianesimo », p. 289.

4. Goulet, « La conservation et la transmission des textes philosophiques grecs ».

grecques, et notamment avec l'école d'Alexandrie[1]. Un regard élargi à la tradition philosophique syriaque, qui s'est développée à la même époque que la traduction des œuvres grecques en arménien, permet d'approfondir certains aspects de la question.

L'HÉRITAGE NÉOPLATONICIEN ALEXANDRIN EN ARMÉNIE

Le programme d'études des écoles néoplatoniciennes prévoyait un parcours organisé selon les deux axes fondamentaux du *cursus* aristotélicien et du *cursus* platonicien, le premier étant considéré comme l'étape préalable nécessaire pour accéder au second. Les deux *cursus* étaient structurés selon un ordre hiérarchique précis, allant des textes jugés plus faciles vers les textes progressivement plus difficiles[2]. Chaque commentaire était précédé d'introductions organisées autour d'une série définie de points à traiter dont la fonction, entre autres, était d'orienter la lecture des œuvres[3]. La formation des étudiants commençait par une introduction générale à la philosophie, dispensée par le professeur à travers une série de leçons propédeutiques. Les notes de cet enseignement oral, réunies par les élèves, ont été à l'origine de plusieurs recueils de *Prolegomena philosophiae*, parmi lesquels on compte les *Prolégomènes* de David[4]. Dans ces leçons d'introduction, tout au long d'une série de questions d'inspiration aristotélicienne, les étudiants étaient invités à réfléchir sur l'existence, la nature et la qualité distinctive de la philosophie, ainsi que sur les raisons de son existence : la philosophie existe-t-elle ? Qu'est-ce que la philosophie ? Comment est-elle ? Pourquoi est-elle ?[5] Tout en examinant les positions des Anciens (Pythagore, Platon, Aristote), on rappelait les définitions classiques de la philosophie : les *Prolégomènes* de David en mentionnent six, trois tirées de Pythagore, deux de Platon et une d'Aristote. Dans la deuxième partie de ces leçons, on traitait de la division de la philosophie en philosophie théorique et philosophie pratique, et des subdivisions respectives de

1. Calzolari, « Les traductions arméniennes de l'École hellénisante et l'introduction des arts du *trivium* en Arménie » dans le présent volume, p. 25-28 ; *cf. Ead.*, « The Reception and the Transmission of the Greek Cultural Heritage in Armenia ».

2. Hadot, « Les introductions aux commentaires exégétiques », p. 120-122 ; *Ead.*, « Le commentaire philosophique continu », p. 173-174. Sur le néoplatonisme alexandrin, voir, entre autres, les travaux récents de Adamson, « Neoplatonism : The Last Ten Years » ; Griffin, « Ammonius and the Alexandrian School » ; Sorabji (édit.), *Aristotle Transformed* ; Wildberg, « Philosophy in the Age of Justinian ».

3. Hadot, « Le commentaire philosophique continu », p. 173 ; voir aussi Mansfeld, *Prolegomena. Questions to be settled* ; *Id.*, *Prolegomena Mathematica*.

4. Gertz (trad.), *Elias and David, Introductions to Philosophy with Olympiodorus, Introduction to Logic* ; voir aussi Wildberg, « Three Neoplatonic Introductions to Philosophy ».

5. *Cf.* Arist., *Anal. Post.*, II 1, 89b 23-25 ; Hadot, « Les introductions aux commentaires exégétiques », p. 100, n. 1.

ces deux branches[1]. Après cette introduction générale, le *cursus* continuait avec une lecture commentée de l'*Isagoge* de Porphyre. Ainsi équipé, l'élève était considéré apte à aborder l'étude des œuvres d'Aristote, en commençant par les *Catégories*. Un cours accompagnait cette lecture qui a par la suite donné lieu aux commentaires sur les *Catégories* ; de même pour le traité *De interpretatione*, pour les *Premiers Analytiques*, et ainsi de suite[2]. Remarquons encore que la lecture des œuvres d'Aristote était précédée par une introduction à sa biographie. Le *cursus* platonicien, à son tour introduit par une biographie de Platon et une introduction à sa philosophie en dix questions, prévoyait la lecture du *Premier Alcibiade*, du *Gorgias*, du *Phédon*, du *Cratyle*, du *Théétète*, du *Sophiste*, du *Politique*, du *Phèdre*, du *Banquet*, du *Philèbe*, du *Timée* et du *Parménide*[3].

Si nous comparons ces programmes d'études avec le corpus d'œuvres philosophiques issues de l'École hellénisante, nous pouvons identifier plusieurs rapprochements avec le *cursus* aristotélicien. Parmi les œuvres arméniennes on compte, en effet, les traductions des *Catégories* et du *De interpretatione* d'Aristote[4], de l'*Isagoge* de Porphyre[5], des *Prolégomènes à la philosophie*[6] de David, ainsi que des commentaires respectivement sur l'*Isagoge*[7], les *Catégories* (conservé dans un manuscrit unique, acéphale)[8] et les *Premiers Analytiques*[9] qui ont été attribués au même auteur[10]. Plus qu'un commentaire textuel au sens propre du terme, ce

1. C'est le schéma suivi par les *Prolégomènes à la philosophie* de David. Sur cet aspect, voir Hadot, « La logique, partie ou instrument de la philosophie ? ».

2. Hadot, « Les introductions aux commentaires exégétiques » ; Hadot *et al.* (trad.), *Simplicius, Commentaire sur les Catégories*, chap. I, et notamment p. 44-45.

3. Festugière, « L'ordre de lecture des dialogues de Platon aux Ve/VIe siècles » ; Hadot *et al.* (trad.), *ibid.*, p. 46-47 ; Tarrant, « Introduction », p. 11-15.

4. Sur les traductions arméniennes des œuvres d'Aristote, *cf.* Bodéüs (édit. et trad.), *Aristote*, p. CLVII-CLXI ; Conybeare, *A Collation with the Ancient Armenian Versions* ; Tessier, *Il testo di Aristotele e le traduzioni armene* ; *Id.*, « Frederick Cornwallis Conybeare ». Pour d'autres références bibliographiques, voir Zuckerman, *A Repertory of Published Armenian Translations*, p. 13-15 (réimpr. dans Fiaccadori [édit.], *Autori classici in lingue del Vicino e Medio Oriente*, p. 427-428).

5. Sgarbi, « Osservazioni sul testo e sulla lingua ».

6. Sur les *Prolégomènes*, voir Calzolari, « La version arménienne des *Prolegomena* » ; Contin, *David l'Arménien* ; *Ead.* (trad.), *Davide l'Invincibile* ; Kendall – Thomson (trad.), *Definitions and Divisions*.

7. Muradyan (édit. et trad.), *David the Invincible*.

8. *Cf.* ms. 1930 du Matenadaran (XIIIe siècle ?). Une édition révisée, avec traduction anglaise commentée, est en cours par M. E. Shirinian pour les *Commentaria in Aristotelem Armeniaca* (*Philosophia Antiqua*), sur lesquels voir *infra*, p. 117, n. 1 ; voir aussi *Ead.*, « The Armenian Version ».

9. Topchyan (édit. et trad.), *David the Invincible*.

10. Sur la question de la paternité, voir *infra*, p. 118-121.

dernier ouvrage peut être considéré comme une introduction à la syllogistique[1]. Le corpus arménien comprend encore deux commentaires arméniens anonymes, l'un sur les *Catégories*[2] et l'autre sur le *De interpretatione*[3], jadis attribués à David. Dans les manuscrits, ils sont conservés sous le nom énigmatique d'Amelaxos, qu'on a lu, à tort, comme une déformation du grec Ἰάμβλιχος (*Iamblikhos*)[4]. Ces deux œuvres sont rédigées sous forme de lemmes (*ban*), tirés des *Catégories* ou du *De interpretatione*, suivis d'explications (*meknut'iwn*), conformément à la pratique du commentaire continu[5] en usage dans l'école d'Alexandrie[6].

D'autres observations sur le corpus aristotélicien peuvent être faites[7]. Il est tout d'abord intéressant de remarquer qu'à la différence des autres œuvres aristotéliciennes ayant fait l'objet de commentaires, aucune traduction des *Premiers Analytiques* ne nous est parvenue. Deux œuvres du pseudo-Aristote ont été, en revanche, traduites et ont connu une large diffusion en arménien, à savoir le *De mundo* et le *De virtutibus*[8]. Ce choix de textes permettait d'aborder les trois parties

1. Il présente des affinités avec le *Commentaire* syriaque *sur les Premiers Analytiques* de Proba (VIe siècle) : *cf.* Hugonnard-Roche, « La tradition gréco-syriaque », p. 158-162.

2. Lalafaryan – Č'aloyan (édit.), *Ananun meknut'iwn Storogut'eanc' Aristotēli* ; *cf.* T'op'č'yan (édit.), « Aristotēli 'Storogut'iwnk'' ew 'Yałags meknut'ean' erkeri ananun meknut'iwnnerě », p. 883-979.

3. T'op'č'yan (édit.), « Aristotēli 'Storogut'iwnk'' ew 'Yałags meknut'ean' erkeri ananun meknut'iwnnerě », p. 787-882 ; voir aussi Lachance, « On Aristotle's *Peri Hermeneias* 16A1-18 ».

4. Cette hypothèse a été contestée par Mahé, « Amelaxos ».

5. Il s'agit d'une explication continue du texte, et non uniquement limitée à des extraits : *cf.* Hadot, « Le commentaire philosophique continu dans l'Antiquité », p. 169-170. Sur les commentaires néoplatoniciens, voir aussi, entre autres, Hoffmann, « What was Commentary in Late Antiquity ? ».

6. Hadot, « Le commentaire philosophique continu dans l'Antiquité », p. 169. La question de l'origine de ces commentaires arméniens a été posée : voir la synthèse dans T'op'č'yan (édit.), « Aristotēli 'Storogut'iwnk'' ew 'Yałags meknut'ean' erkeri ananun meknut'iwnnerě », p. 789-792 ; selon T'op'č'yan, l'hypothèse d'une traduction est la plus vraisemblable (*ibid.*, p. 791).

7. La liste des écrits philosophiques fournie dans cet article ne se veut pas exhaustive. Parmi les textes de logique, il convient de mentionner au moins le commentaire fragmentaire (acéphale) anonyme conservé dans le ms. Aldini 178 (fol. 110r-117r.) de la Bibliothèque universitaire de Pavie (XIIe et XIVe siècle), édité par G. Muradyan : Muradyan (édit.), « Aristotēli 'Storogut'iwnneri' ananun meknut'iwně Paviayi gradaranic' ». Traditionnellement intitulé « Commentaire sur les *Catégories* » (*cf.* Zonta [édit. et trad.], « An unpublished Fragment of a Medieval Commentary on Aristotle's *Categories* »), il s'agit en réalité d'un fragment de la traduction arménienne de la *Dialectique* de Jean Damascène, effectuée par Bagarat Mamikonean : Muradyan (édit.), *Yovhan Damaskac'i, Hayeren t'argmanvac erger*, vol. 1, p. 19-20 (au sujet du fragment en question). Pour une description du manuscrit, voir Uluhogian, *Catalogo dei manoscritti armeni*, p. 248-252 ; voir aussi le ms Aldini 179 (*ibid.*, p. 252-255).

8. Pour trouver une traduction arménienne de la *Métaphysique*, il faut attendre le XVIIe siècle, époque où Step'anos Lehac'i (le « Polonais ») traduisit cette œuvre à partir du latin ; le même Step'anos est l'auteur d'un commentaire sur la *Métaphysique* : Xač'ikjan – Lalafarjan, « Filosofskie trudy », p. 398 et 449-450.

traditionnelles de la philosophie, à savoir la logique, la physique et l'éthique ; manquent, cependant, en arménien, les traductions des œuvres majeures d'Aristote sur la physique et l'éthique (*Physique*, *De caelo*, *De generatione et corruptione*, *Éthique à Nicomaque*).

Le corpus platonicien arménien – qui comprend la traduction de l'*Euthyphron*, de l'*Apologie*, des *Lois*, du *Timée* et du *Minos*, d'authenticité douteuse – est, en revanche, très éloigné du *curriculum* platonicien des écoles grecques[1], à l'exception du *Timée*. Le dossier des œuvres de Platon traduites en arménien demande encore à être mieux étudié, notamment sur la base d'une investigation linguistique et traductologique[2]. Une telle analyse est susceptible de permettre d'élucider notamment la question de l'époque de la traduction, qui fait encore l'objet d'un débat. Attribuées aux traducteurs de l'École hellénisante par S. S. Arevšatyan[3], les versions des dialogues de Platon auraient, selon d'autres savants, été effectuées seulement au XIe siècle par Grigor Magistros (990-1058)[4]. Cette deuxième hypothèse, qui reste à vérifier de façon systématique pour l'ensemble des traductions des dialogues platoniciens, pourrait expliquer l'écart entre les deux corpus, alexandrin et arménien.

Par ailleurs, sans vouloir entrer dans la question complexe de la différence d'attitude des philosophes des écoles d'Athènes et d'Alexandrie à l'égard des écrits d'Aristote et de Platon, qui a évolué selon les époques et les enseignants, rappelons du moins que les derniers commentateurs de l'école d'Alexandrie (Élias, David, Stéphanos), aux VIe-VIIe siècles, ne nous ont pas laissé de commentaires à Platon, mais uniquement des commentaires sur les œuvres logiques d'Aristote et de Porphyre[5]. Or, le corpus arménien dépend précisément de cette

1. Voir *supra*, p. 105.

2. Une telle recherche a été récemment effectuée par I. Tinti, dans le cadre d'un projet de recherche financé par le Fonds National Suisse de la Recherche Scientifique, à l'Université de Genève (Unité d'arménien).

3. Arevšatyan, « Platoni erkeri hayeren t'argmanut'yan žamanakě », suivi par Mahé, « Du grec à l'arménien », p. 1131 et Terian, « The Hellenizing School », p. 183. Selon Arevšatyan, les versions de Platon seraient antérieures aux versions de David. Voir Calzolari, « Les traductions arméniennes de l'École hellénisante et l'introduction des arts du *trivium* en Arménie » dans le présent volume, p. 29.

4. Voir par exemple Leroy, « Grégoire Magistros ». Cette hypothèse s'appuie sur le témoignage de Grigor Magistros qui dit, dans une lettre (*Lettre* 50), avoir traduit en arménien le *Timée* et le *Phédon* : Muradyan (édit.), « Grigori Magistrosi, T'ułt'k' ew č'ap'aberakank' », p. 330. À signaler, récemment, Saffrey, « Retour sur le *Parisinus graecus* 1807 », qui suppose que la traduction arménienne des œuvres de Platon a été faite par Grigor Magistros sur la base du célèbre manuscrit grec A des œuvres de Platon (*Parisinus gr.* 1807), dont il reconstitue l'itinéraire d'Alexandrie et de Byzance jusqu'à l'Italie de Pétrarque (sa reconstitution a été critiquée par Tinti, « On the Chronology », p. 255-267). État détaillé de la question et bibliographie dans Tinti, *ibid*.

5. Linguiti, « Le scuole neoplatoniche », p. 217. Sur les commentateurs néoplatoniciens d'Aristote, voir aussi Chiaradonna, « I commentatori ».

époque de l'école d'Alexandrie ; si l'on admet que les traductions des dialogues de Platon ont été effectuées seulement à l'époque de Magistros, cet aspect de la dernière phase de l'école d'Alexandrie pourrait expliquer un éventuel manque d'intérêt pour Platon en Arménie à l'époque de l'École hellénisante. Le parallèle avec la transmission des œuvres platoniciennes dans le monde syriaque constitue à son tour une donnée intéressante. En effet, le corpus philosophique syriaque, qui se forma à la même époque que l'École hellénisante, ne comprend pas la traduction des dialogues de Platon. En syriaque comme en arménien (si on admet l'hypothèse d'une traduction tardive), l'absence de traductions ne signifie bien entendu pas que les textes de Platon étaient inaccessibles et qu'ils n'ont pas pu être lus, mais plutôt que d'autres priorités (essentiellement accordées à l'*Organon*) ont guidé les critères de sélection des textes à traduire[1]. La préférence octroyée aux œuvres de l'*Organon*, autrement dit au programme d'études initial des écoles néoplatoniciennes, pourrait s'expliquer aussi sur la base des besoins d'un milieu de réception (le milieu arménien) où la philosophie n'en était qu'à ses premiers pas, et où il fallait par conséquent commencer son étude par la partie initiale de la formation[2].

La comparaison des deux corpus, arménien et syriaque, permet d'identifier de nombreuses coïncidences quant aux œuvres du *cursus* aristotélicien. Le corpus syriaque comprend, en effet, plusieurs traductions de l'*Isagoge*, du *De interpretatione* et des *Catégories*. À la différence de l'arménien, il comprend aussi la traduction des *Premiers* et des *Seconds Analytiques*, des *Topiques*, des *Réfutations Sophistiques*, du traité *Sur le tout* d'Alexandre d'Aphrodise, d'un traité anonyme *Sur l'âme*[3]. Une différence notable entre l'arménien et le syriaque tient, en outre, au fait qu'en milieu syriaque, on ne trouve pas de traductions de commentaires grecs alexandrins à Aristote ou à Porphyre[4] ; les œuvres de logique firent, en revanche, l'objet de plusieurs commentaires écrits directement en syriaque, à

1. Selon Bettiolo (« Scuole e ambienti intellettuali nelle chiese di Siria », p. 97-98) et Watt (« From Sergius to Mattā », p. 241), le *cursus* aristotélicien syriaque préparait à l'étude de Denys l'Aréopagite, considéré comme une alternative chrétienne à Platon ; voir aussi Fiori, « Un intellectuel alexandrin en Mésopotamie », p. 77-78 ; Hugonnard-Roche, « Platon syriaque », p. 321 ; King, « The Study of Logic in Syriac Culture », p. 183-184 ; Watt, « The Curriculum of Aristotelian Philosophy among the Syrians », p. 190.

2. Je dois cette suggestion à ma collègue Katerina Ierodiakonou, que je remercie.

3. Hugonnard-Roche, « La tradition gréco-syriaque des commentaires d'Aristote », p. 167.

4. La question de l'identification et de la datation des œuvres d'un dénommé Alinus, commentateur alexandrin cité par des sources arabes médiévales, reste encore sans réponse définitive. Selon Abū l-Faraǧ ibn al-Ṭayyib (ca 980-1043) et Ibn Abī Uṣaybiʻa (ca 1194-1269/1270), Alinus aurait composé en grec des commentaires sur les *Catégories*, les *Premiers Analytiques* et le *De interpretatione*, qui furent ensuite traduits en syriaque et du syriaque en arabe. L'hypothèse d'une identification avec David a été proposée par Rashed (« Les marginalia d'Aréthas »), mais contestée par Hugonnard-Roche, « La tradition gréco-syriaque des commentaires d'Aristote », p. 168-172.

l'époque même des traductions du grec[1]. Inversement, l'absence de commentaires écrits directement en arménien dans l'Antiquité tardive peut être expliquée par le fait que les versions arméniennes des commentaires de David devaient répondre aux besoins liés à l'explication et, peut-être, à l'enseignement des œuvres de logique[2].

Par-delà les différences, les coïncidences entre les *corpora* syriaque et arménien témoignent de la circulation possible d'un ensemble d'œuvres philosophiques grecques communes dans ces deux aires orientales à la même époque (VIe-VIIe siècle). Cette constatation est intéressante du point de vue de la circulation des « bibliothèques des néoplatoniciens » en dehors de leur milieu de production[3]. À ce sujet, rappelons que la question de la « *translatio studiorum* » a été souvent posée pour décrire les transferts culturels qui eurent lieu après la fermeture de la dernière école philosophique païenne grecque, à savoir l'école néoplatonicienne d'Athènes, suite aux décrets de Justinien qui, en 529, interdit aux païens d'enseigner la philosophie et le droit. Selon le témoignage de l'historien byzantin Agathias (536-582), la *translatio* se fit dans l'Empire sassanide du roi Khosro (Chosroès) Ier Anouchirvan (531-579), qui accueillit les philosophes

1. Sur le corpus syriaque, voir par exemple Brock, « From Antagonism to Assimilation » ; *Id.*, « The Syriac Commentary Tradition » ; Fiori, « La cultura filosofica e scientifica greca nella Chiesa siro-occidentale (VI-VIII secolo) » ; Hugonnard-Roche, *La logique d'Aristote* ; *Id.*, « La tradition gréco-syriaque des commentaires d'Aristote », notamment p. 173 à propos de la comparaison entre les deux corpus, arménien et syriaque ; *Id.*, « L'école de Qennešre et la tradition philosophique en syriaque, entre Alexandrie et Bagdad » ; King, « Why Were the Syrians Interested in Greek Philosophy ? » ; *Id.*, « The Study of Logic in Syriac Culture » ; Watt, « The Curriculum of Aristotelian Philosophy among the Syrians » (avec une riche bibliographie mise à jour) ; *Id.*, *The Aristotelian Tradition in Syriac.*

2. D'après les données actuelles de la recherche, les premiers commentaires écrits directement en arménien remontent seulement à l'époque médiévale. Une exception pourrait être un bref commentaire *Sur les Catégories* attribué à Movsēs K'ert'oł dans un manuscrit de Jérusalem (ms. 974, *Recueil d'écrits philosophiques*, an 1634). Ce texte attend encore d'être étudié ; on connaît un personnage du VIIe siècle répondant à ce nom ; il s'agit d'un grammairien arménien commentateur de la *Grammaire* attribuée à Denys le Thrace (voir l'étude d'Orengo, « Histoire des théories grammaticales en Arménie dans l'Antiquité tardive et au Moyen Âge » dans le présent volume, p. 61-62). L'épithète *k'ert'oł* (grammairien) est toutefois très répandue à partir de l'époque des traductions hellénisantes et il ne permet pas une identification certaine de cet écrit ; il a, par ailleurs, été souvent attribué, dans la tradition manuscrite, à l'historien Moïse de Khorène. Le texte a été édité dans Połarean, *Mayr c'uc'ak*, vol. 3, p. 559-562, et dans K'eōsēean (édit.), « Movsisi K'ert'ołi, Yałags Storogut'ean Aristotēli ».

3. Sur ce thème, voir D'Ancona (édit.), *The Libraries of the Neoplatonists* et, en particulier, Hoffmann, « Les bibliothèques philosophiques » ; Rashed, « Nicolas d'Otrante, Guillaume de Moerbeke et la "Collection philosophique" » ; *cf.* Lemerle, *Le premier humanisme byzantin*, chap. 4. Sur l'héritage classique dans les traditions orientales, voir aussi Cavallo, « Qualche riflessione sulla continuità della cultura greca in Oriente », p. 189-199, et Calzolari, « Les traductions arméniennes de l'École hellénisante et l'introduction des arts du *trivium* en Arménie » dans le présent volume, p. 43, n. 2.

exilés, et notamment Simplicius et Damascius, en même temps que d'autres confrères (Priscien de Lydie, Isidore de Gaza, Eulamios de Phrygie, Hermias et Diogène de Phénicie)[1]. Les informations sur le sort des philosophes grecs dans les années qui suivirent les accords de paix de 532 entre Khosro Ier et Justinien manquent et ont laissé place à des suppositions disparates. Selon M. Tardieu, par exemple, quelques-uns de ces philosophes se seraient installés à Ḥarrān (Carrhes, cité de Haute-Mésopotamie), où ils auraient ouvert une nouvelle école[2] : il s'agit d'une hypothèse admise par certains historiens[3] et réfutée par d'autres[4]. Selon d'autres reconstitutions, qui ne semblent plus être admises aujourd'hui, les philosophes seraient rentrés à Athènes[5] ou, pour d'autres encore, à Alexandrie[6]. Parmi les routes suivies par la transmission des savoirs grecs, on mentionne souvent, à la suite du célèbre article de M. Meyerhof, la voie syro-arabe qui aurait mené d'Alexandrie à Bagdad en passant par la Syrie[7]. Si l'histoire de la transmission de la pensée grecque en arabe est certainement plus complexe et si les étapes identifiées par Meyerhof ne sont plus admises[8], le rôle de la médiation

1. Keydell (édit.), *Agathiae Myrinaei Historiarum libri quinque*, II 30-31. À propos du séjour en Perse, voir par exemple la synthèse de la question dans Hadot, *Le néoplatonicien Simplicius*, p. 19-24 ; voir aussi Athanassiadi, « Persecution and Response » ; Watts, « Where to Live the Philosophical Life in the Sixth Century ? ».

2. Tardieu, « Ṣābiens coraniques et 'Ṣābiens' de Ḥarrān » ; *Id.*, « Les calendriers en usage à Ḥarrān » ; *Id.*, *Les paysages reliques* ; voir aussi Hadot, *Le néoplatonicien Simplicius*, p. 31-101.

3. Voir par exemple Hadot, « Dans quel lieu le néoplatonicien Simplicius » ; *Ead.*, *Le néoplatonicien Simplicius*, p. 31-101.

4. Luna, « R. Thiel, *Simplikios und das Ende der neuplatonischen Schule in Athen* » (compte rendu) ; Watts, « Where to Live the Philosophical Life in the Sixth Century ? ».

5. Cameron, « La fin de l'Académie », p. 289 ; Glucker, *Antiochus and the Late Academy*, p. 253-254, n. 99 et p. 322-329 ; Lynch, *Aristotle's School*. L'hypothèse a été rejetée par Hoffmann, « Damascius », p. 548-559 ; voir aussi Athanassiadi, « Persecution and Response », p. 24-29 ; Hadot (édit.), *Simplicius, Commentaire sur le Manuel d'Épictète*, p. 24-25 ; *Ead.*, *Le néoplatonicien Simplicius*, p. 26.

6. L'hypothèse a été rejetée par Hadot, *Le néoplatonicien Simplicius*, p. 26 sur la base de Hoffmann, « Sur quelques aspects de la polémique » ; *cf. Ead.* (édit.), *Simplicius, Commentaire sur le Manuel d'Épictète*, p. 26-28.

7. Meyerhof, « Von Alexandrien nach Bagdad », dont les arguments ont été critiqués par Strohmaier, « 'Von Alexandrien nach Bagdad'. Eine fictive Schultradition » ; voir aussi Endress, « The Defense of Reason : the Plea for Philosophy in the Religious Community », p 16-17 et note suivante.

8. Voir Gutas, « The 'Alexandria to Baghdad' complex of narratives » ; *Id.*, *Pensée grecque, culture arabe* ; Rudolph, « The Late Ancient Background » ; Watt, « Von Alexandrien nach Bagdad ». Voir aussi Hugonnard-Roche, « Les traducteurs syriaques et la transmission des savoirs grecs dans l'espace culturel arabo-musulman », p. 471-472. Cet article rappelle le témoignage d'Al-Fārābī († 950) sur le transfert de l'enseignement philosophique grec qui, selon ses dires, aurait eu lieu d'Alexandrie à Antioche (au VIIIe siècle), puis d'Antioche à Ḥarrān (au IXe siècle), et finalement à Bagdad (au Xe siècle). Hugonnard-Roche souligne les limites de cette histoire, largement fictive, qui « laisse croire, de manière erronée, que le transfert s'est produit selon un cours linéaire », alors que la « *translatio studiorum* s'est faite selon un cheminement

syriaque dans la transmission au monde arabe n'est pas à remettre en question[1]. Retenons qu'à la même époque, les « bibliothèques des néoplatoniciens » circulèrent également parmi les Arméniens.

En plus de la circulation des savoirs grecs ainsi que des penseurs et des œuvres qui les transmettaient, la question de la mobilité d'hommes à la recherche de livres se pose également et mériterait d'être étudiée de façon systématique à propos de l'Arménie. Les informations à notre disposition ne sont pas abondantes, mais elles sont importantes. Nous savons que c'est à Constantinople que les œuvres du pseudo-Denys l'Aréopagite ont été traduites du grec en arménien par Step'anos Siwnec'i, au VIIIe siècle[2]. C'est, en outre, à l'école grecque de Tychicos, à Trébizonde, qu'au VIIe siècle Anania Širakac'i put prendre connaissance des œuvres des arts du *quadrivium*[3]. Les conditions de la circulation du savoir philosophique dans cette aire géographique et culturelle au carrefour entre l'Empire byzantin et l'Empire perse (Empire arabe, par la suite) mériteraient d'être étudiées avec un regard élargi à la Géorgie. On sait, par exemple, qu'au Moyen Âge (1248), les *Éléments de théologie* de Proclus furent traduits en arménien par Simēon Gaṙnec'i, non pas du grec, mais sur la base d'une plus ancienne version géorgienne[4].

Un regard croisé permet, en outre, de rehausser l'exceptionnalité de la transmission en Arménie des œuvres de Philon d'Alexandrie et du pseudo-Philon : si elles sont traduites en arménien à l'époque de l'École hellénisante, elles sont au contraire absentes du corpus d'œuvres grecques traduites en syriaque à la même époque. Les œuvres (authentiques et pseudépigraphiques) de Philon ont joué un rôle fondamental dans la littérature arménienne, et notamment dans l'œuvre d'historiens tels que Movsēs Xorenac'i (Moïse de Khorène) et Ełišē (Élisée). Le corpus philonien comprend les traductions des œuvres suivantes : *Quaestiones et solutiones in Genesim et in Exodum*, *De specialibus legibus*, *De providentia* I-II, *De animalibus*, *Legum allegoriae* I-II, *De Abrahamo*, *De vita contemplativa*, *De Deo*, *De decalogo* (un fragment seulement) ; (pseudo-Philon), *De Jona* et *De*

complexe » et diversifié (*ibid.*). Voir aussi, dans le présent volume, Calzolari, « Avant-propos », p. 13.

1. Voir, entre autres, Hugonnard-Roche, « L'intermédiaire syriaque dans la transmission de la philosophie grecque à l'arabe » ; Watt, « The Syriac Aristotle between Alexandria and Baghdad » ; *Id.*, « From Alexandria to Bagdad ».

2. Thomson (trad.), *The Armenian Version of the Works attributed to Dionysius the Areopagite*, p. XII-XIII.

3. Mahé, « Anania Širakac'i et la traduction arménienne des arts libéraux (VIIe siècle) » dans le présent volume, p. 143-147 ; voir aussi *infra*.

4. Zuckerman, *A Repertory of Published Armenian Translations*, p. 29 (réimpr. dans Fiaccadori [édit.], *Autori classici in lingue del Vicino e Medio Oriente*, p. 438). Je ne m'arrêterai pas sur les œuvres de l'époque médiévale, qui font l'objet des chapitres suivants du présent volume.

Sampsone[1]. L'étude des scholies médiévales à Philon (XIIe-XIVe siècle) a permis à O. Vardazaryan de constater le rôle central des œuvres du corpus philonien dans les *curricula* scolaires. Elle a notamment remarqué que certaines œuvres (ou extraits d'œuvres) ont été groupées en une sélection suivant un ordre précis, formant une sorte de canon[2].

Pour compléter cette présentation d'ensemble, et avant de nous concentrer davantage sur le *corpus davidicum*, rappelons finalement qu'en plus des écrits philoniens et des commentaires sur la logique aristotélicienne, le corpus philosophique issu de l'École hellénisante[3] comprend encore, entre autres, des écrits du *Corpus hermétique*[4], un recueil anonyme de *Définitions philosophiques*, des *Apophtegmata philosophorum*[5], le traité philosophique anonyme traditionnellement connu sous le titre *De natura* (attribué à Zénon), qui présuppose un original grec perdu[6].

DAVID L'INVINCIBLE

L'introduction de la logique aristotélicienne en Arménie se fit donc essentiellement à travers les traductions d'Aristote et de ses commentateurs, et tout particulièrement de David. Étant donné son importance pour l'Arménie, il convient de s'y arrêter davantage, en commençant par sa biographie[7]. Un survol,

1. Le témoignage de l'arménien est des plus importants, surtout dans le cas des œuvres pour lesquelles l'original grec est perdu : *Quaestiones et solutiones in Genesim et in Exodum*, *De Providentia* I-II, *De Animalibus*, *De Deo*, *De Jona* et *De Sampsone*. Sur les traductions de Philon, voir les articles réunis dans Mancini – Pontani, *Studies on the Ancient Armenian Versions of Philo's Work*, et en particulier Sirinian, « 'Armenian Philo': A Survey of the Literature ».

2. 1. *De providentia* + *De animalibus* ; 2. *Quaestiones in Genesim* 1-3 ; 3. *De Abrahamo* ; 4. *Legum allegoriae* 1-2 ; 5. *Quaestiones in Genesim* 4 ; 6. *Quaestiones in Exodum* 1-2 + *De specialibus legibus* 1, 79-81, 131-161, 285-345 ; *De specialibus legibus* 3, 1-7 + *De decalogo* + *De specialibus legibus* 3, 8-63 ; *De Sampsone* + *De Jona* + *De Deo* ; 7. *De vita contemplativa* : Vardazarian, « The 'Armenian Philo' », p. 199.

3. Sur la traduction des œuvres philosophiques en arménien, *cf.* Calzolari, « Philosophical Literature in Ancient and Medieval Armenia » ; Mahé, « Du grec à l'arménien » ; Zuckerman, *A Repertory of Published Armenian Translations* (réimpr. dans Fiaccadori [édit.], *Autori classici in lingue del Vicino e Medio Oriente*, p. 415-448).

4. Mahé (édit. et trad.), *Hermès Trismégiste, Paralipomènes*.

5. Van Esbroeck, « Les sentences morales ».

6. Stone – Shirinian (édit. et trad.), *Pseudo-Zeno*. Dans l'introduction à ce volume (p. 11-12), les auteurs observent que les manuscrits du Matenadaran conservent d'autres textes philosophiques encore inédits et non identifiés. C'est le cas, par exemple, d'une *Notice sur Aristote* (attribuée à Dawit' Hark'ac'i, VIIe siècle), qui pourrait être la traduction d'un texte grec (*ibid.*, p. 11, n. 40).

7. Voir Barnes, « David and the Greek Tradition » ; Westerink – Trouillard (édit. et trad.), *Prolégomènes à la philosophie de Platon*, p. XXXVI-XXXVIII ; Wildberg, « Three Neoplatonic Introductions to Philosophy ».

bien que rapide, des différentes informations relayées par les sources arméniennes médiévales sur sa vie et son activité montre à quel point cet auteur, presque inconnu dans la tradition grecque, est devenu dans la tradition arménienne une figure emblématique, incarnant la transmission même du savoir grec à l'Arménie[1].

Le silence, du côté grec, n'est ni rare ni surprenant : nous n'avons pas beaucoup plus d'informations sur les autres auteurs de cette phase finale de l'école d'Alexandrie. C'est au premier chef le cas d'Élias, dont le nom a été souvent superposé à celui de David (voir *infra*). En dépit d'informations directes dans les sources grecques, la critique contemporaine s'accorde néanmoins à faire de David un élève d'Olympiodore[2] et un condisciple d'Élias[3] dans l'école d'Alexandrie, où il devint à son tour un commentateur (VIe siècle)[4]. Cette conclusion se fonde sur des indices indirects, des allusions contenues dans les commentaires grecs qui lui sont attribués, ou sur quelques parallélismes intertextuels entre les œuvres conservées. Le contenu et la forme littéraire des œuvres grecques de David constituent en eux-mêmes des éléments suffisants pour démontrer l'appartenance de ce philosophe au courant néoplatonicien alexandrin, et notamment à la lignée Ammonios[5] – Olympiodore – Élias. Bien que sommaires et implicites, ces informations semblent aujourd'hui bénéficier du consensus des savants.

Le contraste entre le silence des sources grecques et le foisonnement des informations de la tradition arménienne, souvent contradictoires et pas toujours fiables, est digne d'attention. D'après les principaux témoignages arméniens, David apparaît comme un Arménien originaire du village de Nergin[6], dans le canton du Tarōn (dans le sud-ouest de l'Arménie), ou, selon d'autres sources, du village de Heret', dans le canton de Hark' (au nord-ouest du lac de Van). Si rien ne confirme l'hypothèse de l'origine arménienne de David, rien ne la contredit non plus.

1. Voir Č'aloyan, « Dawt'i Anhałt' » ; Calzolari, « David et la tradition arménienne » ; Kendall – Thomson (trad.), *Definitions and Divisions*, p. XI-XXI ; Khostikian, *David der Philosoph* ; Mahé, « David l'Invincible dans la tradition arménienne » ; Ouzounian, « David l'Invincible ».

2. Opsomer, « Olympiodorus ».

3. Élève d'Élias selon certains savants : *cf.* Kendall – Thomson (trad.), *Definitions and Divisions*, p. XI et note 2 ; sur Élias, voir Goulet, « Élias ».

4. Westerink – Trouillard (édit. et trad.), *Prolégomènes à la philosophie de Platon*, p. XXXVII.

5. Sur Ammonios, voir Blank, « Ammonius Hermeiou and his School » ; Saffrey, « Ammonius d'Alexandrie ».

6. Dans les manuscrits arméniens, David est parfois appelé Nerginac'i, à savoir « originaire de Nergin ». Selon Akinean, *Dawit' Hark'ac'i*, p. 64, cette épithète ne doit pas être considérée comme une indication d'origine, mais doit être expliquée à partir de l'arménien *nerk'in* « intérieur », interprété avec le sens de « chrétien » par opposition à *artak'in* « extérieur, du dehors », autrement dit « païen ». Elle ferait ainsi allusion au domaine des sciences religieuses, dans lequel David se serait distingué en même temps que dans les sciences profanes.

Les sources médiévales arméniennes établissent une filiation spirituelle entre David et l'inventeur de l'alphabet arménien, Maštoc' ; David y est compté au nombre des disciples qui ont, les premiers, donné l'élan à la traduction des œuvres chrétiennes en arménien, et ont contribué à jeter les bases de l'identité religieuse des Arméniens. Il devient ainsi une sorte de figure charnière à la fois de la transmission du savoir théologique chrétien – associée à l'activité du cercle de Maštoc' – et de la diffusion des sciences profanes transmises en Arménie à l'époque des traducteurs de l'École hellénisante[1]. La même volonté d'associer David à d'autres figures fondatrices de l'identité culturelle et religieuse arménienne se retrouve dans la mention d'une prétendue parenté entre David et l'historien Moïse de Khorène (V^e ? Ou VIIIe ?). C'est ce que nous lisons, par exemple, dans la préface du *Panégyrique à la Croix*, qui fait de David le fils de la sœur de Moïse[2]. Selon la tradition arménienne, et tout particulièrement selon le livre des *Questions des saints docteurs arméniens Movsēs et Dawit' aux dyophysites cacodoxes*, David et Moïse auraient effectué ensemble une partie de leurs études à l'école d'Athènes[3]. Soucieuses d'établir des liens avec quelques-unes des figures fondamentales de la pensée religieuse de l'Antiquité en dehors de l'Arménie, et en dépit d'un anachronisme évident, les sources arméniennes n'ont pas hésité à faire de David – considéré comme un auteur du Ve siècle – un condisciple de Grégoire de Nazianze, de Grégoire de Nysse et de Basile de Césarée qui, eux, ont vécu au IVe[4]. Auteur d'un certain nombre de textes écrits en grec, David, de retour en Arménie, se serait adonné à la traduction non seulement de ses propres œuvres, mais également d'autres œuvres scientifiques grecques ; il aurait ainsi contribué d'une

1. Voir *infra*, p. 115.

2. *Koriwn Vardapeti, Mambrē Vercanołi ew Dawt'i Anyałt', Matenagrut'iwnk'* (deuxième édition), p. 5 ; traduction dans Calzolari, « Aux origines de la formation du corpus philosophique en Arménie », p. 259 ; voir aussi Brosset (trad.), « Samouel d'Ani, *Tables chronologiques* », p. 386 ; Mahé, « David l'Invincible dans la tradition arménienne », p. 191, n. 18.

3. Muradyan (édit.), « Srboc' vardapetac'n Hayoc' », p. 662. Ce texte est suivi du *Livre des Étants* (*Girk' Ēakac'*) et d'un deuxième dialogue de Juvénal avec David et Moïse : *Ead.* (édit.), « Dawt'i p'ilisop'ayi Ēakac' girk' », *ibid.*, p. 708-723 ; *Ead.*, « Harc'umn Yobnałi ew patasxani Movsisi Hayoc' k'ert'ołi ew Dawt'i p'ilisop'ayi », *ibid.*, p. 724-739. Sur ces écrits, voir Arevšatyan, « Le 'Livre des Êtres' » ; Contin, « Intertwining Aristotelian Ontology and Logic with Theology » ; van Esbroeck, « Movsēs Xorenaci et le *Girk' Ēakac'* » ; *Id.*, « Les métamorphoses du *Girk' Ēakac'* ». Selon le colophon du *Girk' Ēakac'*, cet ouvrage aurait été « traduit du grec en arménien » en 576 (ou 578), sur ordre du catholicos Yovhannēs Gabełinac'i (557-574) : sur ce colophon et les problèmes philologiques qu'il soulève, voir Terian, « The Hellenizing School », p. 178-179.

4. Muradyan (édit.), « Srboc' vardapetac'n Hayoc' », *ibid.*, p. 663. C'est probablement l'association de David avec les Pères de Cappadoce, dont on sait qu'ils ont fréquenté l'école d'Athènes, qui a contribué à entériner la tradition d'un séjour de David dans cette ville et ses écoles. Sur la fréquentation de l'école d'Athènes par des étudiants arméniens au IVe siècle, voir Calzolari, « Les traductions arméniennes de l'École hellénisante et l'introduction des arts du *trivium* en Arménie » dans le présent volume, p. 25-27.

façon essentielle à l'introduction des arts du *trivium* en Arménie jusqu'à être considéré comme le représentant principal de l'École hellénisante elle-même. Selon la tradition arménienne médiévale, David aurait, en effet, traduit ses propres commentaires sur la logique aristotélicienne[1], ainsi que les œuvres d'Aristote et de Porphyre ; il aurait également rédigé un commentaire sur la *Grammaire* et le *Livre des chries*[2]. En réalité, comme l'a démontré N. Adontz, l'attribution de l'ensemble de ces écrits à une seule personne est impossible, à cause des contradictions manifestes entre quelques-unes de ces œuvres[3].

Selon les *Questions des saints docteurs*, l'excellente maîtrise de la langue grecque, ainsi que la science acquises par David à Athènes lui valurent le surnom d'Invincible ; cette épithète lui aurait été donnée suite au déchiffrement d'une sentence des Sept sages de l'Antiquité gravée sur une stèle, sentence qui avait résisté aux capacités d'interprétation de ses condisciples à l'école d'Athènes[4]. Une variante de la légende rattache l'épithète d'Invincible plutôt au contexte des controverses théologiques, dans lesquelles David aurait été imbattable. Aussi les *Questions des saints docteurs* mentionnent-elles la controverse avec l'évêque du Palais impérial, Juvénal, au sujet du concile de Chalcédoine. Cette discussion aurait eu lieu dans la capitale de l'Empire byzantin à l'époque de l'empereur Marcien (le promoteur du concile), où David et Moïse de Khorène se seraient arrêtés lors du voyage de retour vers l'Arménie[5].

Toujours selon la tradition médiévale arménienne, David ne se serait pas consacré uniquement à la littérature profane, mais aurait aussi rédigé, directement en arménien, un certain nombre d'écrits à caractère religieux, à la fois encomiastiques et exégétiques. Parmi ceux-ci on compte un *Panégyrique à la Croix*[6],

1. C'est l'avis de Terian qui considère David comme un contemporain de Jean Philopon et de Stéphanos d'Alexandrie. D'après lui, David aurait précédé ses collègues alexandrins à Constantinople du temps de l'empereur Héraclius (610-641) ; c'est dans la capitale byzantine qu'il aurait traduit ses propres œuvres (Terian, « The Hellenizing School », p. 180). Terian fonde ses propos sur une hypothèse d'Usener (Usener, *De Stephano Alexandrino* ; *cf.* Wolska-Conus, « Stéphanos d'Athènes et Stéphanos d'Alexandrie »), selon laquelle Stéphanos serait devenu professeur (*oikoumenikos didaskalos*) à l'école impériale de Constantinople ; le caractère infondé de cette hypothèse, qui avait déjà suscité les perplexités de Wilson (*Scholars at Byzantium*, p. 43), a été récemment démontré par Roueché, « Stephanus the Alexandrian philosopher » ; *Id.*, « A Philosophical Portrait of Stephanus the Philosopher ».

2. C'est le témoignage que l'on trouve dans le *Commentaire sur les Définitions de David* par Aṙak'el Siwnec'i (XIVe-XVe siècle) : « Lucmunk' yałags Sahmanac' », p. 165 et 172.

3. Adontz (édit.), *Denys de Thrace et les commentateurs arméniens*, p. CXXIV.

4. Muradyan (édit.), « Srboc' vardapetac'n Hayoc' », p. 663-665. Voir aussi Calzolari, « Aux origines de la formation du corpus philosophique en Arménie », p. 260-261.

5. Muradyan (édit.), *ibid.*, p. 669-670.

6. « Dawt'i anyałt' p'ilisop'ayi nerbołean i surb xač'n astuacĕnkal » ; *cf.* Nersoyan, « An Encomium of the Holy Cross ».

un *Panégyrique sur l'Église universelle*[1], une *Introduction au Livre des Psaumes*[2], un *Encomium pour la fête de saint Étienne le protomartyr*[3]. À travers cette insistance sur le rôle de David en tant que théologien et exégète de textes chrétiens, la tradition médiévale arménienne fait de lui une figure emblématique de la rencontre entre révélation et sciences profanes. C'est sous les traits iconographiques d'un évangéliste, nimbé, que le philosophe est représenté dans le plus célèbre manuscrit conservant ses œuvres[4] : calame et encrier à la main, on le voit appliqué à la rédaction de ses *Prolégomènes*, qui constituent une œuvre dépourvue de tout contenu chrétien.

Aujourd'hui, une grande partie des savants s'accorde pour attribuer à David un corpus de trois œuvres, existant en grec et en arménien, auxquelles s'ajoute une quatrième œuvre, attestée uniquement en arménien, à moins de reconnaître son modèle grec dans le texte grec fragmentaire du *Commentaire sur les Premiers Analytiques* d'Élias. La question est débattue (voir *infra*).

LE CORPUS DAVIDICUM

Les manuscrits arméniens attribuent à David trois œuvres ; une quatrième est conservée uniquement dans un manuscrit acéphale qui ne permet pas de préciser la paternité de l'écrit :

Dawt'i eṙameci ew anyałt' p'ilisop'ayi ĕnddēm aṙarkut'eanc'n č'oric' Pihṙoni imastaki Sahmank' ew tramatut'iwnk' imastasirut'ean « Définitions et divisions de la philosophie par David le philosophe trismégiste et invincible contre les quatre arguments du sophiste Pyrrhon » ;

Dawt'i anyałt' p'ilisop'ayi verlucut'iwn Neracut'eann Porp'iwri « Commentaire [litt. analyse] sur l'*Isagoge* de Porphyre par David le philosophe invincible » ;

1. Ananean (édit.), « Dawt'i anyałt' vardapeti asac'eal govest nerbołakan i surb kat'ołikē ekełec'i ».

2. Ačēmean (édit.), « Dawt'i p'ilisop'ayi yałags Sałmosac' Dawt'i » ; *cf.* Ajamian, « An Introduction to the Book of Psalms by David Anhaght » ; Akinean, *David Harkac'i*, p. 140-142. Sur les Psaumes, voir encore Muradyan (édit.), « Dawt'i p'ilisop'ayi naxakargeal aṙaǰabank Sałmosac' ».

3. Le texte est conservé, par exemple, dans le ms. 118 (fol. 291r-292v) de la Bibliothèque nationale de Paris sous le nom de Dawit' P'ilisovp'ay « David le philosophe ». D'autres manuscrits attribuent cet écrit plutôt à Grégoire de Nysse ou à Basile de Césarée ; d'autres encore le conservent sous forme anonyme. L'œuvre a été éditée (sur la base des mss. M 3782 et M 6228) par K. Muradyan dans son édition de la version arménienne du recueil d'homélies de Basile de Césarée connu sous le titre de *Livre du jeûne* : Muradyan (édit.), *Girk' Pahoc'*, p. 503-506, n. 290. Sur la tradition arménienne relative à Étienne, voir Calzolari, « Stefano il protomartire ».

4. Ms. M 1746, de l'an 1280.

Dawt'i anyałt' p'ilisop'ayi meknut'iwn i Verlucakann Aristotēłi « Commentaire sur les *Analytiques* d'Aristote par David le philosophe invincible »[1] ;

[*Dawt'i anyałt' p'ilisop'ayi meknut'iwn Storogut'eanc' Aristotēłi*][2] « [Commentaire sur les *Catégories* d'Aristote par David le philosophe invincible] ».

Les manuscrits grecs attribuent à David trois œuvres :

Prolégomènes à la philosophie : Τὰ προλεγόμενα τῆς φιλοσοφίας ἀπὸ φωνῆς Δαβίδ τοῦ θεοφιλεστάτου καὶ θεόφρονος φιλοσόφου « Introduction à la philosophie sur la base de l'enseignement oral de David, le philosophe très aimé par Dieu et à la sagesse divine » ;

Commentaire sur l'Isagoge de Porphyre : Προλεγόμενα σὺν θεῷ τῆς Πορφυρίου Εἰσαγωγῆς ἀπὸ φωνῆς Δαβίδ τοῦ θεοφιλεστάτου καὶ θεόφρονος φιλοσόφου « Avec Dieu, introduction à l'*Isagoge* de Porphyre sur la base de l'enseignement oral de David, le philosophe très aimé par Dieu et à la sagesse divine » ;

Commentaire sur les Catégories d'Aristote : Ἐξήγησις σὺν θεῷ τῶν δέκα κατηγοριῶν τῆς φιλοσοφίας ἀπὸ φωνῆς Δαβίδ τοῦ θεοφιλεστάτου φιλοσόφου « Avec Dieu, exégèse des dix catégories de la philosophie sur la base de l'enseignement oral de David, le philosophe très aimé par Dieu »[3].

1. Après l'édition de Venise parue en 1833 (1932²), les *Prolégomènes* et les *Commentaires sur l'Isagoge* et *sur les Premiers Analytiques* ont été publiés à nouveau, sous forme séparée, respectivement en 1960, 1967 et 1976, à Erevan, par S. S. Arevšatyan : Arevšatyan (édit.), *Dawt'i Eṙameci* ; *Id.* (édit.), *Dawit' Anyałt', Meknut'iwn* ; *Id.* (édit.), *Dawit' Anyałt', Verlucut'iwn* (réimpr. dans *Matenagirk' Hayoc'/Armenian Classical Authors*, vol. 3, Antélias 2004, p. 147-196 ; 197-226 ; 227-285). En 1980, les trois éditions ont été publiées dans un volume collectif qui comprenait aussi une nouvelle édition du *Commentaire sur les Catégories* précédemment édité par Manandean en 1911 (Manandean [édit.], *Commentarii in Aristotelis Categorias*) : Arevšatyan (édit.), « Dawit' Anyałt' p'ilisop'ayi, Meknut'iwn Storogut'eanc'n Aristotēli » (réimpr. dans *Matenagirk' Hayoc'/Armenian Classical Authors*, *ibid.*, p. 286-353). Seules les éditions des *Prolégomènes* et du *Commentaire sur les Premiers Analytiques* ont été pourvues d'un apparat critique, malheureusement non reproduit dans le volume de 1980. Un projet de révision critique du texte arménien des quatre œuvres mentionnées est en cours ; les éditions sont accompagnées d'une traduction inédite, d'une étude des sources, et d'un commentaire qui présente les résultats de l'analyse comparative du texte grec et du texte arménien (pour les trois œuvres pour lesquelles nous disposons des textes dans les deux langues). Le projet a abouti à la création d'une série appelée *Commentaria in Aristotelem Armeniaca* (sous la direction de V. Calzolari et J. Barnes). Trois volumes ont paru à ce jour : Calzolari – Barnes (édit.), *L'œuvre de David l'Invincible* ; Topchyan (édit. et trad.), *David the Invincible* ; Muradyan (édit. et trad.), *David the Invincible*. Présentation de la série : Barnes – Calzolari, « The *Commentaria in Aristotelem Armeniaca* Project ».

2. Titre reconstitué par les éditeurs, Manandean et Arevšatyan, cités dans la note précédente.

3. Busse (édit.), *Davidis, Prolegomena et in Porphyrii Isagogen* ; *Id.* (édit.), *Eliae in Porphyrii*.

Ces écrits sont qualifiés d'œuvres *apò phonés*, à savoir issues des notes des élèves de David, selon une pratique commune et bien connue des écoles néoplatoniciennes[1]. La question de la paternité du *Commentaire sur les Catégories* fait l'objet d'un débat[2], dont les tenants et les aboutissants sont résumés dans le paragraphe suivant.

LA QUESTION DE LA PATERNITÉ DU COMMENTAIRE SUR LES CATÉGORIES[3]

En 1900, malgré le témoignage des manuscrits, A. Busse, l'éditeur du texte grec, rejeta la paternité attribuée à David pour la prêter plutôt à Élias. Les arguments de Busse étaient fondés sur le constat d'incohérences présumées entre les propos du *Commentaire sur l'Isagoge* de David et le contenu du *Commentaire sur les Catégories*. Sans entrer dans les détails de cette question complexe, examinons son argument principal : dans le *Commentaire sur l'Isagoge*, David annonce qu'il abordera la question de savoir si la logique constitue une partie de la philosophie ou bien si elle en est un instrument, lorsqu'il traitera des *Catégories*. Or, le *Commentaire sur les Catégories* ne traite guère de cette question : pour Busse, il faut donc rejeter l'attribution à David, puisque la « promesse » n'a pas été tenue. Busse édita ainsi le *Commentaire sur les Catégories* sous le nom d'Élias qui, lui, annonce dans l'introduction de son *Commentaire sur l'Isagoge* (26.35-27.1) qu'il traitera de la question de la logique dans son exégèse des *Premiers Analytiques*, ce que l'on peut vérifier (voir *infra*). Les conclusions de Busse ont été suivies par l'éditeur de la version arménienne, Y. Manandean, qui, en 1911, édita à son tour le texte arménien du *Commentaire sur les Catégories* sous le nom d'Élias[4]. Plus

1. Par œuvre ἀπὸ φωνῆς on entend une œuvre issue des notes de cours prises par les étudiants. On peut traduire cette expression par « d'après l'enseignement oral de ». Dans les textes plus tardifs, elle prit le sens de « par, de » (suivie du nom de l'auteur) : *cf.* Richard, « Ἀπὸ φωνῆς ».

2. Calzolari, « David et la tradition arménienne », p. 29-32 ; *cf. Ead.*, « Aux origines de la formation du corpus philosophique en Arménie », p. 271-278.

3. Je reprends ici Calzolari, « David et la tradition arménienne », p. 29-32.

4. Manandean, *Commentarii in Aristotelis*. L'académicien arménien poussa plus loin ses conjectures. Dans son ouvrage systématique sur l'École hellénisante, il se fonda tout d'abord sur le témoignage de deux auteurs arméniens médiévaux, à savoir Yovhannēs Orotnec'i (XIVe siècle) – qui, dans son commentaire sur les *Catégories*, mentionne au moins quinze fois les propos d'« Olympiodore » – et Grigor Magistros (XIe siècle) – qui rappelle l'existence de la traduction arménienne « du livre d'Olympiodore que mentionne David ». Manandean évoqua ensuite les allusions aux écrits d'Olympiodore contenues dans les *Prolégomènes* de David pour attribuer, en conclusion, le *Commentaire sur les Catégories* et le *Commentaire* (grec) *sur l'Isagoge* d'Élias à Olympiodore. Pour Manandean, Élias et Olympiodore seraient « une seule personne » ; Élias serait le nom de baptême d'Olympiodore, suite à une prétendue conversion au christianisme de ce dernier (Manandean, *Yunaban dproc'ě*, p. 36-52). De telles hypothèses extravagantes se passent de commentaires.

récemment, cet argument a été réexaminé par le dernier éditeur des œuvres arméniennes, S. Arevšatyan, qui a rejeté les positions de Busse en constatant que des passages du *Commentaire sur les Catégories* contiennent des allusions au rôle de la logique, considérée comme un instrument de la philosophie[1]. Pour Arevšatyan, la promesse de David aurait donc été satisfaite[2]. On peut toutefois objecter que ces brèves allusions au rôle de la logique ne peuvent pas être mises sur le même niveau qu'un exposé systématique en bonne et due forme.

Par-delà la question philologique, ce débat n'est pas sans intérêt dans la mesure où il touche une conception pédagogique de la philosophie. Quel est le bon moment, dans une formation philosophique, pour traiter la question de la logique en tant que partie ou instrument de la philosophie ? La place traditionnelle, dans les écoles grecques, était dans l'introduction aux *Premiers Analytiques* (Alexandre d'Aphrodise, Thémistios, Ammonios, Philopon, Scholies anonymes aux *Premiers Analytiques*), ce qui implique que sa portée se limitait à la syllogistique[3]. Mais on voit certains auteurs penser à une autre place. C'est le cas d'Eutocios, qui traita du problème dans son introduction à l'*Isagoge*[4], et celui d'Olympiodore, qui le traita dans son introduction au *Commentaire sur les Catégories* ; un emplacement au début des cours sur l'*Organon* voit sa portée élargie à la λογικὴ tout entière. Rien n'interdit alors de penser qu'un commentateur, influencé par d'autres, pouvait revenir par la suite sur son programme initial. C'est la voie qu'a choisie I. Hadot. Elle évoque ainsi la possibilité qu'à un moment donné de sa carrière de professeur, David ait changé l'emplacement du développement de cette question à l'intérieur du programme de ses cours pour suivre la tradition[5]. Cette hypothèse offre une explication possible, bien que sans preuve, du

1. Pour un examen détaillé des arguments de Busse, voir Arevšatyan, « Dawt'i Anhałt'i žařangě nor lusabanut'yamb », résumé en français par Mahé, « David l'Invincible dans la tradition arménienne », p. 196-205. Les conclusions d'Arevšatyan ont été suivies par Sanjian (édit.), *David Anhagt', the 'Invincible' Philosopher*, p. 8. Au contraire, les positions de Busse et de Manandean ont été à nouveau reprises par Petrosyan, « Davit' Anhałt'i žařangut'yan », qui ignore cependant l'identification du texte grec du *Commentaire sur les Analytiques* d'Élias par Westerink (*cf.* Westerink, « Elias on the Prior Analytics » [réimpr. dans *Id., Texts and Studies in Neoplatonism*]).

2. Avis partagé par Mahé, « David l'Invincible dans la tradition arménienne », p. 202 *et passim.* Le même type d'argumentation est utilisé à propos des autres incohérences présumées du commentaire sur les *Catégories* : *cf.* Arevšatyan, « Dawt'i Anhałt'i žařangě nor lusabanut'yamb », repris et commenté par Mahé, « David l'Invincible dans la tradition arménienne », p. 196-205.

3. Westerink, « Elias on the Prior Analytics », p. 131 (réimpr. dans *Id., Texts and Studies in Neoplatonism*, p. 64).

4. Westerink, *ibid.*

5. Hadot *et al.* (trad.), *Simplicius, Commentaire sur les Catégories*, chap. XII, et notamment p. 167-168 ; voir aussi p. 21, n. 3 ; p. 151-152 et p. VII, n. 2, où I. Hadot conclut : « Nous en tirons la conclusion qu'il ne reste pour le moment plus assez d'arguments pour retirer à David la

fait que le propos annoncé par David dans le *Commentaire sur l'Isagoge* n'ait pas été maintenu dans le *Commentaire sur les Catégories*.

En 2000, R. Goulet est revenu à une position sceptique laissant ouverte la question de l'attribution du *Commentaire sur les Catégories*[1]. En conclusion de son article, Goulet souligne, entre autres, la nécessité de recourir à « la prise en compte systématique de la tradition arménienne », une nécessité qui avait déjà été relevée par I. Hadot[2]. La comparaison des textes grecs et arméniens s'est révélée particulièrement intéressante sur un argument précis avancé par Busse, puis repris par Goulet, en faveur d'une attribution du *Commentaire sur les Catégories* à Élias[3]. En effet, Goulet a identifié un extrait du *Commentaire sur les Catégories* où l'auteur (Élias ou David ?) cite un passage sur les relations qui structurent la maison ; dans ce passage, il renvoie explicitement aux *Prolégomènes* de son *Commentaire sur l'Isagoge*. Or, si l'on compare les textes, cette citation faite dans le *Commentaire sur les Catégories* coïncide avec les *Prolégomènes* d'Élias plutôt qu'avec les *Prolégomènes* de David ; ce rapprochement, incontestable, plaide, selon Goulet, pour l'attribution du *Commentaire sur les Catégories* à Élias[4]. Néanmoins, si l'on compare les textes grec et arménien du *Commentaire sur les Catégories*, on constate que le passage qui inclut la citation et qui justifierait l'attribution à Élias est absent en arménien[5]. Ce constat autorise à émettre, sans pouvoir la corroborer, l'hypothèse d'une interpolation du passage des *Prolégomènes* d'Élias dans le texte grec du *Commentaire sur les Catégories* ; cette hypothèse prend toute sa force si on la considère à la lumière du caractère très stéréotypé de cette littérature, souvent emplie de passages interpolés par des rédacteurs soucieux d'être plus explicites[6]. Si cette hypothèse est vraie, l'argument de Busse, repris par Goulet, perd son caractère probant, sans être pour autant invalidé[7]. Le débat reste ouvert.

paternité de ce commentaire et que la question devrait être réexaminée en comparant les textes grecs avec les textes arméniens ».

1. Goulet, « Élias », suivi par Rashed, « Les *marginalia* d'Aréthas », p. 65, n. 13.

2. Goulet, « Élias », et notamment p. 65.

3. Goulet, « Élias », p. 62.

4. Textes cités *in extenso* dans Goulet, « Élias », p. 62, et Calzolari, « Aux origines de la formation du corpus philosophique en Arménie », p. 274-276.

5. Je renvoie aux pages de mon analyse et me contente d'en donner ici une présentation succincte : Calzolari, « Aux origines de la formation du corpus philosophique en Arménie », p. 271-278.

6. Comme le relève I. Hadot, « tous ces commentaires se rapportaient à une tradition unique et fermement établie depuis Jamblique et Porphyre : d'où les nombreux schémas d'argumentation parallèles avec des exemples identiques et d'innombrables passages parallèles qui ne nous disent rien sur la paternité d'un commentaire » (communication privée, déjà citée dans Calzolari, « Aux origines de la formation du corpus philosophique en Arménie », p. 273 et note 47).

7. Sur les difficultés présentées par ce passage, voir mes remarques dans Calzolari, « Aux origines de la formation du corpus philosophique en Arménie », p. 278.

LA QUESTION DE LA PATERNITÉ DU COMMENTAIRE SUR LES PREMIERS ANALYTIQUES[1]

Manandean contesta également l'attribution du *Commentaire sur les Premiers Analytiques* à David, sous prétexte qu'il contient l'exposé systématique du rôle de la logique, sans l'avoir annoncé au préalable. Ainsi, à cause de sa déclaration programmatique, David se voit privé du *Commentaire sur les Catégories*, qui ne contient pas l'analyse promise à cet endroit, et du *Commentaire sur les Analytiques*, qui la contient contrairement à l'annonce[2]. Contre les arguments de Manandean, I. Hadot avança, encore une fois, l'hypothèse d'un changement de programme suivi par David lui-même dans son enseignement[3].

Depuis l'époque des remarques de Manandean, des nouvelles découvertes ont vu le jour. Nous connaissons maintenant le texte grec fragmentaire d'un *Commentaire sur les Premiers Analytiques* attribué à Élias[4]. Il est donc possible de comparer ce texte grec avec l'arménien. La question de la paternité de la traduction arménienne a été ainsi reprise, mais elle est désormais posée sur la base de nouveaux éléments. Des parallélismes constatés entre certains extraits du texte grec et des extraits de la version arménienne peuvent plaider pour l'attribution du commentaire arménien à Élias[5]. Ces parallélismes alternent cependant avec de très nombreux autres passages où les deux textes grec et arménien divergent, et qui plaident plutôt pour l'attribution du commentaire arménien à David[6].

L'HÉRITAGE NÉOPLATONICIEN ALEXANDRIN DANS LA TRADITION ARMÉNIENNE AU MOYEN ÂGE ET À L'ÂGE MODERNE

La logique aristotélicienne, entrée en Arménie sous forme d'emprunt à la philosophie grecque, a été rapidement assimilée par les Arméniens et a nourri une réflexion originale. La figure de David, à qui l'on doit la première forme d'interprétation et de transmission de l'héritage philosophique néoplatonicien grec en Arménie, a continué d'avoir un rôle central. Selon J.-P. Mahé, au VIIe siècle, le savant arménien Anania Širakac'i, qui permit l'introduction du *quadrivium* en

1. Je reprends ici Calzolari, « David et la tradition arménienne », p. 33.
2. Manandean, *Yunaban dproc'ĕ*, p. 65-67.
3. Hadot *et al.* (trad.), *Simplicius, Commentaire sur les Catégories*, p. 167-168.
4. Westerink, « Elias on the Prior Analytics », p. 126-139 (réimpr. dans *Id.*, *Texts and Studies in Neoplatonism*, p. 59-72).
5. C'est l'hypothèse de Papazian, « The Authorship ».
6. C'est l'hypothèse de Topchyan, « Remarks on David », à qui l'on doit la première traduction anglaise du *Commentaire sur les Premiers Analytiques* : Topchyan (édit. et trad.), *David the Invincible*. Voir aussi Sweeting, « The Relationship ».

Arménie, « était un fervent lecteur de David l'Invincible »[1]. Une étude approfondie des liens entre Anania et les œuvres philosophiques traduites à l'époque de l'École hellénisante constitue, néanmoins, un *desideratum* des études arméniennes. Comme on l'a vu plus haut, au VIIIe siècle, le catholicos Yovhannēs Ōjnec'i avait vraisemblablement étudié la doctrine de la substance et des accidents séparables et inséparables de Porphyre[2].

Les informations à propos de l'époque médiévale sont plus nombreuses. Au XIe siècle, Grigor Magistros, dont il sera question plus bas, connaissait les œuvres de Porphyre, Aristote et David, qu'il mentionne parfois explicitement. Ses lettres contiennent, en particulier, des citations ou des allusions aux *Prolégomènes*. Ainsi, dans la *Lettre* 11, Magistros reprend l'idée de la « sobre folie », mentionnée par David, dans l'*incipit* des *Prolegomena*, pour indiquer le désir ardent qui transporte ceux qui entreprennent l'étude de la philosophie[3]. Dans la *Lettre* 21, en outre, Magistros recommande l'ordre d'apprentissage des trois parties de la philosophie théorique prôné par David dans la *Leçon* 16 de la même œuvre (*cf. Leçon* 19 du texte grec) : physique, mathématique et théologie. Magistros rappelle les explications de David à ce sujet et reprend une allusion à Homère utilisée par le philosophe alexandrin pour expliquer, sous forme d'allégorie, le principe pédagogique énoncé : ceux qui voudraient entreprendre le projet insensé de commencer l'étude de la philosophie théorique directement par la théologie sans passer par les mathématiques peuvent être comparés à ceux qui voulaient mettre le mont Ossa sur l'Olympe, puis le mont Pélion sur l'Ossa pour escalader le ciel[4]. Il s'agit d'une allusion à l'histoire des géants Otos et Éphialtès qui, d'après l'*Odyssée* XI, 308-316, défièrent les dieux et essayèrent de monter au ciel en entassant les trois monts l'un sur l'autre ; à cause de leur audace, Apollon les extermina. Cette référence à la mythologie grecque est suivie, chez Magistros, d'une allusion à un deuxième passage des *Prolégomènes*, qui cite la fameuse inscription pseudépigraphique que Platon, selon la tradition, aurait affichée à l'entrée de l'Académie : « Nul ne doit entrer ici, s'il n'est pas géomètre » (*Leçon* 1 du texte arménien, *cf. Leçon* 2 du texte grec)[5].

Aux siècles suivants, les œuvres de David, Aristote et Porphyre furent inscrites dans les programmes d'écoles monastiques arméniennes telles que l'école de Glajor-Tat'ew, d'où sont issus les principaux *vardapets* (docteurs) de l'Arménie

1. Mahé, « Arts libéraux », p. 192 et *infra*, p. 146. Voir aussi *Id.*, « Du grec à l'arménien », p. 1135 ; *Id.*, « David l'Invincible dans la tradition arménienne », p. 203 et n. 60 ; Sanjian (édit.), *David Anhagt', the 'Invincible' Philosopher*, p. 11.

2. Voir Calzolari, « Les traductions de l'École hellénisante et l'introduction des arts du *trivium* en Arménie » dans le présent volume, p. 39.

3. Muradyan (édit.) « Grigori Magistrosi, T'łt'k' ew č'ap'aberakank' », p. 242.

4. Muradyan (édit.) « Grigori Magistrosi, T'łt'k' ew č'ap'aberakank' », p. 271 ; voir aussi Alpi, « Les écoles d'Ani, Sanahin et Narek (X[e]-XIe siècle) » dans le présent volume, p. 171.

5. Sur cette inscription, voir Saffrey, « Ἀγεωμέτρητος μηδεὶς εἰσίτω ».

médiévale[1]. Ces œuvres furent au cœur d'une intense activité exégétique qui aboutit à la rédaction, en arménien, d'écrits composés selon le modèle du commentaire continu alexandrin. On peut citer ici les commentaires de Vahram Rabuni (XIIIe siècle), dont l'activité se situe en Cilicie[2], et ceux de Yovhannēs Orotnec'i (1315-1388), appartenant à l'école monastique de Glajor[3]. Citons aussi les travaux exégétiques de Grigor Tat'ewac'i (1344-1409), le supérieur de l'école de Tat'ew[4]. Comme nous l'avons vu, le *curriculum* de T'ovma Mecop'ec'i (XIVe-XVe siècle), formé au monastère de Tat'ew, comprenait la lecture des *Prolégomènes*, de l'*Isagoge*, des *Catégories*, du *De interpretatione*, du *De mundo* et du *De virtutibus*[5]. Durant ces siècles, les *Prolégomènes* ont fait l'objet des premiers commentaires arméniens, rédigés par des personnalités importantes du monde intellectuel, pédagogique et religieux : Yovhannēs Sarkawag († 1129)[6], théologien, mathématicien et chroniqueur, et Aṙak'el Siwnec'i († 1410)[7], connu principalement pour son poème biblique sur Adam (*Le livre d'Adam*), mais également auteur d'œuvres exégétiques. Au moins deux manuscrits arméniens du Matenadaran d'Erevan, datés du XVe siècle (M 1931 et M 55), conservent un bref commentaire anonyme sur les *Prolégomènes*[8], dont le titre met en exergue l'idée de la « sobre folie » mentionnée plus haut[9]. En plus des commentaires et des écrits

1. Voir La Porta, « Les sept arts libéraux et l'école de Glajor-Tat'ew (XIIIe-XIVe siècle) » dans le présent volume, p. 201-202 ; *cf.* Abrahamyan, *Glajori hamalsaranĕ*; Arevšatyan – Mat'evosyan, *Glajori hamalsaranĕ*.

2. Commentaires sur l'*Isagoge*, le *De interpretatione*, les *Catégories* et le *De mundo* : Grigoryan (édit.), *Vahram Rabuni, Lucmunk'* ; *cf.* Xačikjan – Lalafarjan, « Filosofskie trudy », p. 402-404 ; Sanjian (édit.), *David Anhagt', the 'Invincible' Philosopher*, p. 13, n. 29.

3. *Explications des questions difficiles de Porphyre* et commentaires sur les *Catégories* et le *De interpretatione* : Č'aloyan – Adamyan (édit.), *Yovhannu Orotnec'woy* ; *cf.* Xačikjan – Lalafarjan, « Filosofskie trudy », p. 424-426 ; Sanjian (édit.), *David Anhagt', the 'Invincible' Philosopher*, p. 13, n. 30. Sur les œuvres de Orotnec'i, à signaler le travail récent de Minasyan, *Hovhan Orotnec'in* (*non vidi*).

4. Travaux exégétiques sur l'*Isagoge*, le *De virtutibus* et *Sur la spéculation* (*tesut'iwn*, *cf.* gr. θεωρία) *de David* : Xačikjan – Lalafarjan, « Filosofskie trudy », p. 407-409 ; *cf.* Sanjian (édit.), *David Anhagt', the 'Invincible' Philosopher*, p. 13, n. 31.

5. Voir Calzolari, « Les traductions de l'École hellénisante et l'introduction des arts du *trivium* en Arménie » dans le présent volume, p. 40. À propos du biais latin de l'introduction de la logique aristotélicienne en Arménie par les Pères Uniteurs, je renvoie au chapitre de La Porta, « Les sept arts libéraux et l'école de Glajor-Tat'ew (XIIIe-XIVe siècle) » dans le présent volume, p. 202-203.

6. Commentaire anonyme attribué à Yovhannēs Sarkawag par Madoyan – Mirzoyan, *Yovhannēs Sarkawag Imastasēr*. Voir aussi Sanjian (édit.), *David Anhagt', the 'Invincible' Philosopher*, p. 12 et note 27.

7. Aṙak'el Siwnec'i, « Lucmunk' yałags Sahmanac' ». Voir aussi Sanjian (édit.), *David Anhagt', the 'Invincible' Philosopher*, p. 13 et note 32.

8. Muradyan (édit.), « [Meknut'iwn Sahmanac' Dawt'i] ».

9. *Cf.* Busse (édit.), *Eliae in Porphyrii*, 1, 19-20 pour un passage parallèle dans les *Prolégomènes* d'Elias.

sur les « Causes » de la rédaction des *Prolégomènes*, les collections philosophiques arméniennes médiévales s'enrichirent de notices biographiques sur David ; aux siècles suivants, celles-ci trouveront leur place dans les premières éditions du *corpus davidicum* (*infra*)[1].

L'intérêt pour la logique aristotélicienne, héritée de l'école d'Alexandrie et introduite en Arménie sous forme de traduction, persista jusqu'aux XVIIe-XVIIIe siècles. D'après le témoignage d'Aṙak'el de Tabriz († 1670), au XVIIe siècle encore, les *Prolégomènes*, les *Catégories*, le *De interpretatione*, les *Analytiques*[2] et l'*Isagoge* constituaient les œuvres obligées de l'apprentissage de la philosophie, par exemple dans le monastère d'Amrdol du temps de Barseł Gawarac'i, mais aussi aux monastères du Grand-Hermitage (près de Tat'ew), de Lim (dans une île du lac de Van), d'Ējmiacin et de la Nouvelle Djoulfa (en Iran)[3]. À cette époque, les *Prolégomènes* de David continuèrent d'exercer une influence importante sur la pensée et les écrits d'auteurs arméniens tels que Simēon J̌ułayec'i († 1657)[4] et Yovhannēs Mrk'uz J̌ułayec'i (1643-1715)[5], tous deux originaires de la Nouvelle Djoulfa, ou encore le catholicos Simēon Erevanc'i (1710-1780)[6]. C'est d'ailleurs au XVIIIe siècle que voient le jour les premières éditions des œuvres de David, à Constantinople et à Madras[7], à l'époque même où les Arméniens de la florissante communauté d'Inde lisaient les œuvres des penseurs des Lumières, et élaboraient les premières formes d'une philosophie politique arménienne. Ce regard arménien croisé, orienté à la fois vers la tradition philosophique arménienne d'héritage grec et vers la pensée européenne, constitue une donnée qui mériterait d'être étudiée.

1. C'est le cas, par exemple, de l'édition parue à Constantinople en 1731 ou de l'édition parue à Madras en 1797 ; voir *infra*, n. 7.

2. Il s'agit probablement du *Commentaire sur les Premiers Analytiques*.

3. Xanlaryan (édit.), *Aṙak'el Davriżec'i, Girk' patmut'eanc'*, p. 312 et 315 (à propos de Melk'iset' d'Erevan) ; traduction française : Brosset (trad.), « Arakel, *Livre d'Histoires* », p. 458-467, et notamment p. 459, à propos de Barseł. La lecture des *Prolégomènes* était suivie de celle de Porphyre.

4. Auteur d'un *Livre de logique*, publié à Constantinople en 1728 (Simēon J̌ułayec'i, *Girk' tramabanut'ean*).

5. Yovhannēs Mrk'uz J̌ułayec'i, *Hamaṙōt k'erakanut'iwn* ; Mirzoyan, *Hovhannes Mrk'uz J̌ułayec'i*.

6. Bibliographie dans Bardakjian, *A Reference Guide*, p. 503-504.

7. *Girk' sahmanac' Dawt'i anyałt' p'ilisop'ayi ew astuacaban vardapeti* ; *Girk' sahmanac' srboyn Dawt'i anyałt' p'ilisop'ayi Hayoc' imastasiri*. En 1793, le commentaire sur l'*Isagoge* a été à son tour édité, toujours à Madras (*Girk' Porp'iwri or koč'i Neracut'iwn*). Sur l'histoire de la philosophie arménienne au XVIIe siècle, voir Mirzoyan, *XVII dari hay p'ilisop'ayakan mtk'i* ; *Id.*, *Davit' Anhałt'ě*.

CONCLUSION

L'aperçu offert dans les paragraphes précédents n'a pas l'ambition d'être exhaustif. Il suffit cependant pour montrer l'importance de la philosophie grecque, et en particulier des œuvres grecques en usage au sein des écoles néoplatoniciennes tardives, dans la formation de la spéculation philosophique arménienne. Le temps des traductions du grec en arménien, dans le cadre de l'École hellénisante, fut suivi, au Moyen Âge, par le temps de la rédaction des premiers commentaires arméniens sur la logique aristotélicienne, qui devinrent à leur tour des manuels d'étude dans les écoles monastiques de l'Arménie médiévale[1]. Le savoir acquis auprès de ces écoles nourrit la réflexion de nombreuses personnalités du monde religieux et intellectuel arménien. Par ailleurs, il est possible d'identifier des traces de la pensée philosophique grecque également dans des œuvres non philosophiques. Ainsi, dans son *Livre de Lamentation* (93, 11), le poète Grigor Narekac'i se réfère à la théorie porphyrienne des accidents inséparables pour indiquer, par comparaison avec la couleur d'un corps, le lien existant entre les vertus du saint chrême et le chrétien[2].

Comme on l'a vu, l'intérêt pour la logique aristotélicienne persista jusqu'à l'âge moderne au moins. L'influence grecque n'a cependant pas joué un rôle exclusif. La pensée philosophique et théologique latine ainsi que la pensée grecque transmise par le biais de la médiation latine ont exercé leur impact sur l'Arménie médiévale, bien qu'à l'intérieur de quelques îlots seulement. Il s'agit d'un domaine d'études qui reste largement négligé encore de nos jours[3], tout comme celui des contacts avec la philosophie arabe[4].

Comme remarque conclusive, on observera que de nombreux aspects de l'essor de la spéculation philosophique en Arménie attendent encore d'être examinés d'une façon approfondie et selon des approches décloisonnées. Il suffit de mentionner, comme seul exemple parmi d'autres, le fait que les œuvres philosophiques arméniennes traduites du grec ont été majoritairement étudiées d'un point de vue linguistique et philologique, alors que l'étude philosophique de ces textes constitue encore un *desideratum*. Les commentaires philosophiques arméniens médiévaux restent un domaine à défricher. Il faut ainsi insister sur la nécessité d'une étude des œuvres philosophiques en langue arménienne qui prête davantage attention à leur contenu et à la pensée qu'elles véhiculent. Cette

1. Voir La Porta, « Les sept arts libéraux et l'école de Glajor-Tat'ew (XIIIe-XIVe siècle) » dans le présent volume, p. 201-203.

2. Mahé – Mahé (trad.), *Grégoire de Narek, Tragédie*, p. 749, n. 1466 ; *cf.* Calzolari, « Sciences sacrées et sciences profanes », p. 388-389.

3. Sur ce sujet, voir La Porta, *ibid.*, p. 202-203.

4. Voir Dadoyan, *The Armenians in the Medieval Islamic World*, vol. 3, chap. 2 ; voir aussi La Porta, « Gregory of Tat'ew ».

recherche n'en est qu'à ses premiers pas, et gagnerait à être menée dans le cadre d'une collaboration étroite entre spécialistes d'études arméniennes et historiens de la philosophie grecque[1].

BIBLIOGRAPHIE

SOURCES PRIMAIRES

Ačēmean, Š. (édit.), « Dawt'i p'ilisop'ayi yałags Sałmosac' Dawt'i » [David le philosophe, Sur les Psaumes de David], *Ējmiacin* 10, 1997, p. 54-57 (réimpr. dans *Matenagirk' Hayoc'/Armenian Classical Authors*, vol. 6, Antélias 2007, p. 1030-1032).

Adontz, N. (édit.), *Denys de Thrace et les commentateurs arméniens*. Traduit du russe par R. Hotterbeex, coll. « Bibliothèque arménienne de la Fondation Calouste Gulbenkian », Louvain 1970.

Ananean, P. (édit.), « Dawt'i anyałt' vardapeti asac'eal govest nerbołakan i surb kat'ołikē ekełec'i » [David le *vardapet* invincible, Panégyrique de la sainte Église universelle], réimpr. dans *Matenagirk' Hayoc'/Armenian Classical Authors*, vol. 20, Erevan 2014, p. 627-629.

Aṙak'el Siwnec'i, « Lucmunk' yałags Sahmanac' Dawt'i Anyałt' p'ilisop'ayi » [Analyse des Définitions de David le philosophe invincible], dans *Girk' sahmanac' srboyn Dawt'i* [Livre des définitions de saint David], Madras 1797, p. 147-650.

Arevšatyan, S. S. (édit.), *Dawt'i Eṙameci ew Anyałt' p'ilisop'ayi ěnddēm aṙarkut'eanc'n č'oric' Pihṙoni imastaki Sahmank' ew tramatut'iwnk' imastasirut'ean* [David, le philosophe trismégiste et invincible, contre les quatre arguments du sophiste Pyrrhon, Définitions et divisions de la philosophie], Erevan 1960 (réimpr. dans *Matenagirk' Hayoc'/Armenian Classical Authors*, vol. 3, Antélias 2004, p. 147-196).

Arevšatyan, S. S. (édit.), « Dawit' Anyałt', Meknut'iwn i Verlucakann Aristotēli » [David l'Invincible, Commentaire sur les Analytiques d'Aristote], Erevan 1967 (réimpr. dans *Matenagirk' Hayoc'/Armenian Classical Authors*, vol. 3, Antélias 2004, p. 197-226).

Arevšatyan, S. S. (édit.), « Dawit' Anyałt', Verlucut'iwn Neracut'eann Porp'iwri » [David l'Invincible, Commentaire sur l'Isagoge de Porphyre], Erevan 1976 (réimpr. dans *Matenagirk' Hayoc'/Armenian Classical Authors*, vol. 3, Antélias 2004, p. 227-285).

1. Pour une histoire des études sur la littérature philosophique arménienne, voir Calzolari, « Philosophical Literature in Ancient and Medieval Armenia ».

Arevšatyan, S. S. (édit.), « Dawit' Anyałt' p'ilisop'ayi, Meknut'iwn Storogut'eanc'n Aristotēli » [David le philosophe invincible, Commentaire sur les Catégories d'Aristote], dans *Id.* (édit.), *Dawit' Anyałt', Erkasirut'iwnk' p'ilisop'ayakank'* [David l'Invincible, Œuvres philosophiques], Erevan 1980, p. 195-300 (réimpr. dans *Matenagirk' Hayoc'/Armenian Classical Authors*, vol. 3, Antélias 2004, p. 286-353).

Arevšatyan, S. S. (édit.), *Dawit' Anyałt', Erkasirut'iwnk' p'ilisop'ayakank'* [David l'Invincible, Œuvres philosophiques], Erevan 1980.

Bodéüs, R. (édit. et trad.), *Aristote, Catégories*. Texte établi et traduit par R. B., Paris 2001.

Brosset, M. (trad.), « Arakel, *Livre d'Histoires* », dans *Id.*, *Collection d'historiens arméniens*, vol. 1, Saint-Pétersbourg 1874, p. 267-608.

Brosset, M. (trad.), « Samouel d'Ani, *Tables chronologiques* », dans *Id.*, *Collection d'historiens arméniens*, vol. 2, Saint-Pétersbourg 1876, p. 339-483.

Busse, A. (édit.), *Eliae in Porphyrii Isagogen et Aristotelis Categorias Commentaria*, coll. « Commentaria in Aristotelem Graeca » 18,1, Berlin 1900.

Busse, A. (édit.), *Davidis, Prolegomena et in Porphyrii Isagogen Commentarium*, coll. « Commentaria in Aristotelem Graeca » 18, 2, Berlin 1904.

Č'aloyan, V. K. – Adamyan, A. A. (édit.), *Yovhannu Orotnec'woy, Verlucut'iwn Storogut'eanc' Aristotēli* [Yovhannēs Orotnec'i, Commentaire sur les Catégories], Erevan 1956.

Contin, B. (trad.), *Davide l'Invincibile, Definizioni e divisioni della filosofia*. Introduzione, traduzione e note, Palermo 2014.

« Dawt'i anyałt' p'ilisop'ayi nerbołean i surb xač'n astuacĕnkal » [David le philosophe invincible, Panégyrique à la sainte Croix qui a reçu Dieu], dans *Koriwn Vardapeti, Mambrē Vercanołi ew Dawt'i Anyałt', Matenagrut'iwnk'*, Venise 1833, p. 101-119 (réimpr. dans *Matenagirk' Hayoc'/Armenian Classical Authors*, vol. 6, Antélias 2007, p. 1019-1029).

Gertz, S. (trad.), *Elias and David, Introductions to Philosophy, with Olympiodorus, Introduction to Logic*, Translated by S. G., coll. « Ancient Commentators on Aristotle », London… 2018.

Girk' Porp'iwri or koč'i Neracut'iwn, yorum parunakin vercanut'iwnk' amenimast Dawt'i Anyałt' p'ilisop'ayi ew lucmunk' Neracut'ean Srboyn Grigori Tat'ewac'woy [Livre de Porphyre appelé Introduction, dans lequel sont contenus les écrits du très savant philosophe David l'Invincible et l'analyse de l'Introduction par Grigor Tat'ewac'i], Madras 1793.

Girk' sahmanac' Dawt'i anyałt' p'ilisop'ayi ew astuacaban vardapeti [Livre des définitions de David, le philosophe invincible et théologien *vardapet*], Constantinople 1731.

Girk' sahmanac' srboyn Dawt'i anyałt' p'ilisop'ayi Hayoc' imastasiri [Livre des définitions de saint David Imastasēr, le philosophe invincible d'Arménie], Madras 1797.

Grigoryan, G. H. (édit.), *Vahram Rabuni, Lucmunk' Storogut'eanc'n Aristotēli* [Vahram Rabuni, Analyse des Catégories d'Aristote], Erevan 1967.

Hadot, I. *et al.* (trad.), *Simplicius, Commentaire sur les Catégories.* Traduction commentée sous la direction de I. H., 2 vol., fasc. 1 et 3, coll. « Philosophia Antiqua » 50-51, Leyde – New York – Copenhague – Cologne 1990.

Hadot, I. (édit.), *Simplicius, Commentaire sur le Manuel d'Épictète.* Introduction et édition critique du texte grec par I. H., coll. « Philosophia Antiqua » 66, Leiden, New York – Köln 1996.

Kendall, B. – Thomson, R. W. (trad.), *Definitions and Divisions of Philosophy by David the Invincible Philosopher.* English Translation of the Old Armenian Version with Introduction and Notes by B. K. and R. W. T., coll. « University of Pennsylvania. Armenian Texts and Studies » 5, Chico, CA 1983.

K'eōsēean, Y. (édit.), « Movsisi K'ert'ołi, Yałags Storogut'ean Aristotēli » [Movsēs K'ert'oł, Sur les Catégories d'Aristote], *Matenagirk' Hayoc'/Armenian Classical Authors*, vol. 7, p. 743-748.

Keydell, R. (édit.), *Agathiae Myrinaei Historiarum libri quinque*, coll. « Corpus Fontium Historiae Byzantinae, Series Berolinensis », vol. 2, Berlin 1967.

Koriwn Vardapeti, Mambrē Vercanołi ew Dawt'i Anyałt', Matenagrut'iwnk' [Koriwn Vardapet, Mambrē Vercanoł et David l'Invincible, Œuvres], Venise 1833 (1932^2).

Lalafaryan, S. – Č'aloyan, V. K., *Ananun meknut'iwn Storogut'eanc'Aristotēli* [Commentaire anonyme sur les Catégories d'Aristote], Erevan 1961 (réimpr. dans *Matenagirk' Hayoc'/Armenian Classical Authors*, vol. 17, Erevan 2016, p. 883-979).

Madoyan, A. G. – Mirzoyan, H. Ł. (édit.), *Yovhannēs Sarkawag Imastasēr, Lucmunk' Sahmanac' groc'* [Yovhannēs Sarkawag Imastasēr, Analyse des Définitions], Erevan 2004.

Mahé, J.-P. (édit. et trad.), *Hermès Trismégiste, Paralipomènes grec, copte, arménien*, « Collection des Universités de France. Série grecque » 546, Paris 2019.

Manandean, Y. (édit.), *Commentarii in Aristotelis Categorias Eliae Commentatori Adscripti Versio Armenica*, coll. « Bibliotheca Armeno-Georgica » 1, Saint-Pétersbourg 1911.

Muradyan, G. (édit.), « Grigori Magistrosi, T'ułt'k' ew č'ap'aberakank' » [Grigor Magistros, Lettres et vers], *Matenagirk' Hayoc'/Armenian Classical Authors*, vol. 16, Erevan 2012, p. 139-385.

Muradyan, G. (édit. et trad.), *David the Invincible Commentary on Porphyry's Isagoge*. Old Armenian Text with the Greek Original, an English Translation, Introduction and Notes by G. M., coll. « Philosophia Antiqua » 137, « Commentaria in Aristotelem Armeniaca. Davidis Opera » 3, Leiden – Boston 2014.

Muradyan, G. (édit.), « Aristotēli 'Storogut'iwnneri' ananun meknut'iwnĕ Paviayi gradaranic' » [Le commentaire anonyme sur les Catégories d'Aristote de la Bibliothèque de Pavie], *Matenagirk' Hayoc'/Armenian Classical Authors*, vol. 20, Erevan 2014, p. 740-744.

Muradyan, G. (édit.), « Dawt'i p'ilisop'ayi Ēakac' girk' » [David le philosophe, Livre des Étants], *Matenagirk' Hayoc'/Armenian Classical Authors*, vol. 20, Erevan 2014, p. 708-723.

Muradyan, G. (édit.), « Dawt'i p'ilisop'ayi naxakargeal ar̄ajabank Sałmosac' » [David le philosophe, Introduction aux Psaumes], *Matenagirk' Hayoc'/Armenian Classical Authors*, vol. 20, Erevan 2014, p. 630-645.

Muradyan, G. (édit.), « Harc'umn Yobnałi ew patasxani Movsisi Hayoc' k'ert'ołi ew Dawt'i p'ilisop'ayi » [Question de Juvénal et réponse de Moïse, *k'ert'oł* d'Arménie, et de David le philosophe], *Matenagirk' Hayoc'/Armenian Classical Authors*, vol. 20, Erevan 2014, p. 724-739.

Muradyan, G. (édit.), « [Meknut'iwn Sahmanac' Dawt'i] Sahmank' asac'eal i Dawt'ē. Ołǰaxoh molut'iwn » [Commentaire sur les Définitions de David]. Définitions de David. Sobre folie], *Matenagirk' Hayoc'/Armenian Classical Authors*, vol. 20, Erevan 2014, p. 748-759.

Muradyan, G. (édit.), « Srboc' vardapetac'n Hayoc' Movsēsi ew Dawt'i harc'munk' ĕnd erkabnak č'arap'ar̄sn » [Questions des saints docteurs arméniens Movsēs et Dawit' aux dyophysites cacodoxes], *Matenagirk' Hayoc'/ Armenian Classical Authors*, vol. 20, Erevan 2014, p. 660-707.

Muradyan, G. (édit.), *Yovhan Damaskac'i, Hayeren t'argmanvac erger* [Jean Damascène, Œuvres traduites en arménien], vol. 1 : *Hovhan Damaskac'u « Dialektika » erki hayeren t'argmanut'yunnerĕ k'nnakan bnagrer ev usumnasirut'yun* [Édition critique et étude des deux traductions arméniennes de la Dialectique de Jean Damascène], Erevan 2019.

Muradyan, K. (édit.), *Girk' Pahoc'* [Sur le jeûne], Etchmiadzin 2008.

Simēon J̌ułayec'i, *Girk' tramabanut'ean Simēoni J̌ułayec'woy gerimast vardapeti arareal* [Livre de logique de Simēon J̌ułayec'i le très savant *vardapet*], Constantinople 1728 (1794^2).

Stone, M. E. – Shirinian, M. E. (édit. et trad.), *Pseudo-Zeno, Anonymous Philosophical Treatise*, coll. « Philosophia Antiqua » 83, Leiden – Boston – Köln 2000.

Thomson, R. W. (trad.), *The Armenian Version of the Works attributed to Dionysius the Areopagite*, coll. « Corpus Scriptorum Christianorum Orientalium » 489, « Scriptores Armeniaci » 18, Leuven 1987.

Topchyan, A. (édit. et trad.), *David the Invincible, Commentary on Aristotle's Prior Analytics*. Old Armenian Text with an English Translation, Introduction and Notes by A. T., coll. « Philosophia antiqua » 122, « Commentaria in Aristotelem Armeniaca. Davidis Opera » 2, Leiden – Boston 2010.

T'op'č'yan, A. (édit.), « Aristotēli 'Storogut'iwnk'' ew 'Yałags meknut'ean' erkeri ananun meknut'iwnnerě » [Commentaires anonymes sur les Catégories et sur le De interpretatione d'Aristote], dans *Matenagirk' Hayoc'/Armenian Classical Authors*, vol. 17, Erevan 2016, p. 789-979.

Westerink, L. G. – Trouillard, J. (édit. et trad.), *Prolégomènes à la philosophie de Platon*. Texte établi par L. G. W. et traduit par J. T. (avec la collaboration de A.-Ph. Segonds), « Collection des Universités de France. Série grecque » 335, Paris 1990.

Xanlaryan, L. (édit.), *Aṙak'el Davrižec'i, Girk' patmut'eanc'* [Aṙak'el de Tabriz, Livre d'histoires], Erevan 1990.

Yovhannēs Mrk'uz J̌ułayec'i (édit.), *Hamaṙōt k'erakanut'iwn ew tramabanut'iwn or ē k'ert'ut'iwn baṙi ew krt'ut'iwn bani* [Abrégé de grammaire et de logique qui est la composition du mot et du discours], Amsterdam 1711.

Zonta, M. (édit. et trad.), « An Unpublished Fragment of a Medieval Commentary on Aristotle's *Categories* (Pavia, Biblioteca Universitaria, Aldini 178, Folios 110r-114v). First Edition and English Translation », *Bazmavep* 171, 2013, p. 94-120.

ÉTUDES

Abrahamyan, A. G., *Glajori hamalsaraně* [L'université de Glajor], Erevan 1983.

Adamson, P., « Neoplatonism : The Last Ten Years », *The International Journal of the Platonic Tradition* 9, 2015, p. 205-220.

Ajamian, S., « An *Introduction to the Book of Psalms* by David Anhaght », dans C. Burchard (édit.), *Armenia and the Bible*. Papers Presented to the International Symposium Held at Heidelberg, July 16-19, 1990, coll. « University of Pennsylvania. Armenian Text and Studies » 12, Atlanta, GA 1993, p. 15-21.

Akinean, N., *Dawit' Hark'ac'i anyałt' p'ilisop'ay. Keank'n ew gorcerě/David Harkazi Unbesiegter Philosoph. Leben und Wirken*, Wien 1959.

Arevšatyan, S. S. – Mat'evosyan, A. S., *Glajori hamalsaraně, miǰnadaryan Hayastani lusavorut'yan kentron* [L'université de Glajor, centre d'instruction de l'Arménie médiévale], Erevan 1984.

Arevšatyan, S. S., « Davt'i Anhałt'i žaṙangě nor lusabanut'yamb » [L'héritage de David l'Invincible sous un éclairage nouveau], *Banber Matenadarani* 9, 1969, p. 7-22.

Arevšatyan, S. S., « Platoni erkeri hayeren t'argmanut'yan žamanakě » [L'époque de la traduction arménienne des œuvres de Platon], *Banber Matenadarani* 10, 1971, p. 7-20.

Arevšatyan, S. S., « Le 'Livre des Êtres' et la question de l'appartenance de deux lettres dogmatiques anciennes », *Revue des Études Arméniennes* 18, 1984, p. 23-32.

Athanassiadi, P., « Persecution and Response in Late Paganism : The Evidence of Damascius », *Journal of Hellenic Studies* 113, 1993, p. 1-29.

Bardakjian, K. B., *A Reference Guide to Modern Armenian Literature. 1500-1920*, Detroit 2000.

Barnes, J. – Calzolari, V. « The *Commentaria in Aristotelem Armeniaca* Project », dans A. Topchyan (édit. et trad.), *David the Invincible, Commentary on Aristotle's Prior Analytics*. Old Armenian Text with an English Translation, Introduction and Notes, coll. « Philosophia antiqua » 122, « Commentaria in Aristotelem Armeniaca. Davidis Opera » 2, Leiden – Boston 2010, p. IX-X.

Barnes, J., « David and the Greek Tradition », dans V. Calzolari – J. Barnes (édit.), *L'œuvre de David l'Invincible et la transmission de la pensée grecque dans la tradition arménienne et syriaque*, coll. « Philosophia antiqua » 116, « Commentaria in Aristotelem Armeniaca. Davidis Opera » 1, Leiden – Boston 2009, p. 3-14.

Bettiolo, P., « Scuole e ambienti intellettuali nelle chiese di Siria », dans C. D'Ancona (édit.), *Storia della filosofia nell'Islam medievale*, Torino 2005, p. 48-100.

Blank, D., « Ammonius Hermeiou and his School », dans L. P. Gerson (édit.), *The Cambridge History of Philosophy in Late Antiquity*, Cambridge 2010, p. 654-666.

Brock, S., « From Antagonism to Assimilation : Syriac Attitude to Greek Learning », dans N. G. Garsoïan, Th. F. Mathews, R. W. Thomson (édit.), *East of Byzantium. Syria and Armenia in the Formative Period.* Dumbarton Oaks Symposium 1980, Washington, D.C. 1982, p. 17-34 (réimpr. dans *Id.*, *Syriac Perspectives on Late Antiquity*, coll. « Variorum Collected Studies » 199, Aldershot 1984, n° V).

Brock, S., « The Syriac Commentary Tradition », dans C. Burnett (édit.), *Glosses and Commentaries on Aristotelian Logical Texts. The Syriac, Arabic and Medieval Latin Traditions*, London 1993, p. 3-10.

Č'aloyan, V. K., « Davt'i Anhałt' (banasirakan aknark) » [David l'Invincible (Aperçu philologique)], *Patma-Banasirakan Handes* 1, 1980, p. 52-62.

Calzolari, V., « Aux origines de la formation du corpus philosophique en Arménie : quelques remarques sur les versions arméniennes des commentaires grecs de David », dans C. D'Ancona (édit.), *The Libraries of the Neoplatonists.*

Proceedings of the Meeting of the European Science Foundation Network Late Antiquity and Arabic Thought. Patterns in the Constitution of European Culture held in Strasbourg, March 12-14, 2004, coll. « Philosophia Antiqua » 107, Leiden – Boston 2007, p. 259-278.

Calzolari, « David et la tradition arménienne », dans V. Calzolari – J. Barnes (édit.), *L'œuvre de David l'Invincible et la transmission de la pensée grecque dans la tradition arménienne et syriaque*, coll. « Philosophia antiqua » 116, « Commentaria in Aristotelem Armeniaca. Davidis Opera » 1, Leiden – Boston 2009, p. 15-36.

Calzolari, V., « La version arménienne des *Prolegomena philosophiae* de David et son rapport avec le texte grec", dans V. Calzolari – J. Barnes (édit.), *L'œuvre de David l'Invincible et la transmission de la pensée grecque dans la tradition arménienne et syriaque*, coll. « Philosophia antiqua » 116, « Commentaria in Aristotelem Armeniaca. Davidis Opera » 1, Leiden – Boston 2009, p. 39-65.

Calzolari, V., « Philosophical Literature in Ancient and Medieval Armenia », dans V. Calzolari (édit.), with the collaboration of M. E. Stone, *Armenian Philology in the Modern Era : From Manuscript to Digital Text*, coll. « Handbook of Oriental Studies. Section 8 : Uralic & Central Asian Studies », « History of Armenian Studies », vol. 23/1, Leiden – Boston 2014, p. 349-376.

Calzolari, V. « Sciences sacrées et sciences profanes dans la littérature arménienne. Les "racines" culturelles de l'Arménie ancienne et médiévale entre Orient et Occident », dans M. Delgado, Ch. Méla, F. Möri (édit.), *Orient – Occident, racines spirituelles de l'Europe. Enjeux et implications de la* translatio studiorum *dans le judaïsme, le christianisme et l'islam de l'Antiquité à la Renaissance.* Actes du colloque scientifique international, 16-19 novembre 2009, Paris 2014, p. 369-395.

Calzolari, V., « The Reception and the Transmission of the Greek Cultural Heritage in Armenia : The Armenian Translations of the Greek Neoplatonic Works », dans F. Gazzano, L. Pagani, G. Traina (édit.), *Greek Texts and Armenian Traditions. An Interdisciplinary Approach*, coll. « Trends in Classics. Supplementary Volumes » 39, Berlin – New York 2016, p. 47-70.

Calzolari, V., « Stefano il protomartire e i Padri della Chiesa : su alcune omelie greche e siriache tradotte in armeno e un *Encomio di santo Stefano* attribuito a Basilio di Cesarea », *Adamantius* 25, 2019, p. 230-255.

Cameron, A., « La fin de l'Académie », dans P.-M. Schuhl – P. Hadot (édit.), *Le Néoplatonisme*. Actes du colloque international de Royaumont, 9-13 juin 1969, Paris 1971, p. 281-290.

Cavallo, G., « Qualche riflessione sulla continuità della cultura greca in Oriente nei secoli VII e VIII », dans G. Fiaccadori (édit.), *Autori classici in lingue del Vicino e Medio Oriente*, Roma 2001, p. 443-448.

Chiaradonna, R., « I commentatori neoplatonici di Aristotele », dans R. Chiaradonna (édit.), *Storia della filosofia antica. IV. Dalla filosofia imperiale al tardo antico*, Roma 2017, p. 227-246.

Contin, B., *David l'Arménien et l'École d'Alexandrie. Recherches sur la formation du vocabulaire épistémologique des œuvres grecques et arméniennes*, coll. « Orientalia Christiana Analecta » 301, Roma 2017.

Contin, B., « Intertwining Aristotelian Ontology and Logic with Theology. The Early Armenian Non-Chalcedonian Perspective : The Book of Beings and the Questions Addressed to the Heretical Diophysites, *Jahrbuch der Österreichischen Byzantinistik* 70, 2020, p. 429-463.

Conybeare, F. C., *A Collation with the Ancient Armenian Versions of the Greek Text of Aristotle's Categories, De interpretatione, De mundo, De virtutibus et vitiis, and of Porphyry's Introduction*, Oxford 1892.

Dadoyan, S., *The Armenians in the Medieval Islamic World*, vol. 3 : *Medieval Cosmopolitanism and Images of Islam*, New Brunswick – London 2014.

D'Ancona, C. (édit.), *The Libraries of the Neoplatonists.* Proceedings of the Meeting of the European Science Foundation Network 'Late Antiquity and Arabic Thought. Patterns in the Constitution of European Culture', Strasbourg, March 12-14, 2004, coll. « Philosophia Antiqua » 107, Leiden – Boston 2007.

Endress, G., « The Defense of Reason : The Plea for Philosophy in the Religious Community », *Zeitschrift für Geschichte der Arabisch-Islamischen Wissenschaften* 6, 1990, p. 1-49.

Festugière, A. J., « L'ordre de lecture des dialogues de Platon aux Ve/VIe siècles », *Museum Helveticum* 26, 1929, p. 281-296.

Fiori, E., « La cultura filosofica e scientifica greca nella Chiesa siro-occidentale (VI-VIII secolo): un tentativo di interpretazione e uno sguardo d'insieme », dans E. Vergani (édit.), *Atti del 6° Incontro sull'Oriente Cristiano di tradizione siriaca*, Milano 2012, p. 117-144.

Fiori, E., « Un intellectuel alexandrin en Mésopotamie. Essai d'une interprétation d'ensemble de l'œuvre de Sergius de Reš'aynā », dans C. Martini Bonadeo – E. Coda (édit.), *De l'Antiquité tardive au Moyen Âge. Études de logique aristotélicienne et de philosophie grecque, syriaque, arabe et latine offertes à Henri Hugonnard-Roche*, Paris 2014, p. 59-90.

Glucker, J., *Antiochus and the Late Academy*, coll. « Hypomnemata » 56, Göttingen 1979.

Goulet, R., « Élias », dans R. Goulet (édit.), *Dictionnaire des philosophes antiques*, vol. 3, Paris 2000, p. 57-66.

Goulet, R., « La conservation et la transmission des textes philosophiques grecs », dans C. D'Ancona (édit.), *The Libraries of the Neoplatonists.* Proceedings of the Meeting of the European Science Foundation Network Late Antiquity and Arabic Thought. Patterns in the Constitution of European Culture held in Strasbourg, March 12-14, 2004, coll. « Philosophia Antiqua » 107, Leiden – Boston 2007, p. 29-61.

Griffin, M., « Ammonius and the Alexandrian School », dans A. Falcon (édit.), *Brill's Companion to the Reception of Aristotle in Antiquity*, coll. « Brill's Companion to Classical Reception » 7, Leiden 2016, p. 394-418.

Gutas, D., « The 'Alexandria to Baghdad' Complex of Narratives : A Contribution to the Study of Philosophical and Medical Historiography among the Arabs », *Documenti e studi sulla tradizione filosofica medievale* 10, 1999, p. 155-193.

Gutas, D., *Pensée grecque, culture arabe. Le mouvement de traduction gréco-arabe à Bagdad et la société abbasside primitive (IIe-IVe/VIIIe-IXe siècles)*, Paris 2005 (traduction de l'original anglais *Greek Thought, Arabic Culture. The Graeco-Arabic Translation Movement in Baghdad and Early 'Abbāsid Society [2nd-4th/8th-10th centuries]*, London – New York 1998).

Hadot, I., « Les introductions aux commentaires exégétiques chez les auteurs néoplatoniciens et les auteurs chrétiens », dans M. Tardieu (édit.), *Les règles de l'interprétation*, Paris 1987, p. 99-122.

Hadot, I., « Le commentaire philosophique continu dans l'Antiquité », *Antiquité Tardive* 5, 1997, p. 169-176.

Hadot, I., « Dans quel lieu le néoplatonicien Simplicius a-t-il fondé son école de mathématiques, et où a pu avoir lieu son entretien avec un manichéen ? », *The International Journal of the Platonic Tradition* 1, 2007, p. 42-107.

Hadot, I., *Le néoplatonicien Simplicius à la lumière des recherches contemporaines. Un bilan critique*, Sankt Augustin 2014.

Hadot, P., « La logique, partie ou instrument de la philosophie ? », dans I. Hadot *et al.* (trad.), *Simplicius, Commentaire sur les Catégories*. Traduction commentée sous la direction de I. H., fasc. 1, coll. « Philosophia Antiqua » 50, Leyde – New York – Copenhague – Cologne 1990, p. 183-188.

Hoffmann, Ph., « Sur quelques aspects de la polémique de Simplicius contre Jean Philopon : de l'invective à la réaffirmation de la transcendance du ciel », dans I. Hadot (édit.), *Simplicius. Sa vie, son œuvre, sa survie*, coll. « Peripatoi » 15, Berlin – New York 1987, p. 183-221.

Hoffmann, Ph., « Damascius », dans R. Goulet (édit.), *Dictionnaire des philosophes antiques*, vol. 2, Paris 1994, p. 541-593.

Hoffmann, Ph., « Les bibliothèques philosophiques d'après le témoignage de la littérature néoplatonicienne des Ve et VIe siècles », dans C. D'Ancona (édit.), *The Libraries of the Neoplatonists*. Proceedings of the Meeting of the European Science Foundation Network Late Antiquity and Arabic Thought. Patterns in the Constitution of European Culture held in Strasbourg, March 12-14, 2004, coll. « Philosophia Antiqua » 107, Leiden – Boston 2007, p. 135-153.

Hoffmann, Ph., « What was Commentary in Late Antiquity ? The Example of the Neoplatonic Commentators », dans M. L. Gill – P. Pellegrin (édit.), *The Cambridge Companion to Ancient Philosophy,* Oxford 2007, p. 597-622.

Hugonnard-Roche, H., « L'intermédiaire syriaque dans la transmission de la philosophie grecque à l'arabe », *Arabic Sciences and Philosophy*, 1, 1991, p. 187-209.

Hugonnard-Roche, H., *La logique d'Aristote du grec au syriaque. Études sur la transmission des textes de l'Organon et leur interprétation philosophique*, coll. « Textes et traditions » 9, Paris 2004.

Hugonnard-Roche, H., « La tradition gréco-syriaque des commentaires d'Aristote », dans V. Calzolari – J. Barnes (édit.), *L'œuvre de David l'Invincible et la transmission de la pensée grecque dans la tradition arménienne et syriaque*, coll. « Philosophia antiqua » 116, « Commentaria in Aristotelem Armeniaca. Davidis Opera » 1, Leiden – Boston 2009, p. 153-173.

Hugonnard-Roche, H., « Platon syriaque », dans M. A. Amir-Moezzi, J.-D. Dubois, C. Jullien, F. Jullien (édit.), *Pensée grecque et sagesse d'Orient. Hommage à Michel Tardieu,* coll. « Bibliothèque de l'École des Hautes Études, Sciences religieuses » 142, Paris 2009, p. 307-322.

Hugonnard-Roche, H., « Syriac Aristotelician Tradition », *Studia graeco-arabica* 3, 2013, p. 235-244.

Hugonnard-Roche, H., « Les traducteurs syriaques et la transmission des savoirs grecs dans l'espace culturel arabo-musulman », dans M. Delgado, Ch. Méla, F. Möri (édit.), *Orient – Occident, racines spirituelles de l'Europe. Enjeux et implications de la* translatio studiorum *dans le judaïsme, le christianisme et l'islam de l'Antiquité à la Renaissance*. Actes du colloque scientifique international, 16-19 novembre 2009, Paris 2014, p. 471-487.

Hugonnard-Roche, H., « L'école de Qennešre et la tradition philosophique en syriaque, entre Alexandrie et Bagdad », dans E. Fiori – H. Hugonnard-Roche (édit.), *La philosophie en syriaque*, coll. « Études syriaques » 16, Paris 2019, p. 237-248.

King, D., « The First Translator of Aristotle's *Categories* in Syriac », *Paroles de l'Orient* 35, 2010, p. 1-19.

King, D., « Why Were the Syrians Interested in Greek Philosophy ? », dans P. Wood (édit.), *History and Identity in the Late Antique Near East,* coll. « Oxford Studies in Late Antiquity », Oxford 2013, p. 4-81.

King, D., « The Study of Logic in Syriac Culture », dans E. Fiori – H. Hugonnard-Roche (édit.), *La philosophie en syriaque*, coll. « Études syriaques » 16, Paris 2019, p. 163-208.

Khostikian, M., *David der Philosoph,* coll. « Berner Studien » 58, Bern 1907.

Lachance, G., « On Aristotle's *Peri Hermeneias* 16A1-18 : The Case of An Anonymous Armenian Commentary », *The Classical Quarterly* 71/2, 2021, p. 866-885.

La Porta, S., « Gregory of Tat'ew », dans D. Thomas – A. Mallet (édit.), *Christian-Muslim Relations. A Bibliographical History*, vol. 5 : *1350-1500*, Leiden – Boston 2013, p. 229-238.

Lemerle, P., *Le premier humanisme byzantin. Notes et remarques sur enseignement et culture à Byzance, des origines au Xe siècle*, Paris 1971.

Leroy, M., « Grégoire Magistros et les traductions arméniennes d'auteurs grecs », *Annuaire de l'Institut de philologie et d'histoire orientales* 3, 1935, p. 263-294.

Linguiti, A., « Le scuole neoplatoniche », dans R. Chiaradonna (édit.), *Storia della filosofia antica.* IV. *Dalla filosofia imperiale al tardo antico*, Roma 2017, p. 203-226.

Luna, C., « R. Thiel, *Simplikios und das Ende der neuplatonischen Schule in Athen (Akademie der Wissenschaften und der Literatur Mainz, Abhandlungen der Geistes- und sozialwissenschaftlichen Klasse,* Jahrgang 1999), Stuttgart », *Mnemosyne* 54, 2001, p. 482-504 (compte rendu).

Lynch, J. P., *Aristotle's School : Study of a Greek Educational Institution*, Berkeley, CA 1972.

Mahé, J.-P., « Quadrivium et cursus d'études au VIIe siècle en Arménie et dans le monde byzantin d'après le 'K'nnikon' d'Anania Širakac'i », *Travaux et Mémoires* 10, 1987, p. 159-206.

Mahé, J.-P., « Amelaxos », dans R. Goulet (édit.), *Dictionnaire des philosophes antiques*, vol. 1, Paris 1989, p. 160.

Mahé, J.-P., « David l'Invincible dans la tradition arménienne », dans I. Hadot *et al.* (trad.), *Simplicius, Commentaire sur les Catégories*. Traduction commentée sous la direction de I. H., fasc. 1, coll. « Philosophia Antiqua » 50, Leyde – New York – Copenhague – Cologne 1990, p. 189-207.

Mahé, J.-P., « L'Arménie et les Pères de l'Église : histoire et mode d'emploi (V^e-XIIe siècle) », dans J.-C. Fredouille – R. M. Roberge (édit.), *La documentation patristique*, Québec – Paris 1995, p. 167-179.

Mahé, J.-P., « Du grec à l'arménien », *Encyclopédie philosophique universelle*, vol. 4 : *Le discours philosophique*, Paris 1998, n° 64.

Mahé, J.-P., « Arts libéraux et universités dans l'Arménie médiévale », dans V. Calzolari (édit.), *Illuminations d'Arménie. Arts du livre et de la pierre dans l'Arménie ancienne et médiévale*, Cologny (Genève) 2007, p. 191-194.

Manandean, Y., *Yunaban dproc'ĕ ew nra zargac'man šrǰrannerĕ* [L'École hellénisante et les phases de son développement], Vienne 1928.

Mancini Lombardi, S. – Pontani, P. (édit.), *Studies on the Ancient Armenian Version of Philo's Work*, coll. « Studies in Philo of Alexandria » 6, Leiden – Boston 2011.

Mansfeld, J., *Prolegomena. Questions to be settled before the Study of an Author, or a Text,* coll. « Philosophia Antiqua » 61, Leyde – New York – Cologne 1994.

Mansfeld, J., *Prolegomena Mathematica. From Apollonius of Perga to late Neoplatonism*, coll. « Philosophia Antiqua » 80, Leyde – New York – Cologne 1998.

Meyerhof, M., « Von Alexandrien nach Bagdad. Ein Beitrag zur Geschichte des philosophischen und medizinischen Unterrichts bei den Arabern », *Sitzungsberichte der Berliner Akademie der Wissenschaften. Ph.-Hist. Klasse* 23, 1930, p. 389-429.

Minasyan, A., *Hovhan Orotnec'in Aristoteli erkeri meknič'* [Yovhan Orotnec'i, commentateur des œuvres d'Aristote], Erevan 2004.

Mirzoyan, H. Ł., *Davit' Anhałt'ĕ ev* XVII *d. hay p'ilisop'ayakan mitk'ĕ* [David l'Invincible et la pensée philosophique arménienne au XVIIe siècle], dans G. Brutyan *et al.* (édit.), *Davit' Anhałt'ĕ hin Hayastani mec p'ilisop'an* [David l'Invincible, le grand philosophe de l'Arménie antique], Erevan 1983, p. 510-523.

Mirzoyan, H. Ł., *XVII dari hay p'ilisop'ayakan mtk'i k'nnakan verlucut'yun* [Analyse critique de la pensée philosophique arménienne au XVIIe siècle], Erevan 1983.

Mirzoyan, H. Ł., *Hovhannes Mrk'uz Jułayec'i* [Yovhannēs Mrk'uz de Djoulfa], Erevan 2001.

Nersoyan, H. J., « 'An Encomium of the Holy Cross of God' by David the Invincible Philosopher », dans A. K. Sanjian (édit.), *David Anhagt', the 'Invincible' Philosopher*, coll. « Studies in Near Eastern Culture and Society » 7, Atlanta, GA 1986, p. 81-100.

Opsomer, J., « Olympiodorus », dans L. P. Gerson (édit.), *The Cambridge History of Philosophy in Late Antiquity*, vol. 2, Cambridge 2010, p. 697-710.

Orengo, A., « Eznik of Kołb as a Translator », dans F. Gazzano, L. Pagani, G. Traina (édit.), *Greek Texts and Armenian Traditions. An Interdisciplinary Approach*, coll. « Trends in Classics. Supplementary Volumes » 39, Berlin – New York 2016, p. 31-45.

Ouzounian, A., « David l'Invincible », dans R. Goulet (édit.), *Dictionnaire des philosophes antiques*, vol. 2, Paris 1994, p. 614-615.

Papazian, M., « The Authorship of an Armenian *Commentary on Aristotle's Prior Analytics* », dans V. Calzolari – J. Barnes (édit.), *L'œuvre de David l'Invincible et la transmission de la pensée grecque dans la tradition arménienne et syriaque*, coll. «Philosophia antiqua» 116, «Commentaria in Aristotelem Armeniaca. Davidis Opera» 1, Leiden – Boston 2009, p. 105-118.

Petrosyan, G. B., «Davit‘ Anhałt‘i žařangut‘yan nor lusabanut‘yan mi p‘orji masin» [À propos d'une tentative de nouvel éclaircissement de l'héritage de David l'Invincible], *Patma-Banasirakan Handes* 1/132, 1991, p. 176-184.

Połarean, N., *Mayr c‘uc‘ak jeřagrac‘ Srboy Yakobeanc‘* [Catalogue général des manuscrits de Saint-Jacques], vol. 3, Jérusalem 1968.

Pontani, P., «A Contribution to the Specification of the Greek Lexicon used by the Translators of the ՅՈՒՆԱԲԱՆ ԴՊՐՈՑ», dans N. Awde (édit.), *Armenian Perspectives*. 10th Anniversary Conference of the Association Internationale des Études Arméniennes. SOAS, London, Richmond, Surrey 1997, p. 191-199 et 396-398.

Rashed, M., «Nicolas d'Otrante, Guillaume de Moerbeke et la "Collection philosophique"», *Studi Medievali* 43, 2002, p. 693-718.

Rashed, M., «Les *marginalia* d'Aréthas, Ibn al-Ṭayyib et les dernières gloses alexandrines à l'*Organon*», dans D. Jacquart – Ch. Burnett (édit.), *Scientia in margine. Études sur les Marginalia dans les manuscrits scientifiques du Moyen Âge à la Renaissance*, coll. « École Pratique des Hautes Études » 5, « Hautes études médiévales et modernes » 88, Genève 2005, p. 57-73 (réimpr. dans *Id.*, *L'héritage aristotélicien. Textes inédits de l'Antiquité,* coll. «Anagôgê» 2, Paris 2007, p. 327-343).

Richard, M., «Ἀπὸ φωνῆς», *Byzantium* 20, 1950, p. 191-222 (réimpr. dans *Id.*, *Opera Minora*, vol. 3, Turnhout – Louvain 1977, n° 60).

Roueché, M., « Stephanus the Alexandrian Philosopher, the *Kanon* and a Seventh-Century Millennium », *Journal of the Warburg and the Courtauld Institutes* 74, 2011, p. 1-30.

Roueché, M., « A Philosophical Portrait of Stephanus the Philosopher », dans R. Sorabji (édit.), *Aristotle Re-Interpreted. New Findings on Seven Hundred Years of the Ancient Commentators*, London 2020, p. 541-563.

Rudolph, U., « The Late Ancient Background », dans U. Rudolph, R. Hansberger, P. Adamson (édit.), *Philosophy in the Islamic World*, vol. 1, Boston - Leiden 2017, p. 29-73.

Saffrey, H.-D., «Ἀγεωμέτρητος μηδεὶς εἰσίτω. Une inscription légendaire», *Revue des Études Grecques* 81, 1968, p. 67-87.

Saffrey, H.-D., «Ammonius d'Alexandrie», dans R. Goulet (édit.), *Dictionnaire des philosophes antiques*, vol. 1, Paris 1989, p. 168-169.

Saffrey, H.-D., «Retour sur le *Parisinus graecus* 1807, le manuscrit A de Platon», dans C. D'Ancona (édit.), *The Libraries of the Neoplatonists*. Proceedings of the Meeting of the European Science Foundation Network Late Antiquity and Arabic Thought. Patterns in the Constitution of European Culture held in Strasbourg, March 12-14, 2004, coll. « Philosophia Antiqua » 107, Leiden – Boston 2007, p. 3-28.

Sanjian, A. K. (édit.), *David Anhagt', the 'Invincible' Philosopher*, coll. « Studies in Near Eastern Culture and Society » 7, Atlanta, GA 1986.

Sgarbi, R., « Osservazioni sul testo e sulla lingua della versione armena dell' 'Isagoge' di Porfirio », *Memorie dell'Istituto Lombardo. Accademia di Scienze e Lettere. Classe di Lettere, Scienze morali e storiche*, vol. 31, fasc. 5, 1972.

Shirinian, M. E., « The Armenian Version of David the Invincible's Commentary on Aristotle's Categories », dans V. Calzolari – J. Barnes (édit.), *L'œuvre de David l'Invincible et la transmission de la pensée grecque dans la tradition arménienne et syriaque*, coll. « Philosophia antiqua » 116, « Commentaria in Aristotelem Armeniaca. Davidis Opera » 1, Leiden – Boston 2009, p. 89-102.

Sirinian, A., « 'Armenian Philo' : A Survey of the Literature », dans S. Mancini Lombardi – P. Pontani (édit.), *Studies on the Ancient Armenian Version of Philo's Work*, coll. « Studies in Philo of Alexandria » 6, Leiden – Boston 2011, p. 7-44.

Sorabji, R. (édit), *Aristotle Transformed. The Ancient Commentators and their Influence*, Ithaca, NY 1990.

Strohmaier, G., « 'Von Alexandrien nach Bagdad' – Eine fictive Schultradition », dans J. Wiesner (édit.), *Aristoteles. Werk und Wirkung, Paul Moraux gewidmet*, vol. 2, Berlin – New York 1987, p. 380-389.

Sweeting, C., « The Relationship between the Armenian Translation of the *Commentary on Aristotle's Analytics* of David and the Greek Text of the *Commentary on Aristotle's Analytics* of Elias », dans V. Calzolari – J. Barnes (édit.), *L'œuvre de David l'Invincible et la transmission de la pensée grecque dans la tradition arménienne et syriaque*, coll. « Philosophia antiqua » 116, « Commentaria in Aristotelem Armeniaca. Davidis Opera » 1, Leiden – Boston 2009, p. 137-150.

Tardieu, M., « Ṣābiens coraniques et 'Ṣābiens' de Ḥarrān », *Journal Asiatique* 274, 1986, p. 1-44.

Tardieu, M., « Les calendriers en usage à Ḥarrān d'après les sources arabes et le commentaire de Simplicius à la *Physique* d'Aristote », dans I. Hadot (édit.), *Simplicius. Sa vie, son œuvre, sa survie*, coll. « Peripatoi» 15, Berlin – New York 1987, p. 40-57.

Tardieu, M., *Les paysages reliques. Routes et haltes syriennes d'Isidore à Simplicius*, coll. « Bibliothèque de l'École des Hautes Études, Sciences religieuses » 94, Paris – Louvain 1990.

Tarrant, H., « Introduction », dans R. Jackson, K. Lycos, H. Tarrant (trad.), *Olympiodorus, Commentary on Plato's* Gorgias. Translated with full Notes by R. J., K. L., H. T. Introduction by H. T., coll. « Philosophia Antiqua » 78, Leiden – Boston – Köln 1998, p. 1-52.

Terian, A., « The Hellenizing School. Its Time, Place and Scope of Activities Reconsidered », dans N. G. Garsoïan, Th. F. Mathews, R. W. Thomson (édit.), *East of Byzantium. Syria and Armenia in the Formative Period.* Dumbarton Oaks Symposium 1980, Washington, D.C. 1982, p. 175-186.

Tessier, A., *Il testo di Aristotele e le traduzioni armene*, coll. « PROAGONES. Collezione di studi e testi. Studi » 17, Padova 1979.

Tessier, A., « Frederick Cornwallis Conybeare e le versioni armene da Aristotele », dans G. Fiaccadori (édit.), *Autori classici in lingue del Vicino e Medio Oriente*, Roma 2001, p. 133-138.

Tinti, I., « On the Chronology and Attribution of the Old Armenian *Timaeus*: A Status Quaestionis and New Perspectives », *Egitto e Vicino Oriente* 35, 2012, p. 219-282.

Topchyan, A., « Remarks on David the Invincible's *Commentary on Aristotle's Prior Analytics*: Its Structure, Contents, Language, and the Problems of Translator and Authorship », dans V. Calzolari – J. Barnes (édit.), *L'œuvre de David l'Invincible et la transmission de la pensée grecque dans la tradition arménienne et syriaque*, coll. « Philosophia antiqua » 116, « Commentaria in Aristotelem Armeniaca. Davidis Opera » 1, Leiden – Boston 2009, p. 119-135.

Uluhogian, G., *Catalogo dei manoscritti armeni delle biblioteche d'Italia*, Rome 2010.

Usener, H., *De Stephano Alexandrino*, Bonn 1880 (réimpr. dans *Id.*, *Kleine Schriften*, vol. 3, Leipzig 1914, p. 247-322).

van Esbroeck, M., « Les sentences morales des philosophes grecs dans les traditions orientales », dans M. Pavan – U. Cozzoli (édit.), *L'eredità classica nelle lingue orientali*, Roma 1986, p. 11-23.

van Esbroeck, M., « Movsēs Xorenac'i et le *Girk' Ēakac'* », *Revue des Études Arméniennes* 25, 1994-1995, p. 109-124.

van Esbroeck, M., « Les métamorphoses du *Girk' Ēakac'* », *Revue des Études Arméniennes* 26, 1996-1997, p. 235-248.

Vardazaryan, O., « The 'Armenian Philo' : A remnant of an Unknown Tradition », dans S. Mancini Lombardi – P. Pontani (édit.), *Studies on the Ancient Armenian Version of Philo's Work*, coll. « Studies in Philo of Alexandria » 6, Leiden – Boston 2011, p. 191-216.

Watt, J. W., « From Sergius to Mattā : Aristotle and Pseudo-Dionysius in the Syriac Tradition », dans J. W. Watt – J. Lössl (édit.), *Interpreting the Bible and*

Aristotle. The Alexandrian Commentary Tradition between Rome and Baghdad, Farnham – Burlington 2011, p. 213-226 (réimpr. dans *Id.*, *The Aristotelian Tradition in Syriac*, coll. « Variorum Collected Studies » 1074, London – New York 2019, p. 25-45).

Watt, J. W., « The Syriac Aristotle between Alexandria and Baghdad », *Journal for Late Antique Religion and Culture* 7, 2013, p. 26-50 (réimpr. dans *Id.*, *The Aristotelian Tradition in Syriac*, coll. « Variorum Collected Studies » 1074, London – New York 2019, p. 47-71).

Watt, J. W., « The Curriculum of Aristotelian Philosophy among the Syrians », *Studia graeco-arabica* 7, 2017, p. 171-192.

Watt, J. W., *The Aristotelian Tradition in Syriac*, coll. « Variorum Collected Studies » 1074, London – New York 2019.

Watt, J. W., « From Alexandria to Baghdad: Max Meyerhof revisited », dans *Id.*, *The Aristotelian Tradition in Syriac*, coll. « Variorum Collected Studies » 1074, London – New York 2019, p. 9-23.

Watts, E., « Where to Live the Philosophical Life in the Sixth Century ? Damascius, Simplicius, and the Return from Persia », *Greek, Roman, and Byzantine Studies* 45, 2005, p. 285-315.

Westerink, L. G., « Elias on the Prior Analytics », *Mnemosyne* 14, 1961, p. 126-139 (réimpr. dans *Texts and Studies in Neoplatonism and Byzantine Literature*. Collected Papers by L. G. W., Amsterdam 1980, p. 59-72).

Wildberg, Ch., « Three Neoplatonic Introductions to Philosophy: Ammonius, David and Elias », *Hermathena* 149, 1990, p. 33-51.

Wildberg, Ch., « Philosophy in the Age of Justinian », dans M. Maas (édit.), *The Cambridge Companion to the Age of Justinian*, Cambridge 2006, p. 316-340.

Wilson, N. G., *Scholars of Byzantium*, London 1983.

Wolska-Conus, W., « Stéphanos d'Athènes et Stéphanos d'Alexandrie : essai d'identification et de biographie », *Revue des Études Byzantines* 47, 1989, p. 20-33.

Xačikjan, L. – Lalafarjan, S., « Filosofskie trudy v Armjanskix rukopisjax Matenadarana » [Œuvres des manuscrits philosophiques arméniens du Matenadaran], *Banber Matenadarani* 3, 1956, p. 387-457.

Zambon, M., « Filosofia antica e cristianesimo », dans R. Chiaradonna (édit.), *Storia della filosofia antica*. IV. *Dalla filosofia imperiale al tardo antico*, Roma 2017, p. 273-293.

Zuckerman, C., *A Repertory of Published Armenian Translations of Classical Texts*, Jerusalem 1995 (réimpr. dans G. Fiaccadori [édit.], *Autori classici in lingue del Vicino e Medio Oriente*, Roma 2001, p. 415-448).

JEAN-PIERRE MAHÉ

ANANIA ŠIRAKAC‘I ET LA TRADUCTION ARMÉNIENNE DES ARTS LIBÉRAUX (VIIe SIÈCLE)

Entre le patriarche Giwt Arahezac‘i (461-478) et le catholicos Yovhannēs Ōjnec‘i (717-728), le savant Anania Širakac‘i (vers 612-680) apporte le témoignage le plus précis et le plus détaillé sur la version arménienne des sept arts libéraux, notamment des quatre arts mathématiques regroupés en Occident dans le *quadrivium*.

Longtemps dispersés en une poussière d'opuscules scientifiques, oscillant entre la traduction maladroite de manuels élémentaires et une vigoureuse réflexion personnelle, les écrits attribués à Anania trouvent aujourd'hui une cohérence historique et intellectuelle grâce au progrès des recherches entreprises depuis le début des années 1960 sur la biographie du savant[1], la nature et la structure de ses écrits[2], et la chronologie des traductions arméniennes hellénisantes[3].

La lettre[4] écrite après[5] 464 par le patriarche Giwt au roi Vač‘ē d'Albanie caucasienne est doublement intéressante. D'un côté, elle contient la première mention technique en arménien des sciences libérales. De l'autre, elle nous les

1. Berbérian (trad.), « Autobiographie d'Anania Širakac‘i » ; Lemerle, « Notes sur les données historiques de l'autobiographie d'Anania de Shirak » ; Zuckerman, « Jerusalem as the Centre of the Earth » ; Greenwood, « New Light from the East ».

2. Mat‘evosyan, « Norahayt patařikner Anania Širakac‘u t‘vabanut‘yan dasagrk‘ic‘ » ; *Id.*, « Anania Širakac‘u ‘K‘nnikoně’ » ; *Id.*, « Anania Širakac‘u ‘K‘nnikoni’ erkrač‘ap‘ut‘yan ba-žině » ; *Id.*, « Anania Širakac‘u ‘Ašxarhagrut‘ean’ het kapvac mi k‘ani harc‘er » ; *Id.*, « Evklidesi ‘Tarerk‘ě’ » ; *Id.*, « Noric‘ Širakac‘u ‘K‘nnikoni’ masin » ; *Id.*, « Step‘anos Taronac‘i Asołikě ew Anania Širakac‘u ‘K‘nnikoně’ » ; Mahé, « Quadrivium et cursus d'études ».

3. Terian, « The Hellenizing School ».

4. Ařak‘elyan (édit.), *Movsēsi Kałankatuac‘woy,* I 11, p. 17-28 ; Dowsett (trad.), *The History of the Caucasian Albanians*, p. 10-17.

5. Sur le contexte historique de cette lettre, adressée au roi détrôné, qui avait pris l'habit monastique, après un règne éphémère de trois ans (461-464), voir Mahé, « La Lettre de Giwt à Vač‘ē », p. 211-215.

présente dans un agencement moins systématique que celui qui s'est imposé dans les universités médiévales en Occident. En effet, on a longtemps situé à l'âge hellénistique[1], au cours des trois derniers siècles avant notre ère, la répartition des disciplines libérales en un cycle littéraire de trois ans, suivi d'un cycle mathématique de quatre ans.

Mais les travaux d'I. Hadot ont montré que le *quadrivium* n'apparaît guère avant Nicomaque de Gérase, au IIe siècle de notre ère[2], tandis que le *trivium*, un peu plus tardif, se constitue au IIIe siècle, à l'époque de Porphyre[3]. La réunion des deux cycles, en un *cursus* continu, n'est attestée qu'en Occident : au VIe siècle, dans le monastère italien de Vivarium, sous la conduite de Cassiodore[4], et au VIIe siècle, en Espagne, dans l'entourage d'Isidore de Séville[5]. En Orient, les deux cycles conservent une relative indépendance.

Ainsi, le patriarche Giwt préconise, comme propédeutique à la théologie, l'étude de l'arithmétique, de la géométrie, de l'astronomie et de la médecine[6]. Après quoi, on pourra aborder l'Écriture sainte, répartie en livres prophétiques, apostoliques, évangéliques. De rhétorique et de philosophie il n'est question qu'incidemment, à propos des « philosophes rhétoriciens du pays des Grecs »[7]. Selon Łazar P'arpec'i, Giwt était « plein de science en arménien, et plus encore en grec »[8]. Originaire du Tayk', il était sans doute parfaitement bilingue depuis son enfance. Il se réfère donc probablement à des connaissances acquises directement en grec, à une époque où les manuels scolaires n'étaient pas encore traduits en arménien.

Cette pénurie durait toujours, près d'un siècle et demi plus tard, au début des années 630, quand Anania Širakac'i commença ses études. Dans le *curriculum vitae*[9] qui sert de préface à son recueil de problèmes arithmétiques, le mathématicien rappelle que, dans sa jeunesse, « il n'y avait en Arménie personne qui

1. Marrou, « Les arts libéraux dans l'Antiquité classique », p. 20.

2. Hadot, *Arts libéraux et philosophie dans la pensée antique*, p. 67-69.

3. Hadot, *ibid.*, p. 100.

4. Hadot, *ibid.*, p. 191.

5. Hadot, *ibid.*, p. 207 ; Fontaine, *Isidore de Séville*, p. 174.

6. Aṙak'elyan (édit.), *Movsēsi Kałankatuac'woy,* I 11, p. 23, 15-16. On est surpris de voir figurer dans cette liste la médecine à la place de la musique. Le copiste aurait-il commis une erreur ? En grec, comme en arménien, la confusion des deux termes est paléographiquement invraisemblable. Peut-être était-il question d'applications médicales de l'astrologie ; mais dans ce cas, le quatrième art, la musique, serait tout à fait absent.

7. Aṙak'elyan (édit.), *Movsēsi Kałankatuac'woy,* I 11, p. 27, 14-17.

8. Tēr-Mkrtč'ean – Malxasean (édit.), *Łazaray, Patmut'iwn,* § 62, p. 110 ; Thomson (trad.), *The History of Lazar P'arpec'i*, p. 162.

9. Il faut rejeter le titre traditionnel, totalement étranger à la mentalité arménienne, d'Autobiographie. Sur les manuscrits on lit « Sur la manière de sa vie » ; *cf.* Mahé « Monachisme et personnalité dans l'Arménie médiévale », p. 381-392.

connût la philosophie et l'on ne trouvait nulle part des livres de sciences »[1]. Cette affirmation est strictement exacte pour l'Arménie proprement dite, spécialement la Persarménie.

Néanmoins, de l'autre côté de la frontière, dans l'Empire byzantin, où vivaient beaucoup d'Arméniens, la situation avait évolué depuis plusieurs décennies, grâce à l'apparition d'un nouveau type de traductions adaptées aux écrits techniques ou scientifiques. Au lieu de rendre l'original selon le sens, ou à la rigueur mot à mot, on décalquait séparément toutes les composantes des vocables savants (préfixes, radicaux et suffixes) ; on formait ainsi, à l'usage des spécialistes, des néologismes d'une grande précision. C'est ce qu'on appelle aujourd'hui l'« École hellénisante »[2], qui a permis de transposer la science grecque en arménien[3].

Aux environs de 570, la version arménienne de la *Grammaire* de Denys le Thrace est la plus ancienne traduction hellénisante[4]. Pour mieux capter l'attention de ses lecteurs, l'interprète remplace les toponymes grecs par des noms de lieux arméniens, généralement situés dans la province du Tarōn. C'était peut-être son pays d'origine, mais rien ne prouve que ce fût le lieu de son école. Pour celle-ci, de sérieux indices nous renvoient vers la capitale de l'Empire. Daté de 576, le colophon de la traduction arménienne de l'*Organon*, intitulée *Livre des êtres*[5], mentionne pour commanditaire le défunt catholicos Yovhannēs Gabełinac'i (557-574), qui était venu à Constantinople en 572 pour solliciter l'aide militaire des Byzantins contre les Perses[6]. Pressé d'accepter une union religieuse avec l'Église grecque, il feint de consentir, mais ne se hâte pas de rentrer en Arménie pour s'en expliquer avec les évêques. Il préfère fréquenter les milieux savants de la capitale et les plus éclairés de ses compatriotes.

D'après les titres développés des manuscrits[7], le traducteur arménien du *Livre des êtres* serait un certain David, que les copistes identifient explicitement au philosophe David l'Invincible. On ne prête qu'aux riches. Mais la chronologie

1. Berbérian (trad.), « Autobiographie d'Anania Širakac'i », p. 191 ; Abrahamyan (édit.), « Ananiayi Širakunwoy », p. 205 (réimpr. dans *Matenagirk' Hayoc'/Armenian Classical Authors*, vol. 4, p. 593).

2. Mercier, « L'École hellénistique dans la littérature arménienne ».

3. Renoux, « Langue et littérature arméniennes », p. 125-139 (traductions du premier groupe) et p. 142-145 (versions hellénisantes).

4. Terian, « The Hellenizing School », p. 177-178.

5. Terian, *ibid.*, p. 178. *Livre des êtres* est aussi le titre de la seconde partie des *Questions des saints docteurs arméniens Movsēs et Dawit' aux dyophysites cacodoxes* ; *cf.* Muradyan, « Dawit' Anyałt'in veragruac ew nra anuann aṙnč'uoł gruack'ner », p. 621-622 ; *Ead.* (édit.), « Srboc' vardapetac'n Hayoc' ».

6. Mahé, « L'Église arménienne de 611 à 1066 », p. 461.

7. Voir les manuscrits arméniens 270, 580, 589, 1754, 2018 et 2607 du monastère arménien Saint-Jacques de Jérusalem. Sur David, voir Mahé, « David l'invincible dans la tradition arménienne », p. 189-207.

n'interdit pas d'identifier ce David interprète à l'auteur des *Prolégomènes à la philosophie* et du *Commentaire sur l'Isagoge* de Porphyre. Ces livres, initialement composés en grec, ont, en effet, été traduits en arménien, la même année 576, et dans la même école de traduction. Il se pourrait donc, à la rigueur, que David, philosophe alexandrin d'origine arménienne, disciple d'Olympiodore le Jeune (mort peu après 565), fût effectivement la même personne qui aurait appartenu à la fin du VIe siècle au groupe des traducteurs hellénisants de Constantinople.

Dans les œuvres de sa maturité, Anania Širakac'i se réfère volontiers aux versions arméniennes de David l'Invincible. Mais il n'y avait pas encore accès dans sa jeunesse. Comme l'a remarqué P. Lemerle, son *curriculum vitae* est en fait une « note sur les conditions dans lesquelles il acquit sa formation scientifique »[1]. Ayant d'abord essayé d'apprendre les mathématiques auprès d'un compatriote, nommé K'ristosatur, le jeune Anania, alors âgé d'une vingtaine d'années, constate l'insuffisance de ce maître. Il décide alors d'aller s'instruire à Constantinople. Peu avant son départ, il rencontre d'autres Arméniens, qui lui expliquent que le plus éminent spécialiste, Tychikos, ne vit pas dans la capitale, mais à Trébizonde, où le patriarche Sergios lui envoie régulièrement les meilleurs élèves de son séminaire.

Anania se rend immédiatement chez ce maître renommé, auprès de qui il séjourne huit ans[2], de 632 à 640[3]. Âgé de 67 ans, Tychikos est un ancien stratège, qui a profité d'un long séjour en Arménie, de 582 à 591, pour apprendre parfaitement la langue locale. Il peut traduire à la volée n'importe quel ouvrage de grec en arménien. Blessé à Antioche en 611, il a décidé de se consacrer à la science, fréquentant les meilleurs maîtres (dont Stéphanos, le plus illustre savant de l'époque)[4], de 611 à 625, à Alexandrie, puis à Rome et à Constantinople. Après 628, il est retourné vivre dans sa patrie, Trébizonde, près du martyrium de saint Eugène, où il tient école.

Tychikos se réjouit d'accueillir en Anania un disciple de Persarménie[5], qui diffusera la science dans sa patrie, près du siège de saint Grégoire. Il lui ouvre généreusement toute sa bibliothèque, où le jeune homme s'émerveille de trouver tous les livres, « connus et secrets, profanes, historiques et concernant les arts,

1. Lemerle, *Le premier humanisme byzantin*, p. 82. Discussion circonstanciée dans Mahé, « L'âge obscur », p. 77-81.

2. Berbérian (trad.), « Autobiographie d'Anania Širakac'i », p. 192 ; Abrahamyan (édit.), « Ananiayi Širakunwoy », p. 206 (réimpr. dans *Matenagirk' Hayoc'/Armenian Classical Authors*, vol. 4, p. 594).

3. Selon Zuckerman, « Jerusalem as the Centre of the Earth », p. 256-258. L'hypothèse de Greenwood (« A Reassessment of the Life and Mathematical Problems of Anania Širakac'i », p. 151) est 630-638, ce qui nous paraît moins probable.

4. Wolska-Conus, « Stéphanos d'Athènes et Stéphanos d'Alexandrie ».

5. La population arménienne de Trébizonde, à cette époque, devait être composée d'Arméniens venus des provinces de l'Empire byzantin.

médicaux et chronographiques. Mais pourquoi les énumérer l'un après l'autre, car il n'existe pas le moindre livre qui ne se trouvât pas chez lui »[1].

On a longtemps cru, d'après le *curriculum vitae*, qu'une fois rentré en Arménie, Anania n'en est plus jamais ressorti. En fait, C. Zuckerman[2] a montré, d'après le colophon du recueil de problèmes[3], que le savant a fait un second voyage, entre 654 et 660. Ce déplacement eut probablement des raisons politiques. En 652, T'ēodoros Ṙštuni, qui faisait office de prince d'Arménie, c'est-à-dire de chef de la noblesse arménienne, signe un pacte avec les Arabes, se mettant sous la protection du calife et rompant avec l'Empire byzantin[4]. N'acceptant pas cette alliance avec les infidèles, le prince Nerseh Kamsarakan, seigneur héréditaire des cantons d'Aršarunik' et de Širak, dont Anania était originaire, s'en va servir comme stratège byzantin en Afrique de 653 à 659.

En 654, le catholicos Nersēs III (641-661) s'était réfugié dans le Tayk'[5], après avoir été contraint de communier avec les Grecs. Il est probable qu'Anania, qui appartenait à une famille noble (*azat*), traditionnellement au service des Kamsarakan, fut, à la même époque, obligé de quitter sa patrie.

En tout cas, à son retour, en 660, il dédie à Nerseh Kamsarakan son recueil de problèmes, contenant de nombreuses allusions au canton de Širak, ainsi qu'une première rédaction de sa *Géographie*, appelée la version longue[6], qui mentionne les campagnes du prince en Afrique. En 665, quand les Grecs, qui usaient du comput de Héron, et les Arméniens, s'appuyant sur celui d'Éas, ne parvinrent pas à se mettre d'accord sur la date de Pâques, un scandale éclata sur les lieux saints. Pour y remédier, le catholicos Anastas fit appel à l'expertise d'Anania Širakac'i, qui lui avait été recommandé par le prince Nerseh Kamsarakan.

Le savant[7] s'acquitta de sa tâche en adressant au catholicos un *Discours sur les fêtes du Seigneur*[1], suivi d'un tableau indiquant la date de Pâques sur 532 ans, soit

1. Berbérian (trad.), « Autobiographie d'Anania Širakac'i », p. 192 ; Abrahamyan (édit.), « Ananiayi Širakunwoy », p. 206 (réimpr. dans *Matenagirk' Hayoc'/Armenian Classical Authors*, vol. 4, p. 594).

2. Zuckerman, « Jerusalem as the Centre of the Earth », p. 259.

3. « C'est pourquoi, après avoir recherché cet art au prix d'un grand effort, et en usant d'un soin scrupuleux, je te l'ai rapporté en ce pays d'Arménie, lot de saint Grégoire où l'on aime le Christ, quand s'accomplit la 668ème année du Verbe de Dieu né du sein de la Vierge, la 11ème année de mon voyage et la 19ème année de Constant (II, 641-668), moi, Anania Širakac'i, du village d'Anēnk'. Et vous, disciples, voyez et admirez ! ».

4. Mahé, *Histoire de l'Arménie des origines à nos jours,* p. 128.

5. Mahé, « L'Église arménienne de 611 à 1066 », p. 472.

6. Hewsen, *The Geography of Ananias of Širak.*

7. On accède aux textes originaux d'Anania dans le *Matenagirk' Hayoc'* : Abrahamyan (édit.), « Anania Širakac'i, Matenagrut'iwně » *Matenagirk' Hayoc'/Armenian Classical Authors*, vol. 4, Antélias 2005, p. 588-683. Il existe aussi des traductions en arménien oriental : Abrahamyan – Petrosyan (trad.), *Anania Širakac'i, Matenagrut'yun.*

vingt-huit cycles lunaires de dix-neuf ans, entre 553 (date où expiraient les tables d'André de Byzance réglant la célébration depuis le concile de Nicée) et 1085. Après quoi, expliquait Anania, on pourrait reprendre le tableau depuis le début, et ainsi de suite, indéfiniment.

Anania devait faire face à deux problèmes. D'un côté, les Arméniens, fidèles à l'ancien usage de Jérusalem, célébraient simultanément, le 6 janvier, la Nativité, l'Adoration des mages et le Baptême du Christ. Pour justifier cette concomitance, Anania calcula la date de l'Annonciation, afin d'apporter la preuve mathématique que Jésus ne pouvait pas naître le 25 décembre, comme le prétendaient les Grecs, mais seulement douze jours plus tard. D'autre part, dans ses tables chronologiques, il exprima les dates en calendrier mobile arménien.

Mais, dépassant la commande qui lui avait été faite, le mathématicien alla encore plus loin. Comme le calendrier arménien, institué par le roi Artaxias / Artašēs Ier (200-160 avant notre ère), ne prenait pas en compte les quelque six heures qui s'ajoutent aux 365 jours de l'année, il en résultait des décalages qui compliquaient les calculs et faisaient figure d'archaïsmes, plaçant les Arméniens en position d'infériorité face aux autres nations chrétiennes. Dans un tel système, même les fêtes fixes devenaient mobiles, d'année en année. C'est pourquoi Anania proposa au catholicos de réformer ce calendrier pour le rendre fixe, tout en gardant les anciens noms arméniens des mois. Cette concession au comput des Grecs serait largement compensée par le maintien opiniâtre de la date arménienne des fêtes.

Un changement d'une telle importance ne pouvait se faire que par l'autorité du chef de l'Église. Le catholicos consentit au projet d'Anania, mais mourut brusquement avant de l'avoir mis en œuvre. Rude déconvenue pour le savant ! Il n'avait plus les moyens d'imposer la réforme à laquelle il travaillait depuis deux ans. Il ne lui restait plus qu'à la confier à la postérité, « ceux qui viendraient dans le monde après lui, amis de l'étude, épris de sagesse et de science »[2].

En conséquence, dès la mort de son protecteur, il décida d'exposer dans une vaste somme scientifique l'ensemble des disciplines nécessaires à l'établissement du calendrier. Cet ouvrage, qualifié de « maître immortel » et intitulé *K'nnikon*, est nécessairement postérieur à 667. On peut sans doute le dater des années 670. L'étymologie du titre est controversée. Le suffixe *-ikon* trahit un emprunt au grec. Songeant à l'importance du calendrier, on a quelquefois estimé qu'il s'agissait

1. Ce *Discours* a été indûment divisé, dans la tradition manuscrite, en deux sections : *Sur l'Épiphanie* et *Sur la Pâque* ; *cf.* Abrahamyan (édit.), « Ananiayi Širakac'woy hamaroł asac'eal i Yaytnut'iwn Teaṙn ew P'rkč'in meroy » et *Id.* (édit.), « Ananiayi Širakac'woy hamaroł asac'eal i Zatikn Teaṙn ».

2. Berbérian, « Autobiographie d'Anania Širakac'i », p. 194 ; Abrahamyan (édit.), « Ananiayi Širakunwoy », p. 207 (réimpr. dans *Matenagirk' Hayoc'/Armenian Classical Authors*, vol. 4, p. 595).

d'une déformation de χρονικόν. Phonétiquement, l'évolution κανονικόν > *k'nnikon* nous paraît plus vraisemblable ; le *k'*- initial (au lieu du *k*- attendu) s'expliquerait alors par le doublet syriacisant *k'anon* de l'emprunt grec κανών > *kano(v)n* (arménien), ou peut-être par une contamination avec *k'nnel* « examiner ».

Quoi qu'il en soit, on connaît la structure d'ensemble et le contenu du recueil par le résumé qu'en donne, en quelques pages, une lettre de Grigor Magistros au catholicos Petros Getadarj (1019-1056)[1]. Il s'agit essentiellement d'une compilation concernant les quatre arts mathématiques : l'arithmétique et la musique (c'est-à-dire la quantité discontinue, immobile, puis mobile), la géométrie et l'astronomie (quantité continue immobile, puis mobile)[2]. Toutefois, l'exposé est augmenté de deux types d'expansions : une sorte de prologue méthodologique à l'ensemble, et certains arts appliqués découlant de la théorie de chacun des quatre arts.

Le prologue, tel que le présente Grigor Magistros, expose des « notions divines » (*togork' astuacayin*) : expression bien mystérieuse, dont on ne peut proposer qu'une interprétation conjecturale, étant donné l'absence de contexte. À notre avis, on peut exclure qu'il s'agisse d'un savant exposé de théologie dogmatique, qui n'aurait pas sa place au début d'un tel manuel d'étude. Songeons plutôt à une sorte de transition entre les arts littéraires et les mathématiques. Selon David l'Invincible, qui devient une référence pour Anania à l'apogée de sa carrière, la grammaire et la rhétorique[3] forment une sorte de propédeutique à la philosophie, qui inclut les mathématiques[4]. Quant à la dialectique, elle est à la fois partie et instrument de la philosophie[5].

Dans ces conditions, les « notions divines » pourraient être ce que Grigor Magistros appelle aussi les « études concernant tous les êtres »[6], une classification générale de tout ce qui existe en catégories complémentaires : visibles et invisibles, animés et inanimés, raisonnables et irrationnels, mortels et immortels, autrement dit un exposé complet d'ontologie, pour ainsi dire vu du regard même de Dieu. Il se pourrait qu'on ait conservé des traces de l'exposé d'Anania dans les « Questions et réponses » du ms. 20 du Matenadaran d'Erevan (p. 277-295), qui demande tout d'abord : « Qu'est-ce que Dieu ? [...] Qu'est-ce que l'être ? [...]

1. Kostaneanc' (édit.), *Grigor Magistrosi, T'lt'erě, Lettre* 2, p. 4-10 ; traduction française dans Mahé, « Quadrivium et cursus d'études », p. 197-199.

2. Ce classement des quatre arts mathématiques est emprunté à David l'Invincible : Kendall – Thomson (trad.), *Définitions and Divisions of Philosophy*, p. 131 (texte arménien à la p. 130).

3. Kendall – Thomson (trad.), *Définitions and Divisions of Philosophy*, p. 13 et 15 (texte arménien, p. 12 et 14).

4. Kendall – Thomson (trad.), *ibid.*, p. 127 (texte arménien, p. 126).

5. Arevšatyan (édit. et trad.), *Dawit' Anyałt*, p. 64 ; *cf.* Topchyan (édit. et trad.), *David the Invincible, Commentary on Aristotle's Prior Analytics*, p. 58.

6. *Bolor ēakac'n xokmuns*/πάντων τῶν ὄντων μελέται.

Quelles sont les divisions de l'être ? […] ». Après quoi on passe à des notions plus philosophiques : « Qu'est-ce que l'essence selon Platon ? […] Quelles sont les dix *Catégories* d'Aristote ? […] Sur quoi porte l'*Isagoge* de Porphyre ? […] Qu'est-ce que la philosophie ? Combien de créatures existe-t-il en tout ? ». Après ce traité élémentaire, sous forme de questions et de brèves réponses, les différents rameaux de cette arborescence des êtres étaient illustrés d'une façon de plus en plus concrète, dans la suite du *K'nnikon*, par l'exposé des arts mathématiques et de leurs applications pratiques.

Plusieurs circonstances rendent assez difficile la reconstitution exacte de cet ample recueil, qui ne jouit pas de la diffusion qu'avait espérée son auteur et fut rapidement morcelé en copies partielles, discipline par discipline. L'exemplaire complet, retrouvé par Grigor Magistros dans la bibliothèque patriarcale d'Ani au début du XIe siècle, était sans aucun doute une rareté, peut-être même un *unicum*. C'est pourquoi, le savant supplia le catholicos de le faire recopier de toute urgence. Mais il n'est pas certain qu'il ait été écouté, car l'œuvre est aujourd'hui perdue.

D'autre part, comme l'exposé de chaque art mathématique était suivi d'une poussière d'applications diverses, la périphérie de l'ensemble est assez incertaine. Il est même possible qu'on ait considéré plus tard certaines copies partielles comme des recueils ouverts, auxquels on s'estimait tout à fait libre de faire des ajouts.

Malgré ces réserves, on peut, en se fondant sur certains regroupements de textes dans la tradition manuscrite, esquisser le sommaire suivant[1].

1. Arithmétique. Recueil de problèmes, précédé du récit des circonstances dans lesquelles Anania a étudié. Tables des quatre opérations. Le traité « Sur l'explication des nombres », que les manuscrits attribuent à « Anania » sans autre précision, semble être l'œuvre d'Anania Narekac'i (Xe siècle)[2].

Applications : jeux arithmétiques pour les festins, énigmes, poids et mesures, compte des versets des deux Testaments, pierres précieuses.

2. Musique. Un ouvrage théorique d'attribution problématique (ms. M 20, p. 289-293). À vrai dire, les écrits musicologiques d'Anania semblent s'être perdus, parce qu'on leur a préféré des traités plus tardifs, par exemple celui de Step'anos Siwnec'i (mort en 735) sur l'*Octoéchos*[3].

1. Sommaire discuté en détail dans Mahé, « Quadrivium et cursus d'études », p. 181-191, à quoi nous ajoutons ci-dessous quelques mises à jour.

2. Bozoyean (édit.), « Ananiayi Hayoc' Vardapeti, Saks bac'ayaytut'ean t'uoc' ».

3. *Cf.* « De Basile de Césarée sur les modes […], traduit par Step'anos évêque de Siwnik' », dans Arevšatyan, « Deux textes arméniens attribués à Basile de Césarée », p. 349, 353-354. Voir aussi *Ead.*, « La typologie du genre du *šarakan* » ; *Ead.*, « L'identité de Step'anos Siwnec'i ».

Applications : propriétés thérapeutiques des cordes de la lyre. Mais à nouveau l'attribution à Anania de cet opuscule est loin d'être certaine. Nous avons reconstitué le texte à partir de fragments conservés dans des scholies du XIIIe siècle sur la *Grammaire*[1].

3. Géométrie. Traduction partielle des *Éléments* d'Euclide. Les fragments publiés par M. Leroy[2] ne sauraient avoir été traduits par Grigor Magistros. Ils sont nettement plus anciens et d'un style très simple. On a cru y reconnaître une version orale de Tychikos, qu'Anania aurait pieusement notée et conservée[3].

Applications : distances entre les villes, distances astronomiques, histoire des langues (le peuplement de la terre d'après la Bible), géographie dans sa version courte (deux fois plus brève que la rédaction de 660 dédiée à Nerseh Kamsarakan).

4. Astronomie. Sur le plan théorique, Anania a sûrement repris les dix-neuf tableaux expliquant les cycles lunaires de Méton d'Athènes (Ve siècle avant notre ère). Il y avait annexé une description des différentes phases du mois lunaire, des schémas représentant les positions respectives du soleil et de la lune selon les jours du mois et par rapport au zodiaque au cours des douze mois de l'année. Un fragment concerne la conjonction du soleil et de la lune.

S'y ajoute une œuvre dont l'attribution à Anania ne fait aucun doute : sa *Cosmographie*, qui condamne fermement l'astrologie divinatoire et les superstitions qui en découlent. Par conséquent, quelles que soient les mentions des copistes, on ne saurait attribuer à ce grand savant la version arménienne des *Isagogica* de Paul d'Alexandrie ou l'écrit anonyme *Sur l'influence des étoiles*.

Applications : tables de 532 ans. Nombre des mois, semaines et jours contenus dans cette durée. Noms des mois chez les différents peuples, nom propre de chacun des jours du mois dans le calendrier arménien d'Artaxias, synchronismes de la vie du Christ et de l'histoire du monde dans les calendriers de différentes nations. Tous ces opuscules sont assurément l'œuvre d'Anania.

Nous serions tenté de considérer comme une application astronomique du *K'nnikon* une anthologie de médecins grecs[4], où figure un traité d'Asclépiade spéculant sur les quatre humeurs, les quatre saisons et les quatre âges de la vie. Il y a toutefois un doute sur la date du document ; en effet, les trois mois du printemps, exprimés en arménien par le traducteur, renvoient, non comme on l'attendrait aux numéros 1 à 3, mais aux numéros 12, 1 et 2. Ce décalage semble montrer que le texte a été traduit entre 863 et 984. Mais d'un autre côté, la traduction ne contient aucun des termes savants hellénisants usuels dans les

1. Mahé, « Les humeurs et la lyre » ; voir aussi Arevchatian, « Le traité *Brefs extraits* ».
2. Leroy, « La traduction arménienne d'Euclide ».
3. Akinean, « Ewkłideay Tarerk' », p. 240-241.
4. Jouanna – Mahé, « Une anthologie médicale arménienne ».

traductions médicales de cette époque: le vocabulaire semble nettement plus ancien. On peut donc supposer que la désignation des mois du printemps a été remise à jour par des copistes des IXᵉ-Xᵉ siècles, et que la traduction originale, qui date du VIIᵉ siècle, si elle n'est pas d'Anania lui-même, peut très bien avoir été incluse par lui dans son *K'nnikon*.

On ne connaît pas la date de la mort d'Anania ; on l'a parfois située après 687, en se fondant sur une chronique du VIIᵉ siècle, qui lui a été attribuée. Il s'agit d'un texte composite qui réunit deux sources différentes traduites du grec : d'un côté, une chronique universelle abrégée ; de l'autre, une histoire monophysite des six premiers conciles œcuméniques[1]. Mais le lien avec le grand savant arménien reste incertain. En tout cas, il ne réapparaît pas dans l'entourage de son protecteur, Nerseh Kamsarakan, devenu prince d'Arménie en 689.

Chacun sait qu'après l'expulsion des philosophes païens, décidée par Justinien Iᵉʳ, la science connut dans l'Empire byzantin une éclipse de trois quarts de siècle. C'est d'extrême justesse qu'Héraclius s'efforça d'y remédier en plaçant à la tête de l'Académie impériale le célèbre Stéphanos d'Alexandrie, qui avait poursuivi sa carrière à Athènes, puis à Constantinople[2]. Ce fut le maître de Tychikos, lui-même maître d'Anania. Ainsi, le savant arménien est à la fois l'héritier de la science antique, fondée sur l'exercice exclusif de la raison, et le créateur, en Arménie, d'une science médiévale qui s'efforce de conjuguer les lumières naturelles avec celles de la Révélation.

Comment y est-il parvenu ? Plusieurs cas concrets nous permettent d'en juger. Par exemple, la question des antipodes[3]. Anania fut tout d'abord sensible aux arguments des philosophes païens qui supposent que les hommes adhèrent à toute la surface de la terre, comme les mouches à une pomme. D'ailleurs, s'il n'y avait personne sur l'autre moitié de la sphère, le soleil brillerait en vain pendant la moitié de sa course. Mais n'est-ce pas déjà le cas dans cet hémisphère-ci où les zones glaciales et torrides sont totalement inhabitées ? Finalement la question est tranchée par son maître Tychikos, qui lui cite le commentaire d'Amphiloque *Sur Job* (38, 19 « Quels seront les lieux, où le soleil se cache la nuit de la face de tous les vivants ? »). Selon Amphiloque, l'Écriture voudrait dire que personne ne contemple le soleil de l'autre côté de la sphère. Donc il n'y aurait pas d'antipodes.

Ainsi l'autorité de l'Écriture peut renverser les raisonnements les plus logiques et les mesures les mieux établies. Mais cela exige parfois d'ingénieux efforts dialectiques. La tradition biblique[4] ou apocryphe[5] affirme que Jérusalem est le

1. Greenwood, « New Light from the East », p. 197-254.

2. Saffrey, « Le chrétien Jean Philopon et la survivance de l'École d'Alexandrie » ; Wolska-Conus, « Stéphanos d'Athènes et Stéphanos d'Alexandrie ».

3. Texte traduit dans Mahé, « Quadrivium et cursus d'études », p. 196-197, n° 4.

4. Par exemple Ps 73, 12 ; Ez 5, 5.

5. Par exemple *La Caverne des trésors*, V 11.

centre de la terre. Et pourtant, l'expérience des voyageurs et les mesures des géomètres montrent que les terres habitées sont beaucoup plus étendues, à partir de la Ville sainte, vers l'Est que vers l'Ouest. Conscient du problème, Anania s'avise d'un mode de calcul qui lui permet à la fois de contester la thèse de Ptolémée (situant le centre du monde en « Arabie Heureuse », près des Ichtyophages) et d'appliquer à la Ville sainte les mesures mathématiques justifiant sa position centrale[1].

En règle générale, il édicte le principe que certains domaines de la connaissance restent extérieurs à la révélation divine. Il est donc possible de s'appuyer uniquement sur la raison et sur l'expérience chaque fois que l'Écriture ne parle pas de géographie. Les savants ont alors toute liberté pour recueillir des informations empiriques et en discuter rationnellement.

Mais la révélation sacrée elle-même n'échappe pas non plus au raisonnement mathématique. Anania a toujours été convaincu que « rien ne peut être fondé sans le nombre » et que la science des nombres est « la mère de toutes les études »[2]. Par conséquent, le calcul des cycles lunaires permet d'affirmer que la lune, dont le cycle sert à fixer la fête de Pâque, a été créée dans sa plénitude, c'est-à-dire sous la forme du disque complet du quatorzième jour[3]. L'ordre mathématique est propre à exprimer l'ordre du monde créé par Dieu, et l'Économie du salut.

Les traductions hellénisantes se sont poursuivies à Constantinople pendant le premier tiers du VIIIe siècle. Malheureusement l'orientation mathématique impulsée par Anania n'a pas été maintenue. Par exemple, Step‘anos Siwnec‘i traduisit, de 712 à 728, les œuvres du pseudo-Denys l'Aréopagite, le traité de Némésios d'Émèse *Sur la nature de l'homme* et celui de Grégoire de Nysse *Sur la création de l'homme*[4]. On trouve, dans ces deux derniers textes, l'écho de certaines connaissances médicales, mais elles sont détournées à des fins plus théologiques que physiologiques ; il s'agit, en fin de compte, d'y puiser des arguments sur l'humanité du Verbe incarné.

Décrivant les compétences intellectuelles et les savoirs du catholicos Yovhannēs Ōjnec‘i, au début du VIIIe siècle, l'historien Yovhannēs Drasxanakertc‘i évoque une formation rhétorique et philosophique extrêmement poussée : « Il était habile et savant dans toutes les créations rhétoriques, dans les parties du discours et les parties des parties, mais aussi dans la doctrine des genres, dans la catégorie de l'essence et de l'emboîtement des espèces jusqu'à l'homme individuel. Il n'était pas non plus ignorant des différences, des circonstances et des

1. Zuckerman, « Jerusalem as the Centre of the Earth », p. 269-274.

2. Berbérian (trad.), « Autobiographie d'Anania Širakac‘i », p. 191 ; Abrahamyan (édit.), « Ananiayi Širakunwoy », p. 205 (réimpr. dans *Matenagirk‘ Hayoc‘/Armenian Classical Authors*, vol. 4, p. 593).

3. Abrahamyan – Petrosyan (trad.), *Anania Širakac‘i, Matenagrut‘yun*, p. 162.

4. Dorfmann-Lazarev, « Travels and Studies of Stephen of Siwnik ».

accidents, séparables et inséparables. De même il était très versé dans les exercices rhétoriques de Théon »[1]. Mais il n'est plus question de la moindre culture scientifique.

À l'époque bagratide (IXe-Xe siècle), les mathématiques sont absentes de l'école de Narek en Arménie méridionale. Le traité d'Anania Narekac'i *Sur la nature des nombres* traite d'arithmologie symbolique. Peu après, au début du XIe siècle, Grigor Magistros retrouve, à Ani, l'exemplaire unique du *K'nnikon* d'Anania Širakac'i, dont il s'efforce de faire profiter l'école monastique de Sanahin, dans l'Arménie du nord-ouest. Dans quelle mesure y est-il parvenu ? Nous ne le savons pas exactement. En tout cas, c'est encore à Ani que le savant Samuēl Anec'i, s'inspirant des recherches d'Anania, réussit enfin, en 1085, à mettre en œuvre la réforme du calendrier envisagée, quatre siècles plus tôt, par son illustre devancier[2].

BIBLIOGRAPHIE

SOURCES PRIMAIRES

Abrahamyan, A. G. – Petrosyan, G. B. (trad.), *Anania Širakac'i, Matenagrut'yun* [Anania Širakac'i, Œuvres], Erevan 1979.

Abrahamyan, A. G. (édit.), « Anania Širakac'i, Matenagrut'iwnĕ » [Anania Širakac'i, Œuvres], dans *Matenagirk' Hayoc'/Armenian Classical Authors*, vol. 4, Antélias 2005, p. 588-791 (= *Id.*, « Anania Širakac'i, Matenagrut'iwnĕ » [Anania Širakac'i, Œuvres], Erevan 1944).

Abrahamyan, A. G. (édit.), « Ananiayi Širakac'woy hamaroł asac'eal i Yaytnut'iwn Teaṙn ew P'rkč'in meroy » [Anania Širakac'i le mathématicien, Sur l'Épiphanie de notre Seigneur et sauveur], Erevan 1944, p. 283-291 (réimpr. dans *Matenagirk' Hayoc'/Armenian Classical Authors*, vol. 4, Antélias 2005, p. 669-676).

Abrahamyan, A. G. (édit.), « Ananiayi Širakac'woy hamaroł asac'eal i Zatikn Teaṙn » [Anania Širakac'i le mathématicien, Sur la Pâque du Seigneur], Erevan 1944, p. 292-299 (réimpr. dans *Matenagirk' Hayoc'/Armenian Classical Authors*, vol. 4, Antélias 2005, p. 677-683).

Abrahamyan, A. G. (édit.), « Ananiayi Širakunwoy eric's eraneal vardapeti, Vasn orpisut'ean kenac' iwroc' » [Anania Širakac'i le *vardapet* trois fois heureux,

1. Emin (édit.), *Yovhannu kat'ołikosi Drasxanakertc'woy, Patmut'iwn Hayoc'*, p. 100-101 ; Boisson-Chenorhokian (trad.), *Yovhannēs Drasxanakertc'i, Histoire*, p. 164.

2. Sur l'école d'Ani, voir l'article d'Alpi, « Les écoles d'Ani, Sanahin et Narek (X^e^-XIe siècle) » dans le présent volume, p. 202-203.

Sur la manière de sa vie], Erevan 1944, p. 206-209 (réimpr. dans *Matenagirk' Hayoc'/Armenian Classical Authors*, vol. 4, Antélias 2005, p. 593-595).

Aṙak'elyan, V. (édit.), *Movsēsi Kałankatuac'woy, Patmut'iwn Ałuanic' ašxarhi* [Movsēs Kałankatuac'i, Histoire des Albaniens], Erevan 1983.

Arevšatyan, S. S. (édit. et trad.), *Dawit' Anyałt', Meknut'iwn i Verlucakann Aristotēli* [David l'Invincible, Commentaire sur les Analytiques d'Aristote], Erevan 1967 (réimpr. dans *Matenagirk' Hayoc'/Armenian Classical Authors*, vol. 3, Antélias 2004, p. 197-226).

Berbérian, H. (trad.), « Autobiographie d'Anania Sirakac'i », *Revue des Études Arméniennes* 1, 1964, p. 189-194.

Boisson-Chenorhokian, P. (trad.), *Yovhannēs Drasxanakertc'i, Histoire d'Arménie*. Introduction, traduction et notes par P. B.-C., coll. « Corpus Scriptorum Christianorum Orientalium » 605, « Subsidia » 115, Louvain 2004.

Bozoyean, A. (édit.), « Ananiayi Hayoc' Vardapeti, Saks bac'ayaytut'ean t'uoc' » [Anania Vardapet d'Arménie, Sur l'explication des nombres], *Matenagirk' Hayoc'/Armenian Classical Authors*, vol. 10, Erevan 2011, p. 440-455.

Dowsett, Ch. J. F. (trad.), *The History of the Caucasian Albanians by Movsês Dasxuranc'i*, coll. « London Oriental Series » 8, London 1961.

Emin, M. (édit.), *Yovhannu kat'ołikosi Drasxanakertc'woy, Patmut'iwn Hayoc'* [Yovhannēs Drasxanakertc'i, Histoire de l'Arménie], coll. « Łukasean Matenadaran » 5, Moscou 1853 (réimpr. Tiflis 1912 ; Delmar, NY 1980).

Hewsen, R. H. (trad.), *The Geography of Ananias of Širak (Ašxarhac'oyc'). The Long and the Short Recensions*. Introduction, Translation and Commentary by R. H. H., coll. « Beihefte zum Tübinger Atlas des Vorderen Orients », Reihe B, Nr. 77, Wiesbaden 1992.

Kendall, B. – Thomson, R. W. (trad.), *Definitions and Divisions of Philosophy by David the Invincible Philosopher*. English Translation of the Old Armenian Version with Introduction and Notes by B. K. and R. W. T., coll. « University of Pennsylvania. Armenian Texts and Studies » 5, Chico, CA 1983.

Kostaneanc', K. (édit.), *Grigor Magistrosi, T'łt'erě* [Grigor Magistros, Lettres], Alexandropol 1910.

Muradyan, G. (édit.), « Srboc' vardapetac'n Hayoc' Movsēsi ew Dawt'i harc'munk' ěnd erkabnak č'arap'aṙsn » [Questions des saints docteurs arméniens Movsēs et Dawit' aux dyophysites cacodoxes], *Matenagirk' Hayoc'/ Armenian Classical Authors*, vol. 20, Erevan 2014, p. 660-707.

Tēr-Mkrtč'ean, G. – Malxasean, S. (édit.), *Łazaray, Patmut'iwn Hayoc' ew T'ułt' aṙ Vahan Mamikonean* [Lazare, Histoire de l'Arménie et Lettre à Vahan Mamikonean], Tiflis 1904 (réimpr. Delmar, NY 1985 ; réimpr. dans

Matenagirk' Hayoc'/Armenian Classical Authors, vol. 2, Antélias 2003, p. 2201-2375).

Thomson, R. W. (trad.), *The History of Lazar P'arpec'i,* Atlanta, GA 1991.

Topchyan, A. (édit. et trad.), *David the Invincible, Commentary on Aristotle's Prior Analytics*, coll. « Philosophia Antiqua » 122, « Commentaria in Aristotelem Armeniaca. Davidis Opera » 2, Leiden – Boston 2010.

ÉTUDES

Akinean, N., « Ewkłideay Tarerk' erkrač'ap'ut'ean hay matenagrut'ean mēǰ » [Les Éléments de géométrie d'Euclide dans la littérature arménienne], *Handes Amsorya* 51, 1937, col. 225-242, Erevan (réimprimé en volume séparé en 1959).

Arevchatian, A. S., « Le traité *Brefs extraits des livres arabes sur l'art musical* attribué à Hamam Arewelc'i », *Revue des Études Arméniennes* 40, 2021, p. 297-330.

Arevšatyan, A. S., « Deux textes arméniens attribués à Basile de Césarée, Sur l'interprétation des modes musicaux », *Revue des Études Arméniennes* 26, 1996-1997, p. 339-355.

Arevšatyan, A. S., « La typologie du genre du *šarakan* dans le système de l'hymnographie chrétienne orientale », *Revue des Études Arméniennes* 28, 2001-2002, p. 205-223.

Arevšatyan, A. S., « L'identité de Step'anos Siwnec'i », *Revue des Études Arméniennes* 30, 2005-2007, p. 401-410.

Dorfmann-Lazarev, I., « Travels and Studies of Stephen of Siwnik (c. 685-735) : Redefining Armenian Orthodoxy Under Islamic Rule », dans A. P. Roach – J. R. Simpson (édit.), *Heresy and the Making of European Culture*, London – New York 2013, p. 355-381.

Fontaine, J., *Isidore de Séville. Genèse et originalité de la culture au temps des Wisigoths*, coll. « Témoins de notre histoire », Turnhout 2000.

Greenwood, T., « New Light from the East : Chronography and Ecclesiastical History through a Late Seventh-Century Armenian Source », *Journal of Early Christian Studies* 16, 2008, p. 197-254.

Greenwood, T., « A Reassessment of the Life and Mathematical Problems of Anania Sirakac'i », *Revue des Études Arméniennes* 33, 2011, p. 131-186.

Hadot, I., *Arts libéraux et philosophie dans la pensée antique. Contributions à l'histoire de l'éducation et de la culture dans l'Antiquité*, coll. « Textes et traditions » 11, Paris 2005² (première édition : « Études augustiniennes », Paris 1984).

Jouanna, J. – Mahé, J.-P., « Une anthologie médicale arménienne et ses parallèles grecs », *Comptes rendus des séances de l'Académie des Inscriptions et Belles-Lettres* 148/2, 2004, p. 549-598.

Lemerle, P., « Notes sur les données historiques de l'autobiographie d'Anania de Shirak », *Revue des Études Arméniennes* 1, 1964, p. 195-202.

Lemerle, P., *Le premier humanisme byzantin. Notes et remarques sur enseignement et culture à Byzance, des origines au xe siècle*, Paris 1971.

Leroy, M., « La traduction arménienne d'Euclide », *Annuaire de l'Institut de philologie et d'histoire orientales et slaves* 4, 1936, p. 785-816.

Mahé, J.-P., « Quadrivium et cursus d'études au VIIe siècle en Arménie et dans le monde byzantin d'après le '*K'nnikon*' d'Anania Širakac'i », *Travaux et Mémoires* 10, 1987, p. 159-206.

Mahé, J.-P., « David l'Invincible dans la tradition arménienne », dans I. Hadot *et al.* (trad.), *Simplicius, Commentaire sur les Catégories*. Traduction commentée sous la direction de I. H., fasc. 1, coll. « Philosophia Antiqua » 50, Leyde – New York – Copenhague – Cologne 1990, p. 189-207.

Mahé, J.-P., « L'Église arménienne de 611 à 1066 », dans J.-M. Mayeur, L. Pietri, A. Vauchez, M. Venard (édit.), *Histoire du christianisme : des origines à nos jours*, tome IV : *Évêques, moines et empereurs (610-1054)*, Paris 1993, p. 457–548.

Mahé, J.-P., « Les humeurs et la lyre : fragments arméniens d'un enseignement médico-musicologique », dans J.-P. Mahé – R. W. Thomson (édit.), *From Byzantium to Iran. Armenian Studies in Honour of Nina Garsoïan,* Atlanta, GA 1997, p. 397-413.

Mahé, J.-P., « Monachisme et personnalité dans l'Arménie médiévale, Ve-XIIIe siècles », dans G. Melville – M. Schürer (édit.), *Das Eigene und das Ganze. Zum Individuellen im mittelalterlichen Religiosentum*, coll. « Vita Regularis » 16, Münster – Hamburg – London 2002, p. 381-392.

Mahé, A. – J.-P., *Histoire de l'Arménie des origines à nos jours*, Paris 2012.

Mahé, J.-P., « L'âge obscur de la science byzantine et les traductions arméniennes hellénisantes vers 570-730 », dans B. Flusin – J.-C. Cheynet (édit.), *Autour du* Premier humanisme byzantin *& des* Cinq études sur le XIe siècle*, quarante ans après Paul Lemerle* (*Travaux et Mémoires* 21/2), Paris 2017, p. 75-86.

Mahé, J.-P., « La Lettre de Giwt à Vač'ē (464) : hellénisme et arts libéraux en Arménie dans la seconde moitié du Ve siècle », dans B. Outtier, C. B. Horn, B. Lourié, A. Ostrovsky (édit.), *Armenia between Byzantium and the Orient. Celebrating the Memory of Karen Yuzbashyan (1927-2009)*, coll. « Texts and Studies in Eastern Christianity » 16, Leiden 2020, p. 211-224.

Marrou, H.-I., « Les arts libéraux dans l'Antiquité classique », dans *Arts libéraux et philosophie au Moyen Âge*. Actes du quatrième congrès international de philosophie médiévale (Université de Montréal, 27 août-2 sept. 1967), Montréal – Paris 1969, p. 5-27.

Mat'evosyan, A. S., « Norahayt patarikner Anania Širakac'u t'vabanut'yan dasagrk'ic' » [Fragments nouvellement découverts du manuel d'arithmétique d'Anania Sirakac'i], *Lraber* 1974/6, p. 65-76.

Mat'evosyan, A. S., « Anania Širakac'u 'K'nnikonĕ' » [Le K'nnikon d'Anania Širakac'i], *Lraber* 1974/7, p. 66-78.

Mat'evosyan, A. S., « Anania Širakac'u 'K'nnikoni' erkrač'ap'ut'yan bažinĕ » [La section géométrique du K'nnikon d'Anania Širakac'i], *Patma-Banasirakan Handes* 1979/2, p. 163-178.

Mat'evosyan, A. S., « Anania Širakac'u 'Ašxarhagrut'ean' het kapvac mi k'ani harc'er » [Quelques questions relatives à la Géographie d'Anania Širakac'i], *Lraber* 1979/9, p. 78-86.

Mat'evosyan, A. S., « Evklidesi 'Tarerk'ĕ' Anania Širakac'u 'K'nnikoni' erkrač'ap'ut'yan mas » [Les Éléments d'Euclide comme partie du K'nnikon d'Anania Širakac'i], *Lraber* 1980/1, p. 89-95.

Mat'evosyan, A. S., « Noric' Širakac'u 'K'nnikoni' masin » [De nouveau, sur le K'nnikon d'Anania Širakac'i], *Patma-Banasirakan Handes* 1981/2, p. 223-239.

Mat'evosyan, A. S., « Step'anos Taronac'i Asołikĕ ew Anania Širakac'u 'K'nnikonĕ' » [Step'anos Taronac'i Asołik et le K'nnikon d'Anania Širakac'i], *Patma-Banasirakan Handes* 1986/3, p. 125-133.

Mercier, Ch., « L'École hellénistique dans la littérature arménienne », *Revue des Études Arméniennes* 13, 1978-1979, p. 59-75.

Muradyan, G., « Dawit' Anyałt'in veragruac ew nra anuann aṙnč'uoł gruack'ner » [Écrits attribués à David l'Invincible ou liés à son nom], *Matenagirk' Hayoc'/ Armenian Classical Authors*, vol. 20, Erevan 2014, p. 615-626.

Renoux, Ch., « Langue et littérature arméniennes », dans M. Albert *et al.*, *Christianismes orientaux. Introduction à l'étude des langues et des littératures*, Paris 1993, p. 107-166.

Saffrey, H.-D., « Le chrétien Jean Philopon et la survivance de l'École d'Alexandrie au VIe siècle », *Revue des Études Grecques* 72, 1954, p. 396-400.

Terian, A., « The Hellenizing School. Its Time, Place and Scope of Activities Reconsidered », dans N. G. Garsoïan, Th. F. Mathews, R. W. Thomson (édit.), *East of Byzantium: Syria and Armenia in the Formative Period.* Dumbarton Oaks Symposium 1980, Washington, D.C. 1982, p. 175-186.

Wolska-Conus, W., « Stéphanos d'Athènes et Stéphanos d'Alexandrie : essai d'identification et de biographie », *Revue des Études Byzantines* 47, 1989, p. 20-33.

Zuckerman, C., « Jerusalem as the Centre of the Earth in Anania Širakac'i's *Ašxarhac'oyc'* », dans M. E. Stone (édit.), *The Armenians in Jerusalem and the Holy Land*, coll. « Hebrew University Armenian Studies » 4, Leuven 2002, p. 255-274.

FEDERICO ALPI

LES ÉCOLES D'ANI, SANAHIN ET NAREK (X^{e}-XIe SIÈCLE)[1]

INTRODUCTION

Dans le passé, on pensait que la renaissance culturelle de l'Arménie, culminant au Xe siècle avec les écoles d'Ani, Sanahin et Narek, était venue de l'Ouest. D'après quelques sources médiévales, ce serait à partir des territoires de la « Petite Arménie »[2], situés sous le contrôle de l'Empire romain d'Orient, que plusieurs moines migrèrent vers l'Est, dans les territoires de la Grande Arménie, où ils créèrent de nouveaux monastères ou bien donnèrent une nouvelle impulsion à ceux qui existaient déjà[3]. Une telle information est souvent relayée à partir du XIIIe siècle, notamment par des historiens tels que Vardan Arewelc'i[4] et Kirakos Ganjakec'i[5]. C'est seulement avec ce dernier, en particulier, que commence la tradition de l'arrivée de moines d'Occident, et la création de nouveaux monastères occidentaux ; la cause qui aurait déclenché la migration fut, d'après Kirakos, une persécution de l'empereur Romain Ier Lécapène (919-944) contre les citoyens arméniens de l'Empire. Vardan, de son côté, dit simplement que de nombreux moines avaient été expulsés hors du territoire romano-oriental.

L'historien arménien Step'annos Tarōnec'i fut le premier à mentionner la nouvelle de cette prolifération de couvents ; Step'annos vécut entre le Xe et le début du XIe siècle et fut, donc, presque contemporain des événements relatés. Il

1. Je tiens à remercier Valentina Calzolari et Alessandro Orengo pour leurs conseils avisés. Que Valentina Calzolari soit également remerciée pour sa traduction française soignée de mon texte italien ; je reste seul responsable des erreurs qui pourraient subsister.

2. Par ce mot, les Arméniens indiquaient approximativement le territoire près du rivage occidental de l'Euphrate. Sur la géographie de l'Arménie historique, voir Hewsen, *Armenia : A Historical Atlas*.

3. Oskean, *Gugark'i vank'er*, p. 92-93.

4. Ališan (édit.), *Hawak'umn patmut'ean Vardanay Vardapeti*, p. 88. Traduction anglaise : Thomson, « The historical compilation of Vardan Arewelc'i », p. 188.

5. Melik'-Ōhanǰanyan (édit.), *Kirakos Ganjakec'i, Patmut'yun Hayoc'*, p. 84-85.

situe une telle floraison pendant le royaume du souverain bagratide Abas Ier (928-953)[1], mais il ne parle de persécution et d'exil qu'à propos du moine Yovhannēs, qui fonda ensuite le couvent de Kamrǰajor, dans la région d'Aršarunik'[2]. Il n'y a pas d'autres sources mentionnant une persécution contre les Arméniens de la part de Romain Ier ou prouvant un déplacement massif de moines arméniens vers l'Est ; aussi les données relatées par Vardan Arewelc'i et Kirakos Ganjakec'i à ce sujet ont-elles été considérées – probablement à raison – peu fiables pour ne pas dire légendaires[3].

Il est cependant évident, comme cela a été affirmé par d'autres[4], que de si nombreuses fondations monastiques et surtout les connaissances qui y étaient transmises – parfois effectivement empreintes de culture grecque[5] – ne pouvaient pas être nées *ex nihilo*. À l'époque de Kirakos et Vardan, il y avait des éléments objectifs qui pouvaient inciter à croire à cette légende et, encore de nos jours, il y en a d'autres qui incitent à y chercher au moins un fond de vérité. D'une part, les relations entre l'Église arménienne (qui ne reconnaissait pas le concile de Chalcédoine) et l'Église impériale, dans la première moitié du Xe siècle, étaient parfois si tendues qu'elles aboutissaient à des véritables persécutions[6]. Même en l'absence d'éléments suffisants pour supposer une politique ecclésiastique agressive et constante à l'égard des Arméniens dans la première moitié du Xe siècle[7], il faut remarquer que les rapports entre Chalcédoniens et non-Chalcédoniens se sont progressivement détériorés dans la deuxième moitié du même siècle, créant un climat de plus en plus difficile pour l'Église apostolique arménienne. Du point de vue de Vardan Arewelc'i et Kirakos Ganjakec'i, il était facile de commettre l'erreur d'antidater l'hostilité des Chalcédoniens de quelques années. En revanche, la situation des royaumes arméniens indépendants, à la même époque, s'était considérablement améliorée. Sous la dynastie des Arcruni, le royaume du Vaspurakan s'était désormais consolidé dans les régions méridionales de la Grande Arménie, alors que le royaume septentrional d'Ani[8], dirigé par les

1. Manukean (édit.), « Step'anos Tarawnec'i Asołik, Patmut'iwn tiezerakan », III 7, 17-36 ; Macler (trad.), *Étienne Açogh'ig*, p. 29-33.

2. Région traversée par l'Araxe, au sud d'Ani : *cf.* Hewsen, *Armenia : A Historical Atlas*, p. 100.

3. Maksoudian, « A Note on the Monasteries Founded during the Reign of King Abas I Bagratuni », p. 203-215 ; Mahé, « L'Église arménienne de 611 à 1066 », p. 457-548.

4. Terian, « Gregory of Narek », p. 281.

5. Mahé – Mahé (trad.), *Grégoire de Narek, Tragédie*, p. 52-53.

6. Garsoïan, « The Problem of Armenian Integration into the Byzantine Empire », p. 70-71.

7. *Cf.* aussi Maksoudian, « A Note on the Monasteries Founded during the Reign of King Abas I Bagratuni », p. 209-210.

8. On adopte ici, pour simplifier, la terminologie « royaume d'Ani », bien que cette expression soit correcte seulement à partir de 961, quand Ani devint officiellement la capitale du royaume bagratide.

Bagratides, se redressait des difficultés qui avaient marqué le premier quart du siècle. Trois rois capables, à savoir Abas Ier, Ašot III Ołormac (« le Miséricordieux », 953-977) et Smbat II Tiezerakal (« Seigneur de l'univers », 977-989), se sont succédé sur le trône ; ils assurèrent une stabilité remarquable au royaume et en augmentèrent beaucoup le prestige. La corrélation entre ces changements politico-militaires et l'activité culturelle peut être observée en suivant les déplacements du catholicos, autrement dit le sommet de l'Église arménienne. Yovhannēs V Drasxanakertc'i (897-925) fut obligé d'abandonner définitivement l'ancien siège de Duin en 923, à cause de l'hostilité de Yūsuf, gouverneur de la province abbasside d'*Armīniyah* (à savoir l'Arménie), dont Duin était la capitale[1]. Le catholicos s'installa donc dans le royaume du Vaspurakan, plus sûr, précisément sur l'île d'Ałt'amar située dans le lac de Van, où il mourut en 925. Ałt'amar hébergea ensuite le siège du catholicos jusqu'au pontificat d'Anania Ier Mokac'i (949-968) qui, pour des raisons à la fois politiques et militaires[2], s'installa en territoire bagratide, à Argina ; ensuite, à partir de 992, ses successeurs se déplacèrent à Ani, capitale, depuis 961, de la dynastie des Bagratuni. Dès lors, et jusqu'à la deuxième moitié du siècle suivant, le siège catholicossal ne subit pas d'autres déplacements. Comme on le verra, il semble que les pérégrinations du catholicos aient accompagné en grande partie la prolifération de centres monastiques décrite par les sources : Step'annos Tarōnec'i mentionne les couvents de Kamrǰajor, dans l'Aršarunik', et de Hoṙomos, dans le Širak – tous deux non loin d'Ani –, ainsi que le monastère de Narek, dans la région de Ṙštunik', près de l'île d'Ałt'amar. En plus de ces centres monastiques, il en rappelle de nombreux autres, principalement dans les régions centrales de la Grande Arménie. Plus tard, à l'époque du royaume d'Ašot III, les monastères de Sanahin et d'Hałbat, dans l'Arménie septentrionale, furent également fondés[3]. Nous n'avons pas d'éléments pour supposer que la liste des fondations transmise par Step'annos Tarōnec'i suive un ordre chronologique et nous ne pouvons donc pas savoir si les déplacements du catholicos anticipèrent ou suivirent le flux de moines ; mais on peut dans tous les cas supposer une corrélation entre le déplacement du chef de l'Église arménienne et l'activité monastique et culturelle dont l'Église était inévitablement la principale promotrice. Surtout, il est possible d'observer que les conditions étaient

1. La province d'*Armīniyah* avait inclus, auparavant, la Grande Arménie tout entière, avec l'adjonction d'une partie de la Géorgie et de l'Albanie du Caucase. Pendant le IXe siècle, le pouvoir effectif du gouverneur nommé par le Calife de Bagdad avait progressivement diminué, jusqu'à l'affirmation d'un royaume indépendant arménien sous Ašot Ier Bagratuni en 886. Sur cette période historique, voir Laurent – Canard, *L'Arménie entre Byzance et l'Islam* ; Canard, « Les principautés arabes d'Arménie », p. 183-204 ; Ter-Ghevondyan, *The Arab Emirates in Bagratid Armenia* ; Garsoïan, « The Arab Invasions and the Rise of the Bagratuni (640-884) ».

2. Mahé, « L'Église arménienne de 611 à 1066 », p. 507-511.

3. Manukean (édit.), « Step'anos Tarawnec'i Asołik, Patmut'iwn tiezerakan », III 8, 7-8 ; Macler (trad.), *Étienne Açogh'ig*, p. 40.

désormais favorables à un développement culturel dans les royaumes indépendants et désormais stables d'Ani et du Vaspurakan, bien plus que dans les territoires limitrophes. Une persécution des Arméniens par un empereur n'était donc pas une condition pour déclencher une renaissance de l'activité monastique ; par ailleurs, il ne faut pas exclure que quelques moines résidant en territoire romano-oriental avaient spontanément décidé de se déplacer dans des contextes plus accueillants, apportant avec eux leurs connaissances.

Si le contexte historique de l'épanouissement de la vie monastique apparaît donc relativement clair, il reste à comprendre comment et dans quelle mesure cela a influencé l'évolution de l'enseignement supérieur en Arménie. Tarōnec'i mentionne, pour cette période, de nombreuses personnalités de culture élevée, des « *vardapets* instruits dans la science divine, et qui enseignent la vérité »[1] : Basilios et Grigor, doués d'une grande éloquence, Step'anos – l'un des disciples de Basilios –, Movsēs, réputé pour sa sagesse (*i gitut'ean*), et le savant (*gitakan*) Dawit', en plus du célèbre Anania Narekac'i, dont il sera question plus loin. Au moins deux d'entre eux, Basilios et Step'anos, portent un nom hellénisant au lieu de la forme arménienne plus usuelle Barseł et Step'annos ; ce choix onomastique pourrait trahir l'influence grecque, ou hellénisante, dont il s'agira souvent dans les paragraphes suivants.

GRIGOR MAGISTROS ET LES SOURCES SUR L'INSTRUCTION EN ARMÉNIE ENTRE LE Xe ET LE XIe SIÈCLE

Grigor Pahlawuni Magistros (*ca* 990-1058) fait partie des Arméniens ayant vécu à cheval entre le Xe et le XIe siècle qui ont été les plus influencés par la langue et la culture grecques[2]. À son tour, il exerça une très grande influence sur la culture et l'instruction arméniennes ; son importance est probablement comparable à celle d'Anania Širakac'i[3]. Il convient donc de le présenter d'emblée, puisqu'on le retrouvera associé, d'une façon ou d'une autre, à toutes les écoles monastiques présentées aux lignes suivantes.

Grigor appartenait à la puissante famille des Pahlawuni, qui pouvait se réclamer de la prestigieuse lignée du noble clan des Kamsarakan, ainsi que d'un lien avec l'ancienne famille royale des Arsacides[4]. Vers la fin du Xe siècle, les

1. *Vardapetk' varžealk' vardapetut'eamb Tearn ew usuc'ič'k' čšmartut'ean* (Manukean [édit.], « Step'anos Tarawnec'i Asołik, Patmut'iwn tiezerakan », III 7, 48).

2. van Lint, « Among Others ».

3. Sur Anania Širakac'i, voir l'article de Mahé, « Anania Širakac'i et la traduction arménienne des arts libéraux (VIIe siècle) » dans le présent volume, p. 143-159.

4. Sur l'ascendance des Pahlawuni et les liens entre les Kamsarakan et les Arsacides, *cf.* Akinean, *Nersēs Lambronac'i, ark'episkopos Tarsoni*, p. 329-457 ; Toumanoff, *Manuel de*

Pahlawuni s'affirmèrent comme des acteurs de premier plan au sein du royaume bagratide d'Ani. Grigor lui-même, avec l'oncle Vahram, joua un rôle important dans la proclamation du dernier souverain indépendant, Gagik II (1042-1045)[1]. Lorsqu'il tomba aux mains de l'Empire romain d'Orient, Grigor Pahlawuni céda ses terres à l'empereur Constantin IX Monomaque ; il obtint en échange la concession de quelques terres en Mésopotamie, le titre de *magistros* et une carrière au sein de l'administration militaire impériale[2].

Grigor fut déjà célèbre parmi ses contemporains pour sa très vaste érudition[3], ainsi que pour l'ouverture d'une école d'instruction supérieure[4]. Il a laissé une transposition de la Bible en vers, compilée en 1045 à Constantinople[5], un commentaire sur l'*Ars Grammatica* de Denys le Thrace[6] et un riche et complexe recueil de lettres[7]. Le commentaire et, surtout, le recueil de lettres permettent d'obtenir de nombreuses informations sur sa vie et son activité culturelle ; ces informations constituent autant de sources précieuses qui font de Grigor une figure incontournable dans toute enquête sur l'instruction supérieure en Arménie entre le Xe et le XIe siècle.

D'une part, le développement de ses connaissances met en lumière les modalités et les niveaux d'enseignement de son époque ; d'autre part, l'activité didactique dont il témoigne apporte un éclairage sur l'évolution de l'instruction supérieure qui eut lieu sous son impulsion.

En plus des éléments relatés par Grigor Pahlawuni Magistros, les matériaux nécessaires pour reconstruire l'activité des écoles d'Ani, Sanahin et Narek

généalogie et de chronologie pour l'histoire de la Caucasie chrétienne, p. 266-272 ; Settipani, *Continuité des élites à Byzance durant les siècles obscurs*, p. 385-389.

1. Sur le rôle des Pahlawuni et de Grigor à cette époque, *cf.* Shepard, « Scylitzes on Armenia in the 1040 and the Role of Catacalon Cecaumenos », p. 269-311 ; voir aussi, plus récemment, les sections sur la vie de Grigor Magistros dans van Lint, « Grigor Magistros Pahlawuni : Die armenische Kultur aus der Sicht eines gelehrten Laien des 11. Jahrhunderts » et *Id.*, « Among Others ».

2. Sanjian, « Gregory Magistros. An Armenian Hellenist » ; van Lint, « Grigor Magistros Pahlawuni : Die armenische Kultur aus der Sicht eines gelehrten Laien des 11. Jahrhunderts ».

3. Déjà Matt'ēos Uṙhayec'i (Matthieu d'Édesse), dans la première moitié du XIIe siècle, célèbre sa mémoire : *Patmut'iwn Matt'ēosi Uṙhayec'woy*, II 94, p. 220-221 ; Dostourian (trad.), *Armenia and the Crusades. Tenth to Twelfth Centuries : The Chronicle of Matthew of Edessa*, p. 123.

4. Sanjian, « Gregory Magistros. An Armenian Hellenist ».

5. Terian (édit. et trad.), *Magnalia Dei : Biblical history in epic verse by Grigor Magistros*.

6. Muradyan (édit.), « Grigori Magistrosi ew Kitawnti ordwoy Vasakay ». À noter également l'excellente et toujours valable discussion du commentaire par Adontz (édit.), *Dionisij Frakijskij i armjanskie tolkovateli* ; traduction française : Adontz (édit.), *Denys de Thrace et les commentateurs arméniens*.

7. Kostaneanc' (édit.), *Grigori Magistrosi, T'łt'erě* ; Muradyan (édit.), « Grigori Magistrosi, T'ułt'k' ew č'ap'aberakank' ».

proviennent d'autres sources littéraires telles que les écrits de Grigor Narekac'i ou, encore, les œuvres historiques de Step'annos Tarōnec'i et de Matt'ēos Uṙhayec'i. Nous sommes aussi très redevables aux colophons des manuscrits liés à ces centres culturels. Pour les Xᵉ-XIᵉ siècles, la quantité de colophons à notre disposition est très inférieure à celle des siècles suivants, surtout à partir du XIIIᵉ siècle. Reste le fait que, dans certains cas, la faible quantité de documents est compensée par leur qualité : quelques-uns des colophons qui nous sont parvenus sont dus à la plume de personnalités de premier rang telles que Grigor Narekac'i lui-même, Anania Narekac'i, ou encore le *vardapet* Sargis, qui fut actif à Ani entre le Xᵉ et le XIᵉ siècle. Pour conclure, il ne faut pas non plus négliger la valeur des inscriptions des monastères : dans la plupart des cas, elles se limitent à attester la présence d'un personnage à la tête d'un couvent et donc, indirectement, la présence ou la continuité d'une « école ». Néanmoins, leur apport peut se révéler précieux et pas seulement auxiliaire.

L'INSTRUCTION EN ARMÉNIE D'APRÈS LE TÉMOIGNAGE DE GRIGOR PAHLAWUNI MAGISTROS

Comme on le sait, le grand savant arménien du VIIᵉ siècle Anania Širakac'i nous a laissé un important compte rendu détaillé de sa formation, grâce auquel il a été possible de recueillir beaucoup d'éléments quant à l'enseignement en Arménie (et pas seulement en Arménie) à son époque[1]. Nous ne disposons malheureusement pas de documents analogues pour le Xᵉ siècle, mais les données contenues dans les œuvres de Grigor Magistros sont suffisantes pour reconstruire, du moins à grands traits, son parcours d'études. En croisant ces données avec ce que nous savons, en général, de l'instruction en Arménie (et dans l'Empire romain d'Orient limitrophe) ainsi qu'avec les informations provenant d'autres auteurs, il est possible de se faire une idée du déroulement du parcours éducatif entre le Xᵉ et l'aube du XIᵉ siècle.

Dans l'Antiquité tardive déjà, un *curriculum* s'était établi, qui partait des disciplines littéraires, autrement dit la grammaire et la rhétorique (peu importe si elles étaient organisées ou pas dans un *trivium* avec la logique), pour passer ensuite aux disciplines plus complexes, à savoir la physique, la philosophie, les arts du *quadrivium* et la théologie[2]. L'ordre dans lequel la physique, la philosophie, le *quadrivium* et la théologie étaient suivis n'est pas attesté avec certitude ; il se peut qu'il fût variable, mais il est assez sûr que ces disciplines faisaient partie

1. La bibliographie sur le thème est très vaste : voir, comme point de départ, Mahé, « Quadrivium et cursus d'études » ; Greenwood, « A Reassessment of the Life and Mathematical Problems of Anania Širakac'i » ; Orengo, « La *Tiezeragitowt'iwn* d'Anania Širakac'i et l'*Ełc Ałandoc'* d'Eznik Kołbac'i », avec les bibliographies respectives.

2. Mahé, « Quadrivium et cursus d'études », p. 173.

d'un second cycle d'études, qui venait après les disciplines littéraires. En particulier, concernant l'enseignement de la philosophie dans l'Antiquité tardive, le schéma – commun au monde grec, syriaque et, plus tard, arabe – dans lequel (en simplifiant) les œuvres aristotéliciennes servaient de préparation aux œuvres platoniciennes[1] est attesté aussi en Arménie[2]. Plus précisément, l'étude de la philosophie commençait par les *Prolegomena* du philosophe Dawit', dit Anyałt' (l'Invincible), passait ensuite à la lecture de l'*Isagoge* de Porphyre, de l'*Organon* (*Catégories*, *De interpretatione, Premiers* et *Seconds Analytiques*, *Topiques* et *Réfutations sophistiques*) et se terminait vraisemblablement par les dialogues platoniciens[3]. Il faut encore signaler la grande importance, dans le cadre arménien, des travaux de Philon d'Alexandrie, dont l'impact a été très profond[4], bien qu'il ne soit pas possible de préciser avec certitude à quelle étape du *curriculum* ses œuvres étaient insérées.

Fort probablement, Grigor Magistros suivit-il ce parcours : dans la *Lettre* 11, il affirme avoir étudié l'*Isagoge* de Porphyre[5] quand il était encore un jeune adolescent[6] ; de la même manière, il rapporte avoir toujours eu affaire aux *Catégories* d'Aristote, à savoir aux « [énoncés] du Stagirite : essence, qualité, quantité, relatif, quelque part, à un certain moment, être dans une position, avoir, faire, subir »[7]. Avant Aristote et Porphyre, Grigor avait lu, selon le programme en usage, les *Prolegomena* de David, qu'il cite d'une manière diffuse dans ses lettres[8] ; toujours dans la *Lettre* 11, il cite presque *verbatim* les tout premiers mots des

1. Sur le thème, voir le résumé offert par D'Ancona (édit.), *Storia della filosofia nell'Islam medievale*, p. 26-33.

2. Calzolari, « David et la tradition arménienne », p. 17-20.

3. Calzolari – Barnes (édit.), *L'œuvre de David l'Invincible* ; Calzolari, « Philosophical Literature in Ancient and Medieval Armenia ».

4. Sur l'importance de Philon en Arménie, voir Sirinian, « 'Armenian Philo' : A Survey of the Literature » (avec bibliographie).

5. Muradyan (édit.) « Grigori Magistrosi, T'łt'k' ew č'ap'aberakank' », *Lettre* 11. Grigor parle en réalité de manière générique des « énoncés » (*ařasut'iwnk'*) de Porphyre, mais il est évident qu'il renvoie à l'*Isagoge*, puisque le contenu mentionné par Grigor, à savoir les distinctions entre genre, espèce, différence, propre et accident (*seř, tesak, tarberut'iwn, yatuk ew patahumn*), et la précision qu'elles avaient été « distinguées sur requête de Chrysaorium » (*bac'orošeal i xndroy K'risawori*) correspondent exactement au contenu de l'*Isagoge*.

6. *Minč' takawin pataneak ełeloy* (*ibid.*).

7. [A*řasut'iwnk'*] *Stagirac'woyn goyac'ut'iwn, orak, k'anak, ew ař inč', ur, erb, kal, unel, ařnel, krel* (*ibid.*).

8. Muradyan, « Grigor Magistrosi matenagrut'yunĕ » ; voir aussi les nombreuses notes dans Muradyan (édit.), « Grigori Magistrosi, T'łt'k' ew č'ap'aberakank' », où les citations de nombreux passages des œuvres du philosophe arménien sont identifiées.

Prolegomena, lorsqu'il affirme qu'« à ceux qui, avec un seul doigt, goûtent [à la philosophie], il arrive de prendre congé de toutes les choses de ce monde-ci »[1].

Jusqu'au corpus aristotélicien, l'instruction de Grigor Magistros est donc alignée sur la tradition de l'Antiquité tardive, à la fois pour le choix des textes et pour la succession générale des matières. Les lettres de Pahlawuni témoignent, en outre, du fait qu'il connaissait bien les mathématiques, la géométrie et la musique[2], auxquelles on peut vraisemblablement ajouter l'astronomie. Il n'est pas possible de savoir avec certitude à quel moment du *curriculum* se situait le *quadrivium*, mais il est clair qu'il avait profondément influencé Grigor.

C'est la seule manière d'expliquer ses nombreuses allusions érudites. Par exemple, à propos des mathématiques, en écrivant à un noble qui lui avait envoyé sept poissons, il relève que cela « est le numéro parfait que Pythagore vénérait, puisque, composé par le quadruple, il engendrait la dizaine »[3]. En effet, le passage renvoie à la *tetraktys* vénérée par les pythagoriciens, autrement dit aux numéros 1, 2, 3, 4, disposés en pyramide, dont l'addition est égale à 10. Ailleurs, pour ne pas s'étendre, il écrit :

> J'ai toujours aimé faire court. En effet, une partie [délimite] le tout, un seul trait droit enferme le contenu des rectangles, tout en étant une partie de ceux-ci. Pour le sage, une parole suffit pour en amener, à la suite, dix mille[4].

L'allusion, de contenu géométrique, renvoie dans ce cas à la diagonale d'un rectangle, qui détermine toujours un seul et unique rectangle (à condition qu'au moins le rapport entre les côtés soit connu).

L'ÉCOLE D'ANI

Ani devint la capitale du royaume bagratide seulement dans la deuxième moitié du Xe siècle, mais par la suite elle se transforma très rapidement en une ville prospère, peuplée et foisonnante d'activités[5]. On peut supposer qu'un tel pôle d'attraction disposait de quelques types d'instruction supérieure, d'autant plus qu'il était le siège du palais du catholicos[6], où se trouvait une bibliothèque[7] ; une

1. *Miov matamb čašakeloc'n aysu pataheal ē amenayn kenc'ałakanac's bareaw mnal asac'ealk'* ; *cf. miayn matin handipin čašakealk', amenayn kenc'ałakan hogoc' bareaw mnal asac'ealk'* (texte reproduit dans Kendall – Thomson [trad.], *Definitions and Divisions*, p. 2).

2. Sur la relation entre Grigor Magistros et la musique, voir en particulier Arevšatyan, « Grigor Magistrosi eražštakan žařangut'yunĕ ».

3. Muradyan (édit.), « Grigori Magistrosi, T'ułt'k' ew č'ap'aberakank' », *Lettre* 14.

4. *Sireli ē inj mišt karčařawt hatanel : Vasn zi zbolorn masn miaki gic ułłaki zbovandakn parařē zułłankiwneac'n, t'ēpētew masn gol* (Muradyan [édit.], *ibid.*, *Lettre* 7).

5. Hakobyan, *Ani mayrak'ałak'*.

6. Hewsen, « The Historical Geography of Ani and Kars ».

7. *Cf.* Muradyan (édit.), « Grigori Magistrosi, T'ułt'k' ew č'ap'aberakank' », *Lettre* 21, 33. En écrivant au catholicos Petros à propos du *K'nnikon* d'Anania Širakac'i (voir *infra*), Grigor

autre bibliothèque devait être annexée au palais royal, étant donné qu'elle est mentionnée par le *vardapet* Sargis[1] dont il sera question dans les pages suivantes[2]. En outre, dans les environs de la capitale se trouvaient des couvents prestigieux comme celui de Hoṙomos, que Step'annos Tarōnec'i inclut dans la liste des monastères déjà florissants dans la première moitié du Xe siècle.

K. Kostaneanc'[3] estimait que Grigor Pahlawuni Magistros avait reçu une partie de sa formation à Ani, avant de parfaire ses études à Constantinople. Néanmoins, s'il est vraisemblable que Grigor a passé une partie de sa jeunesse à Ani, où les Pahlawuni avaient bâti quelques églises et possédaient probablement une demeure, il n'y a, en revanche, pas d'éléments laissant supposer qu'il soit allé à Constantinople durant sa formation ; de plus, il n'y a pas lieu de croire que cela répondait à une nécessité. Au XIe siècle, l'Arménie a produit des figures de très haute envergure culturelle telles que – en plus de Grigor Magistros – le catholicos Petros Getadarj, Yovhannēs Sarkawag dit Imastasēr (« philosophe ») et d'autres encore : selon les sources, aucun d'entre eux ne s'est rendu à Constantinople pour des raisons d'études, contrairement à ce qu'on peut affirmer, pour le siècle précédent, pour d'autres érudits arméniens comme Grigor Narekac'i ou son oncle Anania Narekac'i.

Il est donc plus simple de supposer que la Grande Arménie disposait de structures d'enseignement suffisantes pour fournir un *curriculum* complet. La bibliothèque du catholicossat, en particulier, devait être bien garnie, vu qu'elle disposait d'une copie du *K'nnikon* d'Anania Širakac'i, comme nous le savons grâce à Grigor Pahlawuni Magistros qui en demanda le texte au catholicos Petros[4] ; dans le même passage, il ajoute, par ailleurs, qu'« il se souvenait » de cet ouvrage. Le *K'nnikon* était vraisemblablement un instrument d'importance principale dans l'enseignement du *quadrivium*[5] ; si Pahlawuni a effectué ses études à Ani, il est donc possible qu'il ait rencontré ce texte pour la première fois là-bas, pendant sa formation.

Magistros précise, en effet, que les manuscrits qui le composent « sont désormais dans la maison patriarcale » (*en ayžm i tan tērunean*).

1. Mat'evosyan, *Hayeren jeṙagreri hišatakaranner, E-ŽB dd*, n° 106 ; Ališan, *Širak : tełagrut'iwn patkerac'oyc'*, p. 50. Sur la conservation et la copie des manuscrits à Ani, *cf.* Mat'evosyan, « Scriptoria et bibliothèques d'Ani ».

2. Voir *infra*, p. 176.

3. Kostaneanc', *Grigori Magistrosi, T'łt'erě*.

4. Muradyan (édit.), « Grigori Magistrosi, T'ułt'k' ew č'ap'aberakank' », *Lettre* 21, 43-48.

5. Mahé, « Quadrivium et cursus d'études ».

LE RAPPORT DE L'ÉCOLE D'ANI AVEC L'ÉCOLE DE GRIGOR MAGISTROS

Comme on l'a dit plus haut, Grigor Pahlawuni Magistros ouvrit sa propre école. D'après les données offertes par Grigor lui-même, il semble néanmoins que l'activité fût coordonnée en collaboration avec Getadarj, dans un rapport qu'on peut qualifier d'amitié. La *Lettre* 21 est particulièrement instructive sur les intérêts de Pahlawuni et sur ses liens avec Petros. Grigor fait part à son destinataire de son inquiétude quant à la faible attention des Arméniens pour l'enseignement, ce dont il se plaint énormément :

Car le genre arménien, orgueilleux et à la nature âpre, ne soumet pas ses mœurs opiniâtres à se plaire avec assiduité dans de tels exercices ; par ailleurs, peu importe à ceux à qui revient le destin de diriger d'être tenus en grande considération et d'explorer les arts de la sagesse comme une parure du palais royal, à la différence de Ptolémée le Grand et d'autres semblables à lui[1].

Comme solution à cette situation, le prince demanda à Petros de lui envoyer le *K'nnikon* d'Anania Širakac'i. Il s'agit d'un texte, aujourd'hui perdu, qui remonte au VIIe siècle, dans lequel, comme l'écrit Grigor :

l'érudition divine et tous les arts de la science existants se sont accumulés ; et [Anania] a accordé la préférence à l'arithmétique et à la musique, qui sont issues d'une quantité [ou qualité] distincte, et à la géométrie et à l'astronomie, qui dérivent d'une quantité continue. Et après celles-ci, les arts et les sciences qui s'y rapportent, les compositions de livres et presque chaque exercice rhétorique. Bien qu'en partie, comme l'abeille industrieuse dans la ruche, il ait recueilli le pollen à partir de là, [à savoir] des différents manuscrits : des Chaldéens, des Grecs, et de tous les peuples, cela afin de faire connaître ceux qui avaient récolté des manuscrits avant ceux-ci, en devenant des savants en philosophie[2].

Il n'est pas nécessaire de revenir ici sur les questions difficiles qui entourent le *K'nnikon*, mais il suffira d'observer que la requête du livre, de la part de Grigor, est étroitement liée à l'ouverture – ou au renforcement – d'une véritable école de philosophie. Cela ressort clairement non seulement de la sombre description de

1. *K'anzi Aramean seri hpartut'iwn ew anamok' bnut'iwn ew xstaparanoc' bars oč' storakayi yaysosik krt'ut'iwns yaratewakan hawanel, kam et'ē oč' p'oyt', ork' petakanin hasin baxti, mecaru linel ew xuzel zxohemakan arhests i zard k'argonosakan aparanin, orpēs mecn P'tlomēosn ayn ew ork' aylk' aydpisik'* (Muradyan [édit.], « Grigori Magistrosi, T'ułt'k' ew č'ap'aberakank' », *Lettre* 21, 45).

2. *Mt'ereal en togork' astuacayin ew ent'akayac'eal amenayn arhestk' makac'ut'ean, ew naxadaseal ē t'uakanut'eann ew eražštakanut'eann, ork' en i taroroš k'anakē tarakac'ealk', isk erkrač'ap'ut'eann ew astełabašxut'eann, ork' en i šarunak k'anakē: Ew zkni aysoc'ik' yarmanealk' arhestk' ew makac'ut'iwnk', matenagrut'iwnk' ew grē et'ē amenayn bolor varžumn hřetorakan, t'ēpēt ew masnawor zp'ošatesaksn zawrēn gorcasēr mełui ambareac' i mełuanoc'i aydr i bazmavēp matenagrac' k'ałdēac'woc' ew yunac' ew amenayn azgac' ař i canawt' lineloy, ork' nax k'an zaynosik hawak'ealn mateans, makac'u ełeal imastasirut'ean* (Muradyan [édit.], *ibid.*, *Lettre* 21, 34-35). Sur cette lettre, et ce passage en particulier, voir également les nombreuses études consacrées à la reconstitution du moins partielle de l'œuvre Širakac'i, et notamment Mahé, « Quadrivium et cursus d'études » ; Mat'evosyan, « Grigor Magistrosě ev Anania Širakac'u K'nnikoně ».

l'instruction arménienne mentionnée plus haut[1], mais aussi de la suite de la lettre, qui a une valeur presque programmatique :

Car il n'est pas du tout possible que ceux qui ne se sont pas exercés dès le début s'attachent à de telles questions théologiques. En effet, il faut d'abord s'élever de la physique à la mathématique, et de là à la théologie. En effet, quiconque pense autrement, comme on le dit, il pense mettre Sestos[2] sur l'Olympe, et entasser sur celui-ci le Pélion aux feuilles qui bougent, afin que le ciel soit pour lui atteignable, puisque cela est le désir de pensées très déraisonnables et puériles. C'est pour cela que Platon lui-même met en garde dans son [texte] de théologie : « Que personne ignare en géométrie n'entre ! » ; par ces mots, [il veut dire] : « Que personne qui ne soit pas parfait dans le sujet quadruple n'entre dans la salle de cours »[3].

Cette subdivision des études dans des niveaux différents est répétée dans la *Lettre* 11, adressée à deux étudiants de Grigor :

En effet, il faut d'abord étudier véritablement la grammaire avec la traduction, jusqu'à une maîtrise complète de la matière, et après cela, la rhétorique, avec l'infaillible division en trois démonstrations ; et ensuite, [il faut] maîtriser [le livre] des *Définitions* [*scil. Prolégomènes* de David l'Invincible], à la fois celles des platoniciens et des aristotéliciens, et encore [le livre] pythagoricien des définitions et de la démonstration de la circonférence. En vous exerçant, avant ces choses, dans une lecture attentive de l'Ancien et du Nouveau Testament, ainsi que dans la mythologie en de nombreux passages différents, que nous souhaitons que vous prononciez avec précision, alors [vous pourrez] aller, doués d'une réflexion chaude et bien complète, à la recherche des extraits des dialogues homériques, de la prédiction platonicienne, et de tous les autres arts et livres. En effet, dans tous les cas, le philosophe sera celui qui professe la sapience et répudie l'ignorance, surtout grâce aux capacités des quatre arts : arithmétique, musique, géométrie, astronomie[4].

1. Une telle description, d'ailleurs, semble après tout exagérée, sur la base de ce qui a été dit plus haut sur la situation florissante de la culture en Arménie. Il est possible que Grigor se soit laissé tenter par le désir d'entrer en émulation avec l'illustre Anania Širakac'i, dont il récupéra les soucis et les motivations (probablement davantage justifiées).

2. Sestos, ville sur les Dardanelles, est probablement une corruption pour Ossa, mont de la Thessalie entre l'Olympe et le Pélion. Selon un récit rapporté par David l'Invincible dérivant de l'Odyssée (XI 315-316), les géants Otos et Éphialtès voulurent monter au ciel mettant les monts Ossa et Pélion sur l'Olympe : *cf.* Kendall – Thomson (trad.), *Definitions and Divisions*, p. 124-125.

3. *K'anzi ork' oč' naxust krt'ealk' en, bolorovin oč' goy hnar t'ewakoxel zaynpisi astuacabanut'iwns: K'anzi part ē nax i bnabanakanēn yusumnakann ambaṙnal ew antust yastuacabanakann: K'anzi or aylazg xorhesc'i, ĕst asac'elumn, tramaxohi i veray Olompiosi dnel zSestos ew yaynr yarabardel zterewašaržn Biłon, orpēs zi erkin čemaran lic'i noc'a, k'anzi yoyž taraxohic'n ew antiakan mtacuteanc'n ē bałjumn ays: Vasn oroy ew Płaton isk zgušac'uc'anē ayspēs yiwrumn astuacabanut'eann. « Anerkrač'ap'akan ok' mi neramtesc'ē » zaysosik aselov, zi mi ok' ankatar i k'aṙic'n ent'akayē mtc'ē i lsarann* (Muradyan [édit.], « Grigori Magistrosi, T'łt'k' ew č'ap'aberakank' », *Lettre* 21, 36-39). Le « sujet quadruple » auquel renvoie la fin du passage est, précisément, le *quadrivium*, ici symbolisé par la seule géométrie.

4. *K'anzi nax part ē zk'erakanut'iwnn handerj t'argmanut'eambn usanel tirapēs makstac'akanut'eamb, ew zkni aysr zhṙetorakann, eriwk' handisiwk' ansxal trohut'eamb, ew apa zSahmanac'n parunakel, ew płatonakan ew aristotēlakan, ew darjeal piwt'agorakan karaknakertut'eann bac'orošmanc' ew datołut'eanc', naxust k'an zaysosik krt'ec'elovk' nerkuṙ vercanut'eamb zHin ew zNor Ktakarans, ew aṙaspelakavaržut'iwns i bazum ew zanazan tełis ełeal,*

Comme il ressort de ces propos, le prince avait une idée très claire du programme didactique à suivre : grammaire, rhétorique, les *Prolegomena*, les disciplines mathématiques et ensuite les sciences religieuses. L'ordre des études, comme les matières abordées, correspond ainsi *grosso modo* à un type d'instruction hérité de l'Antiquité tardive et, d'après ce qui a été remarqué plus haut, vraisemblablement du parcours éducatif de Grigor Magistros lui-même. La *Lettre* 11 nous apprend, cependant, que l'aboutissement de ce *curriculum* n'était pas seulement la théologie, comme l'affirme la *Lettre* 21, mais une enquête plus large portant sur les « dialogues homériques », la doctrine platonicienne et « tous les autres arts et tous les autres livres ». Cela signifie que l'instruction supérieure aussi, dans l'optique de Grigor, était un instrument – certes très raffiné – pour conduire une recherche ultérieure pouvant porter sur n'importe quel domaine du savoir humain.

Il s'agit d'une posture considérablement « humaniste » des études (non dissemblable de celle présente à Byzance à la même époque)[1], qui, selon Pahlawuni, n'était pas du tout en contraste avec la foi : comme il l'écrit ailleurs, « s'approcher de Dieu est un grand bien[2] ; et il n'y a pas d'autres manières de s'approcher de Lui, si ce n'est en éclairant la personne au moyen de la connaissance »[3]. Ce trait se trouve aussi dans la pensée romano-orientale de l'époque, où la philosophie (à savoir « la connaissance » par définition) collabore avec la théologie dans la recherche de la vérité[4] et représente le sommet du parcours éducatif[5].

Il faut également remarquer l'inclusion, parmi les disciplines préparatoires, de la récitation de passages mythologiques. On peut observer d'une part que le recours à la poésie épique dans l'étude notamment de la grammaire et de la rhétorique ne constitue certainement pas une nouveauté, comme le démontre, pour le grec, l'usage didactique d'Homère, encore très populaire à l'époque de Grigor,

zor k'nnut'eamb artayaytel hawanimk' ew i xoyz elanel ǰermagoyn ew k'ajołǰakan xohakanut'eamb ew tramabanakan hatuacoc' homerakan ew płatonakan naxasakanin, ew ayloc'n bolor arhestic' ew matenic' : Zi yamenayni imastasērn xostovaneal lic'i zgitut'iwn ew urac'eal zangitut'iwn, manawand ěst katołut'ean k'aṙic'n arhestic'` t'uakan, eražštakan, erkračap'akan, astełabašxakan (Muradyan [édit.], *ibid.*, *Lettre* 11, 4-5).

1. Wolska-Conus, « Les écoles de Psellos et de Xiphilin sous Constantin IX monomaque ».
2. Ps 72, 28.
3. « *Merjanal aṙ Astuac bari ē yoyž* »*: Ew oč' ayl inč' ē hnar merjanal, et'ē oč' gitut'eamb lusaworel zanjn* (Muradyan [édit.], « Grigori Magistrosi, T'ułt'k' ew č'ap'aberakank' », *Lettre* 40, 3-4).
4. Lauritzen, « Psello discepolo di Stetato ».
5. Lemerle, *Le premier humanisme byzantin*, p. 132-147. Il est intéressant de remarquer que Lemerle, tout en concluant son travail avec une comparaison plutôt sans pitié entre la *paideia* dans le monde byzantin et la pensée philosophique à l'époque classique, admet à plusieurs reprises que l'étude des disciplines scientifiques et philosophiques se révèle constamment indispensable dans chaque querelle religieuse.

comme par la suite[1] ; d'autre part, il faut observer que Grigor puise souvent dans la poésie épique non seulement grecque, mais aussi arménienne et persane. Cela signifie que le prince arménien ne s'était pas limité à proposer tel quel le système éducatif dont il avait hérité, mais qu'il avait adapté le programme didactique au contexte historique et culturel de son époque. Il n'est certainement pas possible de savoir dans quelle mesure cette opération est due à Grigor ou à ses prédécesseurs : la traduction arménienne de la *Grammaire* de Denys le Thrace montre déjà les traces d'une telle adaptation[2] ; les célèbres problèmes mathématiques d'Anania Širakac'i, par ailleurs, sont tout aussi bien adaptés à la réalité arménienne[3]. Il est cependant important de souligner qu'au XIe siècle, alors que les études platoniciennes reprenaient le haut du pavé à Byzance, l'Arménie était en mesure de suivre cette tendance culturelle avec ses propres forces, sans suivre passivement la mode de la prestigieuse capitale impériale, mais en adaptant l'évolution du savoir à ses propres spécificités.

D'après ce qu'on peut tirer de ses lettres, le cadre donné par Grigor à son école était activement partagé par le catholicos. Toujours dans la *Lettre* 11, Pahlawuni exhorte par exemple ses disciples Barseł et Ełisē à obéir à Petros[4]. Elle nous apprend aussi que le catholicos lui-même fournit aux étudiants un texte d'Aristote[5] ; cette requête est, d'ailleurs, à l'origine de la rédaction de la lettre elle-même. Le prince et Petros collaboraient, en outre, dans la gestion des étudiants : une lettre adressée au catholicos (*Lettre* 46) concerne un étudiant turbulent. Pahlawuni dit être attristé à cause du mauvais comportement du jeune homme ; en même temps, il demande – à ce qui paraît – de lui accorder une deuxième chance :

> Il faut déplorer, me semble-t-il, cet écervelé qui n'a pas voulu s'adapter à ta céleste bonté et qui n'a pas été digne de ta bénédiction divine, ni de ta pure, sacrée et saine dextre, ni du baiser de tes florissants cheveux blancs, virginaux et sublimes. C'est pourquoi je prie ta divine bénignité de patienter, en pardonnant, et de ne dire rien d'hostile contre celui-ci, mais de demander à Celui qui pardonne le changement d'un tel homme[6].

1. Kazhdan, *The Oxford Dictionary of Byzantium, s. v.* « Homer ».

2. Sirinian, « Una riuscita operazione culturale : la versione armena della *Grammatica* di Dionisio Trace ».

3. Greenwood, « A Reassessment of the Life and Mathematical Problems of Anania Širakac'i ».

4. « Je souhaite […] que vous soyez au service de ce vicaire de Dieu, pierre sainte, inamovible et tenace, comme s'il s'agissait de Dieu, afin que vous ne tombiez pas dans les malédictions [de] celui qui vous nourrit » (*ays hayc'eli ē inj, zi p'oxanid Astucoy ew surb ew anšarž vimid ew amenari caṙayic'ēk' ibrew Astucoy, zi mi yanēcs ankc'ik', or snoyc'n zjez* ; Muradyan [édit.], « Grigori Magistrosi, T'ułt'k' ew č'ap'aberakank' », *Lettre* 11, 2).

5. « J'ai entendu que notre vicaire de Dieu vous a donné Aristote » (*Luay, et'ē Astucoy p'oxand mer tueal ē jez Aristotēl* ; Muradyan [édit.], *ibid.*, *Lettre* 11, 3).

6. *Bayc' ełkeli inj t'ui gol anhančarn ayn, or oč' vayelel kamec'aw i k'oyd eranawēt barut'eanc'd, ew oč' aržanac'aw astuacełēn awrhnut'eanc'd, ew mak'ur ew srbazan ołjuni ajoyd, ew kusakan całkeal cayragoyn aleac'n hamburman: Zor ałač'em zk'oyd astuacełēn*

Une autre lettre, pour finir, remonte à l'époque où Petros demanda à Grigor de lui envoyer précisément Barseł et Ełisē : il s'agit de la *Lettre* 25, qui doit donc être située à une période antérieure à la *Lettre* 11. Elle nous apprend que le catholicos, destinataire de la lettre, avait explicitement demandé les deux étudiants : « en ayant compassion de nos enfants et en les rendant dignes, vous avez ordonné de vous les envoyer, afin qu'ils servent le vicaire de Jésus et son saint signe vivificateur »[1]. Grigor condescend volontiers à la requête, montrant son estime pour les qualités du catholicos :

Et je fus vraiment très heureux, puisque j'ai confié ces agneaux au bon berger et ils entreront dans ton *gawit'* [*scil.* parvis de l'église]. Je sais bien qu'il n'y a pas de voleurs, qu'ils ne seront pas volés et n'entendront pas de voix étrangère, et que le loup ne les enlèvera pas. Ils seront enrichis sous ton divin bâton pastoral, doux et délicat, et la conduite de ta houlette les nourrira dans des champs verts et dans des eaux tranquilles, afin qu'ils se multiplient et fleurissent, et qu'ils apportent des fruits ; et que le fruit reste[2].

À la lumière de cette collaboration étroite, il convient de se demander si l'école de Grigor Magistros peut vraiment être distinguée de l'école du catholicos, laquelle, à son tour, se confond avec celle d'Ani. D'aucuns ont situé géographiquement l'école de Pahlawuni à Bǰni[3], en Arménie nord-orientale, mais cela tient au fait que Grigor y avait sa résidence principale. Il est vrai que Bǰni reste, plus tard aussi, un important centre culturel, où de nombreux manuscrits ont été copiés entre le XIIe et le XIVe siècle[4], mais cela ne signifie pas forcément qu'elle fut le siège principal des activités didactiques de Grigor. Les enseignants avaient au contraire souvent tendance à se déplacer d'un monastère à l'autre au cours de leur carrière[5] ; les étudiants pouvaient faire de même. Bien que quelques centres

hezut'iwnd, nerelov hamberel, ew mi´ inč'i hakaṙakac'n ĕnddem nora barbaṙel inč', ayl xndrel i Nerołēn zdarj ayspiswoy ew zpahpanut'iwn (Muradyan [édit.], *ibid.*, *Lettre* 46, 18-19).

1. *Yałags mankanc's mer ołormelov ew aržanis aṙnelov, hramayeal ēik' aṙak'el ar jez, zi caṙayesc'in p'oxanid Yisusi ew norayn kensaber srboy nšanid* (Muradyan [édit.], *ibid.*, *Lettre* 25, 21).

2. *Ew kari yoyž urax ełē, vasn zi zgaṙink's ays i k'aǰ hoviw vstahac'ay, ew i nerk's i gawit' k'o mtc'en: K'aǰ gitem, et'ē goł oč' goy, ew oč' gołasc'in, ew zjayn awtari oč' luic'en, ew gayl oč' yap'štakesc'ē: I nerk'oy astuacayin k'o gawazani girg ew p'ap'ukk' p'art'amasc'in, ew aṙaǰnordakan k'o c'up i vayri dalarwoǰ ew i ǰurs hangstean snusc'ē, ew sałart'asc'in ew całkesc'in, ew ptłaberesc'en, ew ptułn kac'c'ē* (Muradyan [édit.], *ibid.*, *Lettre* 25, 25-27). Le passage fait écho en plusieurs endroits au psaume du bon berger (Ps 23).

3. Mahé, « Quadrivium et cursus d'études », p. 170.

4. Les colophons qui mentionnent Bǰni entre le XIe et le XIVe siècle sont une dizaine au moins : *cf.* Mat'evosyan, *Hayeren jeṙagreri hišatakaranner, E-ŽB dd* ; *Id.*, *Hayeren jeṙagreri hišatakaranner, ŽG dar* ; Xač'ikyan, *ŽD dari hayeren jeṙagreri hišatakaranner*.

5. Pas toujours par choix ; en effet, Petros fut retenu à Constantinople au milieu du XIe siècle et ne put plus rentrer à Ani (voir *infra*), alors que Grigor, comme on le verra, fut persécuté par le roi d'Ani, Gagik II, et obligé de quitter le royaume. Ces déplacements expliquent également l'importance de la relation épistolaire, qui contribuait à garder unie une activité didactique, dont les acteurs étaient obligés de se déplacer fréquemment.

fussent sans aucun doute des lieux culturels de prestige, les écoles qui s'y rattachaient avaient peut-être un caractère plus décentralisé, qui n'empêchait pas les enseignants et les disciples de se déplacer temporairement ailleurs. Avant de devenir une tendance plus répandue aux siècles suivants[1], la mobilité était déjà plutôt commune et la cohérence de l'école était préservée surtout par la personnalité du maître (ou des maîtres). Cette situation est attestée en partie par les échanges d'étudiants entre Grigor et Petros, mais aussi par la *Lettre* 67 de Pahlawuni, adressée à un nouvel élève prometteur. Ce dernier, lui aussi du nom de Grigor, venait du village d'Aylaberk', à la frontière avec les régions de Kotayk' et Varažnunik', non loin de Bǰni. Dans cette lettre, Pahlawuni apprécie les qualités intellectuelles et philosophiques de son homonyme, mais, à ce qui paraît, il n'est pas à même de le rejoindre physiquement pour un enseignement face à face : il exprime des craintes pour « ma brève apparition, de moi [qui suis], selon ta perception, un coupable à la dérive, et à la vue offusquée »[2]. Les allusions à la « culpabilité » et à la « dérive » se rapportent probablement aux années 1043-1045, au cours desquelles Grigor fut persécuté par le roi d'Ani Gagik II, ainsi qu'aux années qui suivirent, où le prince céda ses terres à l'empereur avant de s'établir en Mésopotamie[3]. Pahlawuni invita donc ce clerc prometteur à s'établir dans l'une de ses propriétés :

> Je veux que tu habites ou bien dans notre domaine ou bien chez nous, ou bien là où demeurent nos cohortes d'hommes saints et souffrant pour l'amour du Christ[4].

Le « domaine » (*ašxarh sephakan*) était la région de Bǰni – en supposant que la lettre soit antérieure à 1045 – ou bien la propriété de Grigor en Mésopotamie – si la lettre a été écrite en 1045 ou après –, alors que les lieux « où sont installées nos armées d'hommes saints » sont vraisemblablement les monastères liés à Grigor : Marmašēn, Sanahin, Surb Karapet dans le Tarōn, pour n'en citer que quelques-uns[5] ; « chez nous », en revanche, peut indiquer n'importe quel autre lieu où Pahlawuni demeura pendant un certain temps à cette époque : Constantinople, le Tarōn, le Vaspurakan.

Si, aux alentours de la moitié du XIe siècle, les figures principales de l'« école d'Ani » étaient, à ce qui paraît, Grigor Magistros et Petros Getadarj, il est possible qu'une telle école fût en quelque sorte itinérante dans le royaume bagratide tout

1. Voir le chapitre suivant.

2. *Duznak'eay ims yacač'u mełapart ew bžoteal tesut'iwn k'umd zgastut'ean* (Muradyan [édit.], « Grigori Magistrosi, T'ułt'k' ew č'ap'aberakank' », *Lettre* 67, 3).

3. Sanjian, « Gregory Magistros. An Armenian Hellenist » ; Alpi, « Grigor Pahlawowni Magistros : un esempio riuscito di reazione culturale alla crisi politica nell'Armenia dell'undicesimo secolo ».

4. *Bnakel k'ez kamim kam i mern ašxarhi sephakan, kam aṙ mez isk, kam ur mern en bnakeal das srbazanic' ew xač'akrawn aranc'* (Muradyan [édit.], « Grigori Magistrosi, T'ułt'k' ew č'ap'aberakank' », *Lettre* 67, 8).

5. Grigor Magistros fut en correspondance avec les prieurs des trois monastères.

entier et au-delà, selon les endroits où vivaient les maîtres. Grigor dut se déplacer du royaume d'Ani en Mésopotamie avant de s'installer dans le Vaspurakan, dont il fut *dux*, sans oublier son voyage à Constantinople autour de 1045[1]. Petros fut d'abord emprisonné pour une brève période entre 1038 et 1040, précisément à Bǰni. Même après avoir retrouvé sa liberté, il n'eut pas une vie facile : il fut convoqué à Constantinople, où il se rendit autour de 1050[2] (accompagné, entre autres, par Barseł et Ełisē, à savoir les élèves qu'il avait formés avec Grigor) et où il fut retenu ; ne pouvant pas rentrer à Ani, il fut obligé de demeurer d'abord dans les alentours de Karin-Théodosiopolis[3] et finalement à Sébaste. On pourrait penser que ces pérégrinations ont appauvri l'enseignement supérieur à Ani et probablement, dans une certaine mesure, cela se produisit. Les sources suggèrent cependant que l'activité didactique resta stable et de bonne qualité : comme on l'a vu, Grigor était capable de suivre ses élèves à distance et il pouvait les confier à des enseignants de sa connaissance lorsqu'il n'était pas en mesure de les instruire personnellement. Il est légitime de penser que Petros avait les moyens de faire la même chose.

Il ne faut, par ailleurs, pas oublier qu'à Ani d'autres personnages de niveau culturel très élevé étaient actifs : Pahlawuni eut une longue correspondance avec un *vardapet* du nom de Sargis, pour qui il ne tarissait pas d'éloges et avec qui il souhaitait se dédier à la traduction de textes grecs et syriaques :

> [...] mais j'ai commencé à traduire aussi la géométrie d'Euclide et, si le Seigneur veut prolonger encore notre vie, en en prenant beaucoup soin, je ne cesserai pas de traduire tous les autres [écrits], du grec et du syriaque. Et j'ai besoin de ta proximité et de ton aide, dans cette entreprise [...][4].

Il est possible que ce personnage soit le même *vardapet* Sargis qui trouva, en 1041, dans la bibliothèque royale d'Ani un commentaire sur les lettres de Paul apparemment perdu[5]. Grigor Magistros recommanda toujours au roi de Kars (non loin d'Ani) les services de Grigor Hnjac'i, un homme tellement savant qu'il avait été défini *tēlētis* (du grec τελετής, « parfait, initié »)[6]. En résumé, l'instabilité politique n'empêcha pas l'école de se perpétuer. Cet aspect est confirmé par la

1. À cette occasion, il écrivit la transposition en vers de la Bible : *cf.* Terian (édit. et trad.), *Magnalia Dei*.

2. Mahé, « L'Église arménienne de 611 à 1066 », p. 528-529 ; sur les déplacements de Petros, *cf.* Berbérian, « Hayoc' kat'ołikosakan at'ořin barjum 11rd darun erkrord kēsin ».

3. *Ibid.*

4. *Bayc' ew zerkrač' ap'akann zEwklidosin sksay t'argmanel, ew et'ē takawin kamesc'i Tēr erkaranal mez i kenc'ałums, bazum hogs yanjin kaleal zmnac'ealsn bolor yunax'ew asorwoc' t'argmanel oč' dandałec'oyc' : Ew karawtimk' k'ez merj eloy mez awgnakanut'ean ayspisum irołut'eanc'* [...] (Muradyan [édit.], « Grigori Magistrosi, T'łt'k' ew č'ap'aberakank' », *Lettre* 50, 12-13).

5. Mat'evosyan, *Hayeren jeřagreri hišatakaranner, E-ŽB dd*, n° 106.

6. Muradyan (édit.), « Grigori Magistrosi, T'łt'k' ew č'ap'aberakank' », *Lettre* 40.

présence, à Ani, d'un maître d'envergure comme Yovhannēs Sarkawag (voir *infra*) et par la persistance d'une école restée productive à Ani jusqu'au XIIe siècle au moins, époque où, dans l'ancienne capitale bagratide, deux historiens furent en activité, Mxit'ar et Samuēl[1].

L'ÉCOLE DE SANAHIN

On peut difficilement dissocier l'histoire du couvent de Sanahin de l'histoire du très proche couvent de Hałbat[2]. Step'annos Tarōnec'i relate que les deux monastères, tous deux dans la région septentrionale de Loṙi dans la vallée du fleuve Debed, avaient été fondés à l'époque du royaume d'Ašot III Ołormac ; l'information est confirmée par des historiens plus tardifs, qui soulignent le rôle de la femme d'Ašot, Xosrovanoyš, dans la construction de Sanahin[3]. Ces informations sont corroborées par un colophon de l'an 972, conservé dans le ms. 3031 du Matenadaran ; ce manuscrit a été rédigé, précisément, en « l'an des Arméniens 421 (= 972), dans ce couvent de construction récente appelé Sanahin »[4]. Plus loin, le même document confirme que « la pieuse reine Xosrovanoyš, femme d'Ašot, *šahanšah* des Arméniens, construisit [ce monastère] »[5]. Des sources plus tardives précisent que Sanahin fut bâti dix ans avant Hałbat[6] ; en revanche, il n'y a pas de documents vérifiables confirmant la nouvelle, probablement fausse, que Sanahin aurait été fondé par Grégoire l'Illuminateur[7]. Et même si cela devait être vrai, on devrait admettre n'avoir aucune information sur l'histoire de Sanahin du IVe au Xe siècle.

Déjà à la fin du Xe siècle, Step'annos Tarōnec'i mentionnait les couvents comme des lieux d'une certaine importance, où cinq cents moines demeuraient[8]. Selon Step'annos Tarōnec'i, à la tête de Sanahin se trouvait le savant (*gitnakan ayr*) Yovhannēs. Ce personnage coïncide probablement avec le même Yovhannēs cité comme commanditaire dans le colophon de 972 évoqué plus haut ; dans ce document, on rappelle également les prédécesseurs de Yovhannēs, au sujet

1. Thomson, « Medieval Chroniclers of Ani : Hovhannes, Samvel and Mkhitar ».

2. Les monastères de Sanahin et Hałbat se trouvent, en effet, à deux heures de marche à peine l'un de l'autre.

3. Oskean, *Gugark'i vank'erĕ*, p. 85-88. Le rôle de Xosrovanoyš est rappelé, en particulier, par Vardan Arewelc'i et Samuēl Anec'i.

4. Mat'evosyan, *Hayeren jeṙagreri hišatakaranner, E-ŽB dd*, n° 74 : *I t'uakanut'eans Hayoc' NIA, i norašēn vank's, koč'ec'eal Sanahin.*

5. Mat'evosyan, *Hayeren jeṙagreri hišatakaranner, E-ŽB dd*, n° 74 : *zor šineac' barepašt t'aguhin Xosrovanoyš, amusinn Ašotoy Hayoc' šahnšahi.*

6. Oskean, *Gugark'i vank'erĕ*, p. 88.

7. Oskean, *Gugark'i vank'erĕ*, p. 92-93.

8. Manukean (édit.), « Step'anos Tarawnec'i Asołik, Patmut'iwn tiezerakan », III 8 ; Macler (trad.), *Étienne Açogh'ig*, p. 40-41.

duquel, en revanche, Tarōnec'i ne s'exprime pas. Le colophon mentionne comme fondateur un certain Połikarpos, « qui commença la construction du monastère »[1]. Le copiste du colophon ajoute que Połikarpos mourut deux ans avant la rédaction du document, à savoir en 970, et qu'il eut comme successeur Grigor, « très pur et plein de toute œuvre vertueuse »[2]. On ne sait pas clairement si Grigor était encore vivant en 972, ni quel était, le cas échéant, son rapport avec Yovhannēs. Oskean ajoute aussi un prieur du nom d'Esayi[3], mentionné dans un édit de 979 et consacré évêque par le catholicos Xač'ik Ier (973-992). Pour rendre compte de ces nombreux personnages sur une période de temps si courte, Oskean a même avancé l'idée qu'à Sanahin se trouvaient en même temps un prieur du couvent et un chef de l'école. Il s'agit d'une hypothèse difficile à infirmer comme à confirmer ; on peut probablement se contenter de constater que le grand nombre de personnalités d'envergure réunies autour de Sanahin est suffisant pour en témoigner la vitalité depuis sa fondation.

Au début du XIe siècle, le couvent était dirigé par un certain Dioskoros, que Matt'ēos Uřhayec'i décrit comme un « éminent orateur » (*mec hřetor*)[4] ; d'après Matt'ēos, entre 1037 et 1038, celui-ci fut même nommé catholicos à la place de Petros Ier Getadarj, qui avait été placé en état d'arrestation. Cette décision cependant divisa l'Église arménienne, si bien que le patriarche nouvellement élu « perdit l'énorme respect dont il jouissait »[5] et fut aussitôt obligé de rentrer à Sanahin et de rendre la fonction à Petros en 1040[6]. Le bref pontificat de Dioskoros, également confirmé par des données épigraphiques[7], constitue un indice de l'influence élevée dont son couvent jouissait à cette époque. L'énorme respect nourri envers cet « orateur » constitue un indice indirect de l'importance de l'école de Sanahin.

On retrouve un certain Dioskoros, probablement le même, dans une inscription de 1061, provenant précisément de Sanahin et gravée « à l'époque du pontificat de *tēr* Dioskoros »[8]. Il n'existe pas d'autres sources au sujet d'un possible second

1. Mat'evosyan, *Hayeren jeřagreri hišatakaranner, E-ŽB* dd, n° 74 : *Or ěskizbn arar vanic' šinut'ean.*

2. *Ibid.* : *Mak'ur yoyž ew amenayn ařak'ini gorcawk' lc'eal.*

3. Oskean, *Gugark'i vank'erě*, p. 99.

4. *Patmut'iwn Matt'ēosi Uřhayec'woy*, I 49, p. 88.

5. *Ibid.* : *Koroys zanč'ap' patiwn zor unēr.*

6. La date fournie à cette occasion par Matt'ēos Uřhayec'i, à savoir 1039, doit être corrigée, puisqu'elle est en contradiction avec les données transmises par les inscriptions (voir note suivante).

7. Kostaneanc', *Vimakan taregir*, p. 21. L'inscription en question, provenant de T'alin, contient la date 489 des Arméniens (11 mars 1040-10 mars 1041) et fut rédigée « pendant le pontificat du seigneur Dioskoros » (*i hayrapett'ean teařn T'ēoskorosi* [*sic* !] *Hayoc' kat'ołikosi*).

8. *Ibid.*, p. 25 : *I hayrapetut'ean t[eař]n Dēoskorosi.* La même formule est répétée dans une inscription de 1063, toujours en provenance de Sanahin (*ibid.*).

pontificat de ce personnage[1], mais entre 1058 et 1066 le siège du catholicos resta quasiment inoccupé[2], aussi est-il possible que dans cette période de confusion le souverain du Loṙi, Kiwrikē – mentionné dans la même inscription – ait pensé à élever un de ses candidats à la tête de l'Église arménienne.

Dans la deuxième moitié du XIe siècle on trouve une autre figure importante associée au couvent de Sanahin et qui témoigne de son persévérant prestige culturel : Yakob Sanahnec'i. Également connu sous le nom de Yakob K'arap'nec'i, il fut élève de Dioskoros[3] ; selon Matt'ēos Uṙhayec'i :

il était un homme fort et érudit. Celui-ci [était] versé dans l'Ancien et le Nouveau Testament, instruit et expert des sciences rhétoriques, et au courant de toutes les profondes connaissances philosophiques. Il était [un] des disciples du grand Dioskoros, père de Sanahin[4].

Yakob passa les dernières années de sa vie à Édesse et rédigea une chronique, malheureusement perdue, qui compta probablement parmi les sources utilisées par Matt'ēos Uṙhayec'i lui-même[5] ; mais surtout, il fut impliqué dans une dispute sur l'union entre l'Église arménienne et l'Église romano-orientale. D'après le récit d'Uṙhayec'i, il fut interrogé par Atom et Abusahl, deux nobles arméniens venus s'établir dans le territoire byzantin[6] en médiateurs d'une tentative d'union imposée par Constantin X Ducas (1059-1067). Ce dernier avait avancé une série de critiques contre les Arméniens, les accusant vraisemblablement de monophysisme, et en réponse « le *vardapet* Yakob s'opposa aux Romains sur beaucoup de questions, mais au sujet de la double nature du Christ il fit quelques pas dans la direction des Romains »[7]. Constantin X était prêt à accepter cette sorte de compromis élaboré par le savant de Sanahin, mais l'arrivée de Gagik Bagratuni, ancien souverain d'Ani, stoppa le dialogue : Gagik déchira le document de Yakob, tout en ajoutant que celui-ci ne figurait pas parmi les « parfaits » *vardapets* des

1. Ačaṙyan parle même de deux personnages différents, mais il est difficile de croire à l'existence de deux Dioskoros (le nom est assez rare en arménien) présents en même temps dans le même couvent de Sanahin. Nous ne savons pas la date de naissance de Dioskoros, mais même en supposant qu'il avait environ quarante ans en 1039-1040, il pouvait être encore en vie et en mesure de prendre à nouveau le pontificat vingt ans plus tard à peine.

2. Mahé, « L'Église arménienne de 611 à 1066 ».

3. Xač'ikyan, « Hakob Sanahnec'i Žamanakagir XI dari ».

4. *[…] ayr hzōr korovi: Sora haseal i veray hin ew nor ktakaranac'n Astucoy, useal ew haseal sora i veray hṙetorakan imastut'eanc', ew tełekac'eal amenayn p'ilisop'ayakan xorin gitut'eanc'. sa ēr yašakertac' mecin Dēoskorosi hōrn Sanahnin* (*Patmut'iwn Matt'ēosi Uṙhayec'woy*, II 124, p. 273).

5. Xač'ikyan, « Hakob Sanahnec'i Žamanakagir XI dari ».

6. Plus précisément, ils étaient les fils du défunt roi du Vaspurakan Senek'erim-Yovhannēs et vivaient en territoire romano-oriental en 1021-1022 déjà, quand Senek'erim avait cédé ses terres à l'empereur Basile II.

7. *Yakobos vardapetn or asi Sanahnec'i, arar dimadrut'iwn bazum yamenayn harc'munsn ĕnddēm Hoṙomoc'. bayc' sakaw mi yałags erkut'eann K'ristosi i kołmn Hoṙomoc' darjaw* (*Patmut'iwn Matt'ēosi Uṙhayec'woy*, II 93, p. 194).

Arméniens[1]. Cela ne doit cependant pas nous amener à croire que Yakob avait reçu une instruction incomplète ; le cas échéant, Atom et Abusahl ne se seraient certainement pas adressés à lui ; cela pourrait constituer plutôt une allusion précoce aux deux niveaux du statut de *vardapet* qu'on trouve en Arménie à partir des XIIe-XIIIe siècles[2].

Le conflit entre Gagik et Yakob montre surtout que l'école de Sanahin et l'école d'Ani, à laquelle Gagik devait très probablement sa formation, offraient les instruments cognitifs et philosophiques nécessaires pour faire face à un débat christologique à Constantinople au XIe siècle, et le gagner. De plus, nous apprenons que des personnalités issues des deux pôles culturels pouvaient être en conflit entre elles au sujet de l'attitude à suivre à l'égard des deux natures du Christ : si les sources permettaient d'identifier une raison d'ordre christologique dans le bref remplacement de Petros Getadarj (lié à Ani) par Dioskoros (provenant de Sanahin et maître de Yakob), un tel conflit pourrait être élargi aux deux écoles dans leur ensemble, mais l'état actuel de la recherche ne permet pas de formuler des hypothèses allant dans ce sens.

Il convient cependant de souligner que, quelles que soient les positions doctrinales d'Ani et Sanahin, elles restaient au sein de l'Église apostolique arménienne et n'excluaient pas les contacts entre les écoles : Grigor Pahlawuni Magistros qui, comme on l'a vu, était lié à l'école d'Ani, eut des rapports assez étroits avec le couvent de Sanahin. C'est précisément aux moines de ce couvent qu'il écrivit la *Lettre* 22 au lendemain de la chute du royaume d'Ani, en 1045-1046, en expliquant dans les détails ses actions dans des circonstances si délicates et en exprimant son ressentiment. Dans la même lettre, Grigor mentionne les moines de Sanahin :

> Mais, en effet, vous avez écrit : « Quand tu as voulu renoncer à cette vie, dans le pays de T'orgom[3] tout entier, nous avons été pour toi un [lieu] tranquille et sûr » ; cela est juste et vrai, et non pas inepte ni dépourvu de fondement[4].

Cela signifie que Pahlawuni séjourna au moins pour un certain temps à Sanahin[5]. Le fait qu'un fervent anti-chalcédonien comme Matt'ēos Uṙhayec'i ne

1. *Mek' ĕnd katareal vardapetsn Hayoc' oč' unimk' zsa* (II 93, p. 195).

2. Sur le rang de *vardapet*, voir l'article de La Porta, « Les sept arts libéraux et l'école de Glajor-Tat'ew (XIIIe-XIVe siècle) » dans le présent volume, p. 196-197.

3. Autrement dit « Arménien ». T'orgom était l'ancêtre légendaire des Arméniens.

4. *Ayl zi greal ēr jer, et'ē yoržam kamec'ar i kec'ałoys hražarel, i bolor T'orgomeans vičaki zmez gteal k'o hangist ew apahov. ays ardar ew yirawi ew oč' axmar kam angitabar* (Muradyan [édit.], « Grigori Magistrosi, T'ułt'k' ew č'ap'aberakank' », *Lettre* 22, 28).

5. Comme preuve supplémentaire des relations entre les Pahlawuni et les monastères de Sanahin – Hałbat, on peut rappeler une inscription de 1021, selon laquelle Aplłarib (cousin de Grigor Magistros) effectua une donation en faveur de Hałbat, et l'inscription déjà citée de Sanahin, rédigée en 1061, sous le pontificat de Dioskoros et à l'initiative de Šapuh, provenant *i*

lâche pas un seul mot pour attaquer Dioskoros ou Yakob Sanahnec'i, mais reconnaît les qualités de ce dernier comme celles de son adversaire Gagik, témoigne finalement du respect qui entourait les *vardapets* de Sanahin.

Aux siècles suivants, Sanahin et Hałbat restèrent des centres culturels de premier niveau pour l'Arménie tout entière : Yovhannēs Sarkawag (*ca* 1050-1129), appelé aussi Imastasēr « philosophe », fut principalement actif à Hałbat, où de nos jours encore se trouve son tombeau. En plus de la philosophie, il s'occupa d'arithmétique[1] et prépara une réforme du calendrier[2] ; finalement, il rédigea des poésies et des musiques[3], ce qui témoigne de sa compétence dans les arts du *quadrivium*. Né à l'époque où Sanahin était dirigé par Dioskoros et mort dans une Arménie qui, après l'arrivée des Seldjoukides, allait trouver un nouvel équilibre à l'époque de la dynastie des Zak'arean, Yovhannēs offre probablement l'un des meilleurs exemples des modalités par lesquelles la tradition scolastique et intellectuelle du Xe siècle réussit à s'affirmer dans un monde extrêmement sujet au changement[4].

L'ÉCOLE DE NAREK

Entre le Xe et le XIe siècle, le centre culturel principal du Vaspurakan fut le monastère de Narek, non loin des rivages du lac de Van. Il apparaît dans la liste des monastères fondés dans la première moitié du Xe siècle, et qui est conservée dans le récit de Step'annos Tarōnec'i. La date de fondation du monastère n'est pas connue, mais elle pourrait se situer aux alentours des années 940[5] ; toutefois, l'élément le plus important de l'histoire de l'école de Narek n'est pas l'année de sa fondation, mais plutôt la vie de son fondateur, Anania Narekac'i.

Comme cela a été ingénieusement reconstitué par H. T'amrazyan[6], Anania venait de la région centrale de l'Ayrarat, où il devint moine et reçut sa formation, dans les districts de Hawnunik' et Aršarunik'. Anania est né vers le début du siècle, aussi était-il déjà adulte quand, vers 940-950, il se déplaça à Narek avec un

tohmē Pahlawuni, autrement dit « de la lignée des Pahlawuni » (Kostaneanc', *Vimakan taregir*, p. 24).

1. Abrahamyan, *Hovhannes Imastaseri, Matenagrut'yunĕ*, p. 148-157.
2. Melik'-Ōhanǰanyan (édit.), *Kirakos Ganjakec'i, Patmut'yun Hayoc'*, p. 113 ; voir également l'article d'Orengo, « Astronomie, astrologie et calendriers » dans le présent volume, p. 255.
3. Cowe, « Armenological Paradigms and Yovhannēs Sarkawag's Discourse on Wisdom ».
4. Sur l'héritage de Yovhannēs et sur son importance pour l'Arméno-Cilicie aussi, voir Dadoyan, *The Armenians in the Medieval Islamic World*, vol. 2 : *Armenian Realpolitik*, p. 208-209.
5. T'amrazyan, *Anania Narekac'i*, p. 26.
6. T'amrazyan, *ibid.*, p. 23-25.

confrère du nom de Petros[1]. Tous deux sont mentionnés par Step'annos Tarōnec'i, le deuxième en tant que « commentateur infaillible des Saintes Écritures » et le premier en tant que « grand philosophe, qui était aussi le prieur de Narek »[2].

La qualification de philosophe réservée à Anania, également qualifié ailleurs de *hřetor* (orateur)[3], atteste de son niveau de culture. Il est vraisemblable qu'il avait déjà étudié le *quadrivium* pendant sa formation en Ayrarat[4], et il est sûr qu'il dirigea l'école de Narek, d'où sont issus de nombreux auteurs dignes de considération[5].

Le personnage le plus célèbre issu de l'école de Narek fut sans conteste Grigor Narekac'i, à qui l'on doit une grande partie des renseignements dont nous disposons sur cette école. Récemment proclamé saint et docteur de l'Église, Grigor fut un théologien et un poète de premier rang[6] ; son *Livre de Lamentation* (*Matean Ołbergut'ean*) est devenu si célèbre qu'encore de nos jours presque chaque foyer arménien en possède une copie[7].

Grigor Narekac'i fut un élève d'Anania Narekac'i, qui était aussi son proche parent[8], et fils de Xosrov Anjewac'i, un autre personnage d'envergure dans le panorama de la culture arménienne du Xe siècle. Grâce à sa formation, Grigor réussit à utiliser pleinement non seulement les arts métriques et musicaux indispensables à la production poétique, mais aussi un riche et très profond répertoire allégorique et mystique, qui nous permet de déduire que la philosophie néoplatonicienne était familière à Narekac'i[9].

Le *Matean* fut achevé en 1002[10], peu avant la mort de Grigor Narekac'i. À partir de ce moment, les informations sur l'école de Narek deviennent beaucoup

1. T'amrazyan, *ibid.*, p. 26. L'information est conservée dans le ms. 475 de la bibliothèque des Pères Mekhitaristes de Venise.

2. Manukean (édit.), « Step'anos Tarawnec'i Asołik, Patmut'iwn tiezerakan », III 51, 7 : *Petros` hawasti meknič' groc' srboc' ew Anania` p'ilisop'ayn mec, or ew vanakan Nareki.*

3. T'amrazyan, *Anania Narekac'i*, p. 32-33. L'information est contenue dans le ms. 10434 du Matenadaran (fol. 85v).

4. Le ms. 7359 du Matenadaran conserve, dans le colophon (fol. 183r), l'information selon laquelle Anania devient « expert » (*hmut*) dans les « arts philosophiques » (*p'ilisop'ayakan arhestic'*).

5. T'amrazyan, *Anania Narekac'i*, p. 38-39.

6. Sur la figure de Narekac'i, voir Terian, « Gregory of Narek » et la bibliographie annexée.

7. Le *Matean ołbergut'ean*, connu aussi sous le nom de *Narek* (du nom de l'auteur), est disponible également en traduction française : Mahé – Mahé (trad.), *Grégoire de Narek, Tragédie*.

8. Plus précisément, Anania était cousin de la mère de Grigor, comme l'a montré T'amrazyan, *Anania Narekac'i*, p. 30.

9. T'amrazyan, *Grigor Narekac'in ev Norplatonakanut'yunĕ*. À propos des pistes de recherche possibles sur les rapports entre Grigor et la philosophie néoplatonicienne, voir aussi Calzolari, « Philosophical Literature in Ancient and Medieval Armenia », p. 366.

10. Mahé – Mahé (trad.), *Grégoire de Narek, Tragédie*, p. 98.

plus rares et il est difficile d'en suivre l'activité au XIe siècle. À la moitié du XIe siècle, un érudit comme Grigor Magistros pouvait échanger des lettres particulièrement savantes avec l'archevêque de Manazkert[1], avec un prince du Tarōn[2] et avec l'abbé du monastère de Surb Karapet[3], toujours dans le Tarōn. Toutes ces localités étaient relativement proches de Narek et étaient rattachées, à des degrés différents, à l'aire culturelle de l'ancien royaume du Vaspurakan, désormais annexé à Byzance. Toutefois, il n'est pas possible de savoir si les correspondants raffinés de Magistros vivant dans ces régions étaient les derniers héritiers de l'école de Narek, ou bien si celle-ci avait épuisé sa phase créative avec un texte immortel comme le *Livre de Lamentation.*

LE QUADRIVIUM *DANS LES ÉCOLES DES Xᵉ-XIᵉ SIÈCLES*

Sur la base de ce qui a été dit jusqu'ici, on peut déduire que le *quadrivium* jouit d'un succès croissant dans les écoles arméniennes des Xᵉ-XIᵉ siècles : des personnalités telles qu'Anania Narekac'i, Grigor Pahlawuni et Yovhannēs Sarkawag eurent la réputation d'être de grands philosophes ; or, de nombreux éléments suggèrent que, pour mériter ce titre, ils devaient avoir entrepris l'étude du *quadrivium.* Tant l'intérêt d'Anania pour le mysticisme des nombres que les hymnes de Grigor Narekac'i montrent une certaine familiarité avec l'arithmétique et la musique ; ces éléments ne sont certes pas suffisants pour prouver, à eux seuls, une étude complète du *quadrivium* ; néanmoins, joints à d'autres indices, ils permettent de reconstituer un ensemble cohérent et vraisemblable.

Comme on l'a vu plus haut, Grigor Magistros avait des compétences à la fois dans le domaine des mathématiques et de la musique ; à cela s'ajoute son intérêt pour la géométrie, et les allusions occasionnelles à des éléments astrologiques et cosmologiques[4]. Pahlawuni dit se rappeler du *K'nnikon* d'Anania Širakac'i, et proposa dans son école un *curriculum* pas très différent du *cursus* proposé auparavant par Anania lui-même.

Par conséquent, si Pahlawuni reproduisit un parcours d'études déjà attesté dans l'Antiquité tardive, et s'il fut élevé – comme il semble – en suivant essentiellement ce même parcours à l'aube du XIᵉ siècle, il est facile de supposer qu'un tel *curriculum* était resté *grosso modo* inchangé en Arménie entre le VIIᵉ et le XIᵉ siècle. Toutefois, Grigor paraît vouloir réformer l'instruction, et cela laisse déjà entendre que des changements pouvaient intervenir à l'intérieur du même cadre

1. *Lettres* 52, 53, 54, 68 et 73.
2. *Lettres* 14, 15, 16 et 17.
3. *Lettres* 64, 65, 69 et 82.
4. Dans la *Lettre* 60, par exemple, Grigor établit un parallèle entre les parties du corps humain et le cosmos.

général. Le fait que quelques écoles étaient plus réputées pour une matière particulière (par exemple, Step'annos Tarōnec'i mentionne Narek pour les hautes capacités musicales de ses moines) va dans la même direction. Une différence importante pouvait résider dans le choix des textes d'appoint utilisés ; pour la grammaire, Grigor Magistros compila son commentaire sur la *Technē Grammatikē* de Denys le Thrace en utilisant certains textes plutôt que d'autres[1] ; il en allait probablement de même pour le *quadrivium*, surtout si celui-ci se fondait sur une œuvre d'accès difficile comme le *K'nnikon* d'Anania Širakac'i, qui devait circuler sous forme d'extraits et non pas dans sa forme intégrale[2]. Comme il a été remarqué par d'autres, l'approche mystique et pythagoricienne des nombres que nous trouvons dans l'école de Narek (précisément chez Anania et Grigor Narekac'i) est certainement différente de l'approche pragmatique des problèmes arithmétiques d'Anania Širakac'i[3], mais cela n'implique pas forcément une diminution du savoir mathématique[4]. Il est tout simplement possible que l'école de Narek ait consacré plus d'attention que d'autres aux implications philosophiques des mathématiques. Par ailleurs, Grigor Magistros aussi – qui pourtant connaissait le *K'nnikon* et par conséquent la pensée de Širakac'i – insiste bien davantage sur l'aspect philosophique des nombres que sur les problèmes de calcul.

Le fait que deux écoles aussi éloignées que l'école d'Ani et celle de Narek aient eu des membres qui pratiquaient une telle approche des questions mathématiques laisse penser qu'il y avait au moins une cohérence de fond dans le programme enseigné en Arménie. Il est vrai que les individus issus des différentes écoles pouvaient avoir des positions très différentes entre eux (comme dans le cas de Dioskoros de Sanahin et de Petros Getadarj), et même la priorité accordée aux différentes disciplines pouvait changer d'un lieu à l'autre. Néanmoins, les différences inévitables dans l'étude des arts du *quadrivium* n'étaient probablement pas trop profondes et devaient être assez réduites pour permettre à l'élite culturelle de garder un dialogue. Le mysticisme très raffiné de Grigor Narekac'i, et encore plus les lettres de Grigor Magistros, n'étaient pas des voix qui crient en vain dans le désert. Surtout dans le cas de Pahlawuni, il est clair que sa correspondance, adressée non seulement à des Arméniens cultivés de son époque (comme le catholicos Petros, le *vardapet* Sargis ou Grigor Hnjac'i), mais aussi à des étrangers (comme le grec Kirakos ou le musulman Ibrahim)[5], était faite pour être accessible. Il est vrai que les problèmes d'interprétation des lettres de Grigor sont

1. Adontz (édit.), « Grigori Magistrosi ew Kitawnti ordwoy Vasakay martirosi, Meknut'iwn k'erakanin », dans Adontz (édit.), *Denys de Thrace et les commentateurs arméniens*, p. 221-249. Une édition plus récente (en arménien) est due à Xač'erean (édit.), *Grigor Pahlawuni Magistros*.

2. Mahé, « Quadrivium et cursus d'études ».

3. Mahé, « L'Église arménienne de 611 à 1066 », p. 515.

4. *Ibid.*

5. *Lettres* 41 et 60, en ce qui concerne Kirakos ; *Lettres* 9 et 26, à propos d'Ibrahim. Sur Ibrahim, voir aussi van Lint, « Among Others », p. 205-210.

aujourd'hui parfois insurmontables, mais cela est dû à la tradition manuscrite et, surtout, au manque de connaissance des références culturelles sans doute connues de Grigor et de ses contemporains. Puisque, comme on l'a vu, ces références culturelles incluaient souvent les arts du *quadrivium*, il faut supposer qu'elles étaient plus ou moins connues des destinataires des lettres.

LA LANGUE GRECQUE DANS LES ÉCOLES ARMÉNIENNES DES Xe-XIe SIÈCLES

Pahlawuni semble avoir largement utilisé le *Protrepticus* de Clément d'Alexandrie, dont il cite souvent des extraits[1]. Nous n'avons pas de renseignements au sujet de l'existence d'une traduction arménienne de cette œuvre; il est probable que Grigor l'ait lue et étudiée en grec. D'ailleurs, il devait sans doute maîtriser le grec, comme le démontrent non seulement le fait qu'il affirme avoir traduit le *Timée* et le *Phédon*[2], mais aussi sa familiarité en général avec le monde grec[3]. Dans la *Lettre* 26, adressée à un émir du nom d'Ibrahim, Grigor proclame ne pas offrir « les [perles] très blanches qu'on obtient *i t'alatay* »[4], *t'alatay* n'étant probablement rien d'autre qu'un emprunt du grec θάλασσα (dans la variante attique θάλαττα) plutôt qu'un toponyme. Dans la *Lettre* 69, en décrivant la grave maladie qui provoqua la mort de l'un de ses fils, il parle d'une fièvre « *siwnik'osakan* », à savoir « persistante », en translittérant l'adjectif grec συνεχής et en l'adaptant aux formes adjectivales arméniennes en *-akan*. De teneur très différente se révèle un extrait de la *Lettre* 88, dans laquelle Grigor rappelle que « la laitue se dit en grec *mařul*, ce qui signifie qu'il est permis de la manger en mai et en juillet »[5]. En effet, τὸ μαρούλιον indique, en grec, la laitue; la présence d'une forme alternative μαιούλιον avec la même signification rend particulièrement suggestive l'étymologie populaire de Magistros.

L'emploi, entre autres, de ces formes grecques dans des lettres adressées à des destinataires différents, ainsi que l'emploi plus général de références culturelles de dérivation grecque laissent penser que les lecteurs de Grigor devaient avoir une connaissance suffisante du grec pour comprendre – ou du moins deviner – de

1. Pour une analyse des rapports entre Grigor et les œuvres grecques, voir Muradyan, « Greek Authors and Subject Matters in the Letters of Grigor Magistros », p. 29-77.

2. Sur la situation complexe de la traduction de Platon en arménien, voir Tinti, « On the Chronology ».

3. van Lint, « Among Others ».

4. *Ew ard ĕncayem k'ez npast* […] *oč' zmak'rap'ařn i t'alatay artakiteal storiǰac'n i xors* (Muradyan [édit.], « Grigori Magistrosi, T'ułt'k' ew č'ap'aberakank' », *Lettre* 26, 8).

5. *Xawart, yunarēn asi mařul, or nšanakē et'ē i mayis yulis part ē čašakel* (Muradyan [édit.], *ibid.*, *Lettre* 88, 18).

telles allusions[1]. La forte influence du grec à cette époque n'était pas limitée à Pahlawuni et à son entourage : au Xᵉ siècle, nous disposons de l'exemple analogue de Grigor Narekac'i, très philo-byzantin, et surtout de son père Xosrov Anjewac'i. Ce dernier connaissait et parlait bien le grec, peut-être même avec beaucoup trop de zèle, étant donné que le catholicos Anania Mokac'i l'accusa en ces termes :

> [Xosrov] commença d'abord à prononcer les mots de façon incorrecte, à appeler le dimanche *kiwṙiakē*, comme en grec, et Jérusalem *Eṙusałēm*, et autres choses semblables, en faisant une fixation sur cette langue[2].

La présence en Arménie, du Xᵉ au XIᵉ siècle et du sud au nord, de personnalités si versées dans le *quadrivium* et, dans une certaine mesure, dans l'utilisation du grec, suggère l'utilité d'approfondir la question de l'influence de l'hellénisme sur l'éducation à cette époque.

CONCLUSION

Le XIᵉ siècle a été autrefois considéré comme le chapitre final d'une phase importante de la culture arménienne[3], une sorte d'épilogue de l'âge d'or qui avait commencé avec l'invention de l'alphabet arménien, avait été interrompue par la domination arabe et avait recommencé sous les royaumes indépendants des Bagratuni et des Arcruni. En regardant de plus près, on voit cependant que cette interprétation est beaucoup plus valable pour l'aspect politique que pour l'aspect culturel. Certes, parfois les conditions politiques et militaires empirèrent à tel point qu'elles eurent un funeste impact sur la vie intellectuelle et spirituelle arménienne. Mais ces périodes coïncidèrent rarement en tous points avec les longues phases de crise politique. Si on veut chercher à tout prix une corrélation, on peut observer qu'au contraire, les moments de crise les plus aigus ont provoqué des réponses intellectuelles de très haut niveau. L'exemple le plus ancien et le plus célèbre est sans doute celui de l'invention de l'alphabet arménien peu avant la chute de la dynastie arsacide ; mais des exemples ultérieurs ne manquent pas. On peut mentionner l'activité énergique d'Anania Širakac'i qui suivit les guerres dévastatrices romano-sassanides et se poursuivit pendant le conflit entre les

1. Sur cet aspect, en plus de van Lint, « Among Others », voir aussi Tinti « Problematising » et Muradyan, « Grigor Magistrosi matenagrut'yunĕ ».

2. *Sksaw nax zbarbaṙn gelaki arjakel` ēst yunarēn lezuoyn zkirakēn kiwṙiakē koč'el ew zErusałēm Eṙusałēm, ew or soc'in nman ē, i soyn yaṙeal barbaṙ* (Tēr-Mkrtč'ean, « Anania Mokac'i », p. 276). Cet opuscule et d'autres d'Anania Mokac'i ont été réédités, avec une traduction française, par Boisson, Mardirossian, Ouzounian, « Trois opuscules d'Anania Mokac'i ».

3. Leroy, « Grégoire Magistros », p. 283-284.

Romains et les Arabes ; ou encore l'œuvre de consolidation idéologique et religieuse entreprise par Yovhannēs Ōjnec'i au milieu du VIIIe siècle[1].

Dans cette optique, le XIe siècle ne fait pas exception : il vit disparaître les royaumes arméniens indépendants, mais cela n'est pas suffisant pour pouvoir affirmer qu'il marqua une césure décisive dans l'histoire culturelle arménienne. Au contraire, on peut remarquer une certaine continuité dans la production littéraire[2] et dans la tradition de l'enseignement. Comme on l'a vu, les personnages formés dans les écoles de Sanahin-Hałbat et Ani exercèrent leur influence jusqu'au XIIe siècle. Yovhannēs Sarkawag resta actif jusqu'à l'essor du royaume de Géorgie, soudant idéalement l'époque de la domination byzantine à celle de la domination géorgienne, et assurant donc une certaine continuité même dans les conditions politiques les plus difficiles. Vahram Pahlawuni, fils de Grigor Magistros, devint catholicos en 1066 sous le nom de Grigor II. Non seulement il préserva – bien que dans des domaines moins extravagants – l'activité du père, mais il fonda aussi une dynastie qui garda le contrôle de l'Église arménienne pendant un siècle et demi. L'héritage de Grigor Narekac'i, après lequel nous ne connaissons pas d'autres personnalités d'envergure associées à l'école de Narek, fut récupéré très rapidement, en Cilicie, par Nersēs Lambronac'i, dans la deuxième moitié du XIIe siècle[3].

Considérée selon cette perspective, l'activité des écoles de Narek, Ani et Sanahin-Hałbat ne doit par conséquent plus être entendue comme le chant du cygne d'une époque perdue, mais comme un cri – ou plutôt un chant – continuel et résilient, capable de survivre aux difficultés et en mesure de s'élever plus haut encore, entonné chaque fois que les armes et la violence s'apaisent.

(Traduit de l'italien par Valentina Calzolari)

BIBLIOGRAPHIE

SOURCES PRIMAIRES

Adontz, N. (édit.), *Denys de Thrace et les commentateurs arméniens*. Traduit du russe par R. Hotterbeex, coll. « Bibliothèque arménienne de la Fondation Calouste Gulbenkian », Louvain 1970 (original russe : Adonc [= Adontz], N. [édit.], *Dionisij Frakijskij i armjanskie tolkovateli*, Petrograd 1915).

1. Mahé, « L'Église arménienne de 611 à 1066 », p. 478-480.
2. Voir les remarques de Thomson, « Armenian Literary Culture through the Eleventh Century ».
3. Terian, « Gregory of Narek ».

Ališan, Ł. (édit.), *Hawak'umn patmut'ean Vardanay Vardapeti* [Recueil d'histoire de Vardan Vardapet], Venise 1862.

Kendall, B. – Thomson, R. W. (trad.), *Definitions and Divisions of Philosophy by David the Invincible Philosopher.* English Translation of the Old Armenian Version with Introduction and Notes by B. K. and R. W. T., coll. « University of Pennsylvania. Armenian Texts and Studies » 5, Chico, CA 1983.

Kostaneanc', K. (édit.), *Grigor Magistrosi, T'łt'erě* [Grigor Magistros, Lettres], Alexandropol 1910.

Macler, F. (trad.), *Histoire universelle par Étienne Açogh'ig de Daron. 2me partie*, Paris 1917.

Mahé, A. – J.-P. Mahé (trad.), *Grégoire de Narek, Tragédie. Matean ołbergut'ean. Le Livre de Lamentation*, coll. « Corpus Scriptorum Christianorum Orientalium » 584, « Subsidia » 106, Louvain 2000.

Manukean, G. (édit.), « Step'anos Tarawnec'i Asołik, Patmut'iwn tiezerakan » [Step'anos Tarōnec'i Asołik, Histoire universelle], *Matenagirk' Hayoc'/ Armenian Classical Authors*, vol. 15/2, Erevan 2011, p. 616-827.

Melik'-Ōhanǰanyan, A. (édit.), *Kirakos Ganjakec'i, Patmut'yun Hayoc'* [Kirakos Ganjakec'i, Histoire de l'Arménie], Erevan 1961.

Muradyan, G. (édit.), « Grigori Magistrosi ew Kitawnti ordwoy Vasakay martirosi, Meknut'iwn k'erakanin » [Grigor Magistros et Koitonites (Cubicularius), fils du martyr Vasak, Commentaire sur la grammaire], *Matenagirk' Hayoc'/Armenian Classical Authors*, vol. 16, Erevan 2012, p. 386-481.

Muradyan, G. (édit.), « Grigori Magistrosi, T'ułt'k' ew č'ap'aberakank' » [Grigor Magistros, Lettres et vers], *Matenagirk' Hayoc'/Armenian Classical Authors*, vol. 16, Erevan 2012, p. 139-385.

Patmut'iwn Matt'ēosi Uřhayec'woy [Matt'ēos Uřhayec'i, Histoire], Jérusalem 1869.

Terian, A. (édit. et trad.), *Magnalia Dei : Biblical History in Epic Verse by Grigor Magistros*, coll. « Hebrew University Armenian Studies » 14, Leuven 2012.

ÉTUDES

Abrahamyan, A. G., *Hovhannes Imastaseri, Matenagrut'yuně* [Yovhannēs Imastasēr, Œuvres], Erevan 1956.

Akinean, N., *Nersēs Lambronac'i, ark'episkopos Tarsoni* [Nersēs Lambronac'i, archevêque de Tarse], Vienne 1956.

Ališan, Ł., *Širak : tełagrut'iwn patkerac'oyc'* [Širak : topographie illustrée], Venise 1881.

Alpi, F., « Grigor Pahlawowni Magistros : un esempio riuscito di reazione culturale alla crisi politica nell'Armenia dell'undicesimo secolo », dans R. Angiolillo, E. Elia, E. Nuti (édit.), *Crisi : immagini, interpretazioni e reazioni nel mondo greco, latino e bizantino*, Alessandria 2015, p. 293-303.

Arevšatyan, A., « Grigor Magistrosi eražštakan žaṙangut'yunĕ » [L'héritage musical de Grigor Magistros], *Patma-Banasirakan Handes* 3, 2012, p. 78-93.

Berbérian, H., « Hayoc' kat'ołikosakan at'oṙin barjum 11rd darun erkrord kēsin » [La suppression du siège du catholicossat d'Arménie dans la seconde moitié du XIe siècle], *Handes Amsorya* 81, 1967, col. 145-160 ; 327-346.

Boisson, P., Mardirossian, A., Ouzounian, A., « Trois opuscules d'Anania Mokac'i », dans A. Mardirossian, A. Ouzounian, C. Zuckerman (édit.), *Mélanges Jean-Pierre Mahé* (*Travaux et Mémoires* 18), Paris 2014, p. 771-841.

Calzolari, V. – Barnes, J. (édit.), *L'œuvre de David l'Invincible et la transmission de la pensée grecque dans la tradition arménienne et syriaque*, coll. « Philosophia Antiqua » 116, « Commentaria in Aristotelem Armeniaca. Davidis Opera » 1, Leiden – Boston 2009.

Calzolari, V., « David et la tradition arménienne », dans V. Calzolari – J. Barnes (édit.), *L'œuvre de David l'Invincible et la transmission de la pensée grecque dans la tradition arménienne et syriaque*, coll. « Philosophia Antiqua » 116, « Commentaria in Aristotelem Armeniaca. Davidis Opera » 1, Leiden – Boston 2009, p. 15-36.

Calzolari, V., « Philosophical Literature in Ancient and Medieval Armenia », dans V. Calzolari (édit.), with the collaboration of M. E. Stone, *Armenian Philology in the Modern Era : From Manuscript to Digital Text*, coll. « Handbook of Oriental Studies. Section 8 : Uralic & Central Asian Studies », « History of Armenian Studies », vol. 23/1, Leiden – Boston 2014, p. 349-376.

Canard, M., « Les principautés arabes d'Arménie », *Revue des Études Arméniennes* 11, 1975, p. 183-204.

Cowe, S. P., « Armenological Paradigms and Yovhannēs Sarkawag's Discourse on Wisdom », *Revue des Études Arméniennes* 25, 1994-1995, p. 125-155.

Dadoyan, S. B., *The Armenians in the Medieval Islamic World*, vol. 2 : *Armenian Realpolitik in the Islamic World and Diverging Paradigms. Case of Cilicia : Eleventh to Fourteenth Centuries*, New Brunswick, NJ 2013.

D'Ancona, C. (édit.), *Storia della filosofia nell'Islam medievale*, vol. 1, Torino 2005.

Dostourian, A. E., *Armenia and the Crusades. Tenth to Twelfth Centuries : The Chronicle of Matthew of Edessa*, Lanham – London 1993.

Garsoïan, N. G., « The Problem of Armenian Integration into the Byzantine Empire », dans H. Ahrweiler – A. E. Laiou (édit.), *Studies on the Internal*

Diaspora of the Byzantine Empire, coll. « Dumbarton Oaks Research Library », Washington, D.C. 1998, p. 53-124.

Garsoïan, N. G., « The Arab Invasions and the Rise of the Bagratuni (640-884) », dans R. G. Hovannisian (édit.), *The Armenian People from Ancient to Modern Times*, New York 2004, p. 117-142.

Greenwood, T., « A Reassessment of the Life and Mathematical Problems of Anania Širakac'i », *Revue des Études Arméniennes* 33, 2011, p. 131-186.

Hakobyan, T'., *Ani mayrak'ałak'* [Ani capitale], Erevan 1988.

Hewsen, R. H., *Armenia : A Historical Atlas*, Chicago – London 2001.

Hewsen, R. H., « The Historical Geography of Ani and Kars », dans R. G. Hovannisian (édit.), *Armenian Kars and Ani*, Costa Mesa, CA 2011, p. 29-42.

Kazhdan, A. P., *The Oxford Dictionary of Byzantium*, 3 vol., New York 1991.

Kostaneanc', K., *Vimakan taregir : c'uc'ak žołovacoy arjanagrut'eanc' Hayoc'* [Chronique épigraphique : catalogue du recueil des inscriptions arméniennes], Saint-Pétersbourg 1913.

Laurent, J. – Canard, M., *L'Arménie entre Byzance et l'Islam depuis la conquête arabe jusqu'en 886*, Lisbonne 1980².

Lauritzen, F., « Psello discepolo di Stetato », *Byzantinische Zeitschrift* 101/2, 2009, p. 715-725.

Lemerle, P., *Le premier humanisme byzantin ; notes et remarques sur enseignement et culture à Byzance des origines au Xe siècle*, Paris 1971.

Leroy, M., « Grégoire Magistros et les traductions arméniennes d'auteurs grecs ». *Annuaire de l'Institut de philologie et d'histoire orientales* 3, 1935, p. 263-294.

van Lint, T. M., « Grigor Magistros Pahlawuni : Die armenische Kultur aus der Sicht eines gelehrten Laien des 11. Jahrhunderts », *Ostkirchliche Studien* 61, 2012, p. 66-83.

van Lint, T. M., « Among Others : Greek in Context in the Letters of Grigor Magistros Pahlawuni (Eleventh Century) », dans F. Gazzano, L. Pagani, G. Traina (édit.), *Greek Texts and Armenian Traditions. An Interdisciplinary Approach*, coll. « Trends in Classics. Supplementary Volumes » 39, Berlin – New York 2016, p. 197-213.

Mahé, J.-P., « Quadrivium et cursus d'études au VIIe siècle en Arménie et dans le monde byzantin », *Travaux et Mémoires* 10, 1987, p. 159-206.

Mahé, J.-P., « L'Église arménienne de 611 à 1066 », dans J.-M. Mayeur, L. Pietri, A. Vauchez, M. Venard (édit.), *Histoire du christianisme : des origines à nos jours*, tome IV : *Évêques, moines et empereurs (610-1054)*, Paris 1993, p. 457-548.

Maksoudian, K. H., « A Note on the Monasteries Founded during the Reign of King Abas I Bagratuni », *Revue des Études Arméniennes* 22, 1990-1991, p. 203-215.

Mat'evosyan, A. S., *Hayeren jeṙagreri hišatakaranner, ŽG dar* [Colophons des manuscrits arméniens, XIIIe siècle], Erevan 1984.

Mat'evosyan, A. S., *Hayeren jeṙagreri hišatakaranner, E-ŽB dd* [Colophons des manuscrits arméniens, V^e^-XIIe siècle], Erevan 1988.

Mat'evosyan, A. S., « Grigor Magistrosě ev Anania Širakac'u K'nnikoně » [Grigor Magistros et le K'nnikon d'Anania Širakac'i], *Banber Matenadarani* 16, 1994, p. 16-30.

Mat'evosyan, K., « Scriptoria et bibliothèques d'Ani », *Revue des Études Arméniennes* 20, 1986-1987, p. 209-221.

Muradyan, G., « Greek Authors and Subject Matters in the Letters of Grigor Magistros », *Revue des Études Arméniennes* 35, 2013, p. 29-77.

Muradyan, G., « Grigor Magistrosi matenagrut'yuně » [Grigor Magistros, Œuvres], *Banber Matenadarani* 20, 2014, p. 5-44.

Orengo, A., « La *Tiezeragitowt'iwn* d'Anania Širakac'i et l'*Ełc Ałandoc'* d'Eznik Kołbac'i », *Banber Matenadarani* 19, 2012, p. 87-96.

Oskean, H., *Gugark'i vank'erě* [Les monastères du Gugark'], Vienne 1960.

Sanjian, A. K., « Gregory Magistros. An Armenian Hellenist », dans S. Vryonis, J. Springer Langdon, J. S. Allen (édit.), *To Hellenikon Studies in Honor of Speros Vryonis, Jr.*, coll. « Byzantinoslavica, Armeniaca, the Balkans and Modern Greece », New Rochelle, NY 1993, p. 131-158.

Settipani, C., *Continuité des élites à Byzance durant les siècles obscurs : les princes caucasiens et l'Empire du VIe au IXe siècle*, Paris 2006.

Shepard, J., « Scylitzes on Armenia in the 1040 and the Role of Catacalon Cecaumenos », *Revue des Études Arméniennes* 11, 1975, p. 269-311.

Sirinian, A., « Una riuscita operazione culturale : la versione armena della *Grammatica* di Dionisio Trace », dans V. Ruggieri – L. Pieralli (édit.), ΕΥΚΟΣΜΙΑ. *Studi miscellanei per il 75° di Vincenzo Poggi S. J.*, Soveria Mannelli (Catanzaro) 2003, p. 471-484.

Sirinian, A., « 'Armenian Philo' : A Survey of the Literature », dans S. Mancini Lombardi – P. Pontani (édit.), *Studies on the Ancient Armenian Version of Philo's Works*, coll. « Studies in Philo of Alexandria » 6, Leiden – Boston 2011, p. 7-44.

Ter-Ghevondyan, A. N., *The Arab Emirates in Bagratid Armenia.* English Translation of the Armenian Original (Erevan 1965) by N. G. Garsoïan, Lisbon 1976.

Terian, A., « Gregory of Narek », dans K. Parry (édit.), *Wiley Blackwell Companion to Patristics*, Oxford 2015, p. 278-292.

Tēr-Mkrtč'ean, G., « Anania Mokac'i », *Ararat* 30/6, 30 juin 1897, p. 275-288.

Thomson, R. W. (trad.), « The Historical Compilation of Vardan Arewelc'i », *Dumbarton Oaks Papers* 43, 1989, p. 125-227.

Thomson, R. W., « Armenian Literary Culture through the Eleventh Century », dans R. G. Hovannisian (édit.), *The Armenian People from Ancient to Modern Times*, New York 2004, p. 199-239.

Thomson, R. W., « Medieval Chroniclers of Ani : Hovhannes, Samvel and Mkhitar », dans R. G. Hovannisian (édit.), *Armenian Kars and Ani*, Costa Mesa, CA 2011, p. 65-80.

Tinti, I., « On the Chronology and Attribution of the Old Armenian *Timaeus* : A Status Quaestionis and New Perspectives », *Egitto e Vicino Oriente* 35, 2012, p. 219-282.

Tinti, I., « Problematising the Greek Influence on Armenian Texts », *Rhesis. International Journal of Linguistics, Philology and Literature* 7/1, 2016, p. 28-43.

Toumanoff, C., *Manuel de généalogie et de chronologie pour l'histoire de la Caucasie chrétienne : Arménie, Géorgie, Albanie*, Rome 1976.

T'amrazyan, H., *Anania Narekac'i, Kyank'ě ew matenagrut'yuně* [Anania Narekac'i. Vie et œuvres], Erevan 1986.

T'amrazyan, H., *Grigor Narekac'in ev Norplatonakanut'yuně* [Grigor Narekac'i et le néoplatonisme], Erevan 2005.

Wolska-Conus, W., « Les écoles de Psellos et de Xiphilin sous Constantin IX monomaque », *Travaux et Mémoires* 6, 1976, p. 223-243.

Xač'ikyan, L., *ŽD dari hayeren jeṙagreri hišatakaranner* [Colophons des manuscrits arméniens du XIVe siècle], Erevan 1950.

Xač'ikyan, L., « Hakob Sanahnec'i Žamanakagir XI dari » [Hakob Sanahnec'i, chroniqueur du XIe siècle], *Banber Erevani Hamalsarani* 13/1, 1971, p. 22-47.

Xač'eryan, L. G., *Grigor Pahlavuni Magistros (985-1058 t't'). Kyank'n u gorcuneut'yuně. Ṙazmavarč'akan caṙayut'yunnerě ew gałap'arabanakan-gitamankavaržakan hayeac'k'neně « Meknut'yun k'erakani » erki k'nnnakan bnagrov handerj* [Grigor Pahlawuni Magistros (985-1058). Vie et œuvres. Services administratifs et militaires, et visions idéologiques et pédagogiques. Avec le texte critique de l'original du Commentaire sur la grammaire], Los Angeles 1987.

SERGIO LA PORTA

LES SEPT ARTS LIBÉRAUX ET L'ÉCOLE DE GLAJOR-TAT'EW (XIIIe-XIVe SIÈCLE)

Entre la fin du XIIIe siècle et le début du XIVe, la province arménienne du Siwnik' connut une période de développement culturel. Les invasions mongoles de l'Arménie dévastèrent de nombreuses régions, mais les nobles familles des Ōrbēlean et des Xałbakean réussirent à obtenir des conditions politiques et économiques favorables pour la province du Siwnik'. Sous leur patronage, des centres monastiques d'instruction devinrent prospères. Les monastères de Glajor[1] et de Tat'ew[2] abritèrent les écoles monastiques les plus célèbres qui fleurirent en ce temps-là.

Bien que les monastères de Glajor et de Tat'ew fussent des établissements monastiques distincts, les écoles qui fonctionnaient dans leur enceinte doivent être considérées comme une entité unique, puisque l'école de Tat'ew représente une continuation du programme de formation inauguré à Glajor. Le système scolaire monastique de l'Arménie était itinérant en raison de la situation politique très changeante aux XIIe-XIVe siècles. La personnalité de l'enseignant était le facteur crucial déterminant le prestige d'une institution monastique d'enseignement ; comme les enseignants déménageaient de monastère en monastère, la renommée des institutions monastiques se déplaçait également. De cette façon, l'enseignement médiéval reflète – bien que d'une manière plus organisée – le système de l'érudit errant recueillant un groupe de disciples autour de lui, durant les premiers siècles qui suivirent la christianisation de l'Arménie[3]. Dans ce cas, la dénomination d'« école » caractérise moins la production cumulative d'une série

1. Thierry (*Répertoire des monastères arméniens*, n° 649) identifie avec hésitation le monastère de Glajor au monastère de T'anahat ; mais *cf.* Mathews – Sanjian, *Armenian Gospel Iconography*, p. 17-21.

2. Thierry, *ibid.*, n° 666.

3. Voir Thomson, « *Vardapet* in the Early Armenian Church », p. 367-382 ; Thomson (trad.), *The Lawcode*, p. 16-17 et 43-46.

d'enseignants travaillant dans un lieu spécifique que la tradition intellectuelle poursuivie et développée par un enseignant et ses disciples, étant donné que ceux-ci se déplaçaient de monastère en monastère.

Selon un colophon[1] de Grigor Tat'ewac'i (1344-1409), directeur de l'école de Tat'ew en 1391-1408, la tradition intellectuelle de l'école de Glajor-Tat'ew remonte à Mxit'ar Goš (*ca* 1130/1140-1213), codificateur de la loi arménienne et fondateur du monastère de Nor Getik[2]. Tat'ewac'i fournit sa généalogie intellectuelle comme suit : Mxit'ar Goš, Yovhannēs Vanakan Vardapet Tawušec'i (1181-1251), Vardan Arewelc'i (1200-1271), Nersēs Mšec'i († 1284), Esayi Nč'ec'i (1255 ?-1338), Yovhannēs Orotnec'i (1313-1386) et Grigor Tat'ewac'i lui-même.

C'est Nersēs Mšec'i qui établit cette tradition intellectuelle à Glajor, bien qu'une école existât déjà dans ce monastère[3]. Nersēs étudia sous Vardan Arewelc'i, dont il reçut le diplôme pour le rang de *vardapet* ou « docteur de la foi »[4]. D'abord il enseigna au monastère de Surb Aṙak'eloc' (Saints-Apôtres)[5] dans sa région natale de Muš, puis, à la mort de Vardan, il assuma la direction de l'école de ce dernier à Xor Virap[6]. Ensuite il retourna à Surb Aṙak'eloc', à Muš, pour en diriger l'école jusqu'à ce qu'il s'installe à Glajor en 1280[7].

La raison pour laquelle Nersēs déménagea à Glajor, dans le canton de Vayoc' Jor, en Siwnik', est inconnue, mais il est probable qu'il fut encouragé par Pṙoš Ier Xałbakean, comme le suggéra G. Yovsēp'ean[8]. Comme indiqué plus haut, la seconde moitié du XIIIe siècle vit la montée de la fortune de la famille des Ōrbēlean dans le Siwnik'[9]. Les Ōrbēlean acquirent de plus en plus de privilèges de leurs seigneurs mongols jusqu'à ce qu'ils obtinssent le contrôle total du Siwnik' dans les années 1260. Avec les Ōrbēlean, la famille des Xałbakean accéda à la notoriété, en particulier sous la direction de Pṙoš Ier (1224-1284), dont la famille porta aussi le nom de Pṙošean. Les Xałbakean possédaient eux aussi des territoires dans le Siwnik' et ils étaient rivaux des Ōrbēlean. Les deux familles non seulement se disputaient le pouvoir politique et ecclésiastique, mais elles rivalisaient

1. Xač'ikyan, *ŽE dari jeṙagreri hišatakaranner*, p. 86 ; le colophon, daté de 1408, porte sur les *Scholies sur les passages difficiles à comprendre dans le commentaire sur le livre de Job*.

2. Połarean, *Hay grołner*, p. 260-264 ; Thomson (trad.), *The Lawcode* ; Mahé, « Norme écrite et droit coutumier en Arménie du Ve au XIIIe siècle », p. 683-705.

3. Une école située à Glajor est mentionnée par Vardan Arewelc'i dans sa *Géographie* (*Ašxarhac'oyc'*) : voir Mathews – Sanjian, *Armenian Gospel Iconography*, p. 15.

4. Sur la vie de Mšec'i, voir Mathews – Sanjian, *Armenian Gospel Iconography*, p. 21-22.

5. Thierry, *ibid.*, n° 359.

6. Thierry, *ibid.*, n° 618.

7. Mathews – Sanjian, *Armenian Gospel Iconography*, p. 22.

8. Yovsēp'ean, *Xałbakeank' kam Pṙošeank'*, vol. 2, p. 196.

9. Mathews – Sanjian, *Armenian Gospel Iconography*, p. 12-13 et Yovsēp'ean, *Xałbakeank' kam Pṙošeank'* ; ce dernier ouvrage représente une étude magistrale sur la période dans son ensemble et sur les activités des Pṙošean en particulier.

aussi pour le mécénat[1]. Les Ōrbēlean et les Xałbakean investissaient énormément dans les institutions monastiques et soutenaient leurs activités académiques et artistiques. Il est donc tout à fait normal que Pṙoš ait voulu élever la réputation de Glajor en invitant Nersēs Mšec'i à diriger son école.

Après la mort de Nersēs Mšec'i, en 1284, son étudiant Esayi Nč'ec'i lui succéda[2]. Nč'ec'i resta la personnalité la plus éminente de Glajor jusqu'à sa mort, en 1338, et, à cette époque, l'école atteignit l'apogée de son prestige. La renommée de Glajor attira des étudiants et des enseignants de nombreuses régions arméniennes. Beaucoup de grands auteurs et théologiens du XIVe siècle furent formés à Glajor sous la direction de Nč'ec'i. En outre, la situation politique régionale changea radicalement au cours de la période de son intendance. L'établissement de tribus turkmènes différentes, qui formèrent plus tard la fédération des Kara-Koyunlu, produisit un grave effet déstabilisateur sur les terres arméniennes autour du lac de Van. Leur empiétement sur la région commença sous le règne de l'Īlkhān mongol Arghūn (1284-1291) ; elles s'installèrent alors dans les zones de Bagrewand, K'aǰberunik' et peut-être dans le Naxčawan aussi[3]. Ces incursions peuvent également avoir poussé les moines à quitter la région pour Vayoc' Jor.

Après la mort de Nč'ec'i, son étudiant et collègue Tiratur Kilikec'i (1275 ?-1350 ?) se déplaça, pour des raisons inconnues, au monastère de Hermon, où il fonda une école. Il dirigea cette école pendant une dizaine d'années ; il est, en effet, mentionné pour la dernière fois dans un colophon daté de 1349. Le dernier étudiant d'Esayi, Yovhannēs Orotnec'i (1313-1386), termina ses études sous la direction de Tiratur et apparut comme le successeur de la gloire de Nč'ec'i. C'était un descendant de la famille princière du Siwnik' et son oncle, Sargis, avait été l'évêque métropolitain de la province[4]. Il était intellectuellement doué, avec un esprit philosophique, et il se préoccupa de la réforme pédagogique[5].

Yovhannēs passa beaucoup de temps à voyager avant de s'installer à nouveau dans le Siwnik'[6]. Il revint au canton de Orotn, en Siwnik', en 1376, et, en 1377, il s'établit au monastère de Tat'ew, bien qu'il n'y fût pas resté longtemps. Peu de

1. Sur le mécénat de ces deux familles, voir Sanjian, « The Orbelians and Proshians of Siwnik' » ; Mathews – Sanjian, *Armenian Gospel Iconography*, p. 14-17.

2. Połarean, *Hay grołner*, p. 364-367.

3. Minorsky, *The Turks, Iran and the Caucasus in the Middle Ages*, n° XI et XIII.

4. Sur le lignage de Yovhannēs Orotnec'i, voir Xač'ikyan, « Siwneac' Ōrbēleanneri Burt'ēlean čiwłě » ; article repris dans *Id.*, *Ašxatut'iwnner*, vol. 2, p. 7-33 ; La Porta (trad.), *The Theology of the Holy Dionysius*, p. 11-14.

5. Sur la pensée et l'œuvre de Yovhannēs Orotnec'i, voir Grigoryan, *Hovhan Orotnec'u p'ilisop'ayakan usmunk'ě* ; sur ses réformes pédagogiques, voir *infra*, p. 203.

6. Sur les voyages de Yovhannēs Orotnec'i avec Grigor Tat'ewac'i, voir La Porta, « Grigor Tat'ewac'i's Pilgrimage to Jerusalem ».

temps après la mort de Orotnec'i, son étudiant Grigor Tat'ewac'i (1344-1409)[1] lui succéda et s'affirma comme le *vardapet* le plus éminent en Arménie. C'est seulement en 1391 que Grigor réussit à rétablir une école stable sous sa direction à Tat'ew, avec le soutien du prince Smbat Ōrbēlean.

L'école du monastère de Tat'ew prospéra sous la direction de Grigor entre 1391 et 1408 et parvint même à maintenir son activité au cours des invasions timourides qui dévastèrent l'Arménie ; mais la situation s'aggrava pour le monastère après la mort de Tamerlan en 1405[2]. L'instabilité provoquée par les combats entre les fils de Tamerlan et la fédération turkmène des Kara-Koyunlu poussa finalement le maître et les étudiants de l'école vers les environs du lac de Van et du monastère de Mecop' (dans le canton de K'ajberunik'), dédié à la Surb Astuacacin (Sainte-Mère-de-Dieu)[3] ; Grigor mourut peu de temps après[4]. Malgré les conditions défavorables, l'école de Glajor-Tat'ew réussit à diriger un programme intellectuel et artistique exceptionnel, qui consolida et préserva la foi et la culture arméniennes.

LE CURRICULUM *ET L'ORGANISATION DE L'ÉCOLE DE GLAJOR-TAT'EW*

La composition du *curriculum* de la tradition scolaire de Glajor-Tat'ew avant Esayi Nč'ec'i n'est pas claire. Comme indiqué précédemment, l'enseignement de Mxit'ar Goš fut itinérant ; de même, Mxit'ar et ses successeurs servirent dans plusieurs institutions monastiques. Après l'établissement de la tradition au monastère de Glajor, il devient plus facile de discerner un programme pédagogique qui fournit une instruction, à des degrés divers, dans les sept arts libéraux. Puisqu'aucun syllabus d'instruction n'a survécu, il nous faut déduire les sujets enseignés à partir des réalisations littéraires des membres des monastères eux-mêmes et des témoignages manuscrits qui renseignent sur la structure de l'école et sur les contenus des bibliothèques de ces monastères. Notre connaissance est plus complète pour la période finale de l'école, sous la direction du Grigor Tat'ewac'i.

L'enseignement élémentaire monastique dans l'Arménie médiévale visait à la mémorisation du psautier et des chants liturgiques. En plus de cette éducation rudimentaire, il y eut des exigences supplémentaires pour l'obtention du rang de *vardapet* ou « docteur de la foi ». Selon le code de la loi de Mxit'ar Goš (1184), un *vardapet* devait être instruit dans l'Ancien et le Nouveau Testament, ainsi que dans les lois canoniques. On n'était élevé à ce rang qu'après avoir été soumis à un

1. Sur la vie de Tat'ewac'i, voir La Porta (trad.), *The Theology of the Holy Dionysius*, p. 2-8, 31-42, 75-89 et *Id.*, « Grigor Tat'ewac'i's Pilgrimage to Jerusalem ».

2. Bedrosian, « Armenia during the Seljuk and Mongol Periods » ; La Porta (trad.), *The Theology of the Holy Dionysius*, p. 75-7.

3. Thierry, *Répertoire des monastères arméniens*, n° 521.

4. La Porta (trad.), *The Theology of the Holy Dionysius*, p. 86-89.

examen par deux ou trois *vardapets*. Le candidat devait montrer une connaissance suffisante de l'Écriture sainte ainsi qu'une aptitude à la prédication[1]. Selon les observations de T'ovma Mecop'ec'i, historien du XVe siècle et étudiant de Grigor Tat'ewac'i, les candidats devaient montrer en plus une compétence dans les extraits des auteurs patristiques, ainsi que dans les travaux des *vardapets* arméniens antérieurs[2]. Avant l'octroi du titre de *vardapet*, on attendait de la part du candidat une allocution finale[3].

Bien que la procédure pour obtenir le rang de *vardapet* restât assez conservatrice en accord avec les prescriptions de Mxit'ar Goš, Yovhannēs Orotnec'i et Grigor Tat'ewac'i introduisirent des réformes, tant substantielles que protocolaires, dans le système. En plus de la modification des textes du *curriculum*, ils établirent deux niveaux d'autorité dans le rang de *vardapet*[4]. Le rang inférieur accordait à l'étudiant l'autorité de prêcher et, probablement, de donner des cours préliminaires, mais pas le pouvoir de composer ses propres œuvres ou de diriger une classe. On accordait cette autorisation aux moines seulement après l'obtention du rang supérieur.

On doit constater que l'instruction fournie par l'école – du moins durant la période de Tat'ew et probablement aussi durant celle de Glajor – ne s'organisa pas en fonction des sept arts libéraux[5]. Les colophons témoignent de la répartition de l'école en trois divisions ou facultés : la première fut consacrée à la musique ; la seconde à la peinture ; et la troisième « aux écrits 'intérieurs' et 'extérieurs', en particulier, à l'Ancien et au Nouveau Testament, ainsi qu'à leurs commentaires et interprétations »[6]. Ainsi, l'organisation de l'école se fondait sur les besoins du

1. T'orosyan (édit.), *Mxit'ar Goš, Girk' datastani*, p. 34-35 ; Thomson (trad.), *The Lawcode*, p. 123-126.

2. Xač'ikyan (édit.), *T'ovma Mecop'ec'i, Patmagrut'yun*, p. 87. Les remarques de T'ovma Mecop'ec'i se réfèrent à l'éducation de Yovhannēs Mec'op'ec'i. Ce récit est répété dans le *Synaxaire* arménien (*Yaysmawurk'*), où il est attribué à Grigor Tat'ewac'i, ce qui prête à confusion.

3. Xač'ikyan, « Glajorean hamalsaranĕ ew nra saneri awartakan atenaxōsut'iwnnerĕ » ; Xač'eryan, *Grč'ut'yan arvesti lezvakan-k'erakanakan tesut'yunĕ mijnadaryan Hayastanum*, p. 180-202 ; Mathews – Sanjian, *Armenian Gospel Iconography*, p. 23.

4. Les distinctions entre les niveaux des enseignants peuvent avoir existé même avant Orotnec'i. Nous trouvons des titres différents pour désigner les enseignants, y compris *rabuni* (de l'hébreu, « maître »), *rabunapet* (« directeur »), *varžapet* (« instructeur en chef ») et *vardapet* (« professeur principal »). Toutefois, comme Mathews et Sanjian (*Armenian Gospel Iconography*, p. 23) l'ont souligné, « there is considerable overlapping in the use of these terms, and in many instances *rabunapet* and *vardapet* seem interchangeable » ; la même chose peut être affirmée à propos de *varžapet*. Orotnec'i peut avoir été le premier à institutionnaliser les deux niveaux de *vardapet* dans le cours d'instruction.

5. *Pace* Xač'eryan, *Glajori hamalsaranĕ* ; *cf.* aussi Mathews – Sanjian, *Armenian Gospel Iconography*, p. 22 (les sources sont citées à la note 147).

6. Selon un colophon du ms. M 7823 ; *cf.* Xač'ikyan, « Glajorean *hamalsaranĕ* », p. 231-232 ; Movsisyan, *Urvagcer hay dproc'i ew mankavaržut'yan patmut'yan*, p. 131-132 ;

monastère. Les moines avaient besoin d'instruction musicale pour psalmodier correctement la liturgie ; par ailleurs, la connaissance de la peinture permit l'enluminure des manuscrits. Dans la troisième faculté, les étudiants se concentraient sur l'exégèse biblique et sur l'homilétique. Les notions d'« intérieur » et d'« extérieur » concernent respectivement les écrits religieux et profanes. On accorda à cette faculté la plus haute estime et elle fut considérée comme la plus importante des trois.

Bien que les étudiants fussent concentrés sur l'une des trois disciplines, il est probable que tous reçurent une instruction dans les trois domaines. Grigor Tat'ewac'i constitue un bon exemple. Exégète avant tout, il fut aussi réputé en tant qu'enlumineur des manuscrits[1]. De plus, il connaissait de manière approfondie l'histoire de la musique liturgique arménienne et acheva la sélection des hymnes les plus importantes pour la composition du *šaraknoc'* (livre de cantiques liturgiques arméniens).

Nous n'avons pas de chiffres précis concernant la taille des classes ni celle des monastères. L'historien mekhitariste du XVIIIe siècle, M. Č'amč'ean, a fait valoir qu'Esayi Nč'ec'i avait enseigné à trois-cent-soixante élèves[2] ; G. Yovsēp'ean fournit un nombre similaire[3], mais l'exactitude de ces chiffres est difficile à déterminer[4]. Néanmoins, en acceptant ce chiffre d'environ trois-cent-soixante étudiants sur une durée de cinquante-quatre ans correspondant au mandat d'Esayi comme directeur de Glajor, on peut postuler qu'en moyenne six à sept étudiants entrèrent chaque année au monastère pendant cette période. Ce chiffre n'est pas déraisonnable, surtout si on le compare à la taille de la communauté monastique, qui résidait à Tat'ew au cours de la période, moins favorable, de la fin du XVe siècle. En nous appuyant sur des sources du début du XVe siècle, nous pouvons

Xač'eryan, *Grč'ut'yan arvesti lezvakan-k'erakanakan tesut'yunĕ*, p. 96-97 ; Mathews – Sanjian, *Armenian Gospel Iconography*, p. 23-24. Les écrits « intérieurs » se réfèrent aux textes sacrés et à leur exégèse ; les écrits « extérieurs » se réfèrent aux textes philosophiques, à des œuvres de théologie spéculative et aux commentaires s'y rapportant ; voir aussi Širinyan, « 'Artak'in' ew 'nurb' greank' ».

1. La Porta (trad.), *The Theology of the Holy Dionysius*, p. 61-62 ; Mirzoyan, *Grigor Tat'evac'i ev Ananun Siwnec'i*.

2. Voir Č'amč'eanc', *Patmut'iwn Hayoc'*, vol. 3, p. 326 de la réimpression parue à Erevan ; mais il tient sans doute ce chiffre de Clemente Galano (cité dans Mathews – Sanjian, *Armenian Gospel Iconography*, p. 23, n. 154) ; voir aussi, Ōrmanean, *Azgapatum*, vol. 2, col. 1241.

3. Yovsēp'ean, *Xałbakeank' kam Pṙošeank'*, vol. 2, p. 199, n. 3, cite un certain (*mi omn*) Gēorg Vardapet en rappelant qu'Esayi a formé trois-cent-soixante étudiants. Selon Ališan (*Sisakan*, p. 23), trois-cent-soixante étudiants de Glajor avaient atteint le rang de *vardapet*. Voir aussi Mathews – Sanjian, *Armenian Gospel Iconography*, p. 23, n. 154.

4. On peut remarquer qu'aucune des sources de ces chiffres, à l'exception peut-être d'un « certain Gēorg », n'est contemporaine de Nč'ec'i. Le type d'élève n'est pas non plus indiqué. De même, nous ne savons pas la taille d'une « classe » moyenne à Glajor, ni combien de temps l'élève moyen restait sous la tutelle d'un ou de plusieurs *vardapets*.

déduire que la population normale d'un monastère à cette époque était de soixante à cent-soixante moines[1]. Dans ce groupe, environ huit à vingt-cinq étudiants poursuivaient de hautes études. Nous ne savons pas combien de maîtres étaient présents à la fois ; le chiffre semble avoir fluctué.

Bien que les détails de la méthode d'enseignement ne soient pas connus précisément, il est clair que le maître donnait un cours, pris sous forme de notes par les élèves. Comme dans le fameux portrait de Grigor Tat'ewac'i[2], le maître, entouré de ses disciples, prononçait ses discours. Selon T'ovma Mecop'ec'i, il arriva quelquefois que Grigor Tat'ewac'i distribuât du pain et des pommes à ses étudiants pendant sa lecture sur la philosophie et les Épîtres de Paul[3]. Cependant, on s'attendait à ce que l'étudiant non seulement écoutât et apprît par cœur le discours du maître, mais aussi à ce qu'il contestât et posât des questions à son maître s'il ne comprenait pas la leçon. Dans ses *Explications des Proverbes*, Grigor Tat'ewac'i compare Ève négativement à Marie, puisque Ève avait suivi les conseils du serpent sans douter, tandis que Marie avait hésité et interrogé l'archange Gabriel[4]. Ainsi, conclut Grigor, l'étudiant se doit de questionner ouvertement son maître quant à la raison sous-jacente de ses instructions et ne doit ni demeurer muet ni maintenir ses doutes.

1. Par exemple, T'ovma Mecop'ec'i raconte que, peu après que Tat'ewac'i fut arrivé au monastère de Mecop' en 1408, dix *vardapets* et « plus de quatre-vingts moines, des prêtres et des étudiants » (*I k'ahanayic' ew yašakertac' aweli k'an z̄j abełay*) se rassemblèrent autour de Grigor (Xač'ikyan [édit.], *T'ovma Mecop'ec'i, Patmagrut'yun*, p. 79-80). Dans un colophon de 1410, Mecop'ec'i rappelle que Tat'ewac'i « recueillit de nombreux *vardapets* et moines ; plus de quatre-vingts personnes » (*žołoveac' bazum vardapets ew krōnawors, aweli k'an zut'sun ogis* ; Xač'ikyan, *ŽE dari jeṙagreri hišatakaranner*, p. 101). Dans un autre colophon, cependant, Sargis, l'étudiant de Tat'ewac'i, fournit une plus grande estimation du nombre des moines qui résidèrent à Mecop'. Il affirme que « cent-soixante moines, huit *vardapets* et d'autres solitaires se rassemblèrent à ses pieds [*scil.* de Tat'ewac'i] » (*En žołoveal aṙ ots sora anjink' c̄k abełay ew ē̄ vardapet ew ayl miakec'unk'* ; Xač'ikyan, *ibid.*, p. 93). Le plus petit chiffre de T'ovma est comparable au nombre de moines qui se trouvent dans les monastères médiévaux grecs et latins. Selon les rédacteurs des *typika* byzantins, « most of the typika written in the twelfth century and later were for communities between twenty and fifty members » : *cf.* Thomas – Hero (édit.), *Byzantine Monastic Foundation Documents*, vol. 1, p. XVII. Au Xe siècle, la Grande Laure sur le Mont Athos avait jusqu'à quatre-vingts moines et, plus tard, cent-vingt moines ; Thomas – Hero (édit.), *ibid.*, p. XVI. Au milieu du XIe siècle, le monastère de Cluny avait également entre soixante et quatre-vingts moines (*cf.* Constable, *Cluniac Studies*, p. II), bien qu'aux XIIe-XIIIe siècles, les monastères de plus de soixante moines fussent rares. Voir aussi La Porta (trad.), *The Theology of the Holy Dionysius*, p. 51-57.

2. Ms. M 1203 (Caffa, an 1449), fol. 14v.

3. Xač'ikyan (édit.), *T'ovma Mecop'ec'i, Patmagrut'yun*, p. 47.

4. Grigoryan (édit.), *Grigor Tat'ewac'i, Sołomoni Aṙakneri meknu'iwnĕ*, p. 18-20 ; La Porta (trad.), *The Theology of the Holy Dionysius*, p. 45-46.

LES SEPT ARTS LIBÉRAUX DANS LA TRADITION SCOLAIRE DE GLAJOR-TAT'EW

Dans les lignes précédentes, j'ai présenté le schéma d'organisation générale de l'école de Glajor-Tat'ew. Je voudrais maintenant me tourner vers le cycle d'études des sept arts libéraux. Je suivrai la succession du *trivium* et du *quadrivium*, bien qu'aucune indication ne permette de supposer que de telles séquences de cours aient jamais existé à l'école. Néanmoins, les sujets traditionnels du *trivium*, autrement dit la grammaire, la rhétorique et la logique, furent considérés comme plus élémentaires et plus essentiels que ceux du *quadrivium*. L'exception fut, naturellement, la musique à laquelle on porta attention très tôt pour favoriser le chant des psaumes et des hymnes liturgiques.

LE TRIVIUM

LA GRAMMAIRE

Les livres de la grammaire sont bien représentés dans les bibliothèques de Glajor et de Tat'ew. Le texte fondamental fut l'*Ars Grammatica* de Denys le Thrace, qui fut traduit en arménien au VIe siècle[1]. Entre le VIe et le XIVe siècle, plusieurs commentaires de ce texte furent composés en arménien[2]. Presque tous se trouvaient dans les bibliothèques de Glajor et de Tat'ew et ils étaient probablement étudiés à côté de l'*Ars Grammatica*[3].

En outre, le monastère de Tat'ew posséda, au XIVe siècle, un certain nombre de traités concernant des questions spécifiques de grammaire[4]. Comme dans l'Occident médiéval, l'idée de grammaire dans l'Arménie médiévale englobait plus que l'étude des parties du discours et de la syntaxe. Au niveau le plus élémentaire, elle comprenait une méthode d'apprentissage de la lecture, et tout particulièrement des

1. Adontz (édit.), *Denys de Thrace et les Commentateurs arméniens*; Zuckerman, *A Repertory of Published Armenian Translations*, p. 21-23 (réimpr. dans Fiaccadori [édit.], *Autori classici in lingue del Vicino e Medio Oriente*, p. 433-434). *Cf.* mss. M 6897 (Glajor), M 2382 et M 3917 (Tat'ew). Pour une liste des manuscrits appartenant au monastère de Glajor conservés de nos jours, voir Mathews – Sanjian, *Armenian Gospel Iconography*, 197-205; voir aussi Arevšatyan – Mat'evosyan, *Glajori hamalsaraně, mijnadaryan Hayastani lusaworut'yan kentron*; sur les manuscrits de Tat'ew, voir Eganyan, *Tat'ewi gradarani jeřagrerě*, p. 417-432. Sur la datation de la traduction arménienne de l'*Ars Grammatica*, voir l'article d'Orengo, « Histoire des théories grammaticales en Arménie dans l'Antiquité tardive et au Moyen Âge » dans le présent volume, p. 57.

2. Ervine, *Yovhannēs Erznkac'i*; Ervine, « Yovhannēs Erznkac'i Pluz's *Compilation* ». Voir aussi Orengo, *ibid.*, p. 61-65.

3. *Cf.* mss. M 437, M 2383, M 3917 et M 6897.

4. *Cf.* mss. M 573, M 2382, M 3917 et M 4150.

chants des Écritures saintes. À son plus haut niveau, elle incluait aussi l'art du scribe[1] et les méditations sur la signification spirituelle de l'alphabet, des sons et des paroles[2].

LA RHÉTORIQUE

L'apprentissage de la rhétorique dans les écoles de Glajor et de Tat'ew s'appuya sur les traductions arméniennes de deux manuels grecs de rhétorique. Le premier fut le *Livre des chries* (*Girk' pitoyic'*)[3]. Ce texte est une traduction et une adaptation des *Progymnasmata* d'Aphthonios, ouvrage datant des IV-Ve siècles. La traduction-adaptation arménienne fut effectuée à la fin du Ve siècle ou au VIe. La tradition arménienne a attribué cette œuvre à Movsēs Xorenac'i. Le second fut le texte complet des *Progymnasmata* d'Aelius Théon, un ouvrage dont la date est débattue, mais qui a été traduit en arménien dans la deuxième moitié du VIe siècle[4]. En plus de ces manuels, deux textes sur la poétique ont été conservés dans les manuscrits répertoriés à la bibliothèque de Tat'ew[5].

LA LOGIQUE

De tous les arts libéraux, la logique occupa la position la plus importante du *curriculum*, en raison de l'extrême popularité des *Catégories* et du traité *De interpretatione* d'Aristote[6]. Traduits en arménien aux Ve- VIe siècles, ces deux textes constituèrent le fondement de l'instruction dans le domaine de la logique[7].

1. *Cf.* mss. M 2382 et M 3917.

2. Voir La Porta, « The Liturgical Imagination of Medieval Armenian Monasticism » ; *Id.*, « Translation and Transformation ».

3. Muradyan (édit.) *Girk' pitoyic'* ; *cf.* Cowe, « Review of G. Muradyan, *Girk' pitoyic'* » et Muradyan, « The Rhetorical Exercises (*Progymnasmata*) in the Old Armenian 'Book of Chreia' » ; voir aussi Zuckerman, *A Repertory of Published Armenian Translations*, p. 17-18 (réimpr. dans Fiaccadori [édit.], *Autori classici in lingue del Vicino e Medio Oriente*, p. 430-431). *Cf.* mss. M 1681, M 6897 (Glajor) et M 3466 (Tat'ew) ; le ms. M 1681 contient aussi une « Admonestation sur la rhétorique » de Movsēs K'ert'oł. Sur la rhétorique, voir l'article de Muradyan, « La rhétorique : le *Livre des chries* dans la tradition arménienne ancienne et médiévale » dans le présent volume, p. 85-100.

4. Zuckerman, *A Repertory of Published Armenian Translations*, p. 31-32 (réimpr. dans Fiaccadori [édit.], *Autori classici in lingue del Vicino e Medio Oriente*, p. 440) ; Patillon (édit. et trad.), *Aelius Théon : Progymnasmata* ; Bolognesi, *Studi e ricerche sulle antiche traduzioni armene di testi greci*. Sur Théon, voir aussi l'article de Calzolari, « Les traductions arméniennes de l'École hellénisante et l'introduction des arts du *trivium* en Arménie » dans le présent volume, p. 41-43.

5. *Cf.* mss. M 2382 et M 3466.

6. Les mss. M 1751 et M 6897, le ms. 1309 du monastère arménien Saint-Jacques de Jérusalem et le ms. 353 de la bibliothèque des Pères Mekhitaristes de Vienne (provenant de Glajor), ainsi que les mss. M 573 et M 3902 (provenant de Tat'ew) sont des recueils de textes sur la logique.

7. Conybeare, *A Collation with the Ancient Armenian Versions*, p. 107-154, 165-183 ; *cf.* Tessier, « Some Remarks about the Armenian Translations of Greek Texts », p. 405-424 ;

À côté des *Catégories* et du *De interpretatione*, on trouve la traduction arménienne de l'*Isagoge*, le manuel d'introduction aux textes aristotéliciens écrit par Porphyre[1]. En outre, les étudiants de ces écoles monastiques étudiaient la tradition arménienne exégétique qui se développa autour de ces textes. Les *Définitions et divisions de la philosophie* de Dawit' Anyałt' (David l'Invincible), ainsi que la tradition exégétique de cette œuvre jouèrent aussi un rôle prédominant dans le *curriculum*[2]. L'étude de ces textes fut cruciale dans la troisième faculté.

Deux changements considérables dans la composition du *curriculum* eurent lieu au XIVe siècle du fait de l'arrivée des missionnaires dominicains[3]. Le premier fut l'importation et la traduction des œuvres latines sur la logique. Bien que ces Arméniens – connus sous le nom d'Uniteurs pour avoir accepté l'union avec Rome – eussent introduit ces textes en arménien, des exemplaires se trouvaient aussi à Glajor et à Tat'ew.

Parmi les textes latins qui furent traduits en arménien, on compte le *Livre des six principes* de Gilbert de la Porrée, le *Compendium de dialectique* de Barthotomée de Poggio, le traité *Sur les cinq universels* du même auteur, le *Compendium d'analyse sur les six principes de Gilbert de la Porrée* de Pierre d'Aragon, le *Commentaire* de ce dernier sur l'*Isagoge* de Porphyre et, pour finir, le *Commentaire* du même auteur sur le traité *De interpretatione* d'Aristote[4]. En même temps, la traduction arménienne de la version latine des *Analytiques premiers* d'Aristote ainsi qu'un commentaire sur la *Métaphysique* furent introduits avec d'autres textes en arménien (*cf.* ms. 3902 du Matenadaran d'Erevan).

Zuckerman, *A Repertory of Published Armenian Translations*, p. 13-15 (réimpr. dans Fiaccadori [édit.], *Autori classici in lingue del Vicino e Medio Oriente*, p. 427-428).

1. Texte publié dans Dawit' Anyałt' p'ilisop'ayi, *Matenagrut'iwnk'*, p. 133-156; *cf.* Conybeare, *ibid.*, p. 76-88; Sgarbi, *Osservazioni sul testo*; Zuckerman, *A Repertory of Published Armenian Translations*, p. 28-29 (réimpr. dans Fiaccadori [édit.], *Autori classici in lingue del Vicino e Medio Oriente*, p. 437-438).

2. Kendall – Thomson (trad.), *Definitions and Divisions*; Zuckerman, *A Repertory of Published Armenian Translations*, p. 19-21 (réimpr. dans Fiaccadori [édit.], *Autori classici in lingue del Vicino e Medio Oriente*, p. 431-433); Calzolari – Barnes (édit.), *L'œuvre de David l'Invincible*. Sur les œuvres de David, voir Calzolari, « L'essor de la spéculation philosophique en Arménie dans l'Antiquité tardive » dans le présent volume, p. 116-121.

3. La Porta, « Grigor Tat'ewac'i's Pilgrimage to Jerusalem »; *Id.*, « 'The Theology of the Holy Dionysius' », p. 14-30; *Id.*, « Armeno-Latin Intellectual Exchange in the Fourteenth Century »; Manukyan, « Interrelations Between Scholarship and Folklore in Medieval Armenian Culture »; Delacroix-Besnier, « Les missions dominicaines et les Arméniens du milieu du XIVe siècle aux premières années du XVe siècle »; Richard, *La Papauté et les missions d'Orient au Moyen Âge (XIIIe-XVe siècle)*; van den Oudenrijn, « Uniteurs et Dominicains d'Arménie. 1. L'Union de Qrnay 1330 »; *Id.*, « 2. Le nouvel athénée »; *Id.*, « 3. La congrégation des Uniteurs »; *Id.*, *Linguae Haicanae Scriptores*.

4. *Cf.* les mss. M 2382 et M 3902, tous deux originaires de Tat'ew.

Le deuxième changement considérable eut lieu dans la structure du *cursus* des hautes études. Bien que nous n'ayons pas une connaissance exacte du programme de Glajor sous la direction d'Esayi Nč'ec'i, son étudiant Yovhannēs Orotnec'i suivit un *curriculum* adapté du *logica vetus* que les Uniteurs introduisirent dans leur école, au monastère de Kṙna[1], sous l'influence des missionnaires dominicains. Dans le nouveau programme d'études, classé vraisemblablement par Orotnec'i dans le troisième domaine d'instruction, on constate qu'une formation suffisante dans les textes aristotéliciens, ainsi que dans les deux textes pseudo-aristotéliciens, le *De mundo* et le *De virtutibus*, était requise avant l'étude de l'exégèse biblique. Par conséquent, la première œuvre d'un étudiant de Orotnec'i, Grigor Tat'ewac'i, était composée de compilations des enseignements de son maître sur les *Catégories* et sur le traité *De interpretatione* d'Aristote, tout comme de ses propres remarques sur le *De virtutibus* pseudo-aristotélicien et sur l'œuvre de Porphyre. Ce ne fut qu'une fois cette œuvre préliminaire achevée que Grigor Tat'ewac'i composa son premier commentaire biblique. Ce commentaire concerne le livre d'Isaïe et Grigor se fie encore aux enseignements du son maître[2].

LE QUADRIVIUM

Il est plus difficile de vérifier dans quelle mesure on étudiait les disciplines du *quadrivium* dans l'école de Glajor-Tat'ew.

LA MUSIQUE

La musique, dans sa composante pratique, comme on l'a déjà noté, constitua indubitablement une partie importante du programme d'études élémentaires puisqu'elle était nécessaire pour l'art du chant. L'enseignement incluait l'apprentissage du système des octoéchos, tout comme la méthode de notation, appelée *xaz* (ou neume), qui accompagnait le texte. Au moins un membre de l'école de Glajor, Kirakos Erznkac'i (1280-1355)[3], composa plusieurs hymnes et odes ; ce qui indique que l'on encourageait la création musicale[4]. On a déjà remarqué que Grigor Tat'ewac'i, versé dans l'histoire du chant sacré arménien, exerça une influence profonde sur la composition de l'hymnaire arménien[5].

1. Thierry, *Répertoire des monastères arméniens*, n° 828.

2. La Porta, « The Liturgical Imagination » ; *Id.* (trad.), *The Theology of the Holy Dionysius*, p. 34-36.

3. Połarean, *Hay grołner*, p. 383.

4. En plus, le ms. 110 (72) de l'Église des Quarante-Martyrs d'Alep, composé à Glajor, et les mss. M 4068 et M 9244, provenant de Tat'ew, contiennent des recueils d'hymnes.

5. Voir *supra*, p. 198.

L'ARITHMÉTIQUE

Les textes sur l'arithmétique ne sont pas bien attestés dans les manuscrits de Glajor et de Tat'ew. Apparemment, la formation en arithmétique, au moins au monastère de Glajor, était fondée sur l'œuvre de Yovhannēs Imastasēr Sarkawag (*ca* 1050-1129)[1]. Il semble que les étudiants des deux monastères se fussent familiarisés avec le travail d'Anania Širakac'i (VIIe siècle) concernant les poids et mesures aussi bien qu'avec les textes sur la mesure du temps[2]. En général, plus que le calcul simple, c'est la signification des nombres (s'écrivant avec des lettres au lieu des chiffres arabes) qui suscita l'intérêt le plus marqué des membres des écoles monastiques. Par exemple, un texte sur le sens profond de l'alphabet géorgien fut composé à Glajor (*cf.* ms. 6897 du Matenadaran). Cette utilisation du symbolisme des nombres et des lettres, appelée « gematria », est fréquente également dans les homélies et exégèses des membres de ces écoles monastiques. Cet intérêt pour la spéculation numérique fut sans doute renforcé par les idées de Philon d'Alexandrie, dont les œuvres étaient appréciées à l'école de Glajor-Tat'ew[3].

LA GÉOMÉTRIE

On ne trouve pas une abondance de textes sur la géométrie ni à Glajor ni à Tat'ew. La bibliothèque de Glajor possédait une copie de *Sur les triangles* de Yovhannēs Imastasēr Sarkawag (*cf.* ms. M 437) et celle de Tat'ew, son traité *Sur les nombres angulaires* (ms. M 4150). La bibliothèque de Tat'ew abritait aussi une copie des *Éléments* d'Euclide (ms. M 4166). La traduction arménienne de ce texte est fragmentaire et s'arrête à la troisième proposition. Grigor Magistros acheva probablement cette traduction partielle dans la première moitié du XIe siècle[4].

L'ASTRONOMIE

Relevant du domaine de l'astronomie, les études du calendrier furent très importantes pour déterminer les dates des fêtes mobiles. Les explications sur le calendrier et les calendriers exemplaires apparaissent dans les manuscrits de

1. Le ms. M 6897 contient un extrait de l'œuvre mathématique de Yovhannēs.

2. *Cf.* les mss. M 1681 et M 6897 (Glajor) ainsi que les mss. M 4166, M 9244 (Tat'ew) et M 6897. Sur Anania Širakac'i, voir l'article de Mahé, « Anania Širakac'i et la traduction arménienne des arts libéraux (VIIe siècle) » dans le présent volume, p. 143-159.

3. Sur l'importance de Philon dans la tradition arménienne, voir Mancini Lombardi – Pontani (édit.), *Studies on the Ancient Armenian Version of Philo's Work.*

4. Leroy, « La traduction arménienne d'Euclide » ; *cf.* Petrosyan, *Mat'ematikan Hayastanum hin ev mijin darerum*, p. 94-131 ; Zuckerman, *A Repertory of Published Armenian Translations*, p. 23-24 (réimpr. dans Fiaccadori [édit.], *Autori classici in lingue del Vicino e Medio Oriente*, p. 434-435).

Tat'ew[1]. Les étudiants des écoles s'engagèrent également dans l'étude de l'astronomie spéculative et dans celle de l'astrologie. Outre le *Sur le cours du soleil* d'Anania Širakac'i (*cf.* ms. 6897 du Matenadaran), on trouve, à Glajor, deux traités anonymes : *La clé pour les astronomes* (*cf.* ms. M 1681) et *Sur les planètes* (*cf.* ms. M 6987). À la bibliothèque de Tat'ew, on copia un manuscrit (*cf.* ms. M 573) contenant les traités astronomiques anonymes suivants : *Sur la Voie lactée*, *Présages des jours du mois*, *La cause du tonnerre et des tremblements de terre*, *Démonstration du zodiaque* et *Sur les éclipses*.

LA MÉTHODOLOGIE

La méthodologie utilisée pour l'enseignement du *trivium* et du *quadrivium* dans le *curriculum* de l'école monastique de Glajor-Tat'ew est susceptible d'être mise en doute. Le fait qu'un texte ait été copié ou conservé dans un monastère n'indique pas nécessairement qu'il a été étudié ou inclus dans le cadre du *curriculum*. Néanmoins, on trouve d'autres indications qui corroborent l'hypothèse que tous ces domaines étaient compris dans le *cursus* d'études des monastères de Glajor et Tat'ew.

Le premier témoignage est constitué par la production littéraire des membres de l'école eux-mêmes. Bien que la grande majorité des textes qu'ils ont écrits restent non publiés, ceux qui furent publiés, et en particulier les œuvres de Grigor Tat'ewac'i, montrent une connaissance de tous les sujets des sept art libéraux[2]. Lorsque nous aurons à disposition plus d'études sur les autres grands penseurs de l'école, notre appréciation du *curriculum* dans chaque domaine du *trivium* et du *quadrivium* sera sans doute plus précise et plus complète.

Le deuxième témoignage est fourni par le contenu des manuscrits, qui suggère qu'ils ont été copiés dans un contexte pédagogique. Par exemple, le ms. M 6897 (écrit à Glajor) contient des textes sur la grammaire, la logique, l'arithmétique, l'astronomie et la rhétorique ; le ms. M 2832 (écrit à Tat'ew) est un recueil qui contient des textes sur la grammaire, la rhétorique et la logique ; les ms. M 1751 (écrit à Glajor) et M 3902 (écrit à Tat'ew) rassemblent des textes qui s'intéressent principalement à la logique aristotélicienne.

Le troisième témoignage est rattaché à la distribution quantitative de ces textes, qui est entièrement en accord avec les objectifs pédagogiques et exégétiques de l'école. Les textes sur la grammaire et la logique sont dans une large mesure prédominants ; ils sont aussi les plus utiles pour les débats théologiques et pour l'interprétation des Écritures. Les textes du *quadrivium* jouèrent un rôle

1. *Cf.* les mss. M 2490, M 3939 et M 4166.

2. La Porta (trad.), *The Theology of the Holy Dionysius*, p. 62-74 ; *cf.* aussi Grigoryan, *Hovhan Orotnec'u*, p. 15-44.

mineur dans le *curriculum*, si l'on fait abstraction des études sur le calendrier, qui étaient nécessaires pour l'organisation de l'Église et importantes dans les débats polémiques sur la date de la fête de Pâques. La musique, dans sa composante pratique, comme aujourd'hui, absorba en grande partie les étapes préliminaires de la formation, puisqu'elle était essentielle pour la liturgie. La géométrie ne joua probablement pas un rôle majeur dans le *curriculum*, et il est possible qu'elle n'ait pas du tout été enseignée ; néanmoins, une partie au moins des *Éléments* d'Euclide, ainsi que l'œuvre de Yovhannēs Imastasēr Sarkawag furent accessibles et suscitèrent l'intérêt de quelques membres de l'école. Donc, le témoignage des manuscrits survivants peut être considéré comme fournissant une représentation assez précise des sept arts libéraux dans le *cursus* d'instruction de l'école.

HORS DES SEPT ARTS LIBÉRAUX

Comme il a été dit plus haut, la formation obtenue à l'école n'était pas limitée aux sept arts libéraux. La partie la plus essentielle du *curriculum* s'intéressait à la patristique, à la théologie et à l'exégèse ; les candidats au rang de *vardapet* devaient réussir un examen portant à la fois sur les Écritures saintes et sur des extraits des Pères de l'Église, y compris les Pères de l'Église arménienne. À en juger par les collections de la bibliothèque de l'école et des citations littéraires de ses membres, le programme préféra, parmi les œuvres patristiques, celles attribuées à Denys l'Aréopagite[1], qui furent bien étudiées tout comme les œuvres des Pères cappadociens, Grégoire de Nazianze, Grégoire de Nysse et Basile de Césarée. Le traité *Sur la nature de l'homme* de Némésios d'Émèse[2], les conseils spirituels d'Évagre et les explications bibliques de Jean Chrysostome, d'Éphrem et d'André de Cappadoce[3] constituèrent aussi une partie du *curriculum*[4]. Il semble que des textes de Philon aussi étaient lus[5]. En plus des textes eux-mêmes, les étudiants eurent à leur disposition une tradition exégétique sur bon nombre de ces œuvres, qui remontait jusqu'au XIIe siècle[6].

1. La Porta, « Translation and Transformation ».

2. Texte dans Tašean (édit.), « Nemesiosi, Yałags bnut'ean mardoy », vol. 1, p. 1-22 ; *cf.* Morani (édit.), *Nemesius, De Natura Hominis.*

3. Thomson (trad. et comm.), *Nerses of Lambron, Commentary on the Revelation of Saint John.*

4. Pour une bibliographie plus complète sur ces auteurs patristiques dans la tradition arménienne, voir Thomson, *A Bibliography* ; *Id.*, « Supplement ».

5. Voir *supra*, p. 204.

6. Voir, par exemple, La Porta, *The Armenian Scholia on Dionysius the Areopagite* ; *Id.* (édit. et trad.), *Two Anonymous Sets of Scholia on Dionysius the Areopagite's Heavenly Hierarchy.*

Parmi les auteurs arméniens, dans les bibliothèques de Glajor et de Tat'ew on trouve, sans surprise, les œuvres d'Eznik, Ełišē, Grigor Narekac'i, Nersēs Šnorhali, Nersēs Lambronac'i, Vardan Arewelc'i et Gēorg Skewṙac'i. Évidemment, on étudiait des textes polémiques contre la définition chalcédonienne de la nature du Christ ; il en est de même pour quelques œuvres latines, comme cela a déjà été évoqué plus haut. Les membres de l'école composèrent également des textes fondamentaux pour la formation des générations suivantes d'étudiants. Les œuvres d'Esayi Nč'ec'i, Yovhannēs Orotnec'i et Grigor Tat'ewac'i aidèrent à codifier et canoniser la grande quantité d'érudition précédente et à la rassembler de façon plus efficace et accessible. À ces œuvres on doit ajouter les chaînes exégétiques et les livres des homélies qui fournirent aux étudiants et aux maîtres un réservoir utile de matériel exégétique et de modèles pour l'imitation.

JUSQU'À QUEL POINT L'ÉCOLE DE GLAJOR-TAT'EW FUT-ELLE SINGULIÈRE ?

Une question demeure : cette école fut-elle l'exception ou la norme dans l'Arménie médiévale ? D'un côté, il est clair que les institutions monastiques étaient franchement indépendantes et qu'une autorité centrale n'existait pas. En plus, l'école de Glajor-Tat'ew fut considérée comme la meilleure école monastique de l'époque. Les étudiants y venaient de régions diverses, y compris de la province du Siwnik', des régions du lac de Van, Erznka, Cilicie, Ayrarat et Naxčawan[1]. Ces deux facteurs suggèrent que le *cursus* d'instruction suivi à l'école de Glajor-Tat'ew n'était pas nécessairement la norme à laquelle les autres institutions monastiques adhéraient.

D'un autre côté, beaucoup d'étudiants qui avaient fréquenté l'école de Glajor-Tat'ew fondèrent ensuite leurs propres écoles ou dirigèrent des écoles monastiques dans les environs de Glajor et Tat'ew ainsi qu'à Van, en Arc'ax, à Tiflis et à Tabriz[2]. Ils mirent sur pied, sans doute, une instruction qui devait s'inspirer de Glajor-Tat'ew. Apparemment, les bibliothèques des autres institutions monastiques, telles que celle des complexes monastiques sur le Mont Sepuh aux environs d'Erznka[3] ou celle de Skewṙa[4] en Cilicie, abritèrent une gamme de textes très similaires à ceux de Glajor et Tat'ew.

1. La Porta (trad.), *The Theology of the Holy Dionysius*, p. 51-57.

2. Covakan (Połarean), *Tat'ewac'ean Serund* ; La Porta, *The Theology of the Holy Dionysius*, p. 51-57.

3. Thierry, « Le Mont Sepuh : étude archéologique » ; Terian, *Patriotism and Piety in Armenian Christianity*, p. 50-53 ; La Porta, *The Armenian Scholia*, p. 26-27.

4. Oskean, *Kilikiayi vank'erě*, p. 1-92.

Nous pouvons aussi supposer que le *cursus* d'instruction fondamental suivi à Glajor-Tat'ew ne différait pas considérablement de celui des centres antérieurs. Yovhannēs Orotnec'i et Grigor Tat'ewac'i, et peut-être Esayi Nč'ec'i, réformèrent, en effet, la structure du système pédagogique et introduisirent des modifications dans le *curriculum*, particulièrement dans le domaine de la logique, mais la patristique et l'exégèse restèrent le centre d'attention de l'école. À en juger par l'œuvre des enseignants précédents, ces disciplines avaient été l'objet principal des hautes études monastiques au moins depuis l'époque de Mxit'ar Goš. Ces données suggèrent que, dans ses fondements, l'école de Glajor-Tat'ew fut représentative de la formation monastique en Arménie médiévale. Probablement que l'école fit exception uniquement pour l'attention portée à la logique, qui, bien que se fondant sur une longue tradition arménienne d'études sur les œuvres d'Aristote, évolua à cause de l'interaction entre les membres de l'école et les missionnaires dominicains[1].

CONCLUSION

Les écoles monastiques arméniennes constituèrent les centres d'activité intellectuelle et culturelle arméniens au Moyen Âge. Dans le cadre pédagogique qui se développa au sein de ces monastères, les sept arts libéraux, et le *trivium* en particulier, jouèrent un rôle très influent pour la formation de base des moines érudits. Les étudiants consacraient moins de temps aux sujets du *quadrivium*, mais il semble qu'ils aient gagné une familiarité avec des théories astronomiques ou astrologiques, et qu'ils aient étudié un peu d'arithmétique et de géométrie. L'attention intellectuelle des écoles se concentra sur des intérêts exégétiques. L'activité des missionnaires dominicains au XIVe siècle intensifia le rôle de la polémique et de la littérature nécessaires pour combattre les influences latines. Les principaux enseignants monastiques trouvèrent les moyens d'introduire et d'intégrer ces nouvelles idées ainsi que les textes qui entrèrent dans la tradition intellectuelle arménienne. Cette interaction intellectuelle conduisit à une ambiance pédagogique dynamique, malgré la structure assez conservatrice des écoles.

Ces écoles furent très importantes, non seulement pour la continuation et l'évolution de la culture arménienne, mais aussi pour sa préservation. Après le déclin de l'école de Glajor-Tat'ew, la tradition s'établit aux monastères d'Amrdolu et Xndrakatar, près de Bałēš (Bitlis), dans les environs du lac de Van, ainsi qu'à Kaffa, en Crimée[2]. Finalement, le Patriarcat arménien de Constantinople devint l'héritier des réalisations intellectuelles de l'école et publia beaucoup

1. Sur le sujet, voir Calzolari, « L'essor de la spéculation philosophique en Arménie dans l'Antiquité tardive » dans le présent volume, p. 125.

2. Akinean, *Bałēši dproc'ě*; Mat'evosyan, *Mecop'avank' grč'ut'yan kentroně (ŽB-ŽĒ dd.)*; Stone, *The Kaffa Lives of the Desert Fathers*, p. 29-30.

d'œuvres produites en son sein. En conséquence, l'œuvre de certains enseignants des écoles, parmi les plus grands, inspira les théologiens et les penseurs arméniens jusqu'à l'époque moderne.

BIBLIOGRAPHIE

SOURCES PRIMAIRES

Adontz, N. (édit.), *Denys de Thrace et les commentateurs arméniens*. Traduit du russe par R. Hotterbeex, coll. « Bibliothèque arménienne de la Fondation Calouste Gulbenkian », Louvain 1970.

Č'amč'eanc', M., *Patmut'iwn Hayoc'* [Histoire de l'Arménie], 3 vol., Venise 1784-1786 (réimpr. Erevan 1985, 3 vol.).

Dawit' Anyałt' p'ilisop'ayi, *Matenagrut'iwnk'* [David le philosophe invincible, Œuvres], Venise 1932[2].

Grigoryan, X. (édit.), *Grigor Tat'ewac'i, Sołomoni Aṙakneri meknu'iwnĕ* [Grigor Tat'ewac'i, Le commentaire sur les Proverbes de Salomon], Erevan 2000.

Kendall, B. – Thomson, R. W. (trad.), *Definitions and Divisions of Philosophy by David the Invincible Philosopher*. English Translation of the Old Armenian Version with Introduction and Notes by B. K. and R. W. T., coll. « University of Pennsylvania. Armenian Texts and Studies » 5, Chico, CA 1983.

La Porta, S. (édit. et trad.), *Two Anonymous Sets of Scholia on Dionysius the Areopagite's Heavenly Hierarchy*, coll. « Corpus Scriptorum Christianorum Orientalium » 623-624, « Scriptores Armeniaci » 29-30, Leuven 2008.

La Porta, S. (trad.), *The Theology of the Holy Dionysius', Volume III of Grigor Tat'ewac'i's Book of Questions*. Introduction, Translation, and Commentary by S. L. P (Ph. D. Dissertation, Harvard University, Cambridge, MA 2001).

Muradyan, G. (édit.), *Girk' pitoyic'* [Livre des chries], Erevan 1993.

Patillon, M. (édit. et trad.), *Aelius Théon, Progymnasmata*. Texte établi et traduit par M. P., avec l'assistance, pour l'arménien, de G. Bolognesi, Paris 1997.

Morani, M. (édit.), *Nemesius, De Natura Hominis*, coll. « Bibliotheca Teubneriana », Leipzig 1987.

Tašean, Y. (édit.), « Nemesiosi, Yałags bnut'ean mardoy » [Némésios, Sur la nature de l'homme], dans Y. Tašean, *Manr usumnasirut'iwnk'* [Études mineures], Vienne 1895, vol. 1, p. 1-22.

Thomson, R. W. (trad.), *The Lawcode [Datastanagirk'] of Mxit'ar Goš*. Translated with Commentary and Indices by R. W. T., coll. « Dutch Studies in Armenian Language and Literature » 6, Amsterdam – Atlanta, GA 2000.

Thomson, R. W. (trad. et comm.), *Nerses of Lambron, Commentary on the Revelation of Saint John.* Translation of the Armenian Text, Notes and Introduction by R. W. T., coll. « Hebrew University Armenian Series » 9, Leuven, 2007.

T'orosyan, X. (édit.), *Mxit'ar Goš, Girk' datastani* [Mxit'ar Goš, Le code du droit], Erevan 1975.

Xač'ikyan, L. (édit.), *T'ovma Mecop'ec'i, Patmagrut'yun* [T'ovma Mecop'ec'i, Historiographie], Erevan 1999.

ÉTUDES

Akinean, N., *Bałēši dproc'ě* [L'école de Bałēš], Vienne 1952.

Ališan, Ł., *Sisakan* [Siounie], Venise 1893.

Arevšatyan, S. S. – Mat'evosyan, A. S., *Glajori hamalsaraně, mijnadaryan Hayastani lusaworut'yan kentron* [L'université de Glajor, centre d'instruction de l'Arménie médiévale], Erevan 1984.

Bedrosian, R., « Armenia during the Seljuk and Mongol Periods », dans R. Hovannisian (édit.), *The Armenian People : From Ancient to Modern Times*, New York 1997, vol. 1, p. 267-271.

Bolognesi, G., *Studi e ricerche sulle antiche traduzioni armene di testi greci*, coll. « L'eredità classica nel mondo orientale. Serie monografica » 1, Alessandria 2000.

Calzolari, V. – Barnes, J. (édit.), *L'œuvre de David l'Invincible et la transmission de la pensée grecque dans la tradition arménienne et syriaque*, coll. « Philosophia Antiqua » 116, « Commentaria in Aristotelem Armeniaca. Davidis Opera » 1, Leiden – Boston 2009.

Constable, G., *Cluniac Studies*, coll. « Variorum Reprints », London 1980.

Conybeare, F. C., *A Collation with the Ancient Armenian Versions of the Greek Text of Aristotle's Categories, De interpretatione, De mundo, De virtutibus et vitiis, and of Porphyry's Introduction*, Oxford 1892.

Covakan (N. Połarean), *Tat'ewac'ean Serund* [La génération de Tat'ew], Jérusalem 1991.

Cowe, S. P., « Review of G. Muradyan, *Girk' pitoyic'* », *Le Muséon* 108, 1995, p. 200-205.

Delacroix-Besnier, C., « Les missions dominicaines et les Arméniens du milieu du XIVe siècle aux premières années du XVe siècle », *Revue des Études Arméniennes* 26, 1996-1997, p. 173-191.

Eganyan, Ō., *Tat'ewi gradarani jeṙagrerě* [Les manuscrits de la bibliothèque de Tat'ew], *Banber Matenadarani* 9, 1969, p. 417-432.

Ervine, R. R., « Yovhannēs Erznkac'i Pluz's 'Compilation of Commentary on Grammar' » (PhD Dissertation, Columbia University), New York 1988.

Ervine, R. R., « Yovhannēs Erznkac'i Pluz's *Compilation of Commentary on Grammar* as a starting point for the study of Medieval Grammars », dans J. J. S. Weitenberg (édit.), *New Approaches to Medieval Armenian Language and Literature*, coll. « Dutch Studies in Armenian Language and Literature » 3, Amsterdam – Atlanta, GA 1995, p. 149-166.

Grigoryan, G., *Hovhan Orotnec'u p'ilisop'ayakan usmunk'ě* [Les enseignements philosophiques de Yovhan Orotnec'i], Erevan 1980.

La Porta, S., « Grigor Tat'ewac'i's Pilgrimage to Jerusalem », dans R. Ervine, M. E. Stone, N. Stone (édit.), *The Armenians in Jerusalem and the Holy Land*, Leuven 2002, p. 97-110.

La Porta, S., « The Liturgical Imagination of Medieval Armenian Monasticism », dans R. R. Ervine (édit.), *Worship Traditions in Armenia and the Neighboring Christian East*. An International Symposium in Honor of the 40th Anniversary of St. Nersess Armenian Seminary, coll. « AVANT. Treasures of the Armenian Christian Tradition » 3, Crestwood, NY 2006, p. 197-221.

La Porta, S., « Translation and Transformation : Armenian Meditations on the Metamorphic Power of Language », dans S. La Porta – D. Shulman (édit.), *The Poetics of Grammar and the Metaphysics of Sound and Sign*, coll. « Jerusalem Studies in Religion and Culture » 6, Leiden – Boston 2007, p. 342-367.

La Porta, S., *The Armenian Scholia on Dionysius the Areopagite. Studies on their literary and philological tradition*, coll. « Corpus Scriptorum Christianorum Orientalium » 625, « Subsidia » 122, Louvain 2008.

La Porta, S., « Armeno-Latin Intellectual Exchange in the Fourteenth Century : Scholarly Traditions in Conversation and Competition », *Medieval Encounters* 21, 2015, p. 269-294.

Leroy, M., « La traduction arménienne d'Euclide », *Annuaire de l'Institut de philologie et d'histoire orientales et slaves* 4, 1936, p. 785-816.

Mahé, J.-P., « Norme écrite et droit coutumier en Arménie du Ve au XIIIe siècle », *Travaux et Mémoires* 13, 2000, p. 683-705.

Mancini Lombardi, S. – Pontani, P. (édit.), *Studies on the Ancient Armenian Version of Philo's Work*, coll. « Studies in Philo of Alexandria » 6, Leiden – Boston 2011.

Manukyan, N., « Interrelations Between Scholarship and Folklore in Medieval Armenian Culture », *Le Muséon* 110, 1997, p. 81-89.

Mat'evosyan, A., *Mecop'avank' grč'ut'yan kentroně (ŽB-ŽĚ dd.)* [Le centre d'écriture de Mecop'avank' (XIIe-XVe siècle)], Ejmiacin 1997.

Mathews, T. – Sanjian, A., *Armenian Gospel Iconography: The Tradition of the Glajor Gospel*, coll. « Dumbarton Oaks Studies » 29, Washington, D.C. 1991.

Minorsky, V., *The Turks, Iran and the Caucasus in the Middle Ages*, coll. « Variorum Reprints », London 1978, n° XI et XIII.

Mirzoyan, A., *Grigor Tat'evac'i ev Ananun Siwnec'i* [Grigor Tat'ewac'i et l'Anonyme de Siwnik'], Erevan 1987.

Movsisyan, A., *Urvagcer hay dproc'i ew mankavaržut'yan patmut'yan* [Esquisse d'histoire des écoles et de la pédagogie arméniennes], Erevan 1958.

Muradyan, G., « The Rhetorical Exercises (*Progymnasmata*) in the Old Armenian 'Book of Chreia' (*Girk' Pitoyic'*): Translation or Original Composition? (On the occasion of P. Cowe's review) », *Revue des Études Arméniennes* 27, 1998-2000, p. 399-416.

Ōrmanean, M., *Azgapatum* [Histoire nationale], vol. 2, Constantinople 1914.

Oskean, H., *Kilikiayi vank'erě* [Les couvents de Cilicie], Vienne 1957.

Petrosyan, G., *Mat'ematikan Hayastanum hin ev mijin darerum* [Les mathématiques dans l'Arménie ancienne et médiévale], Erevan 1959, p. 94-131.

Połarean, N., *Hay grołner* [Écrivains arméniens], Jérusalem 1971.

Richard, J., *La Papauté et les missions d'Orient au Moyen Âge (XIIIe-XVe siècle)*, Rome 1977.

Sanjian, A., « The Orbelians and Proshians of Siwnik': Patrons of Religious Institutions », *Handēs Amsorya* 101, 1987, p. 911-924.

Sgarbi, R., *Osservazioni sul testo e sulla lingua della versione armena dell 'Isagoge di Porfirio'*, coll. « Memorie dell'Istituto lombardo. Accademia di scienze e lettere. Classe di lettere, scienze morali e storiche » 31/5, Milano 1972.

Širinyan, M., « 'Artak'in' ew 'nurb' greank' » [Écrits 'extérieurs' et 'd'accès étroit'], *Aštanak* 2, 1998, p. 15-45.

Stone, N., *The Kaffa Lives of the Desert Fathers. A Study in Armenian Manuscript Illumination*, coll. « Corpus Scriptorum Christianorum Orientalium » 566, « Subsidia series » 94, Leuven 1997, p. 29-30.

Terian, A., *Patriotism and Piety in Armenian Christianity. The Early Panegyrics on Saint Gregory*, coll. « AVANT. Treasures of the Armenian Christian Tradition » 2, Crestwood, NY 2005.

Tessier, A., « Some Remarks about the Armenian Translations of Greek Texts », dans T. J. Samuelian – M. E. Stone (édit.), *Medieval Armenian Culture*. Proceedings of the Third Dr. H. Markarian Conference on Armenian Culture, coll. « University of Pennsylvania Armenian Texts and Studies » 6, Chico, CA 1984, p. 405-424.

Thierry, M., « Le Mont Sepuh : Étude Archéologique », *Revue des Études Arméniennes* 21, 1988-1989, p. 385-449.

Thierry, M., *Répertoire des monastères arméniens*, coll. « Corpus Christianorum », Turnhout 1993.

Thomas, J. – Hero, A. C. (édit.), with the assistance of G. Constables, *Byzantine Monastic Foundation Documents*, vol. 1, coll. « Dumbarton Oaks Studies » 35, Washington, D.C. 2000.

Thomson, R. W., « *Vardapet* in the Early Armenian Church », *Le Muséon* 75, 1962, p. 367-382.

Thomson, R. W., *A Bibliography of Classical Armenian Literature to 1500 AD*, coll. « Corpus Christianorum », Turnhout 1995.

Thomson, R. W., « Supplement to *A Bibliography of Classical Armenian Literature to 1500 AD*: Publications 1993-2005 », *Le Muséon* 120, 2007, p. 163-223.

van den Oudenrijn, M., « Uniteurs et Dominicains d'Arménie. 1. L'Union de Qrnay 1330 », *Oriens Christianus* 40, 1956, p. 94-112.

van den Oudenrijn, M., « 2. Le nouvel athénée », *Oriens Christianus* 42, 1958, p. 110-133.

van den Oudenrijn, M., « 3. La congrégation des Uniteurs », *Oriens Christianus* 43, 1959, p. 110-119.

van den Oudenrijn, M. A., *Linguae Haicanae Scriptores Ordinis Praedicatorum, Congregationis Fratrum Unitorum et FF. Armenorum Ord. S. Basilii citra mare consistentium quotquot huc usque innotuerunt*, Bernae 1960.

Xač'eryan, L., *Glajori hamalsaranĕ Hay mankavaržakan mtk'i zargac'man mēǰ (XIII-XIV dd.)* [L'université de Glajor dans le développement de la pensée pédagogique arménienne (XIIIe-XIVe siècle)], Erevan 1973.

Xač'eryan, L., *Grč'ut'yan arvesti lezvakan-k'erakanakan tesut'yunĕ mijnadaryan Hayastanum* [La théorie linguistico-grammaticale de l'art de la rhétorique dans l'Arménie médiévale], Erevan 1973.

Xač'ikyan, L., « Glajorean hamalsaranĕ ew nra saneri awartakan atenaxōsut'iwnnerĕ » [L'université de Glajor et les allocutions finales de ses étudiants], *Erevani Petakan Hamalsarani Gitakan Ašxatutyunner* 23, 1946, p. 423-450.

Xač'ikyan, L., *ŽE dari jeṙagreri hišatakaranner* [Colophons des manuscrits du XVe siècle], vol. 1, Erevan 1955.

Xač'ikyan, L., « Siwneac' Ōrbēleanneri Burt'ēlean čiwłĕ » [La branche Burt'ēlean des Ōrbēlean du Siwnik'), *Banber Matenadarani* 9, 1969, p. 173-199.

Xač'ikyan, L., *Ašxatut'iwnner* [Œuvres], 2 vol., Erevan 1995-1999.

Yovsēp'ean, G., *Xałbakeank' kam Přošeank' Hayoc' patmut'ean mēǰ* [Les Xałbakean ou les Přošean dans l'histoire arménienne), 3 vol., Jérusalem 1942-1943.

Zuckerman, C., *A Repertory of Published Armenian Translations of Classical Texts*, Jerusalem 1995 (réimpr. dans G. Fiaccadori [édit.], *Autori classici in lingue del Vicino e Medio Oriente*, Roma 2001, p. 415-448).

ROBERT W. THOMSON

LA COSMOLOGIE DANS L'ARMÉNIE ANCIENNE ET MÉDIÉVALE

Il y a des milliers d'années, dans un pays dénommé plus tard Arménie, des gens commencèrent à peindre le ciel sur la surface de montagnes rocheuses, sur des céramiques, des objets métalliques et d'autres matières. On trouve en abondance des représentations du soleil, de la lune et des constellations d'étoiles, accompagnées de gravures de la faune et de la flore, entre autres scènes d'activités humaines, surtout la chasse[1]. Les interpréter sous forme de mythologie céleste s'avère fort obscur ; et on ne peut pas les évaluer selon les termes du folklore connu. À l'époque historique, les écrits en grec ou en latin des auteurs classiques nous fournissent quelques informations sur les habitants de l'Arménie dans l'Antiquité, sur leur religion et leurs manières d'envisager le monde. En général, ils soulignent l'aspect iranien de la société arménienne. Mais il faut attendre la production de textes écrits en langue arménienne, au début du Ve siècle de notre ère seulement, pour que nous puissions appréhender les idées des Arméniens eux-mêmes quant au cosmos qui les entourait. Avant cette date les Arméniens ou, du moins, quelques-uns d'entre eux, n'étaient pas illettrés, mais tout texte écrit était composé dans une langue étrangère (grec ou araméen)[2]. Outre des inscriptions assez courtes, rien n'a survécu des compositions originales des Arméniens avant l'invention d'une écriture nationale.

Quand les Arméniens ont commencé à développer leur propre littérature en langue indigène, ils se sont inspirés des cultures chrétiennes du monde grec de l'Antiquité tardive, et aussi de celles de leurs voisins du Sud qui parlaient le syriaque. Ils ont absorbé dans leurs propres traditions, fondées sur leur passé iranien, des thèmes et des idées diverses jusque-là exprimées en grec et en

1. Voir, par exemple, les illustrations dans Karaxanyan – Safyan, *Syunik'i žayrapatkerneṙ*, ou Martirosyan, *Hayastani naxnadaryan nšanagirneṙ*.

2. Voir l'article de Calzolari, « Les traductions de l'École hellénisante et l'introduction des œuvres du *trivium* en Arménie » dans le présent volume, p. 20-25.

syriaque. De cette façon les Arméniens ont forgé une littérature originale, qui exprimait leurs perspectives sur le cosmos et leur propre génie sous forme écrite.

Leurs réflexions sur la cosmologie, c'est-à-dire le monde naturel par rapport au monde spirituel, sont donc liées à cette invention par Maštoc‘ d'une écriture spécifique pour rendre la langue arménienne. Maštoc‘ était un missionnaire érudit qui voyagea, accompagné de ses disciples, en Arménie et, plus largement, dans le Caucase, afin de propager l'Évangile dans les lieux que l'Église n'avait jusqu'alors pas atteints. Pour enraciner la foi chrétienne, il voyait la nécessité d'utiliser les langues indigènes dans les rites de l'Église. À cette fin, il créa un alphabet pour l'arménien et, en plus (selon son disciple et biographe Koriwn), pour le géorgien et l'albanien du Caucase[1]. Encouragé par le patriarche arménien Sahak, lui-même versé dans la langue grecque, Maštoc‘ et ses disciples traduisirent du syriaque et du grec les textes liturgiques et bibliques requis. Bientôt ils allaient élargir leur activité à des traductions d'écrits patristiques, puis aux textes séculaires en usage dans les grandes écoles du monde grec.

La Bible en tant que telle, bien qu'elle ne soit pas une source pour la spéculation sur la cosmologie, commence par un précis sur la création du monde par Dieu en six jours. Dès la conversion du pays au début du IVe siècle, la Bible tenait pour les Arméniens une place souveraine. Le récit de l'origine du cosmos, tel qu'il se trouve dans le livre de la Genèse, restait donc la base fondamentale pour la majorité des penseurs arméniens avant nos temps modernes. Il en ressort que l'une des sources les plus importantes des idées arméniennes au sujet du monde naturel proviendra des commentaires sur ce livre biblique, tant les traductions du grec et du syriaque que les compositions originelles en arménien. Et parmi ces commentaires, le genre appelé *Hexaemeron* (c'est-à-dire le commentaire sur les *six jours*) occupera une position prééminente[2].

Parmi les disciples de Maštoc‘, on peut en isoler deux qui eurent une carrière significative comme traducteurs et aussi comme auteurs de travaux originaux. Koriwn rédigea une biographie de son maître, le premier essai de ce genre en arménien ; son collègue Eznik (avec lequel Koriwn travailla à Constantinople) écrivit un traité savant sur le problème du libre arbitre et de l'origine du mal. Son but était de réfuter les théologies païenne, iranienne et chrétienne (hérétique) qui proclamaient l'existence d'une source du mal indépendante de Dieu et opposée à lui. Une telle théorie nierait la responsabilité des hommes face à leurs actes criminels. Ce traité, qu'on a appelé *Discours sur Dieu* ou aussi *Réfutation des*

1. Voir Abełean (édit.), *Koriwn, Vark‘ Maštoc‘i*. On trouvera plus de détails sur le texte arménien dans Thomson, *A Bibliography* ; *Id.*, « Supplement ».

2. Voir le catalogue des commentaires bibliques en arménien par Petrosyan – Ter-Step‘anyan, *S. Grk‘i hayeren meknut‘yunneri matenagitut‘yun*.

sectes, est le premier travail original en arménien qui parle des questions de cosmologie[1].

Dans son traité, Eznik ajoute à la description contenue dans le livre de la Genèse des idées communes de la science de l'Antiquité tardive. La matière, explique-t-il, est composée de quatre éléments : la terre, l'air, le feu et l'eau. En se mélangeant, ces éléments façonnent les entités corporelles[2]. Le monde dans lequel nous vivons est suspendu au milieu de l'air, les eaux en-dessus et en-dessous l'entourent. Les étoiles ne possèdent pas de vie en elles-mêmes, mais sont mues par Dieu[3]. Et les corps lumineux tournent en suivant leurs trajectoires fixes ; chaque jour ils reviennent pour marquer le passage du temps.

Toutefois, le but d'Eznik n'est pas de donner un exposé détaillé du monde naturel. De son point de vue les philosophes grecs voulaient encourager le culte des objets créés, ce qui était un blasphème à ses yeux. Curieusement, ce traité savant n'exerça pas une très grande influence sur les auteurs arméniens postérieurs, mais tomba dans l'oubli. L'intérêt d'Eznik pour la philosophie grecque, l'hérésie de Marcion et la pensée zoroastrienne (le zurvanisme) se démoda dans les siècles suivants, n'ayant pas de rapport avec les débats théologiques qui divisaient alors les Églises chrétiennes. Eznik, en traducteur érudit, pouvait lire dans leur langue originelle les textes qu'il utilisait[4]. Les idées qu'il introduisit en Arménie se trouvaient cependant dans d'autres textes, chrétiens ou païens, qui plus tard furent traduits en arménien. Parmi ces traductions se trouvent non seulement des écrits patristiques, mais aussi, à partir du VIe siècle, les manuels courants dans les grandes écoles du monde antique. Aussi la pensée grecque eut-elle un impact permanent parmi les Arméniens[5].

Par exemple, Ełišē, l'un des historiens les plus connus, fit un exposé sur la théorie des quatre éléments formant les matériaux fondamentaux de l'univers. Dans son *Histoire de Vardan et de la guerre des Arméniens*, relatant le conflit entre l'Iran et l'Arménie au milieu du Ve siècle, il reproduit une lettre où l'on voit, selon lui, les Arméniens défendre d'une manière fougueuse leur foi traditionnelle[6]. Selon Ełišē, les quatre éléments ne se trouvent jamais tout seuls. La terre (le sec),

1. Sur Eznik, voir les indications données *infra*, dans la *Bibliographie*.

2. Mariès – Mercier (édit.), *Eznik, De Deo*, § 3.

3. Mariès – Mercier (édit.), *ibid.*, § 222-226.

4. Mariès, « Les sources d'Eznik », dans Mariès, *Le De Deo d'Eznik*, p. 24-128.

5. Toutefois, on doit noter que, parmi les traductions d'Aristote, on ne trouve pas les *Physica*, mais seulement le pseudo-aristotélicien *De mundo*. On a bien étudié d'un point de vue linguistique les traductions du grec, surtout les traductions faites à la façon « philohellénisante ». Pour les références bibliographiques, voir le travail récent de Calzolari et Barnes, *L'œuvre de David l'Invincible* ; voir aussi Calzolari, « Philosophical Literature in Ancient and Medieval Armenia » ; *Ead.*, « L'essor de la spéculation philosophique dans l'Antiquité tardive » dans le présent volume, p. 101-141.

6. Ter-Minasyan (édit.), *Ełišēi, Vasn Vardanay*, § 28-41.

l'air (le froid), le feu (le chaud) et l'eau (l'humide) se distinguent l'un de l'autre et s'opposent, mais le Créateur les met en harmonie. Eznik avait comparé cette harmonie au rôle du conducteur d'un chariot à quatre chevaux, idée qui rappelle l'image des trois parties de l'âme chez Platon : un conducteur et ses deux chevaux[1].

Le concept des quatre éléments de base comme matériaux de construction de l'univers se trouve aussi dans une collection d'homélies attribuées à saint Grégoire l'Illuminateur[2]. Ce Grégoire fut le fondateur de l'Église arménienne au début du IVe siècle ; cette attribution de textes en langue arménienne est donc un anachronisme. Ce qui est important, cependant, est que la théorie des quatre éléments fut adoptée dès le commencement comme moyen essentiel pour expliquer la composition du monde. Quant à Grégoire, sa *Vie*, telle que nous la trouvons dans l'*Histoire* attribuée à l'énigmatique Agathange, n'a que peu à dire à propos de la construction du cosmos. Ce texte attaque l'idolâtrie, souligne énergiquement le rôle de Dieu comme créateur et décrit en détail les merveilles du monde naturel.

L'intérêt d'Agathange pour le monde naturel, la faune, la flore, le changement des saisons et les phénomènes du temps trouve des parallèles dans les commentaires patristiques sur les six jours de la création. Le plus connu de ces textes, dans le monde chrétien en général autant qu'en Arménie, est l'*Hexaemeron* de Basile de Césarée, personnage bien connu en Arménie comme théologien anti-arien et fondateur d'institutions hospitalières et monastiques[3]. Dans son *Hexaemeron*, Basile avait recueilli beaucoup de théories des philosophes grecs, qu'il intégra dans son exposé sur les deux premiers chapitres du livre de la Genèse. Ce livre fut traduit en arménien (à partir de la version syriaque) probablement au VIe siècle et eut une influence prédominante[4]. En revanche, dans la *Vie de saint Grégoire* d'Agathange, qui date de la fin du Ve siècle, on ne trouve pas d'emprunts directs à Basile. En fait, il arrive qu'Agathange soit en désaccord avec les idées de Basile, surtout quand il suit le texte de la Bible. Le ciel, explique-t-il, est en forme de dôme (voir Es 40, 22), la terre est solide (voir Jb 38, 6), et les deux sont suspendus au-dessus du néant[5]. Selon Agathange, les luminaires sont éclairés à nouveau

1. Mariès – Mercier (édit.), *Eznik de Kołb, De Deo*, § 3.

2. Les homélies sont appelées *Yačaxapatum* ; elles ont été attribuées à Maštoc', mais elles datent probablement du VIe siècle: *Yačaxapatum č'aṙk*.

3. Sur la réputation de Basile en Arménie, voir en particulier les *Buzandaran Patmut'iwnk'* (Patkanean [édit.], *P'awstosi Buzandac'woy*) et le commentaire de Garsoïan (trad.), *The Epic Histories*.

4. Sur l'origine de la version arménienne, voir Thomson, « The Syriac and Armenian Versions » ; sur son influence sur les auteurs arméniens, voir Muradyan, *Barseł Kesarac'in ev nra « Vec'ōrean » hay matenagitut'yan meǰ* et Thomson, *Saint Basil*.

5. Tēr-Mkrtč'ean – Kanayeanc' (édit.), *Agat'angełay*, § 259, 355 [dans la *Didascalie*].

chaque jour en suivant leur cours circulaire, ce qui n'est pas l'opinion de Basile[1]. De plus, il note que le moment de la création des anges n'est pas clair, car la Genèse ne fait pas mention d'eux ; de son côté, Basile avance que les anges furent créés avant ce monde-ci[2].

Le premier commentaire sur la Genèse composé en arménien a été attribué à l'écrivain Ełišē, déjà évoqué comme historien. L'attribution de deux commentaires bibliques et de plusieurs homélies à cet auteur n'est pas sûre[3] ; de plus, ce commentaire sur la Genèse n'existe que sous forme de fragments, à savoir de citations chez Vardan Arewelc'i (XIIIe siècle), lequel, dans son propre commentaire sur la Genèse, se réfère à beaucoup d'écrivains antérieurs. En tout cas, il est clair qu'Ełišē connaissait plusieurs sources grecques déjà traduites en arménien, non seulement l'*Hexaemeron* de Basile et les travaux de Jean Chrysostome, mais aussi les écrits du philosophe juif Philon et les textes prétendus « hermétiques ». Quoique Ełišē ne cite pas Basile par son nom, en mentionnant seulement Aristote et, parmi les auteurs bibliques, Moïse (l'auteur supposé du *Pentateuque*) et David, on peut trouver chez lui des idées semblables à celles de Basile. S'y trouvent incluses la théorie selon laquelle la terre est solide et immobile, suspendue au milieu du cosmos ; celle d'après laquelle le jour « un » (et non jour premier) de Gn 1, 5 signifie l'image de l'éternité, le jour sans fin de la Résurrection[4] ; celle qui considère que l'expression « Dieu dit » est métaphorique, car Dieu n'utilise pas d'instruments de parole[5] ; en font encore partie de longues listes d'animaux aquatiques et terrestres. Mais on trouve aussi, chez Ełišē, des divergences par rapport aux idées de Basile, ce qui veut dire qu'il connaissait d'autres textes disponibles en arménien.

Il existe aussi en arménien un autre *Hexaemeron* traduit du grec : celui en vers de Georges de Pisidie, écrit peu après 630. Quoique cette version arménienne soit d'importance, puisqu'elle tire son origine d'un manuscrit plus ancien que le plus vieux manuscrit grec conservé[6], du point de vue de la pensée arménienne elle est moins importante que l'*Hexaemeron* de Basile. Peu de copies existaient ; son contenu est traditionnel pour le genre ; et bien que le vocabulaire de la description

1. Tēr-Mkrtč'ean – Kanayeanc' (édit.), *ibid.*, § 267 [dans la *Didascalie*].

2. Tēr-Mkrtč'ean – Kanayeanc' (édit.), *ibid.*, § 260 [dans la *Didascalie*] ; *cf.* Muradyan (édit.), *Barseł Kesarac'i*, I 5. La question de la création des anges a beaucoup absorbé les commentateurs syriens ; à ce sujet, voir Guillaumont, « Genèse I, 1-2 », p. 118-122.

3. Voir Zekiyan, « Quelques observations critiques » et l'introduction à Pane (trad.), *Eliseo l'armeno*.

4. K'yosyan (édit.), *Ełišē, Meknut'iwn Araracoc'*, in Gn 1, 5 ; *cf.* Xač'ikean – K'eōsēean (édit.), « Meknut'iwn Araracoc' », p. 771.

5. K'yosyan (édit.), *ibid.*, in Gn 1, 3 ; *cf.* Xač'ikean – K'eōsēean (édit.), « Meknut'iwn Araracoc' », p. 770.

6. La date de la traduction en arménien n'est cependant pas connue. Texte dans Tiroyean (édit.), *Vec'ōreayk'*.

du cosmos contienne des parallèles avec le vocabulaire des premiers écrivains arméniens, la description elle-même est moins précise que celle de Basile. Mais on doit avouer ne pas encore disposer d'une étude approfondie de son influence en Arménie[1]. Quant à l'*Hexaemeron* d'Anastase le Sinaïte, le *De opificio mundi* de Jean Philopon, le *De mundi creatione* de Sévérien, il faut rappeler qu'ils n'ont pas été traduits en arménien[2].

Hormis les textes déjà mentionnés, il existe peu de choses d'importance avant le VIIe siècle. Anania de Širak (au nord-est de l'Arménie) vécut de 600 à 670 environ ; il est le savant le plus connu et le plus significatif de la philosophie naturelle, des sciences physiques et des études mathématiques de l'Arménie ancienne. Fait rare en Arménie à cette époque, il était laïque ; il avait poursuivi ses études à Trébizonde avec un maître grec. Son grand travail, intitulé *K'nnikon*[3], était une tentative de présenter un survol des disciplines contenues dans le programme du *quadrivium* des grandes écoles de l'Antiquité tardive : le calcul, la musique, la géométrie et l'astronomie[4]. Malheureusement ce corpus cohérent n'a pas survécu en entier, mais seulement sous forme d'écrits séparés, *disiecta membra*, dont plusieurs parties ont été perdues ou attribuées à d'autres personnes. La *Géographie*, par exemple, qui a introduit les idées ptolémécnnes en Arménie, fut transmise sous le nom de l'historien Moïse de Khorène. Les écrits d'Anania au sujet des mathématiques et des mesures, du calendrier, du monde naturel et de la géographie, nous offrent l'examen le plus étendu des théories cosmologiques de l'Arménie ancienne[5]. Comme Eznik avant lui, bien qu'il mentionne les vues divergentes des philosophes grecs, il les rejetait pour la plupart en faveur des auteurs chrétiens. Au commencement de sa *Géographie*, Anania explique que la Bible a peu de choses à dire de la géographie mis à part des paroles obscures : « Nous sommes donc obligés de consulter des auteurs païens »[6].

Dans son traité intitulé *Cosmologie* (*Tiezeragitut'iwn*) Anania donne une description complète du monde naturel. Il commence, une fois encore, en

1. Références aux études modernes dans Thomson, *A Bibliography*, p. 56. Tašean (*Manr usumnasirut'iwnk'*, vol. 2, p. 321-384) remarque que le Thesaurus de la langue arménienne (Awetik'ean *et al.* [édit.], *Nor bargirk' haykazean lezui*) mentionne des allusions à cette œuvre chez Anania Narekac'i, Grigor Narekac'i et Nersēs Lambronac'i. Vardan Arewelc'i en fait mention dans son propre *Commentaire sur la Genèse* (inédit).

2. Sur les *Hexaemera* en syriaque, voir von Napel, « Some Remarks ». Sur les textes grecs, le travail de Robbins, *The Hexaemeral Literature*, reste toujours valable.

3. L'étymologie de ce mot est discutée.

4. Voir l'étude fondamentale de Mahé, « Quadrivium et cursus d'études ».

5. Voir la collection éditée par Abrahamyan (édit.), *Anania Širakac'u, Matenagrut'yunĕ* ; d'autres textes et études secondaires sont indiqués dans Thomson, *A Bibliography*, p. 97-100 et *Id.*, « Supplement », p. 181.

6. Voir Hewsen (trad.), *The Geography of Ananias of Širak*, p. 42 (il s'agit des premiers mots de l'ouvrage) ; Yarut'iwnean (édit.), « Ašxarhac'oyc' », p. 2137.

examinant les rapports entre les auteurs non chrétiens et la Bible. Il continue par une discussion des quatre éléments, dont l'action réciproque est la cause des entités visibles. Il rejette la théorie d'un cinquième élément, l'éther, et couvre de mépris la confusion des points de vue qui règne parmi les philosophes grecs. Il affirme que la voûte mobile du ciel est composée d'eau ; elle tourne autour de la terre, laquelle est suspendue dans l'air. Comme autorités il cite la Bible, l'*Hexaemeron* de Basile et saint Grégoire l'Illuminateur – c'est-à-dire les homélies attribuées à Grégoire l'Illuminateur évoquées plus haut. On doit noter aussi qu'Anania cite Philon afin de rejeter l'opinion selon laquelle le «ciel» serait une entité spirituelle ou une idée mentale, et non pas un corps matériel. Cela prouve que le traité de Philon intitulé *Questions et réponses sur la Genèse* circulait en Arménie dès le temps d'Anania[1].

Quant à la terre, Anania connaît trois théories : elle est comme une assiette, c'est-à-dire plate ; elle est ronde ; elle est hexagonale. La dernière est une théorie de Cosmas Indicopleustès, qui vécut un siècle avant Anania, et qui composa un ouvrage intitulé *Topographie chrétienne*, où il essayait de concilier les idées astronomiques contemporaines avec la Bible. Mais Anania ne le mentionne pas ; il se réfère seulement à beaucoup de «philosophes» anonymes. Selon Anania, cette terre lourde se maintient parce que les vents soufflent sur elle de toutes les directions. La terre est ronde et le soleil tourne autour d'elle. Y aurait-il donc, de l'autre côté de la terre, des hommes, invisibles à nous, dont les pieds sont opposés aux nôtres, comme des mouches sur une pomme ? Après tout, il serait insensé que le soleil illuminât un monde sans habitants. Mais Anania rejette cet argument, puisqu'il existe beaucoup d'endroits de ce côté-ci de la terre qui sont inhabitables, comme les déserts glacials du Nord et les tropiques insupportables du Sud. Cette déduction lui fut confirmée par un rêve : Anania y embrassait le soleil qui ressemblait à un jeune homme doré ; celui-ci informa Anania que de l'autre côté de la terre il brillait sur des montagnes, sur des vallées, des rochers et des grottes, mais pas sur des hommes[2]. Quand il rapporta ce rêve à son maître Tychikos[3], celui-ci, ajoute Anania, confirma l'exactitude de cette conception sur la base de l'autorité d'Amphiloque d'Iconium (un théologien du IVe siècle, cousin de Grégoire de Nazianze).

Sur la terre il faut faire la distinction entre les mers navigables – celles sur lesquelles les hommes voyagent, bordées par des pays – et la mer sans bornes qui entoure le monde habitable. Anania mentionne diverses mers ; son récit offre des parallèles avec celui que donne Basile dans son *Hexaemeron*. En se fondant sur la même source, il cite un moyen d'extraire de l'eau potable de la mer en la faisant

1. Awgereanc' (édit.), *P'iloni*; Mercier (trad.), *Philon*.

2. Russell, «The Dream Vision of Anania Širakac'i».

3. Anania ne nomme pas son maître ici, mais dans son «Autobiographie» il décrit la carrière de Tychikos.

bouillir dans un chaudron afin d'absorber la vapeur dans une éponge. Pourtant, l'étude des corps célestes, qui se trouvent au-dessus de la terre, a fait s'égarer les hommes, parce qu'ils supposaient que les positions des étoiles influençaient les affaires humaines. Comme Eznik, Anania attaque tant la théorie selon laquelle la position des planètes dans le zodiaque déterminerait le destin d'une personne dès sa naissance que celle voulant que les corps célestes soient des êtres vivants auxquels on doit rendre un culte. Ici encore on trouve des parallèles avec les arguments de Basile. Et cette fois Anania approuve Philon quant à son interprétation du passage de la Genèse (15, 7), où Dieu dit à Abraham: « Je suis le Seigneur qui vous a conduits hors de la terre des Chaldéens », car « Chaldéen » veut dire astrologue.

Toutefois, l'étude du ciel est importante pour une autre raison. Anania expose amplement les causes du vent, de la pluie, du tonnerre et d'autres phénomènes, en tirant beaucoup de détails de l'*Hexaemeron* de Basile[1]. L'exposé d'Anania révèle une connaissance, peu commune en Arménie, de la mythologie classique à propos de la formation de la Voie Lactée. Mais ces explications classiques sont rejetées par Anania, qui voit la Voie Lactée comme un amas d'étoiles grandes et petites. Les étoiles jouent un rôle important comme guides de navigation.

Quant à la lune, d'aucuns prétendent qu'elle brille de sa propre lumière. Mais Anania s'accorde avec la majorité de ceux qui disent qu'elle reflète la lumière du soleil. Les montagnes et les mers qu'on peut discerner sur la surface de la lune sont le reflet de celles qui se trouvent sur la terre, comme dans un miroir. Parce que la lune et le soleil ne sont pas toujours dans la même position l'un vis-à-vis de l'autre, la lune croît et décroît. Toutefois, Anania affirme que la lune elle-même ne change pas ; ce qui change, c'est la quantité de lumière qu'elle reçoit du soleil. Le soleil et la lune tournent dans des sphères différentes ; la lune est dans la sphère la plus proche de nous, alors que le soleil est dans la cinquième sphère. Anania n'explique pas, dans ce passage, quelles sont les autres sphères, mais il dit qu'elles portent les planètes au-dessous de la voûte immobile du ciel. Les conceptions sur les sphères seront élaborées plus tard par d'autres auteurs.

L'astronomie étant indispensable pour régler l'année ecclésiastique, on demanda à Anania de préparer un calendrier. Finalement, une ère spécifique pour les Arméniens fut établie ; elle fut postdatée en 551[2]. La majorité des auteurs arméniens étaient des ecclésiastiques, aussi n'est-il pas surprenant de constater qu'ils font plus souvent allusion au travail d'Anania sur le calendrier qu'à ses écrits scientifiques. L'historien Jean Catholicos (Yovhannēs Drasxanakertc'i), du

1. Muradyan (édit.), *Barseł Kesarac'i*, p. 214-252 mentionne un grand nombre de ces parallèles. Sous le nom d'Anania, il existe en plus une traduction partielle des *Phénomènes* d'Aratos de Soles. Voir Bart'ikyan (édit.), « Aratos Solac'u, ΔΙΟΣΗΜΕΙΑ ». Le texte se trouve dans l'édition d'Abrahamyan, p. 304-309, sous le titre *Concernant les nuages et les signes*.

2. Mahé, « L'Église arménienne », p. 475-476 ; Sanjian, « *Crazatik* 'Erroneous Easter' ».

xe siècle, explique : Anania fixa le calendrier arménien afin que nous n'eussions pas besoin de compter sur d'autres nations – un sentiment qui trouve un écho, parmi d'autres auteurs, chez Kirakos et Vardan[1]. Stéphanos Tarōnec'i (Asołik), qui écrivait peu après l'an mille, note que le calendrier d'Anania faisait partie de son grand travail, le *K'nnikon*, sans expliquer en quoi celui-ci consistait. Heureusement Grigor Magistros, l'un des rares savants laïques d'Arménie, tout comme Anania, nous donne des informations à ce propos.

Ce Grigor, prince de la famille Pahlawuni, de qui viendront plus tard plusieurs *catholicoi*, naquit près d'Ani vers l'an 990. Après la prise d'Ani par les Byzantins en 1045, qui mit fin au royaume arménien médiéval, Grigor alla à Constantinople ; il fut promu à la dignité de *magistros* et nommé *dux* de Mésopotamie. Il passa les dernières années de sa vie au Tarōn, où il s'occupait de recherches scolaires. Il est mort vers 1058. Il existe une collection de quatre-vingt-huit lettres de première importance qu'il a écrites à beaucoup de ses contemporains à propos d'affaires tant publiques que privées[2]. Dans une lettre adressée au catholicos Petros, Grigor nous donne la description la plus étendue du *K'nnikon* d'Anania. Il relève que cet ouvrage était tombé dans l'oubli, bien qu'une copie se trouvât toujours dans la bibliothèque patriarcale, « cachée sous le boisseau »[3]. Malheureusement, dit Grigor, une telle érudition était négligée par ses compatriotes obstinés ; il prie alors le patriarche de faire copier l'ouvrage et de lui en envoyer un exemplaire. Quatre cents ans auparavant, Anania Širakac'i aussi, dans son « Autobiographie », se plaignait du manque d'estime pour les études scientifiques chez les Arméniens[4]. Mais Grigor Magistros, tout en ayant traduit du grec des travaux philosophiques, ne s'occupa ni de cosmologie, ni des sciences naturelles. Après cette date, le *K'nnikon* d'Anania ne circula plus en entier, mais fut graduellement fragmenté et dispersé.

Les références d'Anania tant à la Bible qu'aux philosophes grecs sont typiques des auteurs arméniens. La spéculation sur la cosmologie, en Arménie, est une combinaison de théories dérivant de l'Antiquité grecque et de réflexions chrétiennes sur leur accord avec la Bible. Les auteurs n'avouent pas toujours leurs emprunts aux passages bibliques, mais certaines citations reviennent souvent. Par exemple, Isaïe (40, 22) dit que les cieux sont étendus comme une voûte ou un

1. Emin (édit.), *Yovhannu kat'ołikosi Drasxanakertc'woy, Patmut'iwn Hayoc'*, p. 92.

2. Le style de Grégoire est tellement obscur, rempli d'allusions abstruses et de façons de parler rhétoriques, que jusqu'ici personne n'a tenté une traduction complète.

3. Kostaneanc' (édit.), *Grigor Magistrosi, T'łt'erĕ, Lettre* 8 : *t'agni ĕnd gruanaw* ; *cf.* Kostaneanc' (édit.), *ibid.*, *Lettre* 2, p. 4-10, avec une traduction partielle dans Mahé, « Quadrivium et cursus », p. 197-199.

4. Abrahamyan (édit.), « Ananiayi Širakunwoy », p. 207 (réimpr. dans *Matenagirk' Hayoc'/Armenian Classical Authors*, vol. 4, p. 595) ; Berbérian (trad.), « Autobiographie d'Anania Širakac'i », p. 193.

dôme (*kamar* ou *xoran*). Ces figures paraissent dès Agathange[1], et reparaissent souvent. Le poète et catholicos Nersēs Šnorhali, du XIIe siècle, par exemple, développa ces idées dans son poème *Sur le ciel*. Il affirme que le *kamar* est créé, mais ne consiste en aucun des quatre éléments. Il sépare les eaux supérieures des eaux inférieures, comme dit le théologien Moïse, ce qui fait allusion à Gn 1, 6: « Que le firmament sépare les eaux ». Cette voûte ne supporte rien, ni n'est soutenue par des colonnes d'appui[2]. Peut-être que Nersēs pense au livre des Proverbes: « La sagesse a construit sa maison et a érigé sept colonnes » (Pr 9, 1). Une interprétation courante de ce verset supposait une référence au ciel, comme on en trouve dans le *Commentaire sur les Proverbes* de Hamam, au IXe siècle[3]. Dans une autre image biblique, Nersēs compare les douze signes du zodiaque aux douze tours de la muraille d'une cité splendide, ce qui rappelle l'image de la Jérusalem céleste dans le chapitre 21 du livre de l'Apocalypse. Et quand il met en contraste la multitude d'étoiles fixes et les sept planètes errantes, il fait allusion à l'interprétation ancienne des sept âges de ce monde transitoire, suivis par le huitième âge éternel qui n'a pas de nombre[4].

L'homonyme de Nersēs, le fils de sa nièce, Nersēs de Lambron, fut un auteur prolifique de commentaires bibliques, bien qu'il n'en eût pas écrit sur le livre de la Genèse. Toutefois, de temps en temps il fait référence à des lieux communs de la pensée arménienne au sujet du monde naturel. Dans son *Commentaire sur l'Ecclésiaste*, par exemple, il décrit les quatre éléments: chacun est incorruptible en lui-même, tandis que dans leurs mélanges, qui créent les choses existantes, ils sont corruptibles et nous amènent à la destruction, puis à la non-existence[5]. Dans son *Commentaire sur les Proverbes*, il fait référence aux philosophes grecs qui appellent le firmament « le cinquième élément », c'est-à-dire l'éther, concept qu'Anania Širakac'i avait rejeté[6].

Il existe plusieurs commentaires arméniens sur les divers livres de la Bible, mais depuis celui d'Ełišē, aucun autre commentaire sur la Genèse n'a été composé avant le XIe siècle. Sur son auteur, un théologien du nom de Timot'ēos, on n'a que peu de détails. Ce commentaire est d'un assez grand intérêt, car il cite Basile largement, et il est à son tour cité par Vardan au XIIIe siècle. Hélas, seule la

1. Tēr-Mkrtč'ean – Kanayeanc' (édit.), *Agat'angełay*, § 259 (dans la *Didascalie*); mais on ne trouve ni *kamar* ni *xoran* chez Eznik.

2. Hakobyan (édit.), *Nersēs Šnorhali, Yałags erknic'*, p. 22.

3. Thomson (édit. et trad.), *Hamam, Commentary on the Book of Proverbs*, p. 215.

4. Hakobyan (édit.), *Nersēs Šnorhali, Yałags erknic'*, p. 23.

5. Herzog von Sachsen (édit.), *Nerses von Lampron, Erklärlung des Versammlers*, in 1, 6.

6. Herzog von Sachsen (édit.), *Nerses von Lampron, Erklärlung der Sprichwörter Salomos*, in 12, 24.

première partie a survécu, dans un seul manuscrit. Dans ce fragment, Timot'ēos fait allusion aussi à Éphrem le Syrien, mais il ne cite pas son compatriote Ełišē[1].

Timot'ēos ne suit pas étroitement le texte de la Bible. Il commence par une discussion sur la nature de Dieu et la Trinité, puis traite de la création du genre humain. Il note qu'il y a deux cieux : celui de l'extérieur est fait de feu, celui de l'intérieur est le firmament visible. Ils furent créés complets et entiers en eux-mêmes, tandis que la terre s'est complétée graduellement, car au commencement elle se trouvait « informe » selon la description de Gn 1, 2. Pour Timot'ēos, ceci est une image de l'Église. Le ciel circule autour de nous, car Dieu lui a accordé le mouvement, afin que les hommes ne lui rendent pas un culte ; en effet, le divin ne se meut pas : il s'agit d'un *topos* de la philosophie grecque. Le récit de la création dans le livre de la Genèse ne parle pas de la création des quatre éléments, mais ils sont sous-entendus par les références à l'eau, l'air, la terre et la lumière, cette dernière représentant le feu. Quant à la nature matérielle du monde naturel, Timot'ēos n'a rien de nouveau à ajouter.

Dans les siècles suivants, les Arméniens furent influencés par des écrits persans sur l'astronomie. Mxit'ar d'Ani, par exemple, au XIIe siècle, traduit un Almanach au sujet du zodiaque et des éclipses, qu'il enrichit de diagrammes. Hélas, celui-ci ne subsiste plus, mais est décrit par Vardan Arewelc'i dans sa *Chronique*[2]. Vardan lui-même nous intéresse, car ses écrits nous fournissent un sommaire général des traditions arméniennes à propos du monde naturel. Vardan naquit vers l'an 1200 et acquit une renommée comme savant et maître. Ses nombreux travaux sur l'histoire, la géographie et surtout l'exégèse biblique reflètent son souci de présenter ses informations d'une façon concise mais, en même temps, complète. Ses commentaires sont des compilations précieuses, fondées sur les textes antérieurs, tant arméniens que non arméniens[3]. Dans son propre *Commentaire sur la Genèse*, il cite Ełišē et Timot'ēos[4] ; de la même manière, dans sa *Chronique*, il résume l'histoire de son pays, en tirant son information de la majorité des historiens arméniens avant son époque. Or, c'est un trait commun des chroniqueurs médiévaux, et pas seulement ceux de l'Arménie, de commencer par un sommaire de l'histoire biblique à partir d'Adam. Ce qui est très insolite en Arménie, c'est que Vardan introduit Adam dans le contexte des six

1. Akinean indique les citations de Basile dans son édition de Timot'ēos : Akinean (édit.), « Timot'ēos Vardapet ew ir Meknut'iwn Araracoc' groc' ».

2. Ališan (édit.), *Hawak'umn Patmut'ean*, p. 137.

3. Sur la vie et les œuvres de Vardan, voir Ant'abyan, *Vardan Arewelc'i*. Sur ses idées cosmologiques, voir Cowe, « The Background and Development of Vardan Arewelc'i's Cosmology » et Thomson, « A Medieval Armenian View of the Physical World ».

4. Ce commentaire n'est pas édité en entier ; Petrosyan et Ter-Step'anyan (*S. Grk'i hayeren meknut'yunneri matenagitut'yun*, p. 14) remarquent qu'il est conservé dans plus de quatre-vingt-dix manuscrits. Pour les citations d'Ełišē, voir K'yosyan (édit.), *Ełišē, Meknut'iwn Araracoc'* et *cf.* Xač'ikean – K'eōsēean (édit.), « Meknut'iwn Araracoc' ».

jours qui se terminent par sa propre création. D'habitude, on ne consulte pas un travail historique comme aperçu sur la cosmologie ; mais on trouve un tel commencement chez quelques historiens byzantins[1].

Vardan commence son récit en soulignant que Dieu a créé le monde à partir de rien, un thème fondamental chez les auteurs arméniens[2]. Les entités de base sont les quatre éléments, le feu, l'air, l'eau et la terre, qu'il décrit comme « chaud, léger, froid et lourd ». Traditionnelle aussi est la théorie selon laquelle la terre est entourée par des sphères concentriques, *kamark'*, un terme utilisé à partir du théologien et historien Agathange. La sphère la plus proche de nous est celle de l'air ; ensuite se trouvent celles de l'eau et du feu. Le cercle de l'air est le firmament céleste. Les eaux mentionnées dans le livre de la Genèse se trouvent au-dessus et au-dessous de la terre, ce que plusieurs auteurs avant Vardan avaient souligné. La description la plus explicite se trouve peut-être dans l'*Histoire* d'Agathange, où il décrit la vision révélée à saint Grégoire l'Illuminateur. Dans cette célèbre vision, les sites où les Arméniens doivent bâtir des églises en l'honneur des martyres Hṙip'simē, Gayianē et leurs compagnes sont indiqués par un homme céleste, descendu du ciel sous forme de lumière[3]. Selon Agathange, Grégoire commence le récit de sa vision en disant : « La voûte du ciel en forme de dôme fut ouverte [...] Je regardais en haut et voyais qu'au-dessus d'elle les eaux avaient été divisées comme le firmament [...] Comme des vallées et des cimes de montagnes elles avaient été divisées et leurs étendues infinies avaient été entassées de chaque côté ».

Dans Gn 1, 6, il est dit que les eaux furent divisées par le firmament, et Vardan propose deux raisons. D'abord il fallait alléger le poids sur la terre, puis en second lieu il fallait protéger les créatures du feu qui se trouvait plus haut. Toutefois, la chaleur du feu est déjà perceptible dans notre sphère inférieure. Donc quand les hommes, à cause de leur hybris, commencèrent à bâtir la tour de Babel, l'atmosphère devint de plus en plus chaude et asphyxiante au fur et à mesure qu'ils montaient, au point que les hommes furent brûlés et ne purent plus avancer. La sphère du feu est le domaine des anges, car leur nature c'est le feu. Eznik avait déjà expliqué cette idée, fondée sur plusieurs passages de la Bible[4].

1. Georges le Syncelle, du IXe siècle, par exemple, ou Georges Cédrène et Jean Zonaras, du XIIe.

2. Sur ce qui suit, voir Ališan (édit.), *Hawak'umn patmut'ean*, p. 1-4.

3. Tēr-Mkrtč'ean – Kanayeanc' (édit.), *Agat'angełay*, § 731-756 ; *cf.* Thomson (trad.), *Agathangelos*. Plus tard, on a identifié cet homme avec le Christ lui-même ; le site fut ainsi nommé Ējmiacin, qui veut dire « le Monogène est descendu ». Voir notes dans Thomson (trad.), *Agathangelos, The Lives of Saint Gregory*, p. 337-352.

4. Mariès – Mercier (édit.), *Eznik de Kołb, De Deo*, § 114 ; Tēr-Mkrtč'ean – Kanayeanc' (édit.), *Agat'angełay*, § 262 (dans la *Didascalie*, *cf.* Thomson [trad.], *Agathangelos, The Teaching*) ; *cf.* Ps 103, 4 ; He 1, 7.

Quant à la terre, Eznik avait affirmé qu'elle est suspendue au milieu de l'air; Agathange, quant à lui, avait déclaré que la terre est suspendue, sans ailes, comme en vol. Mais pour Vardan la terre, trop lourde pour s'élever, est empêchée de tomber par un vent qui souffle vers le haut, une idée que l'on trouve chez Anania Širakac'i. En revanche, dans sa *Géographie*, Vardan décrit la terre comme un cube (*kibikon*), ce qui paraît refléter la cosmologie de Cosmas Indicopleustès, qui pensait que la terre était en forme d'hexagone[1]. Anania lui aussi fait mention de cette théorie, mais elle n'a pas reçu d'accueil favorable en Arménie.

Le livre de la Genèse fait référence aux six jours de la création, mais les Arméniens et d'autres commentateurs avaient soulevé la difficulté de la définition du mot «jour», parce que les marqueurs de temps, le soleil et la lune, ne furent créés qu'au quatrième jour. Vardan parle donc de six «révolutions» du ciel. La première marque la création de la nature, c'est-à-dire le pouvoir créateur de Dieu, que Vardan identifie peut-être avec l'énergie des quatre éléments. La seconde révolution fixe le firmament avec les eaux au-dessus et au-dessous. La troisième anime les plantes et les arbres. La quatrième crée la lumière, qui, dit Vardan, est une émanation de l'éther. La lumière est divisée entre plusieurs vaisseaux: les sept planètes, y compris le soleil et la lune, ainsi que la multitude des étoiles. Dans sa *Géographie*, Vardan affirme que les planètes se meuvent chacune dans sa propre sphère – une idée qui se trouve chez des auteurs arméniens antérieurs – et il leur donne leurs noms en persan[2]. Selon sa *Chronique* les sentiers des planètes les conduisent à travers les douze signes du zodiaque; et quand le soleil monte plus haut ou descend plus bas, il détermine les quatre saisons avec plus ou moins d'heures de lumière. C'est seulement dans l'Inde Inférieure que la durée de lumière reste stable avec douze heures par jour. Le monde est divisé en quatorze zones ou climats: sept dans la partie habitable et sept dans la partie située de l'autre côté de l'équateur, où il fait toujours froid et noir, donc inhabitable. Cette partie inférieure de la terre fut décrite aussi dans la *Géographie* d'Anania Širakac'i.

Ensuite Vardan décrit la cinquième et la sixième révolution du ciel, qu'on peut maintenant appeler «jours», parce que les marqueurs de temps ont été créés. Dans ces deux jours sont venus à l'existence les différents genres d'êtres vivants, des zoophytes les plus modestes jusqu'à l'humanité rationnelle. Vardan décrit la création de l'homme par Dieu comme celle d'un artiste-peintre. Assez hardiment il fait mention de six mains, c'est-à-dire des trois personnes de la Trinité[3]. Il

1. Pērpērean (édit.), *Ašxarhac'oyc' Vardanay Vardapeti*, p. 5. Sur la cosmologie de Cosmas, voir Wolska, *La topographie chrétienne de Cosmas Indicopleustès.*

2. Pērpērean (édit.), *Ašxarhac'oyc' Vardanay Vardapeti*, p. 4.

3. On trouve la même image chez Ełišē, dans son *Commentaire sur la Genèse*: K'yosyan (édit.), *Ełišē, Meknut'iwn Araracoc'*, in Gn 1, 26; *cf.* K'eōsēean (édit.), «Meknut'iwn Araracoc'», p. 779. Dans la théologie patristique on trouve l'image du Fils et du Saint-Esprit comme « mains du Père » ; voir Lampe, *s. v.* «χείρ».

affirme que, comme les bons peintres, Dieu a commencé à partir des pieds en montant. Dans ses homélies, plus tôt, Mambrē a exprimé une idée semblable ; il dit, en effet, que les peintres donnent forme aux membres du corps en partant du bas vers le haut ; le visage est peint tout à la fin[1]. Telle est l'introduction de Vardan au thème de l'histoire du monde, après quoi son récit commence par la transgression d'Adam et sa vie hors du paradis. Le paradis lui-même se trouve à l'Est, sur le sommet d'une montagne où brille le soleil sans interruption[2].

Les théories de Vardan sont reprises par son collègue Išox, un prêtre syrien qui collabora avec lui à la traduction arménienne de la *Chronique* composée en syriaque par le patriarche Michel. Le traité d'Išox, appelé *Livre sur la nature en général et en particulier*, fournit beaucoup plus d'informations à propos des pays dans les divers climats, ou zones, et de la quantité relative de lumière qu'ils reçoivent pendant l'année. Il décrit le trajet des cinq planètes à travers le zodiaque, et donne le nombre d'années nécessaires pour accomplir leurs parcours. Leur montée et descente causent des changements sur la terre. Cependant, la plus grande partie de son travail est vouée aux affaires terrestres plutôt qu'à la cosmologie. Il expose longuement la composition des minéraux ; il décrit les divers genres de plantes et leurs méthodes de croissance, il fournit des listes de fruits et leurs qualités, et note les effets des différents climats et des saisons changeantes sur les êtres vivants[3].

Les caractères des hommes qui habitent les différentes zones sont conditionnés par le climat. Syrien lui-même, Išox considère la Mésopotamie comme la contrée la plus louable, car elle est tempérée et égale : « Ses habitants ne sont pas basanés comme les Indiens, ni blonds comme les Sarmates. Ici, ils sont sages, habiles et intelligents. Pour cette raison ce pays est plus désirable que tous les pays des rois souverains, et pour la même raison il a été le plus dévasté »[4]. Išox termine son traité par une description des parties du corps humain et leurs différentes fonctions. Il fournit le nombre des os, des veines, des tendons et des muscles ; et il explique en détail les changements d'un homme depuis sa naissance jusqu'à sa mort. Mais ceci est plutôt une affaire de médecine, un sujet que les Arméniens ont étudié en profondeur après le XIIe siècle sous l'influence des traditions tant grecques qu'arabes[5]. L'influence de la pensée arabe est apparente aussi chez un autre collègue de Vardan, son disciple Yovhannēs d'Erznka, qui portait le sobriquet de Pluz.

1. Mambrēi Vercanoɫi, *Č'aṙk*, p. 9. *Cf.* Thomson, « Mambrē and his Homilies ».

2. Sur le site du paradis, voir l'introduction à Brock (trad.), *Ephrem, Hymns on Paradise*.

3. Voir l'étude de Cowe, « On Nature ».

4. Vardanyan (édit.), *Išox, Girk' i veray bnut'ean*, p. 95.

5. Voir Mahé, « La version arménienne du médecin Abou-Saïd » et, en général, Vardanyan, *Histoire de la médecine en Arménie de l'Antiquité à nos jours* ; voir aussi, dans le présent volume, Vardanyan, « La médecine », p. 265-286.

La signification du mot *pluz* n'est pas certaine ; on l'interprète habituellement comme signifiant « petit » ou « aux yeux bleus ». En tout cas, il s'agissait d'un savant qui avait beaucoup voyagé. En 1284, il donna à Tiflis une conférence à laquelle assistèrent le jeune prince arménien Vaxt'ang et l'évêque local Yovhan. Yovhannēs appelle son discours *karozut'iwn*, mais ce n'est pas un *karoz* « sermon » au sens habituel. Le texte publié sous le titre *Le mouvement des corps célestes* a pour nous un intérêt double. D'abord Yovhannēs s'appuie beaucoup sur le *Hexaemeron* de Basile et les écrits d'Anania Širakac'i ; il nous offre donc un indice sur la réception de ces œuvres. De plus, Yovhannēs introduit non seulement des noms arabes pour les planètes, mais aussi des idées nouvelles à propos du zodiaque, courantes dans plusieurs textes arabes.

En bref, Yovhannēs présente les sphères autour de la terre, l'air, l'eau, le feu, qu'il appelle l'éther. La sphère de l'air est le firmament biblique, appelé aussi le troisième ciel. La terre reste stable au centre à cause de l'air qui souffle de toutes les directions. Ce schéma est comparé à un œuf : le jaune, c'est l'air, le blanc, c'est la voûte des eaux, la coquille, c'est le ciel de feu[1]. Le firmament, c'est-à-dire la sphère de l'air, est divisé en huit parties : sept cercles pour les planètes, y compris le soleil et la lune, et ensuite la huitième, la sphère fixe des étoiles, qui contient aussi les signes du zodiaque. Chaque signe du zodiaque correspond à une partie différente du corps de l'homme : du Bélier qui représente la tête jusqu'aux Poissons qui représentent les pieds. De plus, chaque signe est associé à une région géographique : du Bélier qui représente la Perse jusqu'aux Poissons qui représentent les Indes[2]. L'encyclopédie nommée en arabe *Rasa'il Ikhwan al-Safa*, « Épîtres des Frères en pureté », en est une source probable. Auparavant, Yovhannēs avait écrit contre ce texte arabe un traité intitulé *Contre les philosophes arabes*, mais son attaque visait seulement des questions traitant de philosophie morale et de la nature spirituelle et intellectuelle de l'homme, et ne s'intéressait pas à la cosmologie ni à l'univers matériel[3]. Toutefois, la comparaison entre le zodiaque et les pays du monde se trouve déjà chez Paul d'Alexandrie, au IVe siècle. Son traité *Eisagōgika* avait été traduit en arménien, peut-être au VIe siècle, mais n'est presque jamais cité en arménien[4].

À la fin de ce survol, il serait intéressant de revenir à un penseur plus typique du Moyen Âge arménien, un théologien et savant actif, mais qui ne partageait pas

1. Step'anyan (édit.), *Yovhannēs Erznkac'i Pluz*, *Yałags erknayin šaržmann*, § 3.

2. Step'anyan (édit.), *ibid.*, § 7.

3. Voir Parsumean-Dadoyan, *Yovhannēs Pluz*. Plus tôt al-Mas'udi avait coordonné les zones et les signes du zodiaque dans son *Muruj al-dhahab* (communication personnelle du professeur Geert Jan van Gelder).

4. Voir le fragment publié par Bart'ikyan (édit.), « Aratos Solac'u ev Połos Ałeksandrac'u erkeri t'argmanut'yunē ». Ce fragment fut publié parmi les œuvres d'Anania Širakac'i (Abrahamyan [édit.], *Anania Širakac'u, Matenagrut'yunĕ*, p. 325-327) en même temps que le fragment d'Aratos ; voir *supra*, p. 222, n. 1.

l'initiative de Yovhannēs. Je parle de Mxit'ar d'Ayrivank'[1]. Parmi d'autres écrits, Mxit'ar composa une *Chronique*, assez brève, qui relate les événements jusqu'à 1328. De la même façon que Vardan, Mxit'ar donne en préface de son ouvrage un aperçu du travail créateur de Dieu. Mais il est moins confiant que son prédécesseur: « À parler franchement, tout ce que dit l'homme relève de l'opinion et non de la certitude »[2]. Mais ce qui a plus d'importance, c'est le fait que Mxit'ar souligne l'aspect chrétien dans son exposé des six jours de la création. Le premier jour fut donc dimanche, quand les anges furent créés; lundi Dieu bâtit la Jérusalem céleste; mardi fut planté le jardin d'Éden. Sous la rubrique du mercredi, quand fut créé le soleil pour marquer le passage du temps, Mxit'ar décrit les climats. De façon optimiste, il affirme que parmi les neuf divisions du monde, sept sont chrétiennes et contiennent soixante-sept nations; les deux autres, non chrétiennes, contiennent quatre nations. Jeudi, quand mille espèces d'êtres vivants furent créées, la chute de Satan est survenue. Vendredi fut créé Adam, tel un homme âgé de trente ans; trois heures, ou cinq jours, plus tard Ève fut formée. Le vendredi suivant, les protoplastes (Adam et Ève) désobéirent, quittèrent le paradis et allèrent à l'île de Ceylan. Mais Mxit'ar ne s'accorde pas avec lui-même, car il affirme ensuite que la durée de l'existence d'Adam au paradis n'est pas claire, mais que selon Eusèbe (de Césarée), Adam serait resté au paradis autant de temps que le Christ a vécu sur terre[3]. De telles spéculations indiquent l'influence significative en Arménie des traditions apocryphes[4].

CONCLUSION

En conclusion de cette présentation, on peut observer que les théories cosmologiques arméniennes sont marquées par une combinaison d'idées qui dérivent de l'Antiquité classique et de la pensée chrétienne. Les Arméniens ont essayé de rendre ces deux courants compatibles, ou du moins d'harmoniser les idées païennes avec la Bible. Anania Širakac'i avait relevé les contradictions des philosophes grecs. À ses écrits furent ajoutées plus tard des traductions de traités persans et arabes, qui donnaient des explications détaillées sur des phénomènes de la nature, tout en ayant souvent elles-mêmes préservé des idées d'origine grecque. Mais la majorité des auteurs arméniens faisaient découler leurs conceptions

1. Brosset (trad.), *Histoire chronologique*. Le monastère d'Ayrivank' est aujourd'hui appelé Gełardavank', parce qu'il possédait la relique de la sainte lance (en arménien *gełard*).

2. Patkanov (édit.), *Mxit'ar Ayrivanec'woy, Patmut'iwn*, p. 231.

3. Patkanov (édit.), *ibid.*, p. 235.

4. La bibliographie sur les apocryphes arméniens de l'Ancien Testament est très vaste. Sur Adam, voir Haelewyck, *Clavis apocryphorum veteris Testamenti*, ainsi que les écrits de M. E. Stone cités dans Thomson, *A Bibliography*, p. 233-238 et *Id.*, « Supplement », p. 207-209. Voir aussi Stone, « The Armenian Apocryphal Literature of the Old Testament ».

cosmologiques de la Bible et des commentaires sur le livre de la Genèse (tant des travaux originaux en arménien que des traductions du grec et du syriaque). Plus tard, les *compendia* théologiques, tel que le *Livre des questions* de Grigor Tat'ewac'i, ont exposé les mêmes traditions. La prochaine étape d'une enquête plus large serait d'étudier dans le détail comment ces idées étaient formulées dans les cours d'instruction des grandes écoles monastiques. Mais pour cela il faut attendre une autre occasion.

BIBLIOGRAPHIE

SOURCES PRIMAIRES

Abełean, M. (édit.), *Koriwn, Vark' Maštoc'i* [Koriwn, Vie de Maštoc'], Erevan 1941 (réimpr. Erevan 1981 ; Delmar, NY 1985).

Abrahamyan, A. G. (édit.), *Anania Širakac'u, Matenagrut'yunĕ* [Anania Širakac'i, Œuvres], Erevan 1944 (réimpr. dans *Matenagirk' Hayoc'/Armenian Classical Authors*, vol. 4, Antélias 2005, p. 588-791).

Abrahamyan, A. G. (édit.), « Ananiayi Širakunwoy eric's eraneal vardapeti, Vasn orpisut'ean kenac' iwroc' » [Anania Širakac'i le *vardapet* trois fois heureux, Sur la manière de sa vie], Erevan 1944, p. 206-209 (réimpr. dans *Matenagirk' Hayoc'/Armenian Classical Authors*, vol. 4, Antélias 2005, p. 593-595).

Akinean, N. (édit.), « Timot'ēos Vardapet ew ir Meknut'iwn Araracoc' groc' » [Timothée Vardapet et son Commentaire sur la Genèse], *Handes Amsorya* 66, 1952, col. 1-19 (réimpr. dans Akinean, N., *Matenagrakan hetazōtut'iwnner* [Recherches bibliographiques], vol. 5, Vienne 1955, p. 75-103).

Ališan, Ł. (édit.), *Hawak'umn patmut'ean Vardanay Vardapeti* [Recueil d'histoire de Vardan Vardapet], Venise 1862 (réimpr. Delmar, NY 1991).

Awgereanc', M. (édit.), *P'iloni Ebrayec'woy, Mnac'ordk' i Hays* [Philon le Juif, Paralipomena Armeniaca], Venise 1826.

Bart'ikyan, H. (édit.), « Aratos Solac'u, ΔΙΟΣΗΜΕΙΑ kam ΠΡΟΓΝΩΣΤΙΚΑ ašxatut'yan hin hayeren t'argmanut'yunĕ » [La traduction arménienne ancienne des ΔΙΟΣΗΜΕΙΑ ou ΠΡΟΓΝΩΣΤΙΚΑ d'Aratos de Soles], *Banber Matenadarani* 7, 1964, p. 331-363.

Bart'ikyan, H. (édit.), « Aratos Solac'u ev Połos Ałeksandrac'u erkeri t'argmanut'yunĕ » [La traduction des œuvres d'Aratos de Soles et de Paul d'Alexandrie], *Banber Matenadarani* 12, 1977, p. 137-162.

Berbérian, H. (trad.), « Autobiographie d'Anania Širakac'i », *Revue des Études Arméniennes* 1, 1964, p. 189-194.

Brock, S. P. (trad.), *Ephrem. Hymns on Paradise*, Crestwood, NY 1990.

Brosset, M.-F. (trad.), *Histoire chronologique par Mkhithar d'Airivank*, coll. « Mémoires de l'Académie impériale des Sciences de Saint-Pétersbourg », série 7, vol. 13, Saint-Pétersbourg 1869.

Emin, M. (édit.), *Yovhannu kat'ołikosi Drasxanakertc'woy, Patmut'iwn Hayoc'* [Yovhannēs Drasxanakertc'i, Histoire de l'Arménie], coll. « Łukasean Matenadaran » 5, Moscou 1853 (réimpr. Tiflis 1912 ; Delmar, NY 1980).

Garsoïan, N. G. (trad.), *The Epic Histories attributed to P'awstos Buzand (Buzandaran Patmut'iwnk')*. Translation and Commentary by N. G. G., coll. « Harvard Armenian Texts and Studies » 8, Cambridge, MA 1989.

Hakobyan, G. A. (édit.), *Nersēs Šnorhali, Yałags erknic'* [Nersēs Šnorhali, Sur le ciel], Erevan 1968.

Herzog von Sachen, M. (édit.), *Nerses von Lampron, Erzbischof von Tarsus. Erklärung der Sprichwörter Salomos*, 3 vol., Leipzig 1919, 1921, 1926.

Herzog von Sachsen, M. (édit.), *Nerses von Lampron, Erzbischof von Tarsus. Erklärung des Versammlers*, Leipzig 1929.

Hewsen, R. H. (trad.), *The Geography of Ananias of Širak (Ašxarhac'oyc'). The Long and the Short Recensions*. Translation and Commentary by R. H. H., coll. « Beihefte zum Tübinger Atlas des vorderen Orients », Reihe B, Nr. 77, Wiesbaden 1992.

Kostaneanc', K'. (édit.), *Grigor Magistrosi, T'łt'erě* [Grigor Magistros, Lettres], Alexandropol 1910.

K'yosyan, H. (édit.), *Ełišē, Meknut'iwn Araracoc'* [Ełišē, Commentaire sur la Genèse] (avec une traduction anglaise par M. Papazian), Erevan 2004.

Mambrēi Vercanołi, *Č'ark'* [Mambrē Vercanoł, Discours], Venise 1894.

Mariès, L. – Mercier, Ch. (édit.), *Eznik de Kołb, De Deo*, coll. « Patrologia Orientalis » 28/3, Paris 1959.

Mercier, Ch. (trad.), *Philon, Quaestiones et Solutiones in Genesim*. Introduction, traduction et notes par Ch. M., 2 vol., Paris 1979 et 1984.

Muradyan, K. (édit.), *Barseł Kesarac'i, Yałags vec'awreay ararč'ut'ean* [Basile de Césarée, Sur la création en six jours], Erevan 1984.

Pane, R. (trad.), *Eliseo l'armeno, Commento a Giosuè e Giudici*, Roma – Bologna 2009.

Patkanean, K'. (édit.), *P'awstosi Buzandac'woy, Patmut'iwn Hayoc'* [P'awstos Buzandac'i, Histoire de l'Arménie], Saint-Pétersbourg 1883 (réimpr. Delmar, NY 1984) [= *Buzandaran Patmut'iwnk'*].

Patkanov, K. (édit. et trad.), *Mxit'ar Ayrivanec'woy, Patmut'iwn* [Mxit'ar Ayrivanec'i, Histoire], coll. «Trydi Vostochago Otdelenija Imperatorskago Russkago Arkheologicheskago Obschestva», Pt. 14, Sankt-Peterburg 1869.

Pērpērean, H. (édit.), *Ašxarhac'oyc' Vardanay Vardapeti* [Géographie de Vardan Vardapet], Paris 1960.

Step'anyan, L. (édit.), *Yovhannēs Erznkac'i Pluz, Yałags erknayin šaržmann* [Yovhannēs Erznkac'i Pluz, Sur le mouvement des corps célestes], Erevan 2001.

Ter-Minasyan, E. (édit.), *Ełišēi, Vasn Vardanay ew Hayoc' Paterazmin* [Ełišē, Sur Vardan et la guerre des Arméniens], Erevan 1957.

Tēr-Mkrtč'ean, G. – Kanayeanc', S. (édit.), *Agat'angełay Patmut'iwn Hayoc'* [Agat'angełos, Histoire de l'Arménie], Tiflis 1909 (réimpr. Delmar, NY 1980, Erevan 1983).

Thomson, R. W. (trad.), *Agathangelos, History of the Armenians*. Translated with Introduction and Commentary by R. W. T., Albany, NY 1976 (texte arménien en face : § 1-258 et 716-900).

Thomson, R. W., « The Historical Compilation of Vardan Arewelc'i », *Dumbarton Oaks Papers* 43, 1989, p. 125-226.

Thomson, R. W. (trad.), *Agathangelos, The Teaching of Saint Gregory*. Translation and Commentary by R. W. T., New Rochelle, NY 2001 (= traduction de la section intitulée *Vardapetut'iwn* [Didascalie], § 259-715).

Thomson, R. W. (édit. et trad.), *Hamam, Commentary on the Book of Proverbs*. Edition of the Armenian Text, English Translation, Notes and Introduction by R. W. T., coll. « Hebrew University Armenian Studies » 5, Leuven 2005.

Thomson, R. W. (trad.), *Agathangelos, The Lives of Saint Gregory. The Armenian, Greek, Arabic, and Syriac Versions of the History Attributed to Agathangelos*. Translated with Introduction and Commentary by R. W. T., Ann Arbor, MI 2010.

Tiroyean, A. (édit.), *Vec'ōreayk' Pisideay Imastasiri* [Hexaemeron du philosophe de Pisidie], Venise 1900.

Vardanyan, S. (édit.), *Išox, Girk' i veray bnut'ean* [Išox, Livre sur la nature], Erevan 1979.

Xač'ikean, L. – K'eōsēean, Y. (édit.), « Meknut'iwn Araracoc' groc' Ełišēi Vardapeti » [Ełišē Vardapet, Commentaire sur la Genèse], *Matenagirk' Hayoc'/Armenian Classical Authors*, vol. 1, Antélias 2003, p. 769-911 (appendice, p. 912-929).

Yačaxapatum č'aṙk' [Homélies qui-parlent-de-beaucoup-de-choses], Venise 1954.

Yarut'iwnean, B. (édit.), « Ašxarhac'oyc' » [Géographie], dans *Matenagirk' Hayoc'/Armenian Classical Authors*, vol. 2, Antélias 2003, p. 2137-2161 (réimpr. de *Ašxarhac'oyc' Movsēsi Xorenac'woy yaweluacovk' naxneac'* [Géographie de Moïse de Khorène avec des appendices des anciens], Venise 1881).

ÉTUDES

Ant'abyan, P'., *Vardan Arewelc'i, Kyank'n u gorcunēut'yunĕ* [Vardan Arewelc'i, Vie et œuvres], 2 vol., Erevan 1987 et 1989.

Awetik'ean, G., Siwrmēlean, X., Awgerean, M., *Nor bargirk' haykazean lezui* [Nouveau dictionnaire de la langue arménienne], 2 vol., Venise 1836-1837 (réimpr. Erevan 1979 et 1981).

Calzolari, V. – Barnes, J. (édit.), *L'œuvre de David l'Invincible et la transmission de la pensée grecque dans la tradition arménienne et syriaque*, coll. « Philosophia Antiqua » 116, « Commentaria in Aristotelem Armeniaca. Davidis Opera » 1, Leiden – Boston 2009.

Calzolari, V., « Philosophical Literature in Ancient and Medieval Armenia », dans V. Calzolari (édit.), with the collaboration of M. E. Stone, *Armenian Philology in Modern Era : From Manuscript to Digital Text*, coll. « Handbook of Oriental Studies. Section 8 : Uralic & Central Asian Studies », « History of Armenian Studies », vol. 23/1, Leiden – Boston 2014, p. 349-376.

Cowe, S. P., « The Background and Development of Vardan Arewelc'i's Cosmology » *Revue des Études Arméniennes* 24, 1993, p. 75-87.

Cowe, S. P., « 'On Nature' by Išōx/Išō : Study of a 13th century Cosmographical Treatise in its Linguistic and Cultural Milieu », dans S. Vanséveren (édit.), *Calliope. Mélanges de linguistique indo-européenne offerts à Francine Mawet*, coll. « Lettres Orientales » 14, Louvain 2010, p. 99-136.

Guillaumont, A., « Genèse 1, 1-2 selon les commentateurs syriaques », dans *In Principio. Interprétation des premiers versets de la Genèse*, Paris 1973, p. 115-132.

Haelewyck, J.-C., *Clavis Apocryphorum Veteris Testamenti*, coll. « Corpus Christianorum », Turnhout 1998.

Karaxanyan, G. H. – Safyan, P. G., *Syunik'i žayrapatkernerĕ* [Les pétroglyphes de la Siounie], coll. « Hayastani hnagitakan hušarjannerĕ » 4/1, Erevan 1970.

Lampe, G. W. H. (édit.), *A Patristic Greek Lexicon*, Oxford 1968.

Mahé, J.-P., « Quadrivium et cursus d'études au VIIe siècle en Arménie et dans le monde byzantin d'après le *K'nnikon* d'Anania Širakac'i », *Travaux et Mémoires* 10, 1987, p. 159-206.

Mahé, J.-P., « L'Église arménienne de 611 à 1066, » dans J.-M. Mayeur, Ch. Pietri, A. Vauchez, M. Venard (édit.), *Histoire du christianisme : des origines à nos jours*, tome IV : *Évêques, moines et empereurs (610-1054)*, Paris 1993, p. 457–548.

Mahé, J.-P., « La version arménienne du médecin Abou-Saïd », *Comptes rendus des séances de l'Académie des Inscriptions et Belles-Lettres* 150/4, 2006, p. 1835-1850.

Mariès, L., *Le De Deo d'Eznik de Kołb connu sous le nom de Contre les Sectes. Études de critique littéraire et textuelle*, Paris 1924.

Martirosyan, H. A., *Hayastani naxnadaryan nšanagirnerě ev nranc' urarta-haykakan krknakner* [Les caractères préhistoriques de l'Arménie et leurs doubles ourarto-arméniens], Erevan 1973.

Muradyan, K., *Barseł Kesarac'in ev nra « Vec'ōrean » hay matenagitut'yan mej* [Basile de Césarée et son Hexaemeron dans la littérature arménienne], Erevan 1976.

Parsumean-Dadoyan, S., *Yovhannēs Pluz Erznkac'ii « I Tačkac' Imastasirac' »-ě ew imastasirakan arjakě islamakan ałbyurneru loysin tak* [« Pensées des philosophes arabes » et la prose philosophique de Yovhannēs Pluz Erznkac'i à la lumière des sources musulmanes], Beyrouth 1991.

Petrosyan, E. – Ter-Step'anyan, A., *S. Grk'i hayeren meknut'yunneri matenagi-tut'yun* [Bibliographie des commentaires arméniens des Écritures saintes], Erevan 2002.

Robbins, F. E., *The Hexaemeral Literature*, Chicago 1912.

Russell, J. R., « The Dream Vision of Anania Širakac'i », *Revue des Études Arméniennes* 21, 1988-1989, p. 159-170.

Sanjian, A. K., « Cṙazatik 'Erroneous Easter' – A Source of Greco-Armenian Religious Controversy », *Studia Caucasica* 1, 1966, p. 26-47.

Stone, M. E., « The Armenian Apocryphal Literature of the Old Testament in the Twentieth Century », dans V. Calzolari (édit.), with the collaboration of M. E. Stone, *Armenian Philology in Modern Era : From Manuscript to Digital Text*, coll. « Handbook of Oriental Studies. Section 8 : Uralic & Central Asian Studies », « History of Armenian Studies », vol. 23/1, Leiden – Boston 2014, p. 247-263.

Tašean, Y., « Georgay Pisideay Vec'ōreayk' » [Georges de Pisidie, Hexaemeron], dans *Id.*, *Manr Usumnasirut'iwnk'* [Études mineures], vol. 2, Vienne 1901, p. 321-384.

Thomson, R. W., « A Medieval Armenian View of the Physical World : The Cosmology of Vardan Arewelc'i in his *Chronicle* », *Revue des Études Arméniennes* 23, 1992, p. 191-208.

Thomson, R. W., « The Syriac and Armenian Versions of the *Hexaemeron* by Basil of Caesarea », *Studia Patristica* 27, 1993, p. 113-117.

Thomson, R. W., *A Bibliography of Classical Armenian Literature to 1500 AD*, coll. « Corpus Christianorum », Turnhout 1995.

Thomson, R. W., « Mambrē and his Homilies », *Revue des Études Arméniennes* 30, 2005-2007, p. 99-168.

Thomson, R. W., « Supplement to *A Bibliography of Classical Armenian Literature to 1500 AD*: Publications 1993-2005 » *Le Muséon* 120, 2007, p. 163-223.

Thomson, R. W., *Saint Basil of Caesarea and Armenian Cosmology*, coll. « Corpus Scriptorum Christianorum Orientalium » 646, « Subsidia » 130, Leuven 2012.

Vardanyan, S. A., *Histoire de la médecine en Arménie de l'Antiquité à nos jours*, Paris 1999.

von Napel, E., « Some Remarks on the Hexaemeral Literature in Syriac », dans H. J. W. Drijvers *et al.* (édit.), *IV Symposium Syriacum : Literary Genres in Syriac Literature*, coll. « Orientalia Christiana Analecta » 229, Rome 1987, p. 57-69.

Wolska, W., *La topographie chrétienne de Cosmas Indicopleustès*, Paris 1962.

Zekiyan, B. L., « Quelques observations critiques sur le 'Corpus Elisaeanum' », dans R. F. Taft (édit.), *The Armenian Christian Tradition*, coll. « Orientalia Christiana Analecta » 254, Roma 1997, p. 71-123 (traduction arménienne publiée dans *Banber Matenadarani* 17, 2006, p. 79-146).

ALESSANDRO ORENGO

ASTRONOMIE, ASTROLOGIE ET CALENDRIERS

ASTRONOMIE

Avant de brièvement traiter de l'astronomie chez les anciens Arméniens, gardons à l'esprit qu'il n'est pas toujours possible de distinguer ce domaine de recherche de celui où sont exposés les différents systèmes cosmologiques dans la pensée de plusieurs philosophes[1]. Il n'est pas non plus toujours possible de faire la différence entre l'astrologie et l'astronomie dans les textes que l'Antiquité et le Moyen Âge nous ont transmis : en effet, les mêmes conceptions astrologiques que nous commenterons plus bas se fondent sur des observations astronomiques se référant à l'existence des constellations, au mouvement des planètes, etc. Nous nous bornerons donc à esquisser les systèmes astronomiques que l'on trouve dans l'écrit théologique *Ełc Ałandoc*ʻ (« Réfutation des sectes ») d'Eznik Kołbacʻi et dans le traité cosmographique (*Tiezeragitut*ʻ*iwn*) d'Anania Širakacʻi.

Le traité conventionnellement connu sous le titre d'*Ełc Ałandoc*ʻ[2], l'œuvre majeure et peut-être la seule d'Eznik qui nous soit parvenue, est l'un des premiers ouvrages originaux composés en arménien, quelques décennies seulement après l'invention de l'alphabet, dans la première moitié du ve siècle. Le savant évêque de Bagrewand s'efforce d'y réfuter la doctrine de plusieurs sectes, appartenant aussi bien au « paganisme » grec, persan ou arménien qu'à l'hérésie chrétienne (Marcionites).

Comme on peut facilement l'imaginer, le but d'Eznik n'est pas de présenter une description astronomique du cosmos ; il le fait pourtant, dans une section consacrée à la critique des théories des philosophes grecs[3], afin de réfuter les

1. Cet aspect fait l'objet d'un autre chapitre de cet ouvrage : voir Thomson, « La cosmologie dans l'Arménie ancienne et médiévale ».

2. Le seul manuscrit qui nous soit parvenu avec ce texte ne donne pas le titre de l'œuvre.

3. Eznik s'occupe d'astronomie surtout dans II 25-III 1 et III 7-10 (= § 267-291 et 307-318 de l'édition Mariès – Mercier) et c'est en particulier à cette partie de son ouvrage que nous nous

opinions, qu'il considère erronées, avancées par les savants du dehors, c'est-à-dire par ceux qui ne sont pas chrétiens. Ces savants du dehors soutiennent les opinions suivantes : les cieux tournent ; sept astres seulement se meuvent, alors que les autres sont cloués (*beweṙeal*) aux cieux ; ces sept astres (le soleil, la lune et les cinq planètes connues à l'époque) se meuvent du Couchant au Levant ; les cieux sont toujours à la même distance de la terre, ce qui implique qu'ils sont sphériques, mais aussi que la terre est placée au centre de cette sphère ; la terre est entourée par l'eau, toutes deux par l'air (c'est cet air qui la maintient au centre du cosmos), et finalement le tout est entouré de feu ; la lune, placée au-dessous de tous les astres, n'a pas de lumière propre, mais la reçoit du soleil ; les phases de la lune sont dues au fait que le soleil s'approche progressivement d'elle ou s'en éloigne. À ces théories, Eznik répond qu'il y a deux cieux, le ciel supérieur, invisible, et le ciel visible, le firmament (*hastatut'iwn*)[1], et que ces deux cieux ne tournent pas. Toutes les étoiles, en revanche, se meuvent et pas seulement les sept ; par conséquent elles ne sont pas clouées à la voûte des cieux : leurs mouvements sont dus à la volonté de Dieu, qui est leur maître. Il est ridicule de dire que le soleil se meut du Couchant au Levant : dans ce cas-là, il faudrait permuter leurs noms. Les cieux ne sont pas beaucoup plus grands que la terre : celle-ci est imaginée comme une sorte de galette, immobile, surmontée par la voûte du ciel et placée sur le néant, où elle se tient grâce à la volonté de Dieu[2]. Le soleil, quand il se couche, en réalité se cache quelque part et, après être passé sous les assises des montagnes, il arrive au Levant. Le soleil, tout comme la lune, a sa propre lumière. Les phases de la lune dépendent du fait que petit à petit elle entre dans une sorte de gaine (*patean*) ou bien elle en sort. Les éclipses de soleil ne peuvent pas s'expliquer par le fait que la lune s'interpose entre l'astre majeur et la terre ; même s'il en était ainsi, la lune devrait néanmoins déverser sa propre lumière sur la terre et l'on n'assisterait pas à un obscurcissement total. En outre, l'interposition d'un astre entre la lune et la terre ne pourrait pas expliquer les éclipses de lune, puisqu'il n'y a dans le ciel aucun astre si grand qu'il puisse cacher la lune. C'est encore à cause de la volonté divine que les éclipses ont lieu. Enfin, la terre n'est pas entourée par l'eau, qui se trouve aussi bien sur elle qu'à

référons dans notre travail. On peut lire le texte arménien dans Minasean (édit.), « Eznik Kołbac'i, Ełc ałandoc' », p. 482-491 et dans Mariès – Mercier (édit.), *Eznik, De Deo*, p. 83-97 du tiré à part. Pour une traduction française de ce passage, voir Iid. (trad.), *Eznik, De Deo*, p. 96-112 du tiré à part. Nous nous permettons de renvoyer aussi à notre traduction italienne : Orengo (trad.), *Eznik, Confutazione delle sette*, p. 77-84. Sur ces théories, on peut voir la contribution de Mirumyan dans Arevšatyan – Mirumyan, *Hayoc' p'ilisop'ayut'yan patmut'yun*, p. 143-175, en particulier p. 143-150.

1. Sur la théorie des deux cieux, voir aussi I 1 (= § 1 Mariès – Mercier) : texte arménien dans Minasean (édit.), « Eznik Kołbac'i, Ełc ałandoc' », p. 433 et dans Mariès – Mercier (édit.), *Eznik, De Deo*, p. 9 du tiré à part, traduction française dans Iid. (trad.), *Eznik, De Deo*, p. 11 du tiré à part, traduction italienne dans Orengo (trad.), *Eznik, Confutazione delle sette*, p. 37.

2. Sur ce sujet, voir Mariès – Mercier (trad.), *Eznik, De Deo*, p. 212 du tiré à part, n. 741.

l'intérieur d'elle, mais pas autour d'elle. La terre est semblable au corps d'un homme couché, qui a peau et chair au-dessus et au-dessous, tandis qu'à l'intérieur il a le sang ; de même la terre, qui est, comme on vient de le dire, placée sur le néant.

Voici l'astronomie chrétienne d'Eznik. Comme on va le voir, plusieurs théories des savants du dehors, qu'il réfute dans ces passages, seront au contraire acceptées par Anania Širakac'i.

Anania vécut au VIIe siècle et fut certainement le plus remarquable savant de l'Arménie du Moyen Âge : s'étant formé à Trébizonde auprès d'un savant grec, du nom de Tychikos (Tiwk'ikos), il fut tout à la fois cosmographe, astronome, géographe, mathématicien. La plus grande partie de ses écrits, originaux ou traduits, fut recueillie dans une sorte de grande encyclopédie scientifique intitulée *K'nnikon*, qui ne nous est pas entièrement parvenue[1]. L'ouvrage conventionnellement connu sous le titre de *Tiezeragitut'iwn*[2] nous est parvenu sous forme d'une longue rédaction et de deux brèves rédactions[3] : c'est à la rédaction longue que nous faisons référence dans notre exposé. Dans ce texte, Anania parle du ciel, de la terre, de la mer, des astres, de ce qui se trouve entre le ciel et la terre (c'est-à-dire du vent, des nuages, de la neige, etc.), de la Voie lactée, des astres du Nord, de la lune et du soleil.

Selon Anania[4], la partie la plus éloignée du cosmos est le ciel supérieur, que les Grecs appellent « éther » (*et'er*), de forme sphérique, se mouvant à une très grande vitesse, dont la matière est le feu pur. Au-dessous l'on trouve le firmament (*hastatut'iwn*), qu'on appelle couramment « le ciel » (*erkin*), constitué d'eau et d'air, semblable à une énorme bulle qui enveloppe toute chose, y compris la terre : cette dernière se maintient à sa place grâce à la puissance de l'air (ch. 2). Plus bas l'on trouve les sphères (*parunak*) dans lesquelles les astres tournent ; en procédant de bas en haut il y a la lune, les cinq planètes (*astełk' molorakank'*), le soleil et les étoiles fixes (*anmolor astełk'* ; ch. 5). La terre, qui occupe le centre de ce tout, a une forme sphérique et, comme nous venons de le dire, elle se maintient à sa place

1. Sur le *K'nnikon*, voir Mahé, « Quadrivium et cursus d'études ».

2. La rédaction longue a le titre de *Ar̈ xostac'ealsn* [« À ceux à qui nous avons promis (*scil.* d'écrire cet ouvrage) »], qui ne convient qu'à la partie introductive de l'œuvre.

3. Sur ces trois rédactions, voir l'introduction d'Abrahamyan dans Abrahamyan (édit.), *Anania Širakac'i, Tiezeragitut'iwn ev Tomar*, en particulier p. XIV.

4. Pour le texte arménien de cet ouvrage, voir Abrahamyan (édit.), *Anania Širakac'i, Tiezeragitut'iwn ev Tomar*, p. 1-60 (réimpr. sous le titre de « Ananiayi Širakunoy ar̈ xostac'ealsn » dans *Matenagirk' Hayoc'/Armenian Classical Authors*, vol. 4, p. 711-748). Dans notre article nous ferons référence à la division en chapitres de ces éditions, en changeant un peu l'ordre de l'exposé. Pour un résumé des idées astronomiques d'Anania, on peut se référer à T'umanyan, *Hay astłagitut'yan patmut'yun*, p. 32-49 ; *Id.*, *Anania Širakac'i*, p. 10-32 et à la contribution de Mirumyan, dans Arevšatyan – Mirumyan, *Hayoc' p'ilisop'ayut'yan patmut'yun*, p. 359-383.

grâce à la force de l'air contenu dans le cosmos. Afin d'expliquer sa structure, Anania nous dit que le cosmos est semblable à un grand œuf, où la terre occuperait, au centre, la place du jaune, alors que l'air se trouverait à la place du blanc et le ciel à celle de la coquille[1] (ch. 3).

La lune, d'après l'opinion de ce savant, est un corps obscur, à qui le soleil donne sa lumière ; ses phases seraient tout simplement dues au déplacement continuel de ces deux astres majeurs, en sorte que la partie de la surface de la lune touchée par la lumière du soleil change sans cesse (ch. 9).

Le soleil a une nature froide et c'est de l'éther (*arp'i*) qu'il reçoit aussi bien la lumière que la chaleur, qu'il diffuse à travers l'air pour les faire parvenir à la terre : le soleil n'a donc pas de lumière propre. Le soleil, la lune et les planètes se déplacent du Couchant au Levant, à l'inverse du mouvement du ciel supérieur : ce dernier, se mouvant très vite, cause l'impression erronée que l'on a du mouvement des astres. Le soleil est bien plus grand que la terre : il nous semble petit à cause de la distance qui nous sépare de lui. Pendant les éclipses de soleil, la lune s'interpose entre la terre et l'astre majeur, alors que pendant les éclipses de lune, c'est la terre qui se trouve entre les deux astres, et la lune, cachée par l'ombre de la terre, reste dans l'obscurité (ch. 10).

Finalement, quant à la Voie lactée, Anania ne partage pas les mythes répandus chez les Grecs et les Arméniens, puisqu'à son avis elle n'est ni l'ancienne voie du soleil, ni le lait d'Héra, ni une partie de la paille que Hayk vola à Baršam, mais tout simplement un amas d'étoiles (ch. 7).

ASTROLOGIE

Dans la littérature arménienne originale, la plus ancienne référence à l'astrologie connue à ce jour se trouve dans le *Ełc Ałandoc'* d'Eznik Kołbac'i, mentionné plus haut. Le savant évêque qui, rappelons-le, vécut dans la première moitié du Ve siècle, s'efforce d'y réfuter la doctrine de plusieurs sectes, et bien qu'il montre une position plutôt nuancée à l'égard de certaines sciences, telles que la médecine, il manifeste une opinion absolument négative à propos de l'astrologie qui, elle aussi, passait pour une science, du moins dans certains milieux savants de son époque. Dans les chapitres 12-15 du second livre (§ 212-230 de

1. Bien que l'on trouve des théories cosmologiques semblables chez les Indiens et les Chinois, la conception arménienne sera plutôt à comparer avec des idées que l'on trouve chez les Grecs (par exemple chez le philosophe Empédocle d'Agrigente), ou chez les Perses (en particulier dans quelques textes rédigés en moyen-perse). Sur ce sujet, voir Orengo, « Anania Širakac'i ed Eznik Kołbac'i », p. 241-242 et *Id.*, « La *Tiezeragitowt'iwn* d'Anania Širakac'i et l'*Ełc Ałandoc'* d'Eznik Kołbac'i », p. 94-95.

l'édition Mariès-Mercier)[1], Eznik expose puis immédiatement réfute une série de données propres à une conception déterministe de l'influence des astres sur les hommes.

Eznik s'interroge d'abord sur la valeur de la théorie selon laquelle, au moment de la naissance, un arrêt (*hraman*) est établi par les astres, qui détermine l'heure de la mort de tout être. En bon chrétien, Eznik sait que rien de semblable ne se trouve dans la Bible, où, tout au contraire, l'on voit Dieu prolonger ou réduire le temps de la vie des hommes. Mais il a aussi recours à un autre argument : la mort simultanée sur le champ de bataille de beaucoup de personnes certainement pas nées au même moment. Eznik observe ensuite que, si les astres étaient à même de déterminer, dès la naissance, les traits des hommes, l'on ne comprendrait pas pourquoi aucun Indien ne naît avec la peau blanche. La raison en serait-elle que l'astre chargé de produire le blanc n'arrive pas là-bas ? Mais alors, comment pourrait-on expliquer que les Indiens, comme tout un chacun, ont les dents blanches ?

Les astrologues affirment encore que les conjonctions des astres seraient la cause du bonheur et du malheur des hommes ; ces propos non plus ne convainquent pas notre théologien. Apparemment il connaît le sujet, tant bien que mal, puisqu'il nous offre l'horoscope de quatre signes zodiacaux : le Lion, le Taureau, le Bélier et le Scorpion ; il sait que l'on avait prévu la mort d'un roi, à la suite de l'entrée de Saturne (*Kronos*), mais que cette prévision avait récemment été démentie deux fois.

Il remarque encore que les signes zodiacaux sont, en général, des animaux estimés capables de conditionner la vie des humains. Or, le sens commun nous apprend que, sur terre, ce sont les hommes qui dominent les animaux, et que le contraire n'est pas vrai. Par conséquent, l'on ne peut pas admettre que, dans l'univers, le plus faible puisse conditionner l'existence du plus fort. Et puis, poursuit Eznik, les astrologues se trompent quand ils croient que les astres sont des êtres vivants : ils se meuvent, c'est vrai, mais l'eau, le feu, le vent, les plantes se meuvent aussi. Or, le mouvement n'est pas en soi révélateur d'une vie intellectuelle et rationnelle, caractéristiques dont les astres sont dépourvus, puisqu'ils sont seulement des lampes placées dans l'immense maison de l'univers pour en éloigner les ténèbres.

En exposant encore les affirmations de ses adversaires, Eznik nous rappelle que, selon leurs croyances, pour devenir roi il faut naître sous le signe du Lion, ce

1. On peut lire le texte arménien de ce passage d'Eznik dans Minasean (édit.), « Eznik Kołbac'i, Ełc ałandoc' », p. 472-475 ou bien dans Mariès – Mercier (édit.), *Eznik, De Deo*, p. 68-72 du tiré à part. Pour une traduction en français, voir Iid. (trad.), *Eznik, De Deo*, p. 78-83 du tiré à part ; voir aussi Orengo (trad.), *Eznik, Confutazione delle sette*, p. 70-72. Pour un commentaire, on peut se référer à Dowsett, « On Eznik's Refutation » ; Thomson, « 'Let Now the Astrologers Stand Up' » et Orengo, « Medicina e astrologia nel trattato teologico di Eznik », p. 638-640.

qui est démenti par la réalité de tous les jours (ou presque), le titre de roi se transmettant de père en fils, indépendamment des circonstances astrologiques relevées à la naissance des individus. Et c'est une erreur d'affirmer que la force et la richesse viennent des astres, puisque l'on voit constamment que les particularités physiques et économiques des hommes peuvent se modifier leur vie durant. Finalement, si tout était déterminé par les astres, il ne faudrait pas punir ni condamner les coupables d'un crime puisqu'ils n'auraient pas agi de leur propre volonté, ni s'opposer à un ennemi quand on est en guerre. Cependant l'on voit constamment les juges prononcer des condamnations et les rois s'organiser pour combattre les ennemis entrés dans leur territoire. Donc, une fois de plus, les théories astrologiques sont réfutées par ce qui se passe chaque jour dans ce monde.

Dans l'Antiquité classique, l'on distinguait la théorie astrologique qui se fondait sur un déterminisme absolu, selon laquelle tout serait établi par les astres, de celle qui voyait dans les astres seulement des indicateurs du futur de l'homme : cette dernière opinion était partagée par des philosophes païens tels que Plotin ou Alexandre d'Aphrodise, et aussi par des chrétiens comme Origène. Or, il est évident, d'après ce que nous venons de dire, qu'Eznik vise la première de ces deux conceptions, et il le fait en se servant d'une panoplie d'arguments qui, en dernière analyse, remontent à la polémique anti-astrologique menée par Carnéade – un philosophe de la Nouvelle Académie –, dont les opinions furent plus tard reprises par d'autres auteurs[1]. Chez Carnéade l'on trouve aussi bien l'argument concernant la mort simultanée de plusieurs personnes dans les batailles que celui sur la couleur de la peau des Indiens ; on trouve aussi le fait que la royauté se transmet de père en fils, et finalement l'argument moral, selon lequel toute condamnation serait inutile, voire injuste, si l'on admettait le fatalisme astrologique.

Avant de prendre congé d'Eznik, remarquons que le fait même qu'il nous présente une réfutation de l'astrologie dans son traité théologique démontre qu'à son époque, ces doctrines devaient être répandues en Arménie, au moins parmi certaines couches ou certains milieux de la société. Il faut ajouter que des légendes circulaient chez les anciens Arméniens, selon lesquelles si un héros ne respectait pas le temps où quelque chose devait se passer, il commettait une profanation et par conséquent devait être puni pour avoir agi contre l'arrêt du destin ; sa punition consistait à être placé hors du temps (par exemple il pouvait être emprisonné dans une montagne pour l'éternité ou presque)[2]. Ces croyances fatalistes devaient donc être très répandues parmi les couches populaires des Arméniens du Ve siècle. Dans ce cas-là, Eznik réfutait une conception populaire en utilisant les argumentations élaborées par les philosophes grecs.

1. Sur ce sujet, voir par exemple Amand, *Fatalisme et liberté*, p. 49-61.
2. Sur ces légendes, voir Mahé, « Le crime d'Artawazd ».

Nous venons d'exposer les arguments anti-astrologiques élaborés par Carnéade ; on les retrouve aussi ailleurs, chez les anciens écrivains Arméniens. Le vingt-sixième des *Discours* (*Čaṙk'*) qui nous sont parvenus sous le nom de Yovhan Mandakuni, catholicos de 478 à 490, mais que la critique a attribués depuis longtemps à Yovhan Mayragomec'i (VIIe siècle), porte le titre de « Lettre sur les charmes magiques [ou des magiciens] et les sorciers impies » (*T'ułt' vasn hmayic' diwt'akanac' ew anawrēn yuṙt'ołac'*). Bien que ce texte vise surtout les sorciers et les magiciens, une courte section (26, 55-60) est consacrée à la réfutation de la croyance selon laquelle certains jours de la semaine, notamment le mercredi (*č'orek'šabat'*) et le samedi (*šabat'*), sont dangereux pour certaines activités humaines ; la partie finale de cet écrit (26, 120-130) met en garde les lecteurs contre le danger de se laisser fourvoyer par les croyances dans le sort (*baxt*), le destin (*čakatagir*) et ses injonctions (*hramank'*). On y lit que, si l'on agissait sous l'impulsion de cet arrêt, aucun roi ne devrait punir les voleurs et les assassins, pas plus que les brigands, puisque ceux-ci ne seraient pas responsables de leurs méfaits. Mais, ajoute l'auteur, si les autres créatures agissent sous l'obligation de cet arrêt, cela ne vaut pas pour l'homme, qui, lui, a la capacité de s'opposer à ce qui a été établi par le destin[1].

C'est toujours au VIIe siècle, époque où vécut Yovhan Mayragomec'i, qu'Anania Širakac'i nous offre à nouveau une critique systématique des théories des astrologues. À son avis, leurs théories ne sont que des sottises (*bank' bajałanac'*), des choses absolument inutiles, néanmoins il faut les connaître si l'on veut devenir savant. Il en discute dans le cinquième chapitre de son traité cosmographique (*Tiezeragitut'iwn*)[2], intitulé « Sur les ornements du ciel » (*Yałags erknayin zarduc'*), autrement dit « Sur les astres ». Dans son exposé, Anania est beaucoup plus systématique que ne l'était Eznik, qui ne faisait que de brèves références aux théories qu'il visait dans sa polémique ; Anania, au contraire, nous parle d'abord de l'origine chaldéenne de la théorie selon laquelle les astres seraient en mesure de conditionner, dès la naissance, la durée de la vie et même les actes de qui que ce soit. Il nous offre une description du ciel divisé en douze maisons, c'est-à-dire les douze signes zodiacaux ; il parle des sept planètes et finalement il expose l'horoscope relatif à chacun des signes zodiacaux. Dans cette dernière partie, on peut noter que les traits attribués aux hommes sont en liaison

1. Pour le texte arménien de ces passages, voir Step'anean (édit.), « Yovhan Mandakuni, Čaṙk' », XXVI : « T'ułt' vasn hmayic' diwt'akanac' ew anawrēn yuṙt'ołac' », p. 1266-1267 et 1271-1272 ; traduction française dans Tabakian (trad.), *Les Homélies du Catholikos Hovhan Mandakouni*, p. 197-198 ; 205-206. À ce propos, voir aussi Feydit, « La XXVIe homélie de Jean Mandakouni ».

2. Pour le texte arménien, voir Abrahamyan (édit.), *Anania Širakac'i, Tiezeragitut'iwn ev Tomar*, p. 19-31 (réimpr. dans *Matenagirk' Hayoc'/Armenian Classical Authors*, vol. 4, p. 722-730).

étroite avec les particularités de l'entité sous l'influence de laquelle un homme est né. À cet égard on apprend par exemple que :

En ce qui concerne le [signe zodiacal du] Bélier (*xoy*) [les astrologues] disent qu'il est le chef des douze signes zodiacaux et qu'il est bienfaiteur, tout comme le bélier est le chef du troupeau et est donateur, puisqu'il donne sa laine sans regret et que, grâce à sa propre nature, il est habillé d'un vêtement perpétuel. Ils attribuent des caractéristiques semblables au signe zodiacal. Ils disent que quiconque naît sous ce signe sera beau et tendre[1], aura des cheveux bouclés, des yeux d'un bleu vif, sera serein, d'un bon caractère, grand et riche.

À l'égard du [signe zodiacal du] Taureau (*c'ul*), ils disent que, si l'animal est puissant et corpulent, de même celui qui naît sous ce signe est vigoureux et de grande taille, obéissant et bon travailleur, tout comme le bœuf, qui obéit et travaille toujours sous la charrue.

Et ainsi de suite. Après avoir présenté ces horoscopes, Anania nous renseigne sur l'influence que l'on attribue aux planètes. Après quoi, dans un long passage tiré de la traduction arménienne des *Homélies sur l'Hexaemeron* de Basile de Césarée[2], il remarque qu'il est très difficile de déterminer la place des astres au moment exact où quelqu'un naît, d'autant plus que les astres eux-mêmes changent continuellement de position les uns par rapport aux autres. En effet, au moment de la naissance d'un enfant, on doit prendre le temps de soigner sa mère, ensuite la sage-femme doit déterminer le sexe du nouveau-né et attendre son premier vagissement, seul signe qu'il est réellement vivant. Donc un certain temps s'écoule avant que l'on puisse communiquer à l'astrologue qu'un tel est né.

Il observe encore que si l'on admet que des astres sont mauvais, il faut en conclure soit qu'ils sont tels par nature, ce qui implique que leur créateur aussi est mauvais, soit qu'ils sont des êtres vivants, capables de choisir entre ce qui est bon et ce qui ne l'est pas. Mais les astrologues nous disent encore que ces astres n'ont pas toujours la même influence, qu'elle soit bonne ou mauvaise, puisqu'il suffit qu'ils se déplacent imperceptiblement pour que l'effet qu'ils exercent change totalement. Il en découle qu'il est impossible d'accepter ces théories. Cela dit, Anania lui aussi recourt à quelques-uns des arguments développés par Carnéade, comme l'opinion que si le comportement des hommes est déterminé par les astres, toute punition pour les voleurs ou les tueurs serait inutile, voire injuste.

L'on trouve une critique de l'astrologie dans d'autres textes du corpus d'Anania, comme celui intitulé *Yałags kendanatesakac'* (« Sur les signes zodiacaux »). Ici l'auteur vise plutôt les prétendues influences exercées sur les humains par les planètes et les jours de la semaine qui leur sont associés. À ce qu'il dit, les païens affirment que certains d'entre eux sont bons et d'autres mauvais. Par exemple, Mars (*Ar̄ēs*) et le mardi (*erek'šabat'*, littéralement « le troisième de la semaine »), qui lui est associé, ne sont pas bons pour voyager ni pour commencer un travail. De même, Saturne (*Kr̄onos*) et le samedi (*šabat'*) seraient la cause de

1. Littéralement « au regard doux » (*p'ar̄p'ar̄*).

2. Sur ce passage d'Anania et sur sa source, voir Muradyan, « Kesarac'u, 'Vec'ōrean' », p. 97-104 et Orengo, « Anania Širakac'i ed Eznik Kołbac'i », p. 237-238.

tout malheur. Mais, nous dit l'auteur, il ne peut pas plaire à Dieu que nous choisissions parmi les jours, qui ont tous été créés pour le bien, surtout le mardi, dont le nom de *troisième* jour de la semaine implique le nombre de la Trinité, et pendant lequel, au moment de la création, Dieu répéta deux fois que ce qu'Il faisait était bon ; quant au samedi, Dieu le sanctifia et le bénit, ordonnant de ne pas travailler ce jour-là. On voit donc que, pour Anania, des données tirées de la doctrine chrétienne suffisent à anéantir les opinions astrologiques de ceux qu'il appelle païens[1].

Telle est donc la polémique anti-astrologique menée par les plus anciens auteurs arméniens ; mais leurs critiques n'arrivèrent certainement pas à effacer cette croyance, comme on peut facilement le voir dans les nombreux textes ayant affaire à l'astrologie, qui nous ont été transmis par des manuscrits remontant à des époques différentes. Parfois ces croyances sont véhiculées par des enluminures. Par exemple le ms. 3884 du Matenadaran d'Erevan, copié en 1461 et 1478, contient une série complète de douze enluminures représentant les signes zodiacaux, chacun avec la planète à laquelle il est associé d'habitude (par exemple le Bélier et Mars, le Taureau et Vénus, etc.)[2]. Dans d'autres manuscrits, le zodiaque est parfois représenté comme un cercle ayant en son centre le corps d'un homme nu, et chaque signe zodiacal est relié d'une ligne à la partie du corps qu'il domine : tel est le cas de deux manuscrits du Matenadaran, le ms. 1770 (copié en 1589)[3] et le ms. 8973 (copié en 1445)[4]. Cette représentation connaît néanmoins une variante : parfois le nom du signe zodiacal est directement placé sur la partie du corps humain qu'il domine et à côté l'on trouve aussi le nom de la région de la terre régie par le même signe. C'est ce qui figure dans le ms. M 1973 (copié en 1341)[5]. Ces liaisons entre les signes du zodiaque, certaines parties du corps humain et certaines régions de la terre se trouvent d'ailleurs aussi exposées dans des textes tels qu'un fragment qui nous est parvenu dans le corpus des ouvrages d'Anania Širakac'i, où il est attribué à Paul d'Alexandrie (Pawłos Ałek'sandrac'i)[6]. On y lit par exemple que le Bélier est consacré au pays des Perses et qu'il

1. Pour le texte arménien, voir Abrahamyan (édit.), *Anania Širakac'u, Matenagrut'yunĕ*, p. 324-325 (réimpr. dans *Matenagirk' Hayoc'/Armenian Classical Authors*, vol. 4, p. 768).

2. Ces douze enluminures sont reproduites dans Badalyan, *Ōrac'uyc'i patmut'yun*, planches 15-26 et *Id.*, *Hayoc' tomari patmut'yun*, planches 1-12.

3. L'enluminure est reproduite dans Sirinian – Uluhogian (édit.), *Forme di comunicazione*, p. 33 et dans Orengo, « Horoscopes, astronomie, calendriers », p. 221.

4. Voir Badalyan, *Ōrac'uyc'i patmut'yun*, planche 2 et Orengo, « Horoscopes, astronomie, calendriers », p. 222, où notre texte présente malheureusement une inexactitude évidente.

5. Voir Badalyan, *Ōrac'uyc'i patmut'yun*, planches 27-28 et Orengo, « Horoscopes, astronomie, calendriers », p. 222.

6. Pour le texte arménien, voir Abrahamayn (édit.), « Pawłosi Ałek'sandrac'woc' », réimpr. dans *Matenagirk' Hayoc'/Armenian Classical Authors*, vol. 4, p. 770-773. Ce fragment est conservé, entre autres, dans le ms. M 1973 mentionné plus haut.

domine la tête et le visage de l'homme ; le Taureau est consacré au pays de Babylone et domine le cou, ainsi de suite.

Il n'est pas non plus fortuit que parmi les premiers livres arméniens imprimés se trouvent des textes astrologiques[1]. L'imprimerie arménienne débute à Venise par les efforts d'un certain Yakob Mełapart, c'est-à-dire « le pécheur », qui, au bout de quelques années à peine, dans la deuxième décade du XVIe siècle, réussit à imprimer cinq ou six livres, après quoi il s'évapore. Parmi ces ouvrages, trois au moins semblent destinés à satisfaire les exigences d'un public (probablement issu du milieu des marchands) ayant acquis un certain niveau culturel, puisqu'il était capable de lire, mais qui n'avait pas renoncé à une religiosité aux traits populaires. C'est ainsi que l'*Urbat'agirk'* (littéralement « Le livre du vendredi »)[2] lui offrit une série de textes d'exorcisme et de conjuration, que l'on pouvait parfois utiliser sans avoir recours à un prêtre dans les différents moments critiques de la vie humaine.

Un autre de ces livres, le *Calendrier simplifié* (*Parzaytumar*)[3], explique la façon de calculer la date des fêtes majeures du calendrier arménien pendant 35 ans, et contient aussi des conseils sur la manière de prévoir le temps qu'il fera ou l'abondance de la récolte, ou encore de deviner le caractère d'un enfant selon le jour de la semaine où il est né.

Un troisième ouvrage, dont le titre est *Axt'ark'*, c'est-à-dire « Horoscopes »[4], commence justement par une longue série d'horoscopes concernant aussi bien les hommes que les femmes nés sous les différents signes zodiacaux. Il poursuit par un court texte expliquant comment prévoir la véridicité d'un rêve selon le jour du mois où on l'a fait. On y trouve enfin, entre autres, une prévision de l'allure des différentes saisons d'après le jour de la semaine par lequel l'an a commencé, une série de prévisions liées aux étoiles et à la lune, et une prévision du caractère de l'enfant selon le jour de la semaine où il est né.

1. Sur les premiers livres arméniens imprimés, voir Oskanyan *et al.*, *Hay girk'ĕ 1512-1800 t'vakannerin*, p. 1-7 ; Kévorkian, *Catalogue des « incunables » arméniens*, p. 23-25 ; Orengo, « L'*Owrbat'agirk'* ('Il Libro del Venerdì') e gli inizi della stampa armena ».

2. Réimpression anastatique dans Č'ugaszean (édit.), *Urbat'agirk' – Tałaran* ; traduction italienne dans Orengo, « *Owrbat'agirk'* (Il Libro del Venerdì) ».

3. Réimpression anastatique dans Č'ugaszean (édit.), *Parzatumar* (1513). Dans l'incunable, le titre apparaît dans la forme *Parzaytumar*, dont *Parzatumar* est la forme graphiquement normalisée.

4. Pour une traduction anglaise de quelques extraits de cet ouvrage et du *Parzaytumar*, voir Topchyan (trad.), *Astrology, Horoscope and Fortune Telling*.

CALENDRIERS

L'un des premiers livres imprimés en arménien comprend donc un calendrier : c'est ce dernier sujet que nous allons aborder[1].

L'on ne possède pas beaucoup d'informations sur le calendrier ou les calendriers utilisés par les Arméniens avant la (grande) ère arménienne (*mec t'uakan*) : comme les phases de la lune constituent un phénomène régulier et évident, il est bien possible qu'à une certaine époque les Arméniens aient eu recours à elles pour calculer le temps. Nous n'avons aucun témoignage à cet égard, mais l'on pourrait envisager une trace de ce fait dans le nom qui en arménien signifie « mois », *amis*, dérivé d'un mot indo-européen que l'on pourrait reconstruire sous la forme de **meh₁nsos*, dont la signification était à la fois « lune » et « mois »[2]. Malheureusement cette trace n'est pas aussi nette qu'on le voudrait : s'il est vrai qu'elle pourrait démontrer l'usage de mesurer le temps par le cycle lunaire chez les Indo-européens, nous ne pouvons pas en dire autant des Arméniens, chez lesquels ce nom pourrait avoir eu seulement la signification de « mois ».

Indépendamment de ces faits, il faut remarquer que plusieurs témoignages, néanmoins jamais antérieurs au VIIe siècle de notre ère, nous renseignent qu'avant l'ère arménienne, le temps était calculé à partir de l'an correspondant à 2492 avant J.-C., date à laquelle on situait le mythique combat entre Hayk et Bēl. Ce combat aboutit à la mort de Bēl et au début de la domination de Hayk sur les gens qui auraient tiré de lui leur propre nom : les *Hayk'*, c'est-à-dire les Arméniens[3]. Cette ère, dite de Hayk (*Haykay t'uakan, Haykay šrjan*), aurait été fondée sur un calendrier solaire mobile (ou vague), constitué de douze mois de trente jours chacun, suivis de cinq jours supplémentaires (ou épagomènes). À ce propos, Anania Širakac'i, dans la suite de son traité cosmologique[4], au chapitre 42, nous dit que ce

1. Sur les calendriers arméniens, on peut voir Abrahamyan, *Hayoc' gir ev grč'ut'yun*, p. 109-155 ; Ałayan, *Aknarkner Hayoc' tomarneri patmut'yan* ; Badalyan, *Ōrac'uyc'i patmut'yun* ; *Id.*, *Hayoc' tomari patmut'yun* ; Orengo, « Calendari armeni » ; T'umanyan, *Hay astłagitut'yan patmut'yun, passim.* Pour une brève présentation de ce sujet on peut voir aussi T'umanyan, « On the History of Armenian Astronomy ».

2. Pour la forme indo-européenne d'où vient l'arménien *amis,* voir par exemple Martirosyan, *Etymological Dictionary of the Armenian Inherited Lexicon*, p. 47-48. Hovhannisyan (*Grabari bařapašari imastayin xmberi k'nnut'yun*, p. 89) pense que, dans la période pré-littéraire de l'arménien, *amis* pourrait avoir eu les deux significations de « lune » et de « mois ».

3 Il s'agit d'une ancienne étymologie populaire, selon laquelle les Arméniens (nominatif pluriel *Hayk'*) auraient tiré leur nom de celui de Hayk.

4. L'édition d'Abrahamyan (*Anania Širakac'i, Tiezeragitut'iwn ev Tomar*) porte le titre général de *Tiezeragitur'iwn ev Tomar* (« Cosmologie et Calendrier ») et les chapitres des deux parties sont numérotés comme s'il s'agissait d'un seul ouvrage : la première section, contenant la « Cosmologie », a déjà été l'objet de nos considérations ; la deuxième, consacrée au « Calendrier », sera discutée dans cette partie de notre contribution.

calendrier était déjà en usage avant l'époque chrétienne et que la plupart des noms mêmes des mois étaient tirés des noms des fils et des filles de Hayk :

En effet, un certain Hayk, un géant archer de la famille de Japhet, fils de Noé, arrivé de Babylone, régna sur les Arméniens : il habita parmi eux et ils tirèrent leur nom de lui. Hayk donna aussi des noms à ses fils et à ses filles et les Arméniens, ayant pris ces noms, les donnèrent aux mois, afin d'honorer aussi bien le père que les fils. Les voici donc : Nawasardi, Hoṙi, Sahmi, Maheki, Areg et Mareri étaient des filles de Hayk ; Trē, K'ałoc', Arac' et Hrotic' étaient des fils de Hayk. En ce qui concerne Margac'[1] et Harawanc'[2], que l'on appelle maintenant Ahki, ceux-ci tirèrent leur nom des activités que l'on y pratiquait, puisque à cette époque ils étaient des mois d'été[3].

Quelques siècles plus tard, Yovhannēs Imastasēr (†1129), un savant dont il sera aussi question plus bas, dans son *Explication du calendrier arménien* (*Meknut'iwn tomaris haykazeanc'*), attribua à ce même Hayk aussi bien l'institution du calendrier que les noms des mois, qu'il aurait tirés de ceux de ses fils et filles ; il notait aussi que l'invention du patriarche arménien précédait celle de Moïse, ce qui faisait du calendrier arménien le plus ancien calendrier de l'histoire de l'humanité[4].

Un renseignement semblable à celui qui nous vient d'Anania se trouve dans le *Livre des questions* (*Girk' harc'manc'*) de Grigor Tat'ewac'i (1346-1409) : lui aussi pense que les noms des mois, à l'exception des deux tirés des travaux saisonniers, viennent de ceux des filles et des fils de Hayk ; cependant la division par sexe des descendants du patriarche qu'il propose n'est pas la même que celle que l'on trouve chez Širakac'i[5].

Un renseignement différent nous est transmis par l'*Histoire de l'Arménie* (*Patmut'iwn Hayoc'*) de Movsēs Xorenac'i (II 59)[6], qui attribue au roi Artašēs l'introduction en Arménie de plusieurs connaissances, non seulement celles qui ont trait à la navigation sur les lacs et les fleuves, à la pêche, à l'agriculture, mais aussi celles qui concernent « les cycles des semaines [...], des mois et des années » (*zšabat'uc'* [...] *ew zamsoc' ew ztareac' bolormanc'*), donc le calendrier, notions jusqu'alors négligées ou tout à fait inconnues à ce peuple[7]. D'après ce que

1. Génitif pluriel de *marg* « pré », donc « mois des prés ».

2. Génitif pluriel de *harawunk'* « moisson », donc « mois de la moisson ».

3. Abrahamyan (édit.), *Anania Širakac'i, Tiezeragitut'iwn ev Tomar*, p. 76-77.

4. Abrahamyan (édit.), *Hovhannes Imastaseri, Matenagrut'yunĕ*, p. 224.

5. *Girk' harc'manc'*, IV 34 : voir Grigor Tat'ewac'i, *Girk' harc'manc'*, p. 200.

6. Texte arménien dans Muradyan – Iwzbašean (édit.), « Hayoc' patmut'iwn », p. 1937-1938 ; pour une traduction française, voir Mahé (trad.), *Moïse de Khorène, Histoire de l'Arménie*, p. 211 ; pour une traduction anglaise, voir Thomson (trad.), *Moses Khorenats'i. History of the Armenians*, p. 197. La date à laquelle cet historien aurait écrit son ouvrage (Ve siècle ou plus tard) fait notoirement l'objet d'une dispute qui n'a pas encore trouvé de solution satisfaisante.

7. On trouve les mêmes renseignements, y compris la référence au fait qu'« à son [= d'Artašēs] époque furent réglés les jours des semaines, et les cycles des mois et des années »

nous dit l'historien arménien, le roi Artašēs aurait été un contemporain des empereurs romains de Domitien à Adrien, mais les spécialistes modernes croient qu'il faut antidater de trois siècles au moins les faits qui lui sont attribués. Il faut tout de même remarquer qu'en matière de diffusion d'arts et de connaissances, ce roi semble avoir civilisé un peuple qui se nourrissait encore de viande crue (*šałłakerut'eamb*) et d'autres nourritures semblables : il nous paraît donc que, dans le passage que nous venons de résumer, sous le nom d'Artašēs se cache une sorte de héros civilisateur, dont les actes ont visé aussi bien à réglementer le domaine du temps qu'à brider la nature.

Avant de prendre congé du calendrier de Hayk, ajoutons qu'il ne présentait pas d'années bissextiles, il s'agissait donc d'un calendrier mobile : pour résoudre le problème posé par les fêtes, surtout les fêtes religieuses, qui nécessitaient une collocation fixe, on a supposé qu'à côté de ce calendrier, d'usage civil, il en existait un autre, d'usage religieux, qui situait au printemps le commencement de l'année. Selon certains spécialistes, après la christianisation du pays, ce dernier calendrier aurait été remplacé par le calendrier julien[1].

Après la christianisation du pays, les Arméniens durent faire face à de nombreux problèmes de calcul du temps, en ce qui concerne les fêtes du calendrier liturgique en général, et surtout la date de Pâques ; un décret, probablement établi par le concile de Nicée, l'avait fixée au dimanche suivant le quatorzième jour de la lune, c'est-à-dire celui compté à partir de la nouvelle lune, après le 21 mars, jour de l'équinoxe de printemps. Pour déterminer la date de cette fête, pendant un certain laps de temps les Arméniens utilisèrent les tables de deux cents ans établies par André de Byzance (Andrēas Biwzandac'i) ; quand ces tables expirèrent, en 552, il fut nécessaire d'en calculer de nouvelles, et les sources arméniennes attribuent ce travail à un certain Ēas (Ayas ?) d'Alexandrie, qui aurait déterminé la date de Pâques pour une période de 532 ans. Bien que des sources telles que Step'anos Asołik (II 2)[2] placent l'introduction de ces nouvelles tables chez les

(*yawurs sora kargec'an awurk' šabat'uc' ew amsoc' ew tareac' bolormanc'*), dans le ch. I 5 de l'*Histoire universelle* (*Patmut'iwn tiezerakan*) de Step'anos Asołik, un historien qui composa son ouvrage au début du XIe siècle. On peut voir le texte arménien dans Malxaseanc' (édit.), *Step'anos Tarōnec'i Asołik*, p. 49 et Manukean (édit.), « Step'anos Tarawnec'i Asołik », p. 669. Pour une traduction française de ce passage, voir Dulaurier (trad.), *Histoire universelle*, p. 41-42 ; pour une traduction allemande, voir Gelzer-Burckhardt (trad.), *Des Stephanos von Taron Armenische Geschichte*, p. 34-35 ; pour une traduction anglaise, voir Greenwood, *The Universal History*, p. 129.

1. Sur cette question, voir Badalyan, *Ōrac'uyc'i patmut'yun* p. 54 et *Id.*, *Hayoc' tomari patmut'yun*, p. 13.

2. Malxaseanc' (édit.), *Step'anos Tarōnec'i Asołik*, p. 82-83 ; Manukean (édit.), « Step'anos Tarawnec'i Asołik », p. 689-690. Pour une traduction française, voir Dulaurier (trad.), *Histoire universelle*, p. 115 ; pour une traduction allemande, voir Gelzer-Burckhardt (trad.), *Des Stephanos von Taron Armenische Geschichte*, p. 58-59 ; pour une traduction anglaise, voir Greenwood (trad.), *The Universal History*, p. 150.

Arméniens à l'époque du deuxième concile de Duin (554/555), qui n'arriva probablement qu'à poser la question du nouveau calendrier sans pouvoir la résoudre, ces tables n'ont été introduites chez eux que vers 562 : cette nouvelle « grande ère » arménienne (*mec t'uakan*) aurait été officiellement acceptée en 584, à l'époque du catholicos Movsēs Ełivardec'i[1], mais n'aurait été couramment employée que beaucoup plus tard, vraisemblablement au début du VIIIe siècle. Ce délai dans l'adoption des nouvelles tables nous expliquerait la proposition de réforme du calendrier qui fut avancée entre-temps, réforme dont Anania Širakac'i fut chargé par le catholicos Anastas Akořec'i, et qui échoua après la mort de ce dernier, en 667 : le synode qui aurait dû délibérer à propos du nouveau calendrier n'eut jamais lieu[2]. Il faut rappeler qu'avant – mais parfois aussi après – l'adoption de cette « grande ère », les événements étaient souvent datés, de façon tout à fait irrégulière, par rapport aux années de règne des souverains arméniens ou étrangers.

Mais revenons au nouveau système : il apparaît sporadiquement dans les textes et les documents à partir du VIIe siècle. Une *Chronique* (*Žamanakagrut'iwn*) anonyme, autrefois attribuée à Anania Širakac'i et maintenant considérée plutôt comme l'ouvrage d'un autre écrivain du VIIe siècle, P'ilon Tirakac'i, se termine en disant qu'« en l'an 134 de l'ère arménienne » (*i ČLD t'uakanin Hayoc'*) les princes d'Arménie, de Géorgie et d'Albanie moururent à la bataille[3]. De même, dans le traité *Saks žołovoc'* (« Sur les conciles »), dont la paternité de Yovhannēs Ōjnec'i (première moitié du VIIIe siècle) est aujourd'hui contestée, on dit que le synode de Manazkert eut lieu « en l'an 175 de notre ère arménienne » (*i ČHE t'uakanis*

1. On a parfois attribué la décision d'adopter le nouveau calendrier à un prétendu troisième concile de Duin, qui aurait eu lieu cette année-là ; à ce propos, nous partageons l'opinion de ceux qui attribuent ce numéro d'ordre au concile qui eut lieu en 609/610.

2. Sur ces faits, voir les témoignages de Step'anos Tarōnec'i Asołik, Yovhannēs Drasxanakertc'i et Kirakos Ganjakec'i : Malxaseanc' (édit.), *Step'anos Tarōnec'i Asołik*, p. 99 ; Manukean (édit.), « Step'anos Tarawnec'i Asołik », p. 702 (livre II 2 ; traduction française : Dulaurier [trad.], *Histoire universelle*, p. 128 ; traduction allemande : Gelzer-Burckhardt [trad.], *Des Stephanos von Taron Armenische Geschichte*, p. 71 ; traduction anglaise, Greenwood [trad.], *The Universal History*, p. 165) ; Maksoudian (édit.), *Hovhannēs Draskhanakertets'i*, p. 92 ; Tēr-Vardanean (édit.), « Yovhannu kat'ołikosi Drasxanakertc'woy, Patmut'iwn Hayoc' », p. 414 (traduction française : Boisson-Chenorhokian [trad.], *Yovhannēs Drasxanakertc'i, Histoire d'Arménie*, p. 152 ; traduction anglaise : Maksoudian [trad.], *Yovhannēs Drasxanakertc'i, History of Armenia*, p. 106) ; Melik'-Ōhanǰanyan (édit.), *Kirakos Ganjakec'i, Patmut'iwn Hayoc'*, p. 62 (ch. 1 ; traduction française : Brosset [trad.], *Deux historiens arméniens. Kiracos de Gantzak*, p. 32). Anania avait aussi préparé des tables de correspondance entre le calendrier arménien et julien, pour une période de 532 ans.

3. Pour le texte arménien de ce passage, voir par exemple Abrahamyan (édit.), *Anania Širakac'u, Matenagrut'yunĕ*, p. 399 ou Bart'ikean (édit.), « P'ilon Tirakac'i, Žamanakagrut'iwn », p. 969. Sur cette chronique en général, voir Greenwood, « New Light from the East ».

Hayoc')[1] ; en outre, une inscription trouvée à T'alin, remontant à 783/784, célèbre la réalisation d'une fontaine « en 232 de l'ère arménienne » (*MLB t'uakanut'ean Hayoc'*)[2]. Après la chronique que nous venons de mentionner, il semble que le premier historien à dater un événement selon cette ère ait été Łewond Vardapet qui nous dit, dans le chap. 47 de son *Discours historique* (*Patmabanut'iwn*)[3] composé vers la fin du VIIIe siècle, que Sahak et Hamazasp Arcruni furent décapités « pendant le règne de Musa, quand Xazm était gouverneur d'Arménie, le jour de la sainte Épiphanie du Seigneur, l'an 233 des Arméniens (*yorum ēr t'uakans Hayoc' MLG*) »[4].

D'un point de vue structurel, le calendrier de la grande ère arménienne est, lui aussi, un calendrier solaire de douze mois de trente jours suivis d'une période supplémentaire de cinq jours. N'ayant pas d'années bissextiles, ce calendrier aussi est mobile. À ses débuts, le jour de l'an (ou *amanor*, le 1er *nawasard*) correspondait au 11 juillet 552[5].

Avant de poursuivre dans l'histoire du calendrier chez les Arméniens, voici quelques informations sur les noms des unités temporelles de ce même calendrier. Commençons par les noms des mois qui, à l'origine, étaient fort probablement au génitif :

1. Połarean (édit.), *Girk' t'łt'oc'*, p. 478 ; *cf. Id.* (édit.), « Yovhannu imastasiri », p. 124 (traduction allemande de ce texte dans van Esbroeck, « Die sogenannte Konziliengeschichte des Johannes von Odzun », p. 44-45).

2. Greenwood, « A Corpus of Early Medieval Armenian Inscriptions », p. 87, où l'on trouvera d'autres références bibliographiques.

3. Ce texte était autrefois connu sous le titre de *Patmut'iwn* (« Histoire »). Le chapitre auquel nous faisons référence est le quarante-septième dans Tēr-Vardanean (édit.), « Patmabanut'iwn Łewondeay meci Vardapeti Hayoc'… », mais le quarantième dans l'ancienne édition de Saint-Pétersbourg, parue en 1887, et dans la traduction anglaise d'Arzoumanian (*History of Lewond the Eminent Vardapet of the Armenians*). Dans Martin-Hisard (trad.), *Łewond Vardapet, Discours historique*, l'on trouve la double numérotation du chapitre. Pour ces références, voir la note suivante.

4. Pour le texte arménien, voir Tēr-Vardanean (édit.), « Patmabanut'iwn Łewondeay meci Vardapeti Hayoc'… », p. 848, et l'édition par Hakobian dans Martin-Hisard (trad.), *Łewond Vardapet, Discours historique*, p. 211. Pour une traduction française, voir Chahnazarian (trad.), *Ghévond, Histoire des guerres et des conquêtes des Arabes en Arménie*, p. 159, et Martin-Hisard (trad.), *ibid.*, p. 210 ; pour une traduction anglaise, voir Arzoumanian (trad.), *History of Lewond the Eminent Vardapet of the Armenians*, p. 147. En ce qui concerne cette date, Arzoumanian (*ibid.*, p. 194, n. 7) songe qu'elle est due à une erreur et il place ces événements deux ans plus tard. Voir néanmoins ce qui est dit à la note suivante.

5. Toutefois quelques auteurs arméniens, comme Samuēl Anec'i et Yovhannēs Imastasēr Sarkawag, situèrent la date de la naissance du Christ au 2 avant J.-C., et donc, dans leur cas, le 552 du calendrier julien serait le 554 : voir Badalyan, *Ōrac'uyc'i patmut'yun*, p. 76-77.

1. *Nawasardi*	2. *Hoṙi*	3. *Sahmi*
4. *Trē*	5. *K'ałoc'*	6. *Arac'* (*Aranc'*)
7. *Mehekani* (*Meheki*)	8. *Areg*[1]	9. *Ahekani*
10. *Mareri*	11. *Margac'*	12. *Hrotic'*
13. *Aweleac'*[2]		

Selon la tradition, ces noms remonteraient à la période pré-chrétienne, ce qui est fort probable, bien que l'on ne puisse pas toujours être sûr de leur valeur étymologique[3]. Quelques-uns d'entre eux ont une origine iranienne, par exemple *nawasard* (<**naụa-sarda-* « nouvel an »), ou bien se réfèrent à des divinités du panthéon iranien, plus tard accueillies chez les Arméniens, comme *mehekan* (ou *meheki*), qui se réfère à Mihr, le nom arménien du dieu iranien Mithra[4] ; ou bien *trē*, qui pourrait faire référence à Tir, nom aussi bien d'un dieu que celui de la planète Mercure et de l'étoile Sirius en moyen-perse. D'ailleurs, en moyen-perse *tir* était aussi le nom d'un mois, le quatrième de l'année, tout comme l'arménien *trē*. Pour d'autres noms l'on ne peut pas exclure une origine ibéro-caucasienne, comme c'est le cas des noms du deuxième et du troisième mois, *hoṙi* et *sahmi*, qui rappellent les nombres « deux » et « trois » en kartvélien : **jor-* et **sam-*[5].

D'autres noms pourraient s'expliquer par l'arménien, comme *areg*, ancien génitif de *arew* « soleil », ou bien se référer à des activités qui ont été caractéristiques d'une certaine période de l'année, comme *k'ałoc'*, mois où « moissonner » (*k'ałel*), ou bien mois de l'accouplement des animaux (*k'ał* « bouc ») ; ou encore comme *margac'*, mois où l'on coupe l'herbe (*marg* « pré »). À côté de ces étymologies, qui ne sont d'ailleurs pas acceptées par tous les spécialistes, on trouve d'autres noms de mois dont la signification reste obscure.

1. Ancienne forme de génitif du mot *arew* « soleil » : voir Martirosyan, *Etymological Dictionary of the Armenian Inherited Lexicon*, p. 135, où l'on trouvera d'autres références.

2. Génitif pluriel de *awelik'*, littéralement « (jours) en plus, ajoutés » : c'est le nom donné aux jours supplémentaires.

3. Pour une analyse étymologique des noms des mois en arménien, voir Schmitt, « Zu den alten armenischen Monatsnamen » ; Ałayan, *Aknarkner Hayoc' tomarneri patmut'yan*, p. 57-68 et Gippert, « Old Armenian and Caucasian Calendar Systems ». Sur les noms concernant le temps et les différentes façons de le mesurer et de le partager, ainsi que sur leur usage en arménien classique, voir Hovhannisyan, *Grabari baṙapašari imastayin xmberi k'nnut'yun*, p. 73-104.

4. Plus exactement *mehekan* renvoie à **miθrakāna* (« fête en l'honneur de Mithra »), tout comme *ahekan* renvoie à **āθrakāna* (« fête en l'honneur du feu »). Aussi *mareri* (nom. **marear*) < **maδyar-* (à comparer avec avestique *maiδiiāiriia-* « cinquième fête de la saison, fête de la moitié de l'année ») et *hro(r)ti-* < **fraụarti-*, « fête en l'honneur des Fravartis » ont fort probablement une origine iranienne.

5. À comparer par exemple avec le géorgien *ori* et *sami* : voir Klimov, *Etymological Dictionary of the Kartvelian Languages*, p. 144 et 162.

Les noms des jours de la semaine, tirés d'une tradition chrétienne elle-même dérivée du judaïsme, sont les suivants :

miašabat'i/ki(w)rakē[1]	« dimanche »
erkušabat'i	« lundi »
erek'šabat'i	« mardi »
č'orek'šabat'i	« mercredi »
hingšabat'i	« jeudi »
urbat'	« vendredi »
šabat'	« samedi »

Miašabat'i, erkušabat'i, erek'šabat'i, č'orek'šabat'i, hingšabat'i[2] signifient littéralement « le premier, le deuxième, le troisième, le quatrième, le cinquième (jour) de la semaine » ; *ki(w)rakē* est un emprunt au grec, *urbat'* et *šabat'* viennent du syriaque.

Suivant une tradition probablement pré-chrétienne, documentée pourtant seulement à partir des travaux d'Anania Širakac'i, chaque jour du mois avait son propre nom, et les cinq jours supplémentaires en avaient d'autres leur appartenant exclusivement : on trouve quelque chose de typologiquement semblable dans le calendrier mazdéen, mais, comme on va le voir, il n'y a aucune correspondance évidente entre les deux systèmes.

En ce qui concerne les noms des jours du mois, le schéma arménien est le suivant :

1. *Areg*	2. *Hrand*	3. *Aram*
4. *Margar*	5. *Ahrank'*	6. *Mazdez*
7. *Astłik*	8. *Mihr*	9. *Jopaber*
10. *Murc'*	11. *Erezkan*	12. *Ani*
13. *Parxar*	14. *Vanatur*	15. *Aramazd*
16. *Mani*	17. *Asak*	18. *Masis*
19. *Anahit*	20. *Aragac*	21. *Grguṙ*
22. *Korduik'*	23. *Cmak*	24. *Lusnak*
25. *C'rōn/Sp'iwṙ*	26. *Npat*	27. *Vahagn*
28. *Sim*	29. *Varag*	30. *Gišeravar*

Plusieurs noms n'ont pas d'étymologie satisfaisante. Parmi ceux qui en présentent une, nous pouvons remarquer les noms de divinités du panthéon arménien de

1. Avec les variantes anciennes *kiraki* et *kiwriakē*.

2. Voir aussi les variantes *miašabat', erkušabat', erek'šabat', č'orek'šabat', hingšabat'*.

l'époque païenne, comme *Astłik, Mihr, Aramazd, Anahit, Vahagn*, à coté desquels l'on pourrait placer *Mazdez*, si l'on accepte sa connexion avec le moyen-perse *māzdēsn* « mazdéen »[1]. D'autres noms des jours du mois sont ceux de quelques astres : *Areg* (le soleil, voir *supra*), *Lusnak* (de *lusin*, « lune »), *Gišeravar* (un autre nom de la planète Vénus, appelée aussi *Aruseak*) ; d'autres encore sont des noms géographiques, peut-être à cause du fait que dans ces lieux il y avait des sanctuaires : *Ani, Masis, Aragac, Varag*.

Cette liste est valable pour tous les mois de trente jours. Le mois supplémentaire avait des noms différents pour ses cinq jours ; il s'agit des noms des cinq planètes : *P'aylacu* (« Mercure »), *Aruseak* (« Vénus »), *Hrat* (« Mars »), *Lusnt'ag* (« Jupiter »), *Erewak* (« Saturne »)[2]. Toutefois, selon certains spécialistes[3], les noms des jours épagomènes seraient *Luc, Ełjeru, P'aṙaznot, Artaxur, Ckrawori*, eux aussi d'anciens noms des cinq planètes[4].

Ce système est probablement ancien, à plus forte raison s'il a été influencé par un schéma mazdéen, bien qu'il ne semble documenté qu'à partir d'Anania Širakac'i[5]. Quant au rapport avec le modèle mazdéen présumé, la ressemblance se limiterait au fait que chaque système donne un nom à chaque jour du mois, du moins si nous nous référons au système arménien tel que nous le connaissons. Mis à part quelques noms que l'on trouve dans les deux systèmes, où pourtant ils se réfèrent à des jours différents, la seule correspondance suffisamment précise serait le nom du quinzième jour, dédié à Aramazd dans le calendrier arménien, et au « Créateur Ahura Mazdā » dans le calendrier mazdéen, qui toutefois nomme de la même manière également le premier, le huitième et le vingt-troisième jour de chaque mois.

Remarquons encore que les heures du jour et de la nuit avaient, elles aussi, leur propre nom. Dans ce cas-là aussi, ce fait est documenté chez Anania Širakac'i et après lui, à ce qu'il semble, seulement dans des documents beaucoup plus

1. Selon Ałayan (*Aknarkner Hayoc' tomarneri patmut'yan*, p. 77, n. 66), la forme *Mazdeł*, que l'on trouve parfois, est erronée.

2. C'est la série de noms donnée par Badalyan, *Ōrac'uyc'i patmut'yun*, p. 104.

3. Voir par exemple Ałayan, *Aknarkner Hayoc' tomarneri patmut'yan*, p. 79-80 et Hovhannisyan, *Grabari baṙapašari imastayin xmberi k'nnut'yun*, p. 96.

4. On trouve cette opinion déjà dans Ališan, *Hin hawatk' kam het'anosakan krōnk' Hayoc'*, p. 120-121, 156, qui toutefois présente cette série de noms dans un ordre et parfois une forme un peu différents : *Luc, Ełjeru, Ckrawori, Artaxoyr, P'eṙaznoti*. Cette dernière série se retrouve, en tant que noms de planètes et avec des différences graphiques minimales, dans l'homélie *Sur le vendredi saint* (*I meci awur urbat'in*, § 2) du catholicos du IXe siècle Zak'aria Jagec'i (texte arménien dans Ananean [édit.], « Zak'aria Jagec'i », p. 174). Voir aussi Awetik'ean *et al.*, *Nor baṙgirk' haykazean lezui*, *s. v.*

5. Voir Abrahamyan – Petrosyan (trad.), *Anania Širakac'i, Matenagrut'yun*, p. 257, où pourtant rien n'est dit à propos des noms des jours supplémentaires.

tardifs[1]. Enfin, les spécialistes ne sont pas d'accord sur le moment du commencement du jour chez les Arméniens : des témoignages semblent le placer à l'aube, d'autres au coucher du soleil[2].

Poursuivons maintenant la présentation de l'histoire du calendrier chez les Arméniens. À l'achèvement du cycle pascal calculé par Ēas, en 1084, une tentative de réforme du calendrier eut lieu, menée par Yovhannēs Imastasēr (« le philosophe »), dit aussi Sarkawag (« le diacre »). Ce savant fut philosophe dans la signification la plus large du mot et se consacra aussi aux sciences : il enseigna à l'école d'Ani et se déplaça plus tard à celle de Hałbat, où il mourut en 1129. Il proposa une réforme du calendrier en insérant une année bissextile tous les quatre ans, ce qui aurait dû se faire en ajoutant un jour aux cinq jours épagomènes[3]. Il déplaça aussi le jour de l'an de 1085, qui ne commença plus le 28 février, mais le 11 août[4]. Mais cette réforme, connue sous le nom de « petite ère » (*p'ok'r t'uakan*), ne fut jamais officialisée et l'on continua de calculer le temps sur l'ancien calendrier mobile.

De temps en temps on essaya d'ailleurs de réformer le calendrier en introduisant des années bissextiles, aussi bien en augmentant d'une unité, tous les quatre ans, les jours épagomènes, qu'en ajoutant un jour aux trente d'un certain mois. Parmi les réformes proposées, qui n'eurent qu'un succès géographiquement limité et souvent éphémère, rappelons celle de Step'anos (XIIe siècle), avec le 1er *nawasard* correspondant au 1er mars et six jours épagomènes dans les années bissextiles ; celle de Vardan Karbec'i (XVIIIe siècle), qui plaçait le jour de l'an en correspondance avec le 21 mars et, pour les années bissextiles, ajoutait un jour au mois de *hrotic'* ; enfin celle du catholicos Simēon Erewanc'i (XVIIIe siècle), selon laquelle l'année devait commencer le 6 janvier (fête de la Nativité et de l'Épiphanie de Jésus-Christ) et, toutes les années bissextiles, le mois de *hoṙi* aurait eu trente et un jours[5].

1. Voir Abrahamyan (édit.), *Anania Širakac'u, Matenagrut'yunĕ*, p. 113 ; Abrahamyan – Petrosyan (trad.), *Anania Širakac'i, Matenagrut'yun*, p. 257 ; voir aussi le ms. M 5975 (copié en 1467), fol. 14r-v, reproduit dans Ēynat'yan (édit. et trad.), *Hin haykakan tomarĕ*, p. 356.

2. Voir à ce propos Abrahamyan, *Hayoc' gir ev grč'ut'yun*, p. 101, n. 20 ; Ałayan, *Aknarkner Hayoc' tomarneri patmut'yan*, p. 83-84 ; Badalyan, *Ōrac'uyc'i patmut'yun*, p. 21 ; T'umanyan, *Hay astłagitut'yan patmut'yun*, p. 83 ; Badalyan, « Ōrva skizbn u maseri bažanumĕ hin ev mijnadaryan Hayastanum ».

3. Melik'-Ōhanjanyan (édit.), *Kirakos Ganjakec'i, Patmut'iwn Hayoc'*, p. 113. (ch. 1 ; tr. française : Brosset [trad.], *Deux historiens arméniens. Kiracos de Gantzak*, p. 59).

4. Des cycles de 1460 ans étaient liés à l'ère de Hayk, dont le deuxième s'acheva en 428 après J.-C. Cette année-là, le 1er *nawasard* correspondait au 11 août, et ce quantième fut repris par Yovhannēs.

5. Il faut aussi rappeler qu'en 1317, un synode réuni à Adana avait décidé d'adopter le calendrier julien, mais cette décision n'eut qu'une diffusion fort limitée dans la pratique de l'usage du calendrier.

Une vraie réforme du calendrier fut l'ère dite de Djoulfa (*J̌ułayu t'uakan*), établie d'après les calculs élaborés par Azaria J̌ułayec'i : cette ère commence en 1616, c'est-à-dire à la fin du second cycle de 532 ans ; le jour de l'an est placé en correspondance avec le 21 mars et l'année elle-même comprend douze mois de trente jours suivis de cinq jours supplémentaires. Pour les années bissextiles, le dernier mois (*nirhan*) avait trente et un jours. Cette ère fut en usage chez les Arméniens de la Nouvelle Djoulfa, une ville d'Iran bâtie au début du XVIIe siècle, et dans les colonies fondées par les « julfanins », par exemple en Inde.

Les noms des mois, en partie tirés de l'arabe, en partie d'origine inconnue, sont les suivants :

1. *Šams*	2. *Adam*	3. *Šbat'*	4. *Naxay*
5. *Łamar*	6. *Nadar*	7. *T'iray*	8. *Damay*
9. *Hamiray*	10. *Aram*	11. *Ōvdan*	12. *Nirhan*
13. *Aweleac'*[1]			

Azaria proposa aussi une autre série de noms, en arménien cette fois, inspirés des différents moments ou activités de l'année[2], une façon qui rappelle un peu les noms inventés par Fabre d'Églantine pour le calendrier républicain français[3]. Mais cette nouvelle proposition n'eut aucun succès.

On a longtemps considéré Azaria comme un contemporain de sa réforme. Cette considération a partiellement changé depuis la publication par Hakob Anasyan, en 1959, d'un colophon du ms. 799 du Matenadaran d'Erevan, qui conserve le *Livre des questions* (*Girk' harc'manc'*) de Grigor Tat'ewac'i, dont on a déjà parlé. Ce colophon[4] se révèle être une note autographe d'Azaria, l'un des possesseurs du manuscrit, qui en utilisa les dernières pages pour transcrire, entre autres, de brèves remarques concernant le calendrier. Grâce à ce mémorial on a pu démontrer qu'Azaria a vécu dans la première moitié du XVIe siècle et que le calendrier qu'il avait élaboré devait commencer juste après la moitié du même siècle, c'est-à-dire mille ans après l'entrée en vigueur de la grande ère arménienne (*mec t'uakan*). Le calendrier d'Azaria fut donc en usage dans la vieille Djoulfa et il fut plus tard adopté, aussi bien qu'adapté, par les habitants de la ville nouvellement bâtie.

1. Comme nous l'avons déjà vu, *aweleac'* est le nom traditionnel des jours supplémentaires.

2. Ces nouveaux noms sont les suivants : *c'ōłaber* « qui porte de la rosée » ; *całkawēt* « rempli de fleurs, fleuri » ; *getahos* « qui fait couler les fleuves » ; *ptławēt* « chargé de fruits, fécond » ; *aṙatahos* « qui fait couler l'abondance, copieux » ; *gohut'iwn* « remerciement » ; *ptłakit'* « qui cueillit les fruits » ; *terewat'ap'* « qui fait tomber les feuilles » ; *jiwnaber* « qui porte la neige » ; *saṙuc'eal* « glacé » ; *hołmašunč* « quand le vent souffle, venteux » ; *jiwnahal* « qui fait fondre la neige » ; *manišak* (= les cinq jours supplémentaires) « violette ».

3. Par exemple *całkawēt* = *floréal* ; *jiwnaber* = *nivôse* ; *hołmašunč* = *ventôse*.

4. Sur ce texte, voir Anasyan, *Haykakan matenagitut'yun,* p. 1177-1186 et p. 272-276. Sur ce manuscrit, voir aussi Eganean, *Mayr c'uc'ak hayerēn jeṙagrac'*, p. 779-804.

Plus tard, à des époques différentes selon les lieux, les Arméniens acceptèrent le calendrier julien-grégorien. Le plus ancien usage de la datation selon le calendrier julien dans un texte arménien non traduit est vraisemblablement documenté par *Sur la foi et sur le règlement de l'Église (Vasn hawatoy ew kargeac' Ekełec'woy)* du catholicos Komitas Ałc'ec'i, qui vécut au VIIe siècle[1]. Malheureusement ce texte, qui contient un exposé sous forme de dialogue sur les différences entre l'Église arménienne et l'Église byzantine, est certainement un ouvrage apocryphe. Au Moyen Âge, excepté le cas de datation selon plusieurs systèmes, certains manuscrits présentent un système, pour ainsi dire, mixte, dans lequel le quantième et le nom du mois sont donnés selon le calendrier julien, mais l'année est calculée selon l'ère arménienne[2]. Remarquons aussi que seulement deux ans après la réforme voulue par le pape Grégoire XIII, le premier calendrier grégorien en arménien fut imprimé : il s'agit du *Calendrier grégorien perpétuel* (*Tomar grigorean yawitenakan*), publié à Rome, en 1584, par la Typographia Vaticana, dirigée à l'époque par Domenico Basa[3]. Toutefois ce livret de soixante-six feuilles, traduit du latin et publié sur l'ordre du pape, n'eut qu'une circulation fort limitée, même parmi les Arméniens catholiques : il faudra attendre le XXe siècle pour voir le calendrier grégorien diffusé partout chez les Arméniens.

BIBLIOGRAPHIE

SOURCES PRIMAIRES

Abełean, M. – Yarut'iwnean, S. (édit.), *Movsisi Xorenac'woy, Patmut'iwn Hayoc'* [Movsēs Xorenac'i, Histoire de l'Arménie], Tiflis 1913 (réimpr. Delmar, NY 1981 ; réimpr. dans *Matenagirk' Hayoc'/Armenian Classical Authors*, vol. 2, Antélias 2003, p. 1743-2121).

Abrahamyan, A. G. – Petrosyan, G. B. (trad.), *Anania Širakac'i, Matenagrut'yun* [Anania Širakac'i, Œuvres], Erevan 1979.

Abrahamyan, A.[G.] (édit.), *Anania Širakac'i, Tiezeragitut'iwn ev Tomar* [Anania Širakac'i, Cosmologie et Calendrier], Erevan 1940 (réimpr. dans *Matenagirk' Hayoc'/Armenian Classical Authors*, vol. 4, Antélias 2005, p. 711-748).

Abrahamyan, A. G. (édit.), *Anania Širakac'u, Matenagrut'yunĕ* [Anania Širakac'i, Œuvres], Erevan 1944 (réimpr. dans *Matenagirk' Hayoc'/Armenian Classical Authors*, vol. 4, Antélias 2005, p. 588-791).

1. Voir Hovhannisyan, *Grabari bařapašari imastayin xmberi k'nnut'yun*, p. 95 et, pour le texte arménien, K'eōsēean (édit.), « Komitasi Hayoc' katołikosi », p. 314-315.

2. Voir T'umanyan, *Hay astłagitut'yan patmut'yun*, p. 88.

3. Sur ce petit livre, voir Kévorkian, *Catalogue des « incunables » arméniens*, p. 155 (n° 156) et Oskanyan *et al.*, *Hay girk'ĕ 1512-1800 t'vakannerin*, p. 12-13 (n° 14).

Abrahamyan, A. G. (édit.), *Hovhannes Imastaseri, Matenagrut'yunĕ* [Yovhannēs Imastasēr, Œuvres], Erevan 1956 (avec un résumé en russe et en anglais).

Abrahamyan, A. G. (édit.), « Pawłosi Ałek'sandrac'woc', Naxergan i nerk'sacut'enē yoyž » [Paul d'Alexandrie, Introduction aux Isagogica], réimpr. dans *Matenagirk' Hayoc'/Armenian Classical Authors,* vol. 4, Antélias 2005, p. 770-776.

Abrahamyan, A. G. (édit.), « Yałags kendanatesakac' » [Sur les signes zodiacaux], réimpr. dans *Matenagirk' Hayoc'/Armenian Classical Authors,* vol. 4, Antélias 2005, p. 767-769.

Ananean, P. (édit.), « Zak'aria Jagec'i, I meci awur urbat'in kenarar č'arč'aranac'n » [Zak'aria Jagec'i, Sur la passion qui donne la vie, le grand jour du vendredi], réimpr. dans *Matenagirk' Hayoc'/Armenian Classical Authors,* vol. 9, Antélias 2008, p. 174-204.

Arzoumanian, Z. (trad.), *History of Lewond the Eminent Vardapet of the Armenians.* Translation, Introduction and Commentary by Z. A., Philadelphia 1982.

Boisson-Chenorhokian, P. (trad.), *Yovhannēs Drasxanakertc'i, Histoire d'Arménie.* Introduction, traduction et notes par P. B.-C., coll. « Corpus Scriptorum Christianorum Orientalium » 605, « Subsidia » 115, Louvain 2004.

Brosset, M. (trad.), *Deux historiens arméniens. Kiracos de Gantzak, XIIIe S., Histoire d'Arménie ; Oukhtanès d'Ourha, Xe S., Histoire en trois parties,* traduit par M. B., 1re Livraison, Saint-Pétersbourg 1870.

Chahnazarian, G. V. (trad.), *Histoire des guerres et des conquêtes des Arabes en Arménie par l'éminent Ghévond, vardabed arménien, écrivain du huitième siècle.* Traduite par G. V. C. et enrichie de notes nombreuses, Paris 1856.

Č'ugaszean, B. L. (édit.), *Urbat'agirk' – Tałaran* [Livre du vendredi – Recueil de poèmes], Venise 1975 (fac-similé de la première édition).

Č'ugaszean, B. L. (édit.), *Parzatumar (1513)* [Calendrier simplifié (1513)], Erevan 1996 (fac-similé de la première édition).

Dulaurier, É. (trad.), *Histoire universelle, 1re partie, par Étienne Açogh'ig de Daron.* Traduite de l'arménien et annotée par É. D., Paris 1883.

Ēynat'yan, J̌. (édit. et trad.), *Hin haykakan tomarĕ (7-rd – 15-rd dd.) / The Ancient Armenian Calendar (7th – 15th cc.),* Erevan 2002.

Gelzer H. – Burckhardt A. (trad.), *Des Stephanos von Taron Armenische Geschichte.* Aus dem altarmenischen übersetzt von H. G. und A. B., Leipzig 1907.

Greenwood, T. (trad.), *The Universal History of Step'anos Tarōnec'i.* Introduction, Translation, and Commentary by T. G., coll. « Oxford Studies in Byzantium », Oxford 2017.

Grigor Tat‘ewac‘i, *Girk‘ harc‘manc‘* [Livre des questions], Jérusalem 1993 [fac-similé de l'édition de Constantinople 1729].

K‘eōsēean, Y. (édit.), « Komitasi Hayoc‘ kat‘ołikosi ew Piṙosi aršiapatriargi, Harc‘ak‘nnut‘iwn ew vičabanut‘iwn vasn hawatoy ew kargac‘ Ekełec‘woy » [Komitas, catholicos d'Arménie, et Pyrrhos archi-patriarche, Examen et dispute sur la foi et sur le règlement de l'Église], *Matenagirk‘ Hayoc‘/Armenian Classical Authors*, vol. 4, Antélias 2005, p. 312-326.

Mahé, A. et J.-P. (trad.), *Moïse de Khorène, Histoire de l'Arménie*. Nouvelle traduction de l'arménien classique par A. et J.-P. M. (d'après V. Langlois), Paris 1993.

Maksoudian, K. [H.] (édit.), *Hovhannēs Draskhanakertets'i, Patmut‘iwn Hayots' (History of Armenia)*. A Facsimile Reproduction of the 1912 Tiflis Edition, with an Introduction by K. M., Delmar, NY 1980.

Maksoudian, K. H. (trad.), *Yovhannēs Drasxanakertc‘i, History of Armenia*, Atlanta, GA 1987.

Malxaseanc‘, S. (édit.), *Step‘anos Tarōnec‘i Asołik, Patmut‘iwn tiezerakan* [Step‘anos Tarōnec‘i Asołik, Histoire universelle], Saint-Pétersbourg 1885[2].

Manukean, G. (édit.), « Step‘anos Tarawnec‘i Asołik, Patmut‘iwn tiezerakan » [Step‘anos Tarōnec‘i Asołik, Histoire universelle], *Matenagirk‘ Hayoc‘/ Armenian Classical Authors*, vol. 15/2, Erevan 2011, p. 616-827.

Mariès, L. – Mercier, Ch. (édit.), *Eznik de Kołb, De Deo*, coll. « Patrologia Orientalis » 28/3, Paris 1959.

Mariès, L. – Mercier, Ch. (trad.), *Eznik de Kołb, De Deo*. Traduction française, notes et tables par L. M. et Ch. M., coll. « Patrologia Orientalis » 28/4, Paris 1959.

Martin-Hisard, B. (trad.), *Łewond Vardapet, Discours historique*. Traduit et commenté par B. M.-H. Avec en annexe la *Correspondance d'Omar et de Léon* traduite et commentée par J.-P. Mahé. Texte arménien établi par A. Hakobian, Paris 2015.

Melik‘-Ōhanǰanyan, K. A. (édit.), *Kirakos Ganjakec‘i, Patmut‘iwn Hayoc‘* [Kirakos Ganjakec‘i, Histoire de l'Arménie], Erevan 1961.

Minasean, M. (édit.), « Eznik Kołbac‘i, Ełc ałandoc‘ » [Eznik Kołbac‘i, Réfutation des sectes], *Matenagirk‘ Hayoc‘/Armenian Classical Authors*, vol. 1, Antélias 2003, p. 433-512.

Orengo, A. (trad.), *Eznik di Kołb, Confutazione delle sette (Ełc Ałandoc‘)*. Introduzione, traduzione e note a cura di A. O., Pisa 1996.

Połarean, N. (édit.), *Girk‘ t‘łt‘oc‘* [Livre des lettres], Jérusalem 1994[2].

Połarean, N. (édit.), « Yovhannu Imastasiri Hayoc‘ kat‘ułikosi, Saks žołovoc‘, or ełen i Hayk‘ » [Yovhannēs Imastasēr catholicos d'Arménie, Sur les conciles qui ont eu lieu en Arménie], reproduit dans *Matenagirk' Hayoc'/Armenian Classical Authors,* vol. 7, Antélias 2007, p. 122-132.

Step'anean, L. (édit.), «Yovhan Mandakuni, Čaṙk'» [Yovhan Mandakuni, Discours], XXVI: «T'uɫt' vasn hmayic' diwt'akanac' ew anawrēn yuṙt'ołac'» [Lettre sur les charmes magiques et les sorciers impies], *Matenagirk' Hayoc'/ Armenian Classical Authors*, vol. 1, p. 1261-1272.

Tabakian, Y. (trad.), *Yovhan Mandakuni, Les Homélies du Catholikos Hovhan Mandakouni*, Antélias 2000.

Tēr-Vardanean, G. (édit.), «Patmabanut'iwn Łewondeay meci vardapeti Hayoc'...» [Histoire de Łewond grand *vardapet* d'Arménie...], *Matenagirk' Hayoc'/ Armenian Classical Authors*, vol. 6, Antélias 2007, p. 735-851.

Tēr-Vardanean, G. (édit.), «Yovhannu Kat'ołikosi Drasxanakertc'woy, Patmut'iwn Hayoc'» [Yovhannēs Catholicos Drasxanakertc'i, Histoire de l'Arménie], *Matenagirk' Hayoc'/Armenian Classical Authors*, vol. 11, Antélias 2010, p. 357-584.

Thomson, R. W. (trad.), *Moses Khorenats'i. History of the Armenians.* Translation and Commentary of the Literary Sources by R. W. T. Revised Edition, Ann Arbor, MI 2006.

Topchyan, A. (trad.), *Astrology, Horoscope and Fortune Telling.* Excerpts from Medieval Armenian Texts Translated with an Introduction and Notes by A. T., Erevan 2010.

Yakobean, A. (édit.), «P'ilon Tirakac'i, Žamanakagrut'iwn» [Philon Tirakac'i, Chronographie], reproduit dans *Matenagirk' Hayoc'/Armenian Classical Authors*, vol. 5, Antélias 2005, p. 903-969.

ÉTUDES

Abrahamyan, A. G., *Hayoc' gir ev grč'ut'yun* [Les lettres et l'écriture arméniennes], Erevan 1973 (avec un résumé en russe et en français).

Ałayan, Ē. B., *Aknarkner Hayoc' tomarneri patmut'yan* [Aperçu d'histoire des calendriers d'Arménie], Erevan 1986.

Ališan, Ł., *Hin hawatk' kam het'anosakan krōnk' Hayoc'* [Les anciennes croyances ou la religion païenne d'Arménie], Venise 1910.

Amand, D., *Fatalisme et liberté dans l'Antiquité grecque. Recherche sur la survivance de l'argumentation morale antifataliste de Carnéade chez les philosophes grecs et les théologiens chrétiens des quatre premiers siècles*, Louvain 1945.

Anasyan, H. S., *Haykakan matenagitut'yun E-ŽĔ dd.* [Bibliographie arménienne. v^e^-xve siècle], vol. 1, Erevan 1959.

Arevšatyan, S. S. – Mirumyan, K. A., *Hayoc‘ p‘ilisop‘ayut‘yan patmut‘yun. Hin šrǰan ev vał miǰnadar* [Histoire de la philosophie arménienne. Époque ancienne et Haut Moyen Âge], Erevan 2007.

Awetik‘ean, G., Siwrmēlean, X., Awgerean, M., *Nor bar̄girk‘ haykazean lezui* [Nouveau dictionnaire de la langue arménienne], 2 vol., Venise 1836-1837 (réimpr. anastatique, Erevan 1979-1981).

Badalyan, H. S., *Ōrac‘uyc‘i patmut‘yun* [Histoire du calendrier], Erevan 1970 (avec un résumé en russe et en anglais).

Badalyan, H. S., *Hayoc‘ tomari patmut‘yun* [Histoire du calendrier arménien], Erevan 1976.

Dowsett, C. J. F., « On Eznik's Refutation of the Chaldaean Astrologers », *Revue des Études Arméniennes* 6, 1969, p. 45-65.

Eganean, Ō., *Mayr c‘uc‘ak hayerēn jer̄agrac‘ Maštoc‘i anuan Matenadarani* [Catalogue des manuscrits arméniens du Matenadaran], vol. 3, Erevan 2007.

Feydit, F., « La XXVIe homélie de Jean Mandakouni sur les charmes des sorciers et des magiciens impies », dans *Mélanges offerts à Jean Dauvillier*, Toulouse 1979, p. 293-306.

Gippert, J., « Old Armenian and Caucasian Calendar Systems », *Annual of Armenian Linguistics* 8, 1987, p. 63-72.

Greenwood, T., « A Corpus of Early Medieval Armenian Inscriptions », *Dumbarton Oaks Papers* 58, 2004, p. 27-91.

Greenwood, T., « New Light from the East : Chronography and Ecclesiastical History through a Late Seventh-Century Armenian Source », *Journal of Early Christian Studies* 16, 2008, p. 197-254.

Hovhannisyan, L. Š., *Grabari bar̄apašari imastayin xmberi k‘nnut‘yun. (I mas)* [Étude par groupes sémantiques du lexique de l'arménien ancien. Première partie], Erevan 2008.

Kévorkian, R. H., *Catalogue des « incunables » arméniens (1511/1695) ou Chronique de l'imprimerie arménienne*, coll. « Cahiers d'Orientalisme » 9, Genève 1986.

Klimov, G. A., *Etymological Dictionary of the Kartvelian Languages*, Berlin – New York 1998.

Mahé, J.-P., « Le crime d'Artawazd et des K‘aǰk‘ ou le mythe du temps profané », *Revue des Études Arméniennes* 16, 1982, p. 175-206.

Mahé, J.-P., « Quadrivium et cursus d'études au VIIe siècle en Arménie et dans le monde byzantin d'après le ‘K‘nnikon’ d'Anania Širakac‘i », *Travaux et Mémoires* 10, 1987, p. 159-206.

Martirosyan, H., *Etymological Dictionary of the Armenian Inherited Lexicon*, Leiden – Boston 2010.

Muradyan, K., « Kesarac'u 'Vec'ōrean' Širakac'u tiezeragitakan ašxatut'yunneri ałbyur » [L'Hexaemeron de (Basile) de Césarée comme source des travaux cosmologiques d'(Anania) Širakac'i], *Lraber Hasarakakan Gitut'yunneri* 1975/3, p. 95-114.

Orengo, A., « *Owrbat'agirk'* (Il Libro del Venerdì) », *Memorie dell'Accademia dei Lincei*, s. IX, vol. I/5, 1991, p. 371-539.

Orengo, A., « Horoscopes, astronomie, calendriers », dans V. Calzolari (édit.), *Illuminations d'Arménie. Arts du livre et de la pierre dans l'Arménie ancienne et médiévale*, Cologny (Genève) 2007, p. 220-225.

Orengo, A., « Medicina e astrologia nel trattato teologico di Eznik di Kołb, scrittore armeno del V secolo », dans *La cultura scientifico-naturalistica nei Padri della chiesa (I-V secolo)*. XXXV incontro di studiosi dell'antichità cristiana, 4-6 maggio 2006, coll. « Studia ephemeridis Augustinianum » 101, Roma 2007, p. 627-640.

Orengo, A., « Calendari armeni », *Studi Linguistici e Filologici On-line* 6, 2008, p. 203-218.

Orengo, A., « Anania Širakac'i ed Eznik Kołbac'i », *Egitto e Vicino Oriente* 32, 2009, p. 235-243.

Orengo, A., « L'*Owrbat'agirk'* ('Il Libro del Venerdì') e gli inizi della stampa armena », *Egitto e Vicino Oriente* 34, 2011, p. 225-236.

Orengo, A., « La *Tiezeragitowt'iwn* d'Anania Širakac'i et l'*Ełc Ałandoc'* d'Eznik Kołbac'i », *Banber Matenadarani* 19, 2012, p. 87-96.

Oskanyan, N. A., Korkotyan, K'. A., Savalyan, A. M., *Hay girk'ě 1512-1800 t'vakannerin. Hay hnatip grk'i matenagitut'yun* [Le livre arménien en 1512-1800. Bibliographie du livre arménien ancien], Erevan 1988 (avec une préface en russe et en anglais).

Schmitt, R., « Zu den alten armenischen Monatsnamen », *Annual of Armenian Linguistics* 6, 1985, p. 91-100.

Sirinian, A. – Uluhogian, G. (édit.), *Forme di comunicazione nel medioevo. Copisti e miniatori armeni*, Bologna 2003.

Thomson, R. W., « 'Let Now the Astrologers Stand Up' : The Armenian Christian Reaction to Astrology and Divination », *Dumbarton Oaks Papers* 46, 1992, p. 305-312 (réimpr. dans *Id.*, *Studies in Armenian Literature and Christianity*, coll. « Collected Studies Series » 451, Aldershot – Brookfield 1994, n° XI).

T'umanyan, B. E., *Hay astłagitut'yan patmut'yun (Hnaguyn žamanakneric' minč'ev XIX dari skizbě)* [Histoire de l'astronomie arménienne. (Des temps les plus anciens au début du XIXe siècle)], Erevan 1964 (avec un résumé en russe et en anglais).

T'umanyan, B. E., « Ōrva skizbn u maseri bažanumě hin ev mijnadaryan Hayastanum » [Le début du jour et sa division en parties dans l'Arménie ancienne et médiévale], *Patma-Banasirakan Handes* 1966/3 (34), p. 229-233.

T'umanyan, B. E., « On the History of Armenian Astronomy », *Vistas in Astronomy* 9, 1967, p. 253-259.

T'umanyan, B. E., *Anania Širakac'i*, Erevan 1991.

van Esbroeck, M., « Die sogenannte Konziliengeschichte des Johannes von Odzun (717-728) », *Annuarium Historiae Conciliorum* 26, 1994, p. 31-60.

STELLA VARDANYAN

LA MÉDECINE DANS L'ARMÉNIE MÉDIÉVALE

Au début du Ve siècle après J.-C. (vers 404-405), Maštoc' créa l'alphabet arménien, posant ainsi les piliers nécessaires pour le début de la littérature et des sciences en arménien. Cette période de l'histoire culturelle de l'Arménie fut ensuite appelée l'« âge d'or » de la littérature arménienne. Des œuvres portant sur les sciences naturelles et la médecine, en même temps que des traités philosophiques et théologiques, allaient occuper une place importante dans la littérature arménienne médiévale. À l'aube de son développement, la science classique arménienne portait l'empreinte bénéfique de la culture grecque. Les œuvres d'auteurs anciens tels que Platon, Aristote, Hippocrate, Galien, Asclépiade, traduites en arménien par les traducteurs de l'École hellénisante[1], ont exercé une grande influence sur les doctrines des médecins et naturalistes arméniens médiévaux. Rappelons qu'avant la fin du Ve siècle, les *Catégories* et le *De interpretatione* d'Aristote ont été traduits en arménien ; d'aucuns considèrent que certaines œuvres de Platon, dont le *Timée*, furent traduites en arménien à la même époque. Dans la deuxième moitié du VIe siècle, le *De natura* attribué à Zénon, ainsi que le *De mundo* et le *De virtutibus* du pseudo-Aristote furent également traduits en arménien[2]. Parmi ces œuvres philosophiques, le *Timée* mérite une attention particulière. En effet, dans ce dialogue, l'auteur essaie d'expliquer, sur la base des quatre éléments primaires, non seulement les lois de l'univers (macrocosme), mais aussi l'origine et le développement de l'homme (microcosme)[3].

1. Sur l'École hellénisante, voir Calzolari, « Les traductions de l'École hellénisante et l'introduction des œuvres du *trivium* en Arménie » dans le présent volume, p. 28-43.

2. Sur les traductions des textes philosophiques, voir Calzolari, « L'essor de la spéculation philosophique en Arménie dans l'Antiquité tardive » dans le présent volume, p. 101-141.

3. Le *Timée* fut publié, avec d'autres dialogues de Platon, par les Pères Mekhitaristes, en 1877 : Suk'rean (édit.), *Płaton imastasēr*. Sur Platon, voir Calzolari, *ibid.*, p. 107-108.

Depuis l'époque ancienne, des fragments d'auteurs grecs tels qu'Asclépiade, Démocrate, Galien et Oribase[1] furent aussi préservés. Dans le ms. 6869 du Matenadaran d'Erevan (copié par le scribe Martiros en 1365), sont conservés des extraits des œuvres *Sur la nature de l'homme*, *Sur les quatre natures de l'homme, l'année et les mois*, ainsi que *Sur la nature de l'âme*, attribuées à Asclépiade. Le même manuscrit contient aussi un passage tiré de l'œuvre du médecin romain Démocrate, dans laquelle l'auteur, en utilisant la méthode des questions et réponses, discuta de la croissance du fœtus *in utero* et *post partum*. La langue de ces œuvres suggère qu'elles aussi ont pu être traduites à la même époque que le *Timée*.

GALIEN

Pendant la période dite « hellénisante » fut également rédigé le *Dictionnaire de Galien*. Ce répertoire contient environ cinq cents termes pharmaceutiques grecs, tirés du *De simplicium medicamentorum temperamentis ac facultatibus* de Galien[2]. Toujours à propos des traductions arméniennes des œuvres de Galien et d'Hippocrate, rappelons que des fragments nous sont également parvenus dans plusieurs manuscrits d'époque plus récente. Par exemple, le ms. 266 du Matenadaran d'Erevan (écrit en 1468 par le célèbre médecin Amirdovlat‘ d'Amasée), contient un extrait du *Prognosticon* d'Hippocrate. Celui-ci commence par une légende concernant la mort du grand médecin. Dans le même codex, d'autres fragments attribués à Galien sont conservés, à savoir son ouvrage *Sur les symptômes des maladies* et le *Dictionnaire de Galien*[3].

Il convient de s'attarder ici sur le sort d'un traité anatomique de Galien. Il est bien connu que cet auteur poursuivait les traditions de l'École alexandrine et qu'il pratiquait la dissection et la vivisection. À cette époque, Alexandrie était le seul centre où, à cause de l'ancienne pratique de la momification, ces méthodes étaient autorisées. En plus de ses livres *De anatomia* et *De usu partium corporis humani*, Galien a écrit un traité spécialement consacré à la description des méthodes de dissection et vivisection, intitulé *De anatomia mortuorum*. Le texte original de cette œuvre importante est perdu. Cependant, ces dernières années, une découverte a fait sensation, à savoir l'identification, par I. Ormos, de la traduction arabe du texte de Galien dans deux manuscrits de la Bibliothèque nationale d'Égypte, au

1. Sur l'influence de la médecine grecque et, en particulier, d'Oribase en Arménie, voir Mahé, « Une anthologie médicale arménienne et ses parallèles grecs ».

2. Le *Dictionnaire* a été publié par Greppin : Greppin (édit.), *Bark‘ Gałianosi. The Greek-Armenian Dictionary to Galen*.

3. Vardanian, *Histoire de la médecine en Arménie*, p. 44-47.

Caire[1]. On ne peut pas exclure que d'autres traductions des textes de Galien existent aussi dans d'autres langues, y compris en arménien. Si les œuvres de l'École hellénisante ne conservent pas d'extraits, quelques traces sont, en revanche, présentes dans les œuvres des auteurs arméniens d'Ani et de Cilicie, aux XIIe-XIIIe siècles. En 1947, l'éminent arménisant L. Xač'ikean a identifié et publié un intéressant extrait anatomique tiré des *Homélies* de Yovhannēs Erznkac'i ; on y lit :

> Le médecin expérimenté et sage qui veut étudier le corps humain et l'état de ses articulations, ainsi que les nerfs, les vases sanguins et les organes internes, prend un criminel condamné à mort et le tue, lui provoquant diverses formes d'agonie ; et donc, au prix de la souffrance d'un homme, il aide beaucoup de gens[2].

D'autres extraits semblables sont conservés dans les *Commentaires sur l'anatomie* de Grégoire de Nysse et dans les œuvres de Vanakan Vardapet. Ce dernier affronte le problème de la dissection et de la vivisection à travers la méthode des questions et réponses :

> Question : De quelle manière le médecin étudie la médecine ? Réponse : En disséquant le corps ou en donnant du vin à un criminel condamné à mort, affamé, et, ensuite, en coupant son corps et en observant de quelle manière le vin bouillonne dans les vases sanguins et de quelle manière le sang bouge[3].

Xač'ikean et d'autres savants ont interprété ces données comme des preuves de l'existence des pratiques de la dissection et de la vivisection dans les écoles médicales (appelées *bžškanoc'*) de l'Arménie cilicienne, une hypothèse acceptée sans objections par les historiens de la médecine.

Cependant, à la lumière de nouvelles découvertes, quelques points faibles peuvent être repérés. Tout d'abord, il est bien connu qu'après la période hellénistique, la pratique de la dissection et de la vivisection a cessé dans l'Europe chrétienne et dans l'Orient islamique. À la Renaissance aussi, en Europe, les attitudes institutionnelles et religieuses à l'égard de la vivisection étaient plutôt négatives. Sans aucun doute, une telle attitude devait également exister dans l'Arménie chrétienne, du XIe au XIVe siècle. Par conséquent, il est plus vraisemblable de penser que ces fragments ne reflètent pas les pratiques réelles des écoles médicales de Cilicie, mais plutôt l'ancienne tradition alexandrine, d'autant plus que l'Arménie et la Cilicie ne sont jamais mentionnées dans ces fragments. Par ailleurs, le fragment des *Commentaires* de Vahram Rabuni atteste plutôt un caractère livresque. On peut en dire autant d'un fragment identifié dans les *Homélies* de Yovhannēs Erznkac'i, où les auteurs grecs anciens, surtout Galien, sont souvent cités. D'autre part, ma propre comparaison de ces fragments

1. Ormos, « Bemerkungen zur editorischen Bearbeitung der Galenschrift 'Uber die Sektion toter Lebewesen' », p. 165-172.

2. Xač'ikyan, *Diaherjumĕ hin Hayastanum*, p. 83-90.

3. Ant'abyan, « Mijnadaryan Hayastanum iragorcuoł diaherjman veraberyal evs mek nor vkayut'iwn », p. 66-69.

anatomiques avec la version arabe identifiée par Ormos révèle une relation étroite entre ces écrits[1].

Il ne fait pas de doute que tous ces auteurs arméniens de la période allant du XIe au XIIIe siècle citent le traité de Galien *De anatomia mortuorum.* Je peux supposer que le texte grec a été traduit dans la période cilicienne par l'un de ces auteurs. Des investigations ultérieures sur les manuscrits médicaux, philosophiques et théologiques de cette période sont, par ailleurs, susceptibles de révéler d'autres versions de fragments du texte de Galien.

STEP'ANOS SIWNEC'I

Au début du VIIIe siècle, le savant arménien Step'anos Siwnec'i, en collaboration avec Dawit' Hiwpatos, traduisit le traité *Sur la nature de l'homme* du philosophe grec du IVe siècle Némésios d'Émèse, ainsi que le traité *Sur la création de l'homme* de Grégoire de Nysse. Ces œuvres, dans lesquelles des questions sur l'anatomie humaine, la physiologie, la psychologie et la philosophie ont été débattues dans l'esprit de Platon, Aristote et Galien, étaient largement connues dans l'Arménie médiévale. Des traces de leur influence ont été clairement observées dans les écrits de Mxit'ar Herac'i, Grigor Tat'ewac'i et d'autres philosophes et médecins[2]. Les médecins arméniens du Moyen Âge ont sérieusement étudié les œuvres classiques de la médecine ancienne, qu'ils ont utilisées comme base pour observer les acquis de la médecine populaire. Cependant, la rédaction d'ouvrages médicaux tarda à se réaliser, à cause des invasions arabes qui provoquèrent un déclin général de la culture arménienne aux VIIIe-IXe siècles. Ce n'est qu'au Xe siècle que les premiers *Bžškarans* (livres de médecine) virent le jour ; il s'agit de livres principalement consacrés à des questions relatives au traitement des maladies, où l'influence arabe se ressent, en plus de l'influence grecque. Pour cette raison, un avis sur les points de vue médicaux de la période la plus ancienne (V^e^-Xe siècle) peut être formulé uniquement sur la base des œuvres de philosophie naturelle.

1. Vardanyan, « Mijnadaryan Hayastanum diaherjman ev kendanahatman harc'i šurj », p. 155-157.

2. Le traité *Sur la nature de l'homme* de Némésios d'Émèse a été publié à Venise en 1889 : Nemesiosi p'ilisop'ayi Emesac'woy, *Yałags bnut'ean mardoy.* Pour le texte arménien de Grégoire de Nysse, je renvoie à mon édition, établie sur la base de dix manuscrits du Matenadaran (mss. 51, 468, 469, 470, 620, 1500, 1649, 2508, 3463, 5253) : voir Vardanyan (édit), *Grigor Niwsac'i, Tesut'iwn i mardoy kazmut'iwn.*

EZNIK

Dans la science arménienne médiévale, la théorie ancienne des quatre éléments et de leurs quatre humeurs correspondantes (sang, flegme, bile jaune et bile noire) est apparue tout d'abord dans la *Réfutation des sectes* de Eznik de Kołb (380-450 après J.-C.), un des disciples de Mastoc'[1]. Eznik établit un rapport entre l'apparition d'une maladie et la rupture de l'équilibre des humeurs de base. Cependant, en plus des quatre humeurs, Eznik prit en considération l'influence des facteurs externes défavorables. Comme Hippocrate, qui rejeta la nature « sacrée » de l'épilepsie, Eznik aussi considéra la maladie mentale comme le résultat de l'épuisement du cerveau. Il écrit :

> Quand le cerveau se vide, l'homme perd sa tête, parle aux murs et se dispute avec le vent. Pour cette raison, les médecins insistent sur le fait qu'il n'y a pas de démon qui entre dans le corps de l'homme, mais que ce sont là des maladies humaines qui peuvent être soignées[2].

Étant né dans l'Ayrarat et connaissant extrêmement bien les propriétés des herbes arméniennes, leur dosage et leur action synergique dans les médicaments, il écrit : « La ciguë est, dans certaines conditions, un poison mortel, mais les médecins l'utilisent pour soigner les maladies chroniques de la vésicule biliaire »[3].

DAVID L'INVINCIBLE

David l'Invincible, le célèbre philosophe arménien, connaissait bien les principes de la médecine d'Hippocrate. Dans les *Définitions et divisions de la philosophie*, le *Commentaire sur l'Isagoge de Porphyre* et le *Commentaire sur les Analytiques premiers d'Aristote*, il discute de différentes questions d'anatomie, de biologie, de pharmacologie, d'hygiène et d'éthique médicales[4]. Versé dans les pratiques de dissection de l'homme et des animaux en usage dans l'école d'Alexandrie (voir *supra*), il écrit dans le *Commentaire sur l'Isagoge* :

> La fonction de l'analyse est de séparer la substance dans les parties qui la composent, comme, par exemple, lorsqu'on prend le corps d'un homme, on en dissèque les pieds, les mains et la tête, et ensuite on sépare le corps en os, muscles, vases sanguins et nerfs[5].

Dans les *Définitions*, David conteste les positions des philosophes stoïciens sur la justification du suicide dans des cas comme la faim, la perte de proches parents, les calamités naturelles, la violation de la dignité humaine, une maladie incurable et la démence sénile. Il écrit : « Les Stoïciens ont affirmé que celui qui se tue pour

1. Voir Eznkay Kołbac'woy Bagrevanday episkoposi, *Ełc Ałandoc'*.
2. *Ibid.*, p. 180.
3. *Ibid.*, p. 67.
4. Vardanyan, « Mediko-biologičeskiye vozzreniya Davida Nepobedimogo », p. 83-93.
5. Arevšatyan (édit.), *Dawit' Anyałt'*, p. 114 ; *cf.* Muradyan (édit.), *David the Invincible, Commentary on Porphyry's Isagoge*, p. 80 (traduction anglaise, p. 81).

se délivrer de la douleur, lorsque son corps est affecté d'une maladie, est juste »[1]. Ainsi, par exemple, un philosophe cynique, dont la moitié du corps était paralysée, supplia l'empereur Julien : « Une partie de mon corps est morte, tandis que l'autre est vivante. Ô empereur, aie pitié de la moitié morte du cynique et ordonne de le guérir ou bien de le tuer »[2]. Fidèle au serment hippocratique, David rejeta le suicide et l'euthanasie pour les patients souffrant de paralysie ou d'autres graves maladies. Il écrit :

> Les adversités, lorsqu'elles arrivent, n'existent pas afin que quelqu'un se tue, mais pour mettre l'âme à l'épreuve. En effet, comme un capitaine expérimenté est mis à l'épreuve pendant la tempête, de même l'âme élevée affronte l'épreuve sans peur[3].

ANANIA ŠIRAKAC'I

Anania Širakac'i, le célèbre astronome et philosophe arménien du VIIe siècle, écrivit de nombreuses œuvres sur la cosmographie, la météorologie, la géographie et le calendrier. Contre l'enseignement de l'Église, il fit appel à la théorie des anciens savants grecs pour affirmer le caractère sphérique de la terre, en hésitant, en revanche, sur l'existence des antipodes. Dans sa cosmologie et son calendrier, Anania prit en considération l'existence des antipodes et il adressa la question au Soleil lui-même, qui lui apparut en songe sous la forme d'un joli jeune homme. Le Soleil répondit : « Non, il n'y a pas d'êtres vivants sur le côté opposé de la Terre. J'y donne ma lumière seulement aux montagnes sans vie, les rochers et les canyons »[4]. Ainsi, dans ce cas, Anania sacrifia la vérité scientifique à l'autorité du dogme de l'Église.

Dans son *K'nnikon*, une œuvre de l'an 667, il inclut des écrits médicaux avec des œuvres sur l'astronomie, les mathématiques, la chronologie et la philosophie. Malheureusement, pendant de nombreux siècles, le *K'nnikon* fut interdit et une grande partie des œuvres de médecine et de sciences naturelles sont aujourd'hui perdues. Sur la base des mentions conservées dans les mss. 549 et 8397 du Matenadaran, il est possible d'affirmer qu'Anania Širakac'i travailla sur des questions relatives à la phytothérapie. Dans ces manuscrits sont, en effet, décrites les propriétés curatives et nocives du *hamasp'iwṙ* (lychnis), à savoir une plante qui fit l'objet de vénération dans certaines régions de l'Arménie ancienne, et qui

1. Arevšatyan (édit.), *ibid.*, p. 64 ; *cf.* Kendall – Thomson (trad.), *Definitions and Divisions*, p. 75 (texte arménien à la p. 74).

2. Arevšatyan (édit.), *ibid.* ; *cf.* Kendall – Thomson (trad.), *ibid.*, p. 77 (texte arménien à la p. 76).

3. Arevšatyan (édit.), *ibid.*, p. 65 ; *cf.* Kendall – Thomson (trad.), *ibid.*, p. 79 (texte arménien à la p. 78) ; *cf.* Vardanyan, « Mediko-biologičeskiye vozzreniya Davida Nepobedimogo », p. 90.

4. Abrahamyan (édit.), *Anania Širakac'i, Tiezeragitut'iwn ev Tomar*, p. 13-14.

était associée à la déesse Astłik. La même source atteste qu'Anania trouva cette plante, très rare, à Jołakert, dans la province d'Ayrarat, et qu'il l'employa à des fins médicales[1].

LE ROYAUME DES BAGRATUNI

La lutte séculaire du peuple arménien contre la domination arabe se conclut avec la restauration d'un État arménien. Celui-ci rétablit l'économie, favorisa l'augmentation de la population urbaine et le développement de l'artisanat, du commerce et de la culture. Cette époque est connue sous le nom d'« âge d'argent » ou encore de « Renaissance arménienne » (X^{e}-XIVe siècle).

Dans le royaume de la famille Bagratuni, à Ani, les conditions étaient devenues particulièrement favorables au développement des arts, des sciences et de la médecine. Des écoles d'instruction supérieure et des universités médiévales furent fondées à Ani, Hałbat et Sanahin, où la médecine, la philosophie et les sciences naturelles constituaient des branches d'étude.

GRIGOR MAGISTROS

On trouve un large reflet des conceptions de philosophie naturelle et de médecine de cette époque dans les œuvres de Grigor Magistros (989-1058), contemporain de Ibn Sīnā (Avicenne). Savant érudit, versé dans la connaissance de la culture ancienne sous tous ses aspects, Grigor Magistros Pahlawuni déploya ses compétences dans différentes branches de la culture arménienne en tant que poète, philosophe et médecin. Il entretint des liens serrés avec les experts des sciences, les artistes et les hommes d'État, à la fois d'Arménie et de Byzance.

Capitale du royaume des Bagratuni, Ani attirait des savants de différentes contrées du monde ; Grigor Magistros fut en correspondance avec beaucoup

1. Vardanyan, *Hayastani bžškut'yan patmut'yun*, p. 80-81. Toujours à propos d'Anania, rappelons encore que, sur demande du catholicos Anastas, il créa un calendrier arménien fixe (immobile) : *cf.* les *Chapitres du calendrier* édités par Yovhannēs Sarkawag (XIe siècle) et Yakob Łrimec'i (XIVe-XVe siècle). À partir du XIXe siècle, l'héritage d'Anania Širakac'i a été étudié par des éminents arménisants, tels que M. Č'amč'ean, Ł. Ališan, K. Patkanean, G. Tēr-Mkrtč'ean, J. Orbeli, H. Manandean et F. C. Conybeare ; en 1940 et 1944, A. Abrahamyan a publié la *Cosmologie* et le recueil d'*Œuvres* d'Anania (Abrahamyan [édit.], *Anania Širakac'i, Tiezeragitut'iwn* et *Id.* [édit.], *Anania Širakac'u, Matenagrut'yunĕ*). En 2002, les *Chapitres du calendrier* ont été publiés par J̌. Eynatyan avec une traduction anglaise (Eynatyan [édit. et trad.], *Hin Haykakan Tomarĕ*). Sur cet aspect de l'œuvre d'Anania, voir, dans le présent volume, les articles de Thomson, « La cosmologie », p. 222, et Orengo, « Astronomie, astrologie et calendriers », p. 250 ; voir aussi, dans ce même volume, Mahé, « Anania Širakac'i et la traduction arménienne des arts libéraux (VIIe siècle) », p. 147-148.

d'entre eux[1]. Une partie de ses lettres a fort heureusement survécu. L'une d'entre elles était adressée à Kirakos, un médecin byzantin qui avait enseigné à Ani la physiologie des organes digestifs. Pendant la discussion, le médecin grec, en réponse à une question adressée par Grigor Magistros, affirma que rien ne l'intéressait en dehors de son domaine spécifique. Dans sa brillante lettre, Magistros exposa ce genre d'approche unilatérale et, à la lumière de la philosophie naturelle antique, il expliqua l'étroite affinité et l'harmonie qui existent entre toutes les parties du corps, ainsi qu'entre le microcosme (homme) et le macrocosme (univers)[2].

*LE LIVRE MÉDICAL (*BŽŠKARAN*) DIT « GAGIK-HET'UMEAN »*

Une telle atmosphère intellectuelle promut le développement des sciences séculaires, dont la médecine. C'est dans la ville d'Ani, pendant l'apogée du royaume des Bagratuni, que les études consacrées à des problèmes de pharmacologie, de pathologie et de médecine clinique – les *bžškarans* – sont tout d'abord apparues.

Malheureusement, le nom de l'auteur du célèbre *Bžškaran* écrit sous le règne « du roi Gagik le victorieux » ne nous a pas été transmis. Plus tard, cet ouvrage fut édité en Cilicie, devenant ainsi le *Gagik-Het'umean bžškaran* (« Livre médical Gagik-Het'umean »). Selon V. T'orgomyan, historien réputé de la médecine arménienne, ce livre, le plus ancien du genre, a été « la matrice originelle des livres arméniens de médecine ancienne »[3].

Le *Gagik-Het'umean bžškaran* a attiré l'attention des arménisants depuis la deuxième moitié du XIXe siècle. Une grande partie d'entre eux a identifié le « victorieux roi Gagik » avec Gagik Ier (roi de 990 à 1020). T'orgomyan estima que l'auteur de ce livre médical était Grigor Magistros. Mais, si l'on compare le *grabar* grandiloquent des *Lettres* de Magistros avec le simple arménien moyen du *Bžškaran*, il est difficile de suivre la proposition de T'orgomyan. Il est plus vraisemblable de penser que l'auteur était un autre représentant de l'école médicale d'Ani, contemporain de Magistros. L'auteur se définit comme un disciple des maîtres grecs, mais une étude de ce livre montre qu'il était étroitement lié à l'essence de la médecine arménienne, ainsi qu'aux coutumes et aux traditions du peuple arménien.

1. Édition des *Lettres* : Kostaneanc' (édit.), *Grigori Magistrosi, T'łt'erě* ; *cf.* Muradyan (édit.), « Grigori Magistrosi, T'ułt'k' ew č'ap'aberakank' ».

2. Oganesjan, *Istorija mediciny v Armenii*, vol. 2, p. 21-25 ; *cf.* Vardanyan, *Hayastani bžškut'yan patmut'yun*, p. 85-92.

3. T'orgomyan, « Hay bžškakan jeṙagirk' S. Łazaru vank'in », p. 40.

Aux XIIe-XIIIe siècles, ce traité médical d'Ani fut à nouveau édité dans l'Arménie cilicienne par des représentants de la dynastie Ošinean-Het'umean (Het'um Lambronac'i et Het'um l'historien) ; il fut alors enrichi de travaux d'auteurs ciliciens, dont le *Soulagement des fièvres* de Mxit'ar Herac'i. Jusqu'en 1985, seules deux copies de ce texte étaient connues : le texte conservé dans le ms. 379 de Jérusalem (du XIIe siècle) et le texte conservé dans le ms. 1281 de Venise (parchemin du XIIIe siècle). Le savant Ł. Hovnanyan a, en outre, montré les traces de son influence sur le *Bžškaran* de Yovhannēs Hekim (*cf.* ms. 310 de la bibliothèque des Pères Mekhitaristes de Vienne)[1]. Comme je l'ai montré dans un article de 1985, le ms. 8382 du Matenadaran d'Erevan (XIVe siècle) conserve vingt-cinq chapitres du *Gagik-Het'umean bžškaran*. J'ai, par ailleurs, pu identifier une autre rédaction du *Bžškaran* dans deux manuscrits du XVIIe siècle, à savoir le ms. 9837 du Matenadaran d'Erevan et le ms. 245 de la Bibliothèque nationale de France[2].

Une étude des sources et de la terminologie de ce livre médical montre que son auteur connaissait bien les œuvres des anciens médecins grecs et arabes. L'influence arabe est visible surtout dans la deuxième et la troisième partie du *Gagik-Het'umean bžškaran*, à savoir dans les parties qui ont été ajoutées à l'édition rédigée dans l'Arméno-Cilicie. En revanche, la première partie, écrite à Ani et portant sur les problèmes de pharmacologie et de pharmaceutique, se fonde sur la terminologie arménienne et grecque, et notamment sur des sources grecques telles que le *Materia medica* de Dioscoride.

Le *Gagik-Het'umean bžškaran* exerça une profonde influence sur le développement de la médecine médiévale arménienne. Dans ce traité sont étudiées des méthodes de traitement médical et diététique du cancer, du diabète, et sont abordés d'autres problèmes qui restent encore urgents dans la médecine moderne. On y trouve par exemple les recommandations suivantes pour le traitement du diabète :

> Une personne souffrant de cette maladie devrait limiter la quantité d'eau et d'aliments qu'elle consomme. Elle devrait manger du millet rouge et de l'orge, et devrait boire de l'eau d'orge. Au lieu de l'eau, elle devrait boire du jus de courge, de grenade, de prune, de vinette et de coing[3].

Avec Mxit'ar Herac'i, d'autres médecins arméniens médiévaux ont largement cité des extraits tirés de cette encyclopédie médiévale, qui constituait pour eux un ouvrage faisant autorité au même niveau que le *Materia medica* de Dioscoride et que le *Canon* de Ibn Sīnā. Dans une certaine mesure, cet ouvrage fut considéré comme une ressource nationale, et des générations de médecins arméniens médiévaux en ont tiré des informations essentielles. Encore en 1923, T'orgomyan exprimait ce souhait : « Un mécène naîtra, qui pourra donner aux mains immor-

1. Hovnanyan, *Hetazōtut'iwnk' naxneac' ṙamkōrēni vra*, p. 146-151.
2. Vardanyan, « Gagik-Het'umean bžškaranĕ », p. 145-160.
3. *Cf.* Vardanyan, *Amirdovlat Amasiatsi*, p. 43.

telles de Gutenberg cet important *Bžškaran*». Cependant, de nos jours encore ce rêve n'a pas pu être réalisé[1].

Que le *Gagik-Het'umean bžškaran* ait été édité en Arménie cilicienne ne relève pas du hasard. Suite à la chute des Bagratuni, en 1045, la principauté des Roubénides de Cilicie devint un des centres politiques et culturels de l'Arménie médiévale. Érigé en royaume en 1198, il attira progressivement des intellectuels en tout genre (poètes, musiciens, peintres, savants et médecins). Les conditions étaient devenues favorables au développement des sciences naturelles et de la médecine. Ce fut le cas tout particulièrement à Hṙomkla, dans les chambres patriarcales du catholicos Nersēs Šnorhali (1166-1173) et de Grigor Tłay (1173-1193), ainsi qu'à Sis, la capitale des rois Roubénides et Héthoumides.

MXIT'AR HERAC'I

La féconde activité scientifique et médicale de Mxit'ar Herac'i est liée à l'Arménie cilicienne et à son école de médecine. Surnommé « Mxit'ar le Grand » par ses contemporains et par la tradition médicale, il est unanimement considéré comme le fondateur de la médecine arménienne, comparable à Hippocrate pour la Grèce, Galien pour Rome et Ibn Sīnā pour la médecine du monde islamique. À partir de l'héritage de la médecine classique et traditionnelle dont il réunit et étudia les matériaux, il produisit des œuvres qui gardent encore de nos jours toute leur valeur.

Voici ce qu'il écrit dans la préface du *Soulagement des fièvres :*

> Moi, Mxit'ar Herac'i, insignifiant parmi les médecins, j'ai suivi depuis mon enfance la sagesse et l'art de la médecine. Ayant étudié la science [litt. les lettres] des Arabes, des Perses et des Grecs, j'ai vu, à la lecture de leurs livres, qu'ils avaient maîtrisé l'art parfait de la médecine, conformément aux premiers sages-philosophes, c'est-à-dire le pronostic, qui est l'essence de la médecine ; au contraire, parmi les Arméniens, je n'ai rien trouvé de semblable, mis à part l'art du traitement[2].

Quittant sa ville natale de Her (aujourd'hui Khoy en Iran), le jeune Mxit'ar prit le chemin de l'Arménie cilicienne dans la première moitié du XIIe siècle. C'est là qu'il poursuivit ses études de médecine et obtint le titre honorifique de *bžškapet* (« docteur en médecine »). C'est à cette époque qu'il rédigea ses études d'anatomie de l'être humain, de biologie, de pathologie et de pharmacologie. Malheureusement, une grande partie de ces œuvres a été irrémédiablement perdue. Seuls quelques fragments isolés, transcrits ultérieurement dans des manuscrits médicaux, ont pu être préservés dans différentes collections. Néanmoins, les quelques extraits qui nous sont parvenus – par exemple *Sur la structure et l'origine de*

1. Je suis personnellement engagée dans l'élaboration de l'édition critique de ce très ancien livre médical arménien.

2. Mxit'aray bžškapeti Herac'woy, *J̌ermanc' mxit'arut'iwn*, préface.

l'œil, *Sur la hernie*, *Au sujet des pierres précieuses*, *La prédiction des orages et des tremblements de terre* – témoignent des recherches de Mxit'ar Herac'i et de ses intérêts scientifiques étendus. Quant à ses œuvres de pharmacologie et de pathologie, on les a longtemps pensées perdues elles aussi. Cependant, certains spécialistes de l'histoire de la médecine arménienne estiment qu'elles ont été incorporées dans le *Traité médical Gagik-Het'umean*, en même temps que le *Soulagement des fièvres*. Grâce à son apport scientifique et médical si riche et prolifique, le *bžškapet* arménien acquit, autour de 1160, une grande renommée dans le champ de la médecine. Dans les années 1180, il commença l'œuvre majeure de sa vie, le *Soulagement des fièvres*, d'après les données qu'il avait longuement recueillies, en étudiant la malaria, largement répandue à l'époque, ainsi que d'autres maladies contagieuses. Aussi n'est-il pas étonnant que cette œuvre ait attiré l'attention de ceux qui se souciaient du bien-être du peuple. Dans sa préface au *Soulagement des fièvres* (1184), Mxit'ar écrivit :

> Le catholicos suprême des Arméniens Grigor [Tłay] m'a entouré de son amour et de son patronage, et c'est grâce à lui que j'ai entrepris l'écriture de ce livre [...]. Nous avons écrit ce livre intitulé *Soulagement* [litt. consolation] *des fièvres*, afin de consoler le médecin par la connaissance et le patient par la bonne santé.

Le *Soulagement des fièvres* traduit les conceptions du grand savant que fut Mxit'ar Herac'i, notamment son approche spontanément matérialiste des causes de la fièvre, fondement de sa remarquable « théorie de la moisissure », qui expliquait également l'origine des tumeurs. À côté des facteurs étiologiques physiques, bien connus des auteurs antiques et arabes (Hippocrate, Galien, Ibn Sīnā, entre autres), il mit en avant, pour la première fois dans l'histoire de la médecine, l'idée novatrice que le « moisi » était un élément pathogène vivant, provoquant la fièvre. À ce propos, L. Hovhannisyan (Oganesjan), grand érudit de l'histoire de la médecine arménienne, a écrit : « C'est un fait irréfutable et objectif que jusqu'à l'ère pré-microbiologique, aucun médecin avant Mxit'ar Herac'i n'avait jamais utilisé un tel terme pour décrire l'essence de l'infection, un concept si proche de la vérité »[1]. Ce n'est que dans l'Europe du XVIe siècle que l'on retrouve des idées comparables dans l'œuvre du célèbre médecin italien Girolamo Fracastoro, *L'infection, les maladies infectieuses et leur traitement* (1546).

Suivant une approche empirique, souvent contraire aux points de vue scolastiques, Herac'i expérimenta un système complexe de soins, fondés sur l'application de médicaments, surtout des herbes, ainsi que de méthodes diététiques et physiques. Parmi les ordonnances complexes figurant dans le *Soulagement des fièvres,* sont mentionnées les herbes suivantes : nénuphar, violette, iris, molène, hysope, inule, armoise, plantain bâtard, réglisse, colchique, câprier, menthe, chardon étoilé, thym et bien d'autres. En plus des herbes médicinales, on trouve, dans les prescriptions, des médicaments d'origine animale (par exemple le

1. Oganesjan, *Istorija mediciny v Armenii*, vol. 2, p. 121.

castoréum, la bile de bœuf, etc.), ainsi que des préparations minérales (par exemple le bol arménien, le soufre, le zinc, l'acide borique, etc.). Ils contenaient des propriétés toniques, anti-sclérotiques, antitoxiques, hormonales, ainsi que d'autres propriétés médicinales peu étudiées.

La copie la plus ancienne du texte entier du *Soulagement des fièvres*, écrite en 1279 par le scribe Konstantin, à Skewṙa, se trouve aujourd'hui au Matenadaran d'Erevan (ms. M 416). Il existe également une copie du XVIIe siècle, conservée à la Bibliothèque nationale de France (ms. 246). L'étude de cette œuvre montre le haut niveau atteint par la médecine arménienne à l'époque de Mxit'ar Herac'i et la place que ce *bžškapet* a occupée parmi les plus grands médecins médiévaux.

En 1908, E. Seidel, auteur d'une traduction allemande du *Soulagement des fièvres*, fit le commentaire suivant à propos de Herac'i :

> Si, sans préjugé, nous faisons la comparaison de l'*Art médical d'Hildegarde*, écrit quelques dizaines d'années auparavant, avec l'œuvre qu'a produite ce maître arménien, nous devons attribuer le laurier de la victoire à Herac'i pour sa connaissance profonde de la nature, sa manière de penser cohérente et personnelle, et pour son affranchissement total de la scolastique[1].

GRIGORIS

Grigoris fut aussi un médecin de l'école de Cilicie au XIIIe siècle. Son *Analyse de la nature de l'homme et de ses affections* (conservé dans le ms. 415 du Matenadaran d'Erevan) donne un aperçu du développement de la pathologie et de la médecine clinique dans l'Arménie cilicienne. Écrit dans un excellent moyen-arménien, son livre se situe dans la tradition de Mxit'ar Herac'i. En utilisant l'expérience et les riches matériaux de la médecine clinique, Grigoris décrivit toutes les maladies connues à l'époque, et surtout les fièvres, leurs causes, leur pathologie et leurs symptômes. Les données cliniques détaillées contenues dans ce livre prouvent que l'Arméno-Cilicie développa un réseau d'hôpitaux où les médecins pouvaient suivre l'évolution d'une maladie directement par l'observation du patient, sans devoir se satisfaire des seules informations recueillies dans les livres. Au sujet de l'éthologie, Grigoris suivait les positions de Herac'i, en appliquant la théorie de la moisissure non seulement aux « fièvres moisies », mais aussi aux « fièvres de consomption » (phtisiques), étendant la théorie à différentes maladies des poumons, du cœur, du foie et de l'estomac. Comme Mxit'ar Herac'i, Grigoris étudia aussi la contagion des fièvres, surtout la fièvre associée à la

1. Seidel (trad.), *Mechithars des Meisterarztes aus Her « Trost bei Fiebern »*, Vorwort des Herausgebers, p. IV. Le *Soulagement des fièvres* a été également traduit en russe : Oganesyan (trad.), *Mxitar Geraci, Utešenie pri lixoradkax*. V. T'orgomyan entreprit la réalisation d'une traduction française du chef-d'œuvre de Herac'i. Il parvint à achever la traduction de vingt-trois chapitres, à savoir la moitié du livre ; l'achèvement d'une traduction intégrale de l'œuvre reste un *desideratum* de la recherche contemporaine.

tuberculose et à la lèpre. Il écrivit : « La maladie (*scil.* la tuberculose) affecte ceux qui approchent les malades, surtout dans la période estivale et dans un endroit encombré de gens »[1]. Il est intéressant de remarquer que, dans sa description de la tuberculose des poumons, Grigoris mentionne les « nodules », les « ulcères » et les « calculs » des poumons, que les pathologues modernes interprètent comme des infiltrats tuberculeux, cavernes et foyers de calcification. Ainsi, Grigoris développa une autre conception de Mxit'ar Herac'i, à savoir la nécessité d'étudier la structure anatomique de l'organisme malade ; il devint ainsi le précurseur de l'anatomie pathologique dans la médecine arménienne médiévale[2].

ABUSAÏD ET IŠOX

Les activités des médecins syriaques Abusaïd, Išox et Faradj dans l'Arménie cilicienne aux XIIe-XIIIe siècles ont suscité un grand intérêt. Les trois médecins ont vécu dans un environnement arménien, ont écrit en moyen-arménien et ont entretenu des relations amicales avec des figures éminentes de la culture arménienne, telles que Nersēs Šnorhali (1100-1173) et Nersēs Lambronac'i (1153-1198). *Sur la structure du corps humain* d'Abusaïd (XIIe siècle) et le *Livre sur la nature* d'Išox (XIIIe siècle), ainsi que d'autres traités médicaux et biologiques, furent très populaires dans l'Arménie médiévale.

Sur la structure du corps humain d'Abusaïd poursuit la tradition des anciens médecins, tels que Hippocrate et Galien, et des représentants de la médecine hellénistique plus tardive, tels que Némésios d'Émèse et Grégoire de Nysse. En revanche, bien qu'ils aient écrit à l'époque où la médecine islamique était florissante, les noms des médecins arabes, y compris Ibn Sīnā (Avicenne), ne sont pas mentionnés dans *La constitution de l'homme*. Le Matenadaran d'Erevan ne conserve pas moins de trente-neuf copies de l'*Anatomie* d'Abusaïd, en trois recensions[3]. La popularité de ce traité dans l'Arménie médiévale a engendré la création d'une version plus réduite pour les étudiants des écoles médicales.

Les Arméniens se sont également intéressés aux œuvres d'Išox, autre médecin syriaque du XIIIe siècle. Son *Livre sur la nature* est un traité de dimension philosophique, où sont développés des éléments de cosmographie, astronomie, géographie, météorologie, chimie, minéralogie, botanique et médecine. L'auteur adopta une approche philosophique de l'étude de la nature, voisine de la méthode déductive de la pensée scientifique antique. Bien que sa vision du monde se limite

1. *Cf.* Vardanyan, *Amirdovlat Amasiatsi*, p. 28.

2. L'étude et l'édition de l'*Analyse de la nature de l'homme et de ses affections* par A. Kcoyan, en 1962, représentent une contribution de valeur dans les études arméniennes : Kcoyan (édit.), *Grigoris, K'nnut'iwn bnut'ean mardoy ew norin c'awoc'*.

3. Vardanyan (édit.), *Abusayid, Yałags kazmut'ean mardoy ew norin c'awoc'*.

aux dogmes chrétiens, Išox montre qu'il connaît également des idées de l'Antiquité tardive et surtout de la philosophie néoplatonicienne. Il écrivit : « Nous considérons la nature, qui fait bouger la sphère céleste, comme la cause de l'harmonie de l'univers »[1].

Parmi les anciens penseurs, seuls Aristote et Hermès Trismégiste sont cités dans le *Livre sur la Nature*. Néanmoins, les idées d'autres philosophes grecs sont présentes dans de nombreuses pages. Des questions d'anatomie, physiologie et embryologie sont abordées d'une façon très proche de l'esprit de Galien et de ses successeurs. Išox s'intéressa également au problème de la stérilité, si actuel dans la médecine moderne. Il écrivit : « La stérilité dépend de nombreuses raisons. Il y a des femmes qui sont nées sans utérus. La stérilité peut être la conséquence de maladies diverses, ainsi que d'une excessive frigidité sexuelle de l'homme ou de la femme »[2].

Le *Livre sur la nature* ne comporte pas de subdivision en chapitres, mais, conformément à la tradition, à la fin du traité se trouvent trois chapitres additionnels : « Sur les animaux », « Sur les goûts » et « Sur les couleurs ». Dans quelques manuscrits, les deux premiers chapitres sont attribués à Išox, alors qu'aucune indication n'est donnée à propos de la paternité du troisième. D'après mes découvertes, le chapitre « Sur les couleurs » est un fragment d'une ancienne version arménienne du *Timée* de Platon[3].

XIIIe-XIVe SIÈCLE. GRIGOR TAT'EWAC'I

Aux XIIIe-XIVe siècles, on assista à un développement remarquable des activités des Hautes-Écoles du savoir dans l'Arménie historique. Les fondements des sciences naturelles et de la médecine étaient enseignés à Erznka, Glajor et Tat'ew, qui étaient des centres scientifiques importants, jouissant d'une longue tradition. C'est à cette époque, dans les écoles de K'ṙna et Corcor, à savoir dans les centres uniates, que les œuvres de nombreux savants éminents de l'Europe médiévale ont été traduites du latin en arménien. Parmi d'autres, il faut mentionner les œuvres d'Albert le Grand (1193-1280), le célèbre philosophe, botaniste,

1. Vardanyan (édit. et trad.), *Išox, Girk' i veray bnut'ean*, p. 82.

2. *Ibid.*, p. 100.

3. Vardanyan, « 13-rd dari bnagitakan mi erki masin ». Les études sur les œuvres des médecins syriaques par les spécialistes de la médecine arménienne médiévale à partir de la fin du XIXe siècle (V. Torgomyan, G. Hovnanyan et d'autres encore) ont été complétées, en 1974 et en 1979, avec la publication, par mes soins, des éditions critiques du traité d'Abusaïd *Sur la structure du corps humain*, et du *Livre sur la nature* d'Išox (voir notes précédentes). Étant donné que ces œuvres ont été perdues en syriaque, la valeur des anciennes traductions arméniennes est fondamentale pour retrouver la teneur de l'original. Voir aussi Mahé, « La version arménienne du médecin Abou-Saïd ».

zoologiste et médecin, ainsi que les œuvres de théologie et de philosophie naturelle de Thomas d'Aquin.

Parmi les écoles d'instruction supérieure de l'Arménie médiévale, l'école de Tat'ew, où fut actif le plus grand penseur de la période, Grigor Tat'ewac'i (1346-1409), mérite une mention particulière. Dans son œuvre, des questions de sciences naturelles et de médecine ont été étudiées à côté de problèmes de base de philosophie. Le *Livre des questions* de Grigor Tat'ewac'i est un vaste traité, composé en 1389, où l'auteur exprime ses principes d'anatomie humaine, de biologie, de psychologie et d'embryologie. Les principes de la physionomie y ont été examinés d'une façon critique. Les opinions des anciens savants (Héraclite, Démocrite, Platon et Hippocrate) au sujet des liens étroits de la constitution psychologique et physique de l'homme avec son caractère, son humeur et son destin, ont été développées dans la science médiévale. Ces conceptions furent également étudiées et adoptées par Albert le Grand dans son *Compendium Theologicae Veritatis*. À la question « Les caractéristiques extérieures sont-elles vraies ? Expriment-elles réellement le caractère de l'homme ? », Tat'ewac'i répondit par la négative et écrivit :

> Nous pouvons dire qu'elles ne sont pas vraies pour les cinq raisons suivantes : tout d'abord, de telles caractéristiques ne sont pas obligatoires pour l'homme ; elles montrent que la nature a des tendances spécifiques ; deuxièmement, elles ne sont ni grandes ni petites, et parfois elles sont même semblables pour tous les hommes ; troisièmement, elles peuvent être supprimées à souhait au moyen de l'intellect ; quatrièmement, ces caractéristiques sont souvent accidentelles et pas naturelles du tout ; et cinquièmement, l'homme peut lui-même, à l'encontre de ses habitudes et au moyen de l'abstinence, de la prière et du contrôle de son corps, supprimer et ne pas manifester ces qualités. On peut déduire de tout cela que nous ne devons pas penser mal d'une personne, si on remarque en elle de telles caractéristiques[1].

La chute du royaume de Cilicie à la fin du XIVe siècle, et les guerres continuelles entre la Turquie ottomane et la Perse pour le contrôle du territoire de l'Arménie historique aux XVe-XVIe siècles, entraînèrent un déclin de la culture arménienne. Pendant cette période, les traditions classiques de la médecine arménienne ont été préservées seulement dans quelques centres culturels, dont les œuvres d'Amirdovlat' Amasiac'i au XVe siècle constituèrent la dernière brillante étincelle.

AMIRDOVLAT' AMASIAC'I

Amirdovlat' fut un contemporain et même probablement un témoin oculaire de la prise de Constantinople par Mehmed II, en 1453 ; vers le milieu du XVe siècle, il avait quitté sa ville natale, Amasée, et résidait dans ce célèbre centre culturel qu'était Constantinople, où il étudia sans doute la médecine avec des praticiens

1. Grigor Tat'ewac'i, *Girk' harc'manc'*, V 14, p. 246-248.

qualifiés. Amirdovlat‘ y fut tôt acclamé en tant que médecin et invité dans le palais du sultan Mehmed II comme médecin personnel du sultan, recevant le titre honoraire de «chirurgien oculiste en chef». Expérimenté et doté d'une grande connaissance, il écrivit en 1459, à Constantinople, sa première œuvre «sur requête du fils de Shady bek, Vard». Ce livre, intitulé *Enseignement de la médecine*, présentait des problèmes d'embryologie, anatomie, physiologie, pharmacologie, pathologie et hygiène, à la manière des anciens médecins grecs Hippocrate et Galien, et d'autorités reconnues de la médecine arabe, telles qu'Al-Razi et Ibn Sīnā. Dans l'*Enseignement de la médecine* d'Amirdovlat‘ Amasiac‘i, on ressent aussi la tendance de l'auteur à apprécier l'expérience séculaire de la médecine populaire arménienne dans la pharmacologie, pour laquelle notre *bžškapet* montra un profond intérêt sa vie durant. Une brillante manifestation de cette attention est offerte par son premier écrit, la *Pharmacopée* (*Axrapatin*), toujours rédigé en 1459. Dans cette œuvre, il essaya de compiler un dictionnaire des drogues «simples» et des drogues «complexes»; un quart de siècle plus tard, c'est sur cette base qu'il créera ses deux œuvres volumineuses: la deuxième *Pharmacopée* et *Inutile aux ignorants* (*Angitac‘ anpēt*)[1]. Les autographes de son œuvre ont été identifiés au Matenadaran (ms. 8871).

L'*Enseignement de la médecine* a été complètement réécrit par l'auteur et enrichi de nouveaux chapitres sur la pathologie et la médecine clinique. La section clinique de cette œuvre prit beaucoup de temps, le livre suivant d'Amirdovlat‘, intitulé *Utilité de la médecine* (*Ōgut bžškut‘ean*), ayant été achevé en 1469 dans la ville de Philippopolis (aujourd'hui Plovdiv, en Bulgarie)[2]. Cet ouvrage a le niveau des meilleures œuvres médicales de l'époque, et synthétise la connaissance des médecins arméniens médiévaux sur les questions théoriques et pratiques. La section sur la médecine clinique est d'une valeur toute particulière: elle offre la description de plus de deux cents maladies d'organes internes (par exemple le cerveau, les nerfs, les sens, le cœur, les organes respiratoires, le foie, l'estomac et les intestins, l'appareil urinaire et génital), et encore la description des fièvres, des tumeurs malignes et bénignes, de l'empoisonnement, etc., en y ajoutant les méthodes de traitement médicinal et diététique.

La décade de sa vie au cours de laquelle ces œuvres ont été créées fut pleine d'événements personnels dramatiques. Obligé de quitter la capitale, Amirdovlat‘ ne laissa pas passer les dix ans de son exil en vain. Tout en poursuivant ses obligations humaines envers les malades, qu'ils soient riches ou pauvres, il étudia

1. *Inutile aux ignorants* a été publié pour la première fois en 1927: Basmajean (édit.), *Amirdovlat‘i Amasiac‘woy, Angitac‘ anpēt*; une nouvelle édition, avec traduction russe, a été publiée par mes soins en 1990: Vardanyan (édit. et trad.), *Amirdovlat Amasiaci, Nenužnoe dlja neučeĭ*.

2. L'édition critique a été publiée en 1940 par S. Malxaseanc‘: Malxaseanc‘ (édit.), *Amirdovlat‘ Amasiac‘i, Ogut bžškut‘yan*.

les herbes médicinales des pays où son destin de médecin-périodeute l'emmena, réalisant souvent des études expérimentales dans le domaine de la pharmacologie. Dans les années 1470, Amirdovlat' revint d'exil à Constantinople et, d'après les informations conservées dans les manuscrits, il reçut à nouveau la position honoraire de médecin personnel du sultan. À la mort de Mehmed Fatih (1481), le *bžškapet* rentra dans sa ville natale. Dans le colophon du livre *Inutile aux ignorants*, actuellement conservé dans un manuscrit de la British Library (ms. or. 3712), le copiste mentionne la date exacte de sa mort : « Le médecin Amirdovlat', auteur de ce livre, mourut dans la foi chrétienne en 1496, le jeudi 8 décembre ». C'est pendant la dernière partie de sa vie qu'il a créé son œuvre précieuse sur la pharmacologie, à savoir donc la deuxième *Pharmacopée* (1481) et *Inutile aux ignorants* (1482).

Inutile aux ignorants est une encyclopédie de la pharmacologie médiévale contenant les noms des médicaments en cinq langues, l'arménien, le grec, le latin, l'arabe et le persan. Plus de mille plantes médicinales, deux-cent-cinquante animaux et cent-cinquante minéraux y sont décrits. Une étude de cette œuvre permet aux médecins contemporains de connaître les médicaments de la médecine arménienne au Moyen Âge[1]. Pour soigner toutes les maladies, où le facteur allergique contagieux joue un rôle certain, Amirdovlat' Amasiac'i employa des herbes telles que la berce du Caucase, l'inule, la camomille, l'armoise, l'hysope, le thym, l'acore odorant (ou roseau aromatique), le cumin noir, le chardon étoilé, et le grémil, toutes d'origine arménienne. Ces plantes étaient riches d'huiles essentielles, de vitamines, d'hormones végétales et d'autres substances ayant un effet curatif. Au moyen des mêmes méthodes expérimentales, le *bžškapet* arménien identifia les propriétés antitumorales du fenouil de porc, du panicaut, de la pervenche rouge, de l'héliotrope, du colchique et d'autres plantes encore. Selon les données actuelles, elles contiennent des dérivés de la coumarine et de la furocoumarine, ainsi que de la colchicine et de la vinblastine, à savoir des alcaloïdes ayant un effet antitumoral. Amirdovlat' accorda une grande importance aux herbes ayant des propriétés antitoxiques (lavande, fleur de souci, crapaudine) et toniques (aristoloche, bryone dioïque). Il utilisa la plupart de ces plantes pour prévenir le vieillissement précoce et garder bonne santé et vitalité. Pour la même raison, il employa quelques gommes d'origine végétale, animale et minérale (férule gommeuse, sagapénum, ase fétide, propolis, momie, etc.). La momie – un composé naturel complexe, formé à partir de résidus végétaux, d'excréments d'animaux et de produits de destruction des hydrocarbures dans les grottes de nombreux pays (par exemple l'Iran, l'Afghanistan et l'Asie Centrale) – était recommandée par Amirdovlat' pour soigner les blessures et traiter les tumeurs. Dans *Inutile aux ignorants*, on trouve des informations relatives à l'extraction de momie en Arménie : « Il y a dix grottes à proximité avec dix noms différents, où

1. Vardanyan (édit. et trad.), *Amirdovlat Amasiac'i, Nenužnoe dlja neučeľ*, p. 527-559.

est produite la momie »[1]. Bien qu'Amirdovlat' n'ait pas donné les noms de ces grottes, de récentes découvertes de momie sur le territoire de l'Arménie moderne (dans les grottes de Ełegnacor) ont confirmé les informations enregistrées par le *bžškapet* médiéval arménien.

Inutile aux ignorants conserve des données intéressantes à propos de deux expéditions à Lemnos, envoyées sur ordre du sultan, à la recherche de terre sigillée :

> En l'an 929 de l'ère arménienne [*scil.* 1480 après J.-C.] – écrit Amirdovlat' –, sous le règne de Mehmed khan, qui avait reçu le trône impérial à Constantinople, des discussions ont été engagées sur la terre sigillée et sur la nécessité d'en trouver. Un médecin de la tribu des Sarrasins fut envoyé sur cette île [...]. Il s'y rendit, mais ne trouva pas d'argile sigillée ; il en releva alors d'une autre espèce, de nature décolorée – ocre –, et l'apporta au sultan. Les médecins la virent, mais ils ne l'acceptèrent pas[2].

Après l'échec de la première expédition, une seconde fut envoyée à Lemnos, avec trois médecins : un Grec, un Perse et un troisième fort probablement de nationalité italienne, puisqu'il venait « des terres qui maîtrisent les beaux-arts ». Les membres de cette expédition étaient beaucoup plus informés, si bien que leurs efforts portèrent leurs fruits. Bien qu'Amirdovlat' ne participât à aucune des deux expéditions, il montra un grand intérêt pour les résultats, ce qui nous permet aujourd'hui de retrouver la description complète et l'itinéraire détaillé du deuxième voyage.

Pour utiliser librement et correctement cette vaste quantité de médicaments dans les pharmacopées arméniennes, le médecin doit non seulement posséder une vaste expérience et des connaissances approfondies, mais également être bien au courant des domaines de la botanique, de la zoologie, de la géographie et de la chimie. Amirdovlat' Amasiac'i a apporté une contribution fondamentale à la médecine médiévale et aux sciences naturelles en créant une bibliothèque complète, dont heureusement presque toutes les œuvres ont été préservées à ce jour.

XVIe-XVIIe SIÈCLE

Aux XVIe-XVIIe siècles, la tradition d'Amirdovlat' Amasiac'i a été ultérieurement développée par les médecins des centres de Sébaste, Eudocie et de la Nouvelle Djoulfa. Ceux-ci, en plus de créer leurs propres œuvres, accordèrent une grande attention à l'édition et à l'interprétation des livres d'Amirdovlat'. Ainsi, en 1614, Asar Sebastac'i rédigea le *Livre sur l'art de la médecine*, qu'il publia en 1622, avec, en appendice, un dictionnaire médical en cinq langues. Ce livre présente un intérêt particulier, car il cite abondamment les œuvres de Mxit'ar Herac'i et d'autres médecins arméniens, aujourd'hui en partie perdues. Furent également prolifiques les activités d'un autre représentant de l'école de Sébaste,

1. Basmaǰean (édit.), *Amirdovlati Amasiac'woy, Angitac' anpēt*, p. 375 ; *cf.* p. 122-127.

2. Basmaǰean (édit.), *ibid.*, p. 122-127 (*dini maxtum, matnēhar kaw* « argile scellée ») ; voir aussi Vardanyan (édit. et trad.), *Amirdovlat Amasiaci, Nenužnoe dlja neučeł*, p. 103-106.

Buniat Sebastac'i. En 1626, il publia, dans la ville de Marzvan, *L'utilité de la médecine* et *Inutile aux ignorants* (ms. M 414). En 1630, Buniat donna un résumé de son expérience dans le *Livre sur la médecine*[1].

Le *Dictionnaire pharmaceutique illustré* (ms. M 6594) a été composé dans un centre médical d'Arménie mineure par un auteur anonyme du XVIIe siècle[2]. En 1748, Połos, un des derniers savants de la tradition arménienne médiévale, rédigea à Evdokia (Tokat) son volumineux *Livre médical*[3]. Il est intéressant de noter que dans les manuscrits arméniens médiévaux et dans les ordonnances médicales, il existe des recommandations sur la préparation et la conservation des matériaux d'écriture, des colorants et des encres. La valeur pratique de ce travail a attiré l'attention des spécialistes modernes (chimistes, restaurateurs, artistes, etc.)[4].

À partir de la deuxième moitié du XVIIIe siècle, un certain nombre de médecins arméniens ayant poursuivi leur formation dans des institutions européennes et russes s'affirmèrent. C'est le cas de Step'anos Sahrimanean (1766-1830), diplômé de la Faculté de médecine dans la célèbre Université de Padoue. Bien qu'il eût reçu sa formation en Europe, il exerça son activité principalement dans le Caucase, notamment à Tiflis, après un bref séjour à Constantinople. De 1794 à 1818, il écrivit à Tiflis sa vaste *Botanique de la flore arménienne*, malheureusement toujours inédite. Les copies de cette œuvre, conservées au Matenadaran (mss. 6267, 9856, etc.) nous donnent une idée de l'effort minutieux et laborieux que Step'anos consacra à son livre pendant au moins un quart de siècle. Ce livre décrit les herbes médicinales arméniennes largement utilisées dans la phytothérapie médiévale. Dans le traitement d'un certain nombre de maladies telles que le cancer, l'athérosclérose, les maladies mentales, le diabète et les allergies, la médecine moderne fait souvent référence au riche trésor des anciens médicaments arméniens. La vaste expérience de la médecine arménienne populaire et classique constitue une source inépuisable de production de nouveaux produits pharmaceutiques en Arménie. Cette approche innovante est à présent étudiée et développée par des spécialistes en botanique et pharmacologie médicinales.

(Traduit de l'anglais par Valentina Calzolari)

1. Les œuvres d'Asar et de Buniat Sebastac'i ont été publiées respectivement en 1987 et en 1993 par D. Karapetyan: Karapetyan (édit.), *Buniat' Sebastac'i, Girk' bžškut'ean* et *Id.* (édit.), *Sebastac'i Asar, Girk' bžškakan arhesti.*

2. Je prépare actuellement l'édition de ce texte médico-botanique unique : voir Vardanyan, « Maštoc'yan Matenadarani 'Patkerazard dełagitarani' bžškagitakan verlucut'iwn ».

3. Environ un quart de millénaire plus tard, en 2003, A. Sahakyan a publié l'édition des *Recettes choisies du livre médical de Połos Eudokec'i :* Sahakyan (édit.), *Dełatomseri ĕntrani Połos Evdokec'u bžškaranic'/Select Recipes From the Medical Handbook of Poghos Eudoketsi.*

4. X. Galfayan, Ō. Eganyan et G. Tēr-Vardanean ont préparé la publication de plus de deux-mille recettes de ce type sur la base de cent manuscrits du Matenadaran et d'autres collections.

BIBLIOGRAPHIE

SOURCES PRIMAIRES

Abrahamyan, A. [G.] (édit.), *Anania Širakac'i, Tiezeragitut'iwn ev Tomar* [Anania Širakac'i, Cosmologie et Calendrier], Erevan 1940 (réimpr. dans *Matenagirk' Hayoc'/Armenian Classical Authors*, vol. 4, Antélias 2005, p. 711-748).

Abrahamyan, A. G. (édit.), *Anania Širakac'u, Matenagrut'yunĕ* [Anania Širakac'i, Œuvres], Erevan 1944 (réimpr. dans *Matenagirk' Hayoc'/Armenian Classical Authors*, vol. 4, Antélias 2005, p. 588-791).

Arevšatyan, S. S. (édit.), *Dawit' Anyałt', Erkasirut'iwnk' p'ilisop'ayakank'* [David l'Invincible, Œuvres philosophiques], Erevan 1980.

Basmaǰean, K. Y. (édit.), *Amirdovlat'i Amasiac'woy, Angitac' anpēt kam bařaran bžškakan niwt'oc'* [Amirdovlat' Amasiac'i, Inutile aux ignorants ou Dictionnaire des substances médicales], Vienne 1927.

Ēynat'yan, J̌. (édit. et trad.), *Hin haykakan tomarĕ (7-rd – 15-rd dd.) / The Ancient Armenian Calendar (7th – 15th cc.)*, Erevan 2002.

Eznkay Kołbac'woy Bagrevanday episkoposi, *Ełc Ałandoc'* [Eznik Kołbac'i, évêque de Bagrewand, Réfutation des sectes], Venise 1826.

Greppin, J. (édit.), *Bark' Gałianosi. The Greek-Armenian Dictionary to Galen*, Delmar, NY 1985.

Grigor Tat'ewac'i, *Girk' harc'manc'* [Livre des questions], Jérusalem 1993 [facsimilé de l'édition de Constantinople 1729].

Karapetyan, D. (édit.), *Buniat' Sebastac'i, Girk' bžškut'ean* [Buniat' Sebastac'i, Livre de médecine], Erevan 1987.

Karapetyan, D. (édit.), *Sebastac'i Asar, Girk' bžškakan arhesti* [Asar Sebastac'i, Livre d'art médical], Erevan 1993.

Kendall, B. – Thomson, R. W. (trad.), *Definitions and Divisions of Philosophy by David the Invincible Philosopher*. English Translation of the Old Armenian Version with Introduction and Notes by B. K. and R. W. T., coll. « University of Pennsylvania. Armenian Texts and Studies » 5, Chico, CA 1983.

Kcoyan, A. (édit.), *Grigoris, K'nnut'iwn bnut'ean mardoy ev norin c'awoc'* [Grigoris, Examen de la nature de l'homme et de ses peines], Erevan 1962.

Kostaneanc', K'. (édit.), *Grigor Magistrosi, T'łt'erĕ* [Grigor Magistros, Lettres], Alexandropol 1910.

Malxaseanc', S. (édit.), *Amirdovlat' Amasiac'i, Ogut bžškut'yan* [Amirdovlat d'Amasée, Utile à la médecine], Erevan 1940.

Muradyan, G. (édit.), « Grigori Magistrosi, T'ułt'k' ew č'ap'aberakank' » [Grigor Magistros, Lettres et vers], *Matenagirk' Hayoc'/Armenian Classical Authors*, vol. 16, Erevan 2012, p. 139-385.

Muradyan, G. (édit. et trad.), *David the Invincible Commentary on Porphyry's Isagoge*. Old Armenian Text with the Greek Original, an English Translation, Introduction and Notes by G. M., coll. « Philosophia Antiqua » 137, « Commentaria in Aristotelem Armeniaca. Davidis Opera » 3, Leiden – Boston 2014.

Mxit'aray bžškapeti Herac'woy, *J̌ermanc' mxit'arut'iwn* [Mxit'ar Herac'i, Soulagement des fièvres], Venise 1832.

Nemesiosi p'ilisop'ayi Emesac'woy, *Yałags bnut'ean mardoy* [Némésios le philosophe d'Émèse, Sur la nature de l'homme], Venise 1889.

Oganesjan, O. (trad.), *Mxitar Geraci, Utešenie pri lixoradkax* [Mxit'ar Herac'i, Soulagement des fièvres], Erevan, 1955.

Sahakyan, A. (édit.), *Dełatomseri ĕntrani Połos Evdokec'u bžškaranic'/Select Recipes From the Medical Handbook of Poghos Eudoketsi*, Erevan 2003.

Seidel, E. (trad.), *Mechithars des Meisterarztes aus Her « Trost bei Fiebern », nach dem Venediger Druck vom Jahre 1832 zum ersten Male aus dem Mittelarmenischen übersetzt und erläutert* von Dr. E. S., Leipzig 1908, Vorwort. S. IV.

Suk'rean, A. (édit.), *Płaton imastasēr, Ewt'ip'ron, Paštpanut'iwn Sokratay ew Timēos* [Platon le philosophe, Euthyphron, Apologie de Socrate et Timée], Venise 1877.

Vardanyan, S. (édit.), *Abusayid, Yałags kazmut'ean mardoy ew norin c'awoc'* [Abusaïd, Sur la constitution de l'homme et ses peines], Erevan 1974.

Vardanyan, S. (édit.), *Išox, Girk' i veray bnut'ean* [Išox, Livre sur la nature], Erevan 1979.

Vardanyan, S. (édit. et trad.), *Amirdovlat Amasiaci, Nenužnoe dlja neučeĭ* [Amirdovlat' Amasiac'i, Inutile aux ignorants], Moskva 1990.

Vardanyan, S. (édit), *Grigor Niwsac'i, Tesut'iwn i mardoyn kazmut'iwn* [Grégoire de Nysse, Sur la constitution de l'homme], coll. « Ekełec'akan matenagrut'iwn » 3, Etchmiadzin 2008.

ÉTUDES

Ant'abyan, P'., « Miǰnadaryan Hayastanum iragorcuoł diaherjman veraberyal evs mek nor vkayut'iwn » [Un nouveau témoignage concernant la pratique de la dissection dans l'Arménie médiévale], *Sion* 3, 1977, p. 66-69.

Hovnanyan, Ł., *Hetazōtut'iwnk' naxneac' ṙamkōrēni vra* [Recherches sur la langue ṙamkōrēn des anciens], vol. 1, Vienne 1897.

Mahé, J.-P., « Une anthologie médicale arménienne et ses parallèles grecs », *Comptes rendus des séances de l'Académie des Inscriptions et Belles-Lettres* 148/2, 2004, p. 549-598.

Mahé, J.-P., « La version arménienne du médecin Abou-Saïd », *Comptes rendus des séances de l'Académie des Inscriptions et Belles-Lettres* 150/4, 2006, p. 1835-1850.

Oganesjan, J., *Istorija mediciny v Armenii* [Histoire de la médecine arménienne], vol. 1-2, Erevan 1946.

Ormos, I., « Bemerkungen zur editorischen Bearbeitung der Galenschrift 'Uber die Sektion toter Lebewesen' », dans J. Kollesch – D. Nickel (édit.), *Galen und das hellenistische Erbe.* Verhandlungen des IV. Internationalen Galen-Symposiums veranstaltet vom Institut für Geschichte der Medizin am Bereich Medizin (Charité) der Humboldt-Universität zu Berlin 18.-20. September 1989, Stuttgart 1993, p. 165-172.

T'orgomyan, V., « Hay bžškakan jeṙagirk' S. Łazaru vank'in. 'Gagik-Het'umean bžškaran' » [Manuscrits médicaux du monastère de Saint-Lazare : Livre médical Gagik-Het'umean], *Bazmavep* 81, 1923, p. 7-11, 39-43, 69-71, 104-107, 138-142.

Vardanian, S. A., *Histoire de la médecine en Arménie de l'Antiquité à nos jours*, Paris 1999.

Vardanyan, S., « 13-rd dari bnagitakan mi erki masin » [Autour d'une œuvre de physique du XIIIe siècle], *Patma-Banasirakan Handes* 1973/1, p. 38-48.

Vardanyan, S., « Mediko-biologičeskiye vozzrenija Davida Nepobedimogo » [Les idées médicales et biologiques de David l'Invincible], dans G. A. Brutjan (édit.), *Filosofija Davida Nepobedimogo* [La philosophie de David l'Invincible], Moskva 1984, p. 83-93.

Vardanyan, S., « Gagik-Het'umean bžškaranĕ ev nra xmbagrakan tarberaknerĕ » [Le livre médical Gagik-Het'umean et ses variantes rédactionnelles], *Patma-Banasirakan Handes* 1985/2, p. 145-160.

Vardanyan, S., « Mijnadaryan Hayastanum diaherjman ev kendanahatman harc'i šurj » [Sur la question de l'autopsie et de la vivisection dans l'Arménie médiévale], *Banber Erevani Hamalsarani* 3, 1995, p. 155-157.

Vardanyan, S., « Maštoc'yan Matenadarani 'Patkerazard dełagitarani' bžškagitakan verlucut'iwn » [Commentaire médical du 'Dictionnaire pharmaceutique illustré' du Matenadaran Maštoc], *Hask*, 1997-2001, p. 199-220.

Vardanyan, S., *Amirdovlat Amasiatsi, A Fifteenth-Century Armenian Natural Historian and Physician*, Delmar, NY 1999.

Vardanyan, S., *Hayastani bžškut'yan patmut'yun* [Histoire de la médecine en Arménie], Erevan 2000.

Xač'ikyan, L., *Diaherjumĕ hin Hayastanum* [L'autopsie en Arménie], vol. 4, Erevan 1947.

TABLES

INDEX LOCORUM

Nous rassemblons dans cet index les passages mentionnés ou discutés, en indiquant entre parenthèses, à quelques exceptions près, le nom de l'éditeur ou le lieu d'édition. Pour certaines œuvres arméniennes, le renvoi est fait à la réimpression du texte dans la collection *Matenagirk' Hayoc'* (vol. 1-21, Antélias - Erevan 2003-2019). Les références complètes se trouvent dans les bibliographies à la fin des différents chapitres du volume.

ŒUVRES ARMÉNIENNES

ŒUVRES GRECQUES

ŒUVRES LATINES

ŒUVRES SYRIAQUES

INDEX BIBLIQUE

INDEX DES MANUSCRITS ET DES PAPYRUS CITÉS

MANUSCRITS ARMÉNIENS

INDEX NOMINUM

Les noms géographiques se trouvent dans l'index général, p. 303-317.

INDEX GÉNÉRAL

LISTE DES CONTRIBUTEURS

Federico ALPI	Fondazione per le Scienze Religiose, Bologna
Valentina CALZOLARI	Université de Genève
Sergio LA PORTA	California State University, Fresno
Jean-Pierre MAHÉ	Membre de l'Institut
Gohar MURADYAN	Institut des manuscrits anciens d'Erevan (Matenadaran)
Alessandro ORENGO	Università di Pisa
† Robert W. THOMSON	University of Oxford
Stella VARDANYAN	Institut des manuscrits anciens d'Erevan (Matenadaran)

TABLE DES MATIÈRES

TABLES

Achevé d'imprimer en novembre 2022 par La Manufacture - Imprimeur – 52200 Langres
Imprimé en France – N° d'imprimeur : 221063 – Dépôt légal : décembre 2022